"湖北近代文学研究"丛书·第二辑

张难先年谱

○程翔章 程祖灏/编著

华中师范大学出版社

新出图证(鄂)字 10 号

图书在版编目(CIP)数据

张难先年谱/程翔章,程祖灏编著.—武汉:华中师范大学出版社,2023.12
("湖北近代文学研究"丛书.第二辑)
ISBN 978-7-5769-0424-6

Ⅰ.①张… Ⅱ.①程… ②程… Ⅲ.①张难先—年谱 Ⅳ.①K825.6

中国国家版本馆 CIP 数据核字(2024)第 015640 号

张难先年谱

ⓒ 程翔章　程祖灏　编著

责任编辑:张怀东	责任校对:肖绪旭	封面设计:罗明波

编辑室:学术出版分社　电话:027-67863220
出版发行:华中师范大学出版社有限责任公司
社　址:湖北省武汉市洪山区珞喻路 152 号　电话:027-67863426(发行部)
网　址:http://press.ccnu.edu.cn　电子信箱:press@mail.ccnu.edu.cn
印　刷:湖北新华印务有限公司　督印:刘　敏
开　本:710mm×1000mm　1/16　印张:20.75
字　数:362 千字
版　次:2024 年 4 月第 1 版　印次:2024 年 4 月第 1 次印刷
定　价:88.00 元

欢迎上网查询、购书

敬告读者:欢迎举报盗版,请打举报电话 027-67867353

前 言

　　湖北位于中国大陆的中部、长江的中游，汉江的大部分流域在湖北境内。境内周边为山地丘陵，中部为辽阔富饶的江汉平原，不仅土地肥沃，物产丰富，乃全国有名的鱼米之乡；而且交通便利，四通八达，有"九省通衢"之誉，地理位置十分优越。自先秦至清代中叶，湖北都是各个朝代文学的重镇，有着优良的文学传统，为中国文学的发展做出过重要贡献。进入近代后，文学创作的成就虽然没有广东、福建、湖南、江苏和浙江等省份突出，但湖北作家继承前辈的优良传统，紧跟时代步伐，勇于探索，积极实践，也取得了可喜的成就，为中国文学的近代化与现代化，奉献了自己的智慧和力量。

　　这里所说的"近代"，通常是指自鸦片战争开始至五四运动为止，即1840年至1919年的这一历史时期。这一历史时期是中国历史上一个非常特殊的历史阶段；由于帝国主义列强侵略的日益加深，中国的社会发生了数千年未有之大变局，原有的封建君主专制的封建社会逐渐转变为半封建和半殖民地的社会，故史学界将这一特殊历史阶段的历史称为"中国近代史"；而发生、发展于这一特殊历史阶段的中国文学，无论是文学观念、文学思想、文学理论，还是文学体裁、文学方法、文学创作，随着社会大动荡、大分化、大变革的历史进程，亦发生了前所未有的变化，故文学界将这一特殊历史阶段产生的文学称为"中国近代文学"。

　　改革开放以来，中国迎来了学术研究的春天，尤其是对中国近代文学的研究，可谓兴盛繁荣，一日千里，硕果累累。但与全国其他省市相比，尤其是与福建、广东、湖南、安徽、山东、江苏、上海、北京等省市相比，湖北近代文学的研究相对薄弱、落后：不仅研究的学人少，而且研究的成果亦少。

　　笔者从事中国近代文学的研究，最初接触湖北近代作家的文学创作，始自20世纪80年代的中期。那时刚大学毕业不久，留在学校从事管理工作，应师友之邀，在工作之余，跟随林非先生一起编撰《中国散文大辞典》，并被安排负责整个近代部分。从那时起，笔者就发现湖北近代文学是一座富矿，值得花力气去挖掘、开采，并有心在这方面做些努力。随着辞典编撰的深入展开，笔者开始有意收集湖北近代作家的相关资料，并断断续续写过一些湖北作家的研究文章。只是由于各种任务繁重，难以集中精力在这方面下功夫。

进入90年代后，除管理工作比较繁重之外，承担的教学任务亦很重。根据教学工作的需要，笔者将有限的业余时间几乎都用在了对中国近代文学作整体、全面、深入的探讨和思考上，为撰写既能够反映中国近代文学发展整体面貌又适合教学实际的文学史做准备。

20世纪末与21世纪初，我们编撰的《中国近代文学作品选》《中国近代文学》相继出版面世，并受到社会和学生的普遍欢迎与肯定，年年加印；后又应出版社之邀，曾多次对这套教材进行修订再版和改版，花费了笔者不少时间和精力。直到2015年前后，才逐渐从繁重的事务中脱身出来，开始对湖北近代作家作整体、全面、深入的研究。尤其是退休后，笔者谢绝了多所学校的聘请，一心一意在家进行对湖北近代作家的研究，并在学校出版基金的资助下，相继出版了《湖北近代作家研究》《樊增祥年谱》《王柏心年谱》等著作，受到朋友和学术界同人的肯定。

尽管如此，笔者总觉得出版周期过长，过于零散，研究成果不能及时面世，故难以产生较大的影响。因此，笔者产生了组织人力编撰一套"'湖北近代文学研究'丛书"的想法。诸如作家的年谱、评传、佚文和作家的诗文选、湖北近代文学史等等，均可纳入其中。丛书不求一次整体推出，可以分辑推出，每辑6~8本，完成一辑，推出一辑；这样日积月累，十几年下来，也会形成一定规模，产生一定影响。

笔者将此想法汇报、告知校出版社的领导，立即得到他们的肯定和大力支持。适值湖北省启动了2020年度学术著作出版专项资金的申报工作，出版社领导遂积极支持和推荐笔者申报了"'湖北近代文学研究'丛书（第一辑）"（8本）这个项目。感谢各位专家、评委的支持和信任，这个项目最终获得批准。

笔者真诚地希望，"'湖北近代文学研究'丛书"第一辑和以后将陆续出版的各辑，能够引起学人们的关注，都来重视湖北近代文学的研究，促进湖北近代文学的研究更加全面、深入地开展，出现更多、更好的研究成果，共同为繁荣湖北的文化建设做出我们的贡献。

程翔章

例　　言

一、本谱是根据张难先的各种传记资料与《湖北革命知之录》《湖北丙午党狱汇纪》《义痴六十自述》《六十以后续纪》《八十以后随笔》和《张难先集》以及时人的著作编成。

二、本谱为记述的方便起见，正文中对谱主直呼其名（如称"张难先"，或称"小难先"，或称"义痴老人"），对谱主的先辈则称"某某公"，对谱中所涉及的其他人物，亦皆直称其名。

三、本谱纪日期，例以农历，其后括注公历，以资参照。

四、谱中清代各年，首列清帝纪年，次列干支，（括号内）再列公元，最后列谱主年岁。中华民国各年，首列民国纪年，他与清代同。一九四九年以后各年，首列公元纪年，次列干支，最后列谱主年岁。

五、本谱各年之下，按时间顺序详列谱主的行止交游与著述情况；谱文之下，择要引述相关诗文或文献，既可明谱主事迹之所本，又能就迄今为止诗文作品或文献资料中涉及谱主之记载有讹误或歧义者，采用"案语"形式进行说明、辨正与考异。

六、谱中所征引之诗文作品与文献资料，皆注明出处，以便读者检核。

七、谱中涉及的与谱主关系重要或密切的人物，生平事迹不易查阅者，一般在首次出现时略注其生平事迹。

八、为更加准确地把握谱主的思想发展脉络，在谱主生活、活动时间内所发生的重大历史事件以及出现的重要历史人物，亦择要列出；而对于文化、文学界出现的重要事件或重要人物，还将作出简要介绍。

九、已收入谱主集中的主要诗文作品，大多按年编入谱中。因作品较多，故凡编入谱中的诗词、古文、文札、函牍等作品，只列题目，部分重要的则简述内容；对部分不见于集中而保存于他人文集中、论著中的诗文作品，则全文照录。

十、友朋与谱主的唱和酬赠之作，亦适当征录一些，系于各年之内。这些作品大多只列题目，部分作品则根据情况全文录入。

十一、凡作品中或征引资料中缺失的字或辨认不清的字，均以"○"表示；对那些明显的错字、漏字，则在"（）"中标出。

十二、因在谱主的《张难先集》中，其所写之诗文（如文言文、书函、电稿）大多标明写作时间，只有少数诗文作品未标明具体写作时间。因此，凡编入各年内的诗文（含电稿）作品，皆注明出处，如卷数、文体、页码，以方便读者查检、阅读。

目　录

谱　前 …………………………………………………………… 1
正　谱 …………………………………………………………… 4
　同治十三年甲戌(1874年)　一岁 …………………………… 4
　光绪元年乙亥(1875年)　二岁 ……………………………… 5
　光绪二年丙子(1876年)　三岁 ……………………………… 7
　光绪三年丁丑(1877年)　四岁 ……………………………… 9
　光绪四年戊寅(1878年)　五岁 ……………………………… 10
　光绪五年己卯(1879年)　六岁 ……………………………… 11
　光绪六年庚辰(1880年)　七岁 ……………………………… 14
　光绪七年辛巳(1881年)　八岁 ……………………………… 16
　光绪八年壬午(1882年)　九岁 ……………………………… 18
　光绪九年癸未(1883年)　十岁 ……………………………… 21
　光绪十年甲申(1884年)　十一岁 …………………………… 22
　光绪十一年乙酉(1885年)　十二岁 ………………………… 25
　光绪十二年丙戌(1886年)　十三岁 ………………………… 28
　光绪十三年丁亥(1887年)　十四岁 ………………………… 30
　光绪十四年戊子(1888年)　十五岁 ………………………… 32
　光绪十五年己丑(1889年)　十六岁 ………………………… 35
　光绪十六年庚寅(1890年)　十七岁 ………………………… 37
　光绪十七年辛卯(1891年)　十八岁 ………………………… 40
　光绪十八年壬辰(1892年)　十九岁 ………………………… 42
　光绪十九年癸巳(1893年)　二十岁 ………………………… 43
　光绪二十年甲午(1894年)　二十一岁 ……………………… 45
　光绪二十一年乙未(1895年)　二十二岁 …………………… 49
　光绪二十二年丙申(1896年)　二十三岁 …………………… 53
　光绪二十三年丁酉(1897年)　二十四岁 …………………… 57

光绪二十四年戊戌(1898年)	二十五岁	58
光绪二十五年己亥(1899年)	二十六岁	63
光绪二十六年庚子(1900年)	二十七岁	64
光绪二十七年辛丑(1901年)	二十八岁	69
光绪二十八年壬寅(1902年)	二十九岁	73
光绪二十九年癸卯(1903年)	三十岁	75
光绪三十年甲辰(1904年)	三十一岁	78
光绪三十一年乙巳(1905年)	三十二岁	81
光绪三十二年丙午(1906年)	三十三岁	84
光绪三十三年丁未(1907年)	三十四岁	89
光绪三十四年戊申(1908年)	三十五岁	91
宣统元年己酉(1909年)	三十六岁	94
宣统二年庚戌(1910年)	三十七岁	97
宣统三年辛亥(1911年)	三十八岁	99
民国元年壬子(1912年)	三十九岁	112
民国二年癸丑(1913年)	四十岁	117
民国三年甲寅(1914年)	四十一岁	120
民国四年乙卯(1915年)	四十二岁	122
民国五年丙辰(1916年)	四十三岁	125
民国六年丁巳(1917年)	四十四岁	128
民国七年戊午(1918年)	四十五岁	131
民国八年己未(1919年)	四十六岁	134
民国九年庚申(1920年)	四十七岁	135
民国十年辛酉(1921年)	四十八岁	137
民国十一年壬戌(1922年)	四十九岁	141
民国十二年癸亥(1923年)	五十岁	145
民国十三年甲子(1924年)	五十一岁	147
民国十四年乙丑(1925年)	五十二岁	151
民国十五年丙寅(1926年)	五十三岁	154
民国十六年丁卯(1927年)	五十四岁	156
民国十七年戊辰(1928年)	五十五岁	160
民国十八年己巳(1929年)	五十六岁	163
民国十九年庚午(1930年)	五十七岁	165

民国二十年辛未(1931年) 五十八岁	167
民国二十一年壬申(1932年) 五十九岁	173
民国二十二年癸酉(1933年) 六十岁	179
民国二十三年甲戌(1934年) 六十一岁	186
民国二十四年乙亥(1935年) 六十二岁	189
民国二十五年丙子(1936年) 六十三岁	192
民国二十六年丁丑(1937年) 六十四岁	196
民国二十七年戊寅(1938年) 六十五岁	202
民国二十八年己卯(1939年) 六十六岁	208
民国二十九年庚辰(1940年) 六十七岁	212
民国三十年辛巳(1941年) 六十八岁	216
民国三十一年壬午(1942年) 六十九岁	219
民国三十二年癸未(1943年) 七十岁	222
民国三十三年甲申(1944年) 七十一岁	226
民国三十四年乙酉(1945年) 七十二岁	231
民国三十五年丙戌(1946年) 七十三岁	236
民国三十六年丁亥(1947年) 七十四岁	239
民国三十七年戊子(1948年) 七十五岁	243
一九四九年己丑 七十六岁	248
一九五〇年庚寅 七十七岁	261
一九五一年辛卯 七十八岁	266
一九五二年壬辰 七十九岁	268
一九五三年癸巳 八十岁	273
一九五四年甲午 八十一岁	279
一九五五年乙未 八十二岁	285
一九五六年丙申 八十三岁	291
一九五七年丁酉 八十四岁	293
一九五八年戊戌 八十五岁	296
一九五九年己亥 八十六岁	299
一九六〇年庚子 八十七岁	301
一九六一年辛丑 八十八岁	303
一九六二年壬寅 八十九岁	304
一九六三年癸卯 九十岁	306

一九六四年甲辰　九十一岁 …………………………………………… 308
　　一九六五年乙巳　九十二岁 …………………………………………… 309
　　一九六六年丙午　九十三岁 …………………………………………… 311
　　一九六七年丁未　九十四岁 …………………………………………… 315
　　一九六八年戊申　九十五岁 …………………………………………… 316
谱　　后 ………………………………………………………………………… 318
主要参考文献 …………………………………………………………………… 319
后　　记 ………………………………………………………………………… 322

谱　　前

张难先（1874—1968），谱名辉澧，字难先，号义痴，以字行；别号六其居士、耻庐主人、旦庐老人，室名闲闲别墅、灵山窝、灌园、耻庐、旦庐，汉阳府沔阳州东乡接阳（今湖北省仙桃市张沟镇接阳村）人。

张氏一族在沔阳东乡的接阳，乃是大户人家，自十二世祖彬公即饶资财，直传至张难先的祖父鸿猷公才逐渐式微。其父树楷公"见破碎旧家，岌岌可危，于是废读经商，不辞劳苦。经二十年之缔造，几复彬公之旧"。由于树楷公"生平正直勤朴"，故"族里无（论）老少俱敬畏之"[①]。

张难先出生殷实之家，自三岁始即从师学习四书、五经；九、十岁时即学习作文、作诗和八股时文。父亲去世后，家道开始中落。而张难先亦"于满清有种族之见"，故无心科名。十八岁时曾遵"兄令"而"赴州试"，入场后"见争座位者狰狞可怖"，对科举和那些沉迷科举者更加厌恶，遂"携白卷出"[②]，自此不再参加科考，且对时务颇感兴趣。

为了一家人的生计，张难先早年曾经过商，但无甚起色；又曾在乡设馆授徒，并"遍求新书新报阅之"[③]。1904年痛国家危亡，"亦不愿长为乡曲之士"，遂赴武昌，"广结有新思想者以谋救国"[④]；不久即与

[①] 张难先：《义痴六十自述》，严昌洪、张铭玉、傅蟾珍主编：《张难先集》，华中师范大学出版社2011年版，第414页。

[②] 张难先：《义痴六十自述》，严昌洪、张铭玉、傅蟾珍主编：《张难先集》，华中师范大学出版社2011年版，第415页。

[③] 张难先：《义痴六十自述》，严昌洪、张铭玉、傅蟾珍主编：《张难先集》，华中师范大学出版社2011年版，第418页。

[④] 张难先：《义痴六十自述》，严昌洪、张铭玉、傅蟾珍主编：《张难先集》，华中师范大学出版社2011年版，第419页。

胡瑛①等投工程营当兵,并积极参加组织科学补习所。1905年加入日知会。1907年谋响应萍浏醴起义,与刘静庵②等被捕入狱,旋因病保释回乡。辛亥革命时参与各种革命活动,曾任安襄郧荆招讨使季雨霖③的顾问、湖北省教育司模范演讲团团长。后又参加反对北洋军阀的斗争。1920年夏,"精神极烦闷",乃"只身走北京求学",结识熊十力、梁漱溟、蔡元培、胡适等学者,"过从甚密"④,学业大进。1923年出任西江善后督办公署参议。1924年赞成国民党改组,支持孙中山的三大政策,改任广西梧州善后处参议。1925年任广西榷运局局长。1926年任广东琼崖各属行政委员会主任委员、监察院委员。1927年任广东省政府委员兼土地厅厅长。

---

① 胡瑛(1884—1933),原名祖懋,字敬吾,后改名瑛,字经武,号宗琬。祖籍浙江绍兴,父候补湖南,遂迁居桃源。1898年赴长沙求学。1903年入经政学堂,为黄兴弟子。同年冬刺杀王先谦未遂,逃避武昌,不久入工程营当兵。参与组建科学补习所。1904年与王汉等刺杀铁良未遂,赴日留学,入早稻田大学。1905年参加同盟会,被推为评议员。1906年奉命回国参加萍浏醴起义,至武昌,与张难先同时被捕。武昌起义爆发,获释。旋与詹大悲等组织汉口军政分府,任外事部部长。不久,以湖北军政府都督名义参加南北议和。1912年被任命为山东都督。袁世凯篡权,辞都督职。1915年与杨度等成立筹安会,为袁世凯复辟帝制效劳。后曾参加护法战争、北伐战争。1933年病逝于南京。遗著编为《胡都督选集》。

② 刘静庵(1875—1911),原名贞一,又名大雄,字敬安,亦作敬庵、静庵,湖北潜江人。幼承父教,习诸子百家之学,有大志。1903年至武昌从军,入湖北新军马队营。1904年任武昌新军护军马队第一营管带黎元洪的文案。不久加入革命团体科学补习所,密谋与长沙华兴会同时起义,事泄被逐出营。1905年,以担任美国教会圣公会阅报室日知会司理为名,积极购置新书刊,组织演讲会,联络同志,宣传革命思想。次年2月,与曹亚伯等人发起成立革命组织日知会,被推为总干事。1907年1月,因密谋支援萍浏醴起义,被叛徒告密指认为哥老会首领刘家运,遭逮捕入狱,备受酷刑,坚贞不屈。1911年6月12日在狱中被折磨致死。

③ 季雨霖(1881—1918),字良轩,湖北荆门人。1902年投笔从戎,被选送入湖北将弁学堂习军事,毕业后任队官,与刘静庵等组织日知会,共谋革命。日知会遭破坏,被捕入狱;不久经黎元洪等保释,走四川,投效赵尔丰,保送入四川陆军讲武堂深造。武昌起义爆发,绕道回鄂,赴汉口督战。不久任安襄郧荆招讨使,率部收复荆州、沙洋、襄阳等地,随后进军河南。南北议和后回武昌,所部被改编为第八师,任师长。参加"二次革命",失败后逃往日本,加入中华革命党。不久,潜至东北,开展反袁活动。1917年响应孙中山护法北伐,招纳襄河旧部,在沙洋成立护法联军司令部。次年被襄阳镇守使黎天才杀害。

④ 张难先:《义痴六十自述》,严昌洪、张铭玉、傅蟾珍主编:《张难先集》,华中师范大学出版社2011年版,第435页。

1928年任湖北省政府委员兼财政厅厅长。1930年任浙江省政府主席兼民政厅厅长。1932年任豫鄂皖三省"剿匪"总司令部党政委员会委员兼监察处主任。抗战爆发后积极投身救亡活动，曾任湖北省政府委员、湖北省政府委员兼民政厅厅长、国民参政会参政员、湖北银行驻会监事等职。抗战胜利后继任国民参政会参政员，参政议政；又当选为湖北银行董事会董事长。解放前夕与地方缙绅、名流组织武汉临时救济委员会，维护社会治安，防止国民党溃兵特务破坏，迎接人民解放大军顺利接管。

新中国成立后历任中华人民共和国中央人民政府委员，中央人民政府政务院人民监察委员会委员，中南军政（后改为"行政"）委员会副主席，中南军政委员会禁烟禁毒委员会主任，全国人大一、二、三届常务委员，政协全国常委等职。平生好学不倦，工诗文，尤于辛亥革命史颇多贡献。著有《湖北革命知之录》《湖北丙午党狱汇纪》《义痴六十自述》《六十以后续记》《八十以后随笔》《桑榆随笔》等。今人辑有《张难先集》。

正　　谱

同治十三年甲戌（1874年）　一岁

正月二十七日（3月15日），法国胁迫安南（今越南）派黎峻、阮文祥在西贡与法国代表杜白蕾签订卖国的《法越媾和同盟条约》，安南沦为法国的保护国。

二月下旬至三月中旬，日本政府成立台湾事务局，任命大隈重信为长官，在长崎设立侵台军基地；又以陆军中将西乡从道为台湾事务都督，发兵四五千人（号称一万五千人），企图从台湾南端入侵台湾。

三月十八日（5月3日），上海民众发动了反对法国侵略军侵占四明公所（又称"宁波会馆"）的斗争。

三月二十三日（5月8日），日本政府借口台湾杀死琉球船民一事，命大隈重信、西乡从道和美国驻厦门前领事李仙得（G. W. Le Gendre）指挥日军在台湾南部的琅峤港口登陆，遭到台湾高山族和汉族民众的抗击。

三月二十九日（5月14日），清政府派福建船政大臣沈葆桢以巡阅为名，率兵轮前往台湾察看海防。

三月三十日（5月15日）卯时，张难先出生于汉阳府沔阳州东乡接阳一个儒商家庭。

四月初八日（5月23日），沙俄拒不交还新疆伊犁，清政府命陕甘总督左宗棠迅速西进。

四月十八日（6月2日），日本侵略军分三路进攻福建台湾，焚烧牡丹社等处。

五月十三日（6月26日），经过八个月艰难曲折的谈判，清政府与秘鲁签订了中国历史上第一个保护华工的专门条约《中秘会议专条》以及《中秘移民通商条约十九款》。

九月二十二日（10月31日），清政府总理衙门与日本内务卿、全权大

使大久保利通(おおくぼ としみち，1830—1878)在北京签订中日《台事专约》三款及凭单，日本侵略者从清廷方面讨得"保民义举"的称誉，并索得五十万银两的补偿。

十月初九日(11月17日)，中国第三批官费留学生唐绍仪等三十人启程赴美留学。

十二月初五日(1875年1月12日)，同治皇帝爱新觉罗·载淳驾崩。两宫皇太后宣醇亲王奕譞之子载湉入继大统，嗣皇帝位，时年仅四岁；以明年为光绪元年。两宫皇太后再次垂帘听政。

是年，刘佐龙①(1874—1936)出生于湖北沔阳多祥(今属天门市)一个书香人家。

是年，彭养光②(1874—1946)出生于湖北钟祥客店(今钟祥市客店镇)一个书香家庭。

光绪元年乙亥(1875年)　二岁

正月十六日(2月21日)，云南民众在永昌(今保山市)打死非法进入云南并肆意行凶的英国使馆翻译马嘉理(Augustus Raymond Margary)，史称"马嘉理事件"。

正月二十日(2月25日)，光绪皇帝爱新觉罗·载湉即位，慈禧太后掌

---

① 刘佐龙(1874—1936)，原名万青，字汉三，湖北沔阳人。早年投笔从戎，改名佐龙，入湖北新军，为协统黎元洪所赏识，1910年被保荐入武高等学堂学习。结业后留黎部任队官，不久升管带。武昌起义时，随黎反正，升任标统。入民国，历任都督府执事官兼禁卫军司令、禁卫军第一协统领、第五师第九旅旅长、湖北第八独立旅旅长、第四混成旅旅长、两湖巡阅使、鄂军第二师师长等职。北伐军进攻武汉，因"输诚"有功，被委任为国民革命军第十五军军长。1927年"四一二政变"后投靠蒋介石。不久，以擅杀副军长、党代表被武汉国民政府逮捕，旋以行贿得释，蛰居汉口日租界。晚年信佛，好看风水。

② 彭养光(1874—1946)，字临九，湖北钟祥人。清末秀才。1905年加入同盟会。1906年加入日知会，参加过萍浏醴起义，失败后回武昌，组织安郢公益社，任社长。日知会遭破坏，刘静庵等人被捕入狱，曾与党人共谋营救。后赴四川，参加四川反清起义。武昌起义爆发后回到湖北，任都督府参议。1912年当选为国会议员。1913年参加讨袁，失败后逃往日本，加入中华革命党。1915年奉命回国，在武昌建立中华革命党分部。1917年南下广州参加非常国会。1921年后奉命奔走四方联络同志。1929年回钟祥任县长。1931年赴南京，任国民政府立法委员。抗战爆发后赴重庆，力主抗战，曾与焦易堂开办中成药制药厂。

握实权。

二月初十日（3月19日），英国驻华公使威妥玛正式向总理衙门提出六项要求，就"马嘉理事件"与清政府进行交涉。

三月二十八日（5月3日），清廷任命陕甘总督左宗棠为钦差大臣，督办新疆军务。

四月二十六日（5月30日），清政府派李鸿章督办北洋海防，沈葆桢督办南洋海防。

八月初一日（8月31日），清政府任命郭嵩焘为出使英国钦差大臣，为中国政府正式派遣常驻各国公使的开始。

八月二十一日（9月20日），日本蓄意制造了"江华岛事件"（又称"云扬号事件"），出兵侵略朝鲜，迫使朝鲜与日本签订《江华条约》。

九月十六日（10月14日），中国第四批官费留学生四十人启程赴美留学。

十月初四日（11月1日），清政府批准山东巡抚丁宝桢在烟台、威海卫、登州府修筑炮台，在济南建立山东机器局。

十一月十四日（12月11日），清政府任命陈兰彬、容闳分别为出使美国和秘鲁的钦差大臣。

是年，沙俄在黑龙江进行第四次"武装航行"，并在其中、上游地区建立了二十个哥萨克"村屯"。

是年，刘静庵（1875—1911）出生于湖北潜江梅嘴一个书香门第。

是年，杨洪胜①（1875—1911）出生于湖北谷城一个贫寒家庭。

是年，阙龙②（1875—1918）出生于湖北沔阳州一个贫寒家庭。

---

① 杨洪胜(1875—1911)，一作宏胜，字益三，湖北谷城人。其父曾参加反清活动，被清廷杀害。早年在家务农。1903年入湖北新军，结识刘公、孙武等人，立志革命。旋奉命长期请假，在武昌设小杂货店为革命联络据点。1911年初加入文学社。9月湖北革命军总指挥部成立，准备武装起义，任军务筹备员，负责运送军火。10月9日被捕，英勇不屈。10日早晨与彭楚藩、刘复基同时就义。

② 阙龙(1875—1918)，字云波，湖北沔阳人。1906年入湖北新军当兵，加入军队同盟会。武昌起义爆发，参与进攻督署，旋任标统，赴汉口与清军作战。不久，调安襄郧荆招讨使季雨霖属下任标统。后因功升协统兼北伐右路军司令。南北议和后任十五协协统，旋改旅长。不久辞职赴日留学。宋教仁被杀，潜回国参加反袁活动。1916年被黎元洪委任为陆军参议。1917年南下，任广州大元帅府参议。

是年，时功璧①（1875—1927）出生于湖北枝江一个书香官宦家庭。

是年，曹亚伯②（1875—1937）出生于湖北兴国州（今阳新县）一个耕读之家。

是年，殷子衡③（1875—1957）出生于湖北黄冈一个书香之家。

光绪二年丙子（1876年） 三岁

正月初七日（2月1日），湖北孝感乡民与前往传教的英国传教士发生冲突，引起两国争端，史称"孝感教案"。

三月上旬，四川邻水县教民王同兴结伙抢劫杀人，激起民愤，群众将大批教民驱逐出境，拆毁教堂五处，焚毁教民房屋一百余家。

三月十三日（4月7日），四川江北厅（今重庆市江北区）因反对传教士强行传教，陈子千、聂钦斋率数千民众捣毁教堂，在冲突中民众被打死五

---

① 时功璧(1875—1927)，字伯弼，时象晋长子。早年随父读书，1903年从日本留学归国，参加归国鄂籍留日学生组织昌明公司，招待湖北出洋学生，运售文化书报，传递海内外消息。后筹款购回灯机片运回武汉放映。1904年，张难先等人在武昌组织科学补习所，时被推举为财政干事。科学补习所遭查封，日知会成立，时将该会订购的进步书刊《猛回头》《黄帝魂》《湖北学生界》拿到武昌城内各地散发，并于1906年春加入同盟会。武昌起义前后，历任湖北造币厂协理、厂长，后因收支不符而辞去厂长职务，返回故里。1927年病逝。

② 曹亚伯(1875—1937)，原名茂瑞，字庆云，因信奉基督教，礼名亚伯，也作亚白，湖北兴国州人。早年肄业于两湖书院。1904年与吕大森等创办科学补习所，为掩护革命，遂加入基督教，被聘为长沙宁乡驻省中学堂教师。长沙起义失败后，掩护黄兴等出走。1905年赴日，加入同盟会。1906年赴英国，向外人宣传中国革命。1912年归国，入黎元洪幕府，赞商机要。1914年加入中华革命党，奔走各党派之间。1917年筹资南下，参加护法运动。不久退居昆山，在上海创办亚林臭水厂。1921年任总统府顾问，随孙中山北伐。因与胡汉民等不协，回昆山经营农业。1926年起兵响应北伐，曾被白崇禧关押，获释后愤而著《武昌革命真史》。晚年厌倦世事，专心向佛，曾创办良山佛教道社。"九一八事变"后呼吁抗日救国。1937年卒于昆山。著作还有《战中世界旅行记》《游川日记》等，今人整理有《曹亚伯集》。

③ 殷子衡(1875—1957)，字子恒，号姜园，湖北黄冈人。少随舅父吴贡三读书，习经史，精方舆，并受舅父思想影响，加入日知会，负责传输宣传品。日知会遭破坏，与舅父同时被捕，受尽酷刑始终不屈。后被判十年徒刑，下湖北模范监狱。1909年转至夏口监狱。武昌起义爆发，集难友百数十人夺狱而出。旋赴黄冈，参与订立黄州临时政府章程。入民国，绝意政途，至汉口圣公会受洗，潜心宗教。新中国成立后，曾任湖北省文史研究馆馆员。著有《六洲地图》《狱中记》《中华婚姻鉴》《中国哲学撷言》《比较宗教学》《皈依基督教自述》《中国基督教两大伟人》《姜园日记》等。

十余人,史称"江北教案"。结果两起教案共赔款五万二千两银子结案。

三月二十一日(4月15日),直隶总督李鸿章派淮军将领卞长胜等七人赴德国学习军事。

五月十九日(6月10日),四川涪州(今重庆市涪陵区)张在初等聚众焚毁教堂多处,劫毁教民一百余家,驱逐大批教士教民。

闰五月初九日(6月30日),由英商怡和洋行擅自在上海修筑的"淞沪铁路"通车。这是外国人在中国建筑和经营的第一条铁路。

闰五月二十九日(7月20日),钦差大臣、陕甘总督左宗棠指挥的清军刘锦棠部击败阿古柏叛军,克复新疆乌鲁木齐,平定天山北路。

闰五月中旬至六月上旬,安徽建平县因传教士强行传教、打死民众二人,引起纠纷;清政府反而判处民众三人死刑,徒刑二人,赔款三万三千三百五十六两银子结案,史称"建平教案"。

六月初八日(7月28日),清政府派直隶总督李鸿章为全权大臣赴山东烟台与英国驻华公使威妥玛谈判"马嘉理案"。

六月十八日(8月7日),陈叔通①(1876—1966)出生于浙江仁和(今杭州市)一个书香官宦家庭。

七月二十六日(9月13日),直隶总督李鸿章与英国驻华公使威妥玛签订《中英烟台条约》,在"另议专条"中规定:英国如派探路队从北京经甘肃、青海赴西藏,或经四川入藏,或由印度来藏,总理衙门应"察酌情形"发给护照或令西藏地方派员照料。

九月初八日(10月24日),清政府以二十八万五千两白银购买英国商人所修筑之淞沪铁路,后拆迁运至台湾,拟修筑铁路,因经费无着,又运回上海转运北方。

十月初八日(11月23日),《上海新报》馆设立。

---

① 陈叔通(1876—1966),名敬第,字叔通,以字行,浙江杭州人。1902年中举人,1903年成进士,1904年赴日留学,入东京法政大学。1906年回国,曾任宪政调查局会办、资政院民选议员。入民国,历任国会议员、《北京日报》经理、商务印书馆总务处处长、浙江兴业银行驻行常务董事等职。抗战期间,积极支持抗日,拒绝出任伪职。抗战胜利后积极投身反内战、争和平,反独裁、争民主的洪流。1949年应邀赴京出席新政协第一次全体会议,出席开国大典。新中国成立后历任中央人民政府委员会委员、全国人民代表大会常务委员会副委员长、中国人民政治协商会议全国委员会副主席、中国人民保卫世界和平委员会副主席、中华全国工商业联合会主任委员等职。著有《政治学》《法学通论》《百梅书屋诗存》等。

十一月间，沙俄特使库洛巴金与阿古柏背着中国政府签订《俄阿边界条约》。

十二月初二日（1877年1月15日），清政府派福建船政学堂学生严复、萨镇冰等三十人赴英、法学习航海、造船技术。

是年，基督教青年会传入中国，并在上海设立了第一个青年会。

是年，朱元成①（1876—1907）出生于湖北荆门一个书香之家。

光绪三年丁丑（1877年） 四岁

二月十八日（4月1日），湖北宜昌、安徽芜湖、浙江温州正式对外开埠。

三月初三日（4月16日），钦差大臣左宗棠指挥清军越过天山向南疆进攻，克复达坂城。

三月十二至十三日（4月25—26日），钦差大臣左宗棠指挥清军相继克复鲁克沁城、连木沁台、胜金台、哈拉和卓城、会克吐鲁番。

四月初十日（5月22日），新疆叛乱势力溃败，首领阿古柏逃至库尔勒自杀。

五月初五日（6月15日），上海有线电报研制成功，是日第一次拍发。

八月间，直隶总督李鸿章派唐廷枢等在滦州设立开平矿务局，官督商办，开采开平镇煤矿，是我国最早使用机器开采的一个大型煤矿。

九月上、中旬（10月7—26日），左宗棠西征军刘锦堂部相继收复喀喇沙尔、库尔勒城、复拜城、阿克苏、乌什等地。

十月十九日（11月23日），四川涪州（今属重庆市）、内江、南充、巴州（今巴中市巴州区）等地民众为反对西方传教士的非法传教而拆毁教堂。

十一月十四至二十四日（12月18—28日），左宗棠西征军刘锦堂部相继收复喀什噶尔、叶尔羌城、英吉沙尔等地，阿古柏余部白彦虎等逃入

---

① 朱元成(1876—1907)，原名家桯，又名子龙，字松坪，湖北荆门人。早年在家设馆授徒。1903年从军，编入湖北新军工兵营，后被提升为书记。1904年参与发起组织科学补习所，秘密从事革命活动。科学补习所被查封，又积极参与发起成立日知会。1906年因与营官不和，遂退伍赴日本，与孙中山相晤，加入同盟会。旋回国，在武昌、汉口联络新军中革命党人。因有叛徒告密，日知会事泄，被捕入狱。在狱中累遭酷刑，坚贞不屈，于次年被折磨致病而亡。

俄境。

十一月二十九日（1878年1月2日），左宗棠西征军董福祥部收复和阗。至此，除伊犁地区之外的新疆领土全部收复。

是年，小难先开始"从姻长冯大林师读"，其时尚在"食乳"（见《义痴六十自述》，《张难先集》第413页）。

光绪四年戊寅（1878年） 五岁

是年，小难先仍"从冯姻长师读"（见《义痴六十自述》，《张难先集》第413页）。

正月初八日（2月9日），向笙三①（1878—1931）出生于湖北沔阳一个望族大家庭。

五月二十二日（6月22日），清政府派吏部左侍郎崇厚为出使俄国大臣，前往谈判归还伊犁问题。

六月二十五日（7月24日），开平煤矿正式开局。

七月二十二日（8月20日），严寄诚②（1878—1928）出生于湖北沔阳一个书香之家。

七月二十七日（8月25日），清政府召回驻英、德正副公使郭嵩焘、刘锡鸿，而派曾纪泽、李凤苞为驻英、德正副公使。

八月间，爆发琼州道（今海南省）汉、黎族人民的抗清起义。

九月初十日（10月5日），四川候补道彭启智呈禀南、北洋大臣，请准设立上海机器织布局，李鸿章、沈葆桢先后批准。

是年，道员朱其昂在天津设立贻来牟机器磨坊，使用蒸汽机磨面；钦差大臣、陕甘总督左宗棠筹建兰州机器织呢局。

---

① 向笙三（1878—1931），原名树骨，字笙三，以字行，湖北沔阳人。诸生。1904年张难先奔走革命，笙三解囊相助。1906年，难先被捕入狱，笙三入狱探望，并奔走营救。辛亥革命后，难先仕途坎坷，官场沉浮，笙三不以其显而趋赴，不以其贫而嫌弃，始终如一地真心相待。后以"善士"终于沔阳。

② 严寄诚（1878—1928），字少陵，湖北沔阳人。早年赴日留学，入盛岗高等农林学校。1910年回湖北任职，被派赴南京参加全国劝业奖进会；不久入京参加考试，授农科举人，签分山东以知县用。将赴任而武昌起义爆发，回武昌参与保卫战。军政府实业司成立，被派往任职。入民国，授农商部技士、主事，被派任为第一林场西山分场主任。1922年升为第二林场场长。1924年调任第三林场场长。1926年以病辞职。1928年病逝。

是年，梁钟汉①（1878—1959）出生于湖北汉阳马口镇一个巨富之家。
是年，林志钧②（1878—1961）出生于福建闽侯一个书香家庭。

光绪五年己卯（1879年）　六岁

是年，小难先仍"从冯姻长师读"（见《义痴六十自述》，《张难先集》第413页）。

正月初八日（1月29日），福建建章府迪口（今南平市建瓯市迪口镇）民众因反对传教士胡作非为而将地方教堂拆毁。

二月间，难先之弟辉沅③（1879—1922）出生。

同月里，沈肇年④（1879—1973）出生于湖北天门卢市镇一个书香

---

①　梁钟汉（1878—1959），字瑞堂，湖北汉川人。早年入湖北新军当兵。1903年赴日留学，入东京路矿学校。1905年加入同盟会。1906年10月，奉孙中山之命，回鄂发起革命运动，在武昌组织群社，并创办明新公学。参与组织日知会。1907年初被捕入狱。后被判处有期徒刑三年，押回汉川原籍监禁。武昌起义爆发后出狱，在湖北汉川发动起义，成立汉川军政分府，被推为襄河游击总司令。汉阳陷落后，率部归安襄郧荆招讨使季雨霖，出任襄阳府知府。南北议和后，任副总统黎元洪高等顾问，并被选为省议会议员。参与"二次革命"，失败后逃往日本，加入中华革命党。1915年回国策划反袁。1917年任广州大元帅府参议。1922年任非常大总统府咨议。1926年参与北伐。国民革命军攻克武昌后，脱离军政界。抗战期间隐居万县，抗战胜利后返回故里，创办耀汉中学。新中国成立后被聘为湖北省文史研究馆馆员。著有《我的革命经过》。

②　林志钧（1878—1961），字宰平，号北山，福建闽侯人。1903年中举人。不久赴日本留学，习法政。1907年回国，出任外交部佥事、国立法政专门学校教务长等职。1909年与友人创办尚志学会，出版"尚志学会丛书"。入民国，曾任司法部参事、民事司司长及司法行政部部长等职。1920年底赴欧游学。1927年辞职，致力于学术研究，在清华国学研究院、北大哲学系讲学。抗战爆发后，奔走于北平、上海、武汉之间。1938年迁居天津。1949年移居北京，出任中华人民共和国国务院参事室参事。1961年逝于北京。工诗文，擅书画，著有《北云集》《帖考》《书画集》等。编辑有《饮冰室合集》等。

③　张辉沅（1879—1922），字竺轩，湖北沔阳人。自少即随父经营商业。父去世后，主持经营张家商业。

④　沈肇年（1879—1973），原名兆莲，字碧舫，号甓庐，湖北天门人。清末秀才。1908年任安陆府中学堂学监兼教员，不久加入同盟会。武昌起义爆发，奔赴武昌参加，任起义门第一警察署书记。1912年加入国民党。1913年起任湖北财政司科长、秘书。1926年起任国民政府财政部库藏局科长、代局长，后调任财政部驻武汉分库主任。1932年任湖北省财政厅厅长。1940年起任湖北临时参议会议员、议长。新中国成立后历任中南地区及湖北省财经委员会委员、湖北省文管会第一主任、湖北省文史馆馆长、民革省委员、全国政协第二届委员等职。喜藏金石，工分篆。著有《艺甄初集》。

家庭。

三月初八日（3月30日），日本侵占琉球国，废琉球国王，改琉球为冲绳县。

闰三月二十九日（5月19日），时子周①（1879—1969）出生于直隶天津西北角文昌宫之西一个市民家庭。

四月下旬至五月中旬，直隶唐山胥各庄（今河北省唐山市丰南区胥各庄镇）运煤铁路正式动工，是我国自办铁路之始。

五月下旬至六月中旬，上海耶松船厂工人因抗议封建把头克扣工资而举行罢工。

六月二十一日（8月8日），仇鳌②（1879—1970）出生于湖南湘阴一个贫寒家庭。

八月十七日（10月2日），出使俄国大臣崇厚在俄谈判，擅自与俄国订立《里瓦基亚条约》（《交收伊犁条约》）。

八月二十三日（10月8日），宛平（今北京市京西矿区）富商段益三领

---

① 时子周（1879—1967），名作新，字子周，以字行，又经名哈立德，回族，天津人。早年就读保定大学堂。1904年任教于天津敬业中学（南开中学前身）。后积极从事民主革命活动，加入同盟会。1917年曾赴日考察教育，回国后任南开中学教务主任。积极参加各种社会活动，成为"五四"时期的活跃人物。1920年出任天津工巡捐务处处长，不久辞职。北伐时，仍回天津教书，任河东中学教务主任。1928年任天津市立师范学校校长。1931年任国民党天津市党部委员。1935年被选为国民党候补中央委员，曾任湖北省教育厅厅长。1939年赴重庆，就任回教救国协会副理事长（理事长为白崇禧）。抗战胜利后出任天津临时参议会议长。1948年10月经长沙、昆明去台湾。著有《伊斯兰教义百讲》《古兰经国语译解》等。

② 仇鳌（1879—1970），原名曜元，晚年自号半肺老人，湖南湘阴人。1902年中秀才。1904年赴日留学，先学师范，后学法政，毕业于明治大学。在东京加入华兴会，后转入同盟会。1906年奉命回籍筹备武装起义，事泄，再赴日本。1911年回国。1912年任湖南省民政内务司长，国民党改组，被推为湖南副支部长。1913年参加"二次革命"，失败后逃往日本。1917年参与护法，任湖南交涉署外交司司长，兼监长沙、岳州关税。1923年赴欧美游学，1925年经苏联回国。1928年任北伐战地政务委员，后任国民政府铨叙部部长。抗战期间任湖南省政府委员兼省赈济委员会主任委员。抗战胜利后任湘、鄂、赣敌伪产业接受清查团团长、湖南省政府委员、省参议员等职。1949年初，长沙市和平促进委员会成立，任主席。8月5日，与唐生智等通电，拥护湖南和平解放。新中国成立后历任湖南省军政委员会副主任、中南军政委员会委员兼参事室主任、国民党革命委员会中央委员、全国政协第二、三、四届委员等职。著有《半肺老人吟草》。

得窑照，允准开采直隶通兴煤矿（后改名门头沟煤矿，今属北京市门头沟区）。

九月初五日（10月19日），两江总督沈葆桢奏议出使俄国大臣崇厚丧失国权，条约各款万不可行。

九月二十七日（11月10日），上海祥生船厂工人为抗议洋人殴打工人而举行罢工。

十一月初二日（12月14日），美国传教士在福建延平（今南平市延平区）开枪伤人，遭到当地民众痛殴。

十一月十三日（12月25日），田桐①（1879—1930）出生于蕲州（今黄冈市蕲春县）漕河镇田家河一个书香之家。

十一月二十四日（1880年1月5日），清政府将出使俄国大臣崇厚开缺候议，其所议条约章程交廷臣集议。

十二月十六日（1880年1月27日），清政府将原吏部左侍郎、出使俄国大臣崇厚革职拿问。

是年，直隶总督李鸿章在大沽北塘（今属天津市滨海新区）海口炮台试设到天津的电报，为中国创办最早的电报。

是年，康建堂②（1879—1914）出生于湖北恩施红庙奇峰坝一个书香人家。

---

① 田桐（1879—1930），字梓琴，一作梓卿，笔名恨海，别号玄玄居士，湖北蕲春人。诸生。1903年考入武昌文普通中学堂。1904年赴日留学，入东京弘文学院。同年，与宋教仁等筹创《二十世纪之支那》杂志。1905年参与创建中国同盟会，被推为评议部评议员兼总理书记，《民报》撰述。1906年，与柳亚子等创办《复报》，为主编之一。1907年赴新加坡主持《中兴日报》，继至印尼、北京等地活动。武昌起义爆发后随黄兴赴武昌，任战时总司令部秘书长。南京临时政府成立，任内务部参议、临时参议院议员。1913年被选为国会参议院议员。1914年加入中华革命党。1917年南下，任广州大元帅府参议。1920年任韶关大本营宣传处处长。国民党改组，反对孙中山的三大政策，为西山会议派成员。1926年任江汉宣抚使兼湖北省政府委员。蒋介石执政后，对蒋亦不满，拒绝出任蒋政府职务。1930年病逝。著述编为《田桐集》。

② 康建堂（1879—1914），一名朝衡，字秉钧，土家族，湖北恩施人。清末秀才。早年考入湖北武备学堂学习，开始接受民主革命思想，曾参与吴禄贞组织的武昌花园山革命机关的活动。1904年起，与吕大森、曹亚伯、张难先、胡瑛等人发起组织科学补习所及日知会，秘密从事革命活动。武昌起义后回到恩施，与吕大森、向炳焜、王鸿猷等人组成联合行动小组，密谋在恩施、鹤峰等七县同时举义，宣布和平反正，组成军政府，声援武昌起义。民国初，引退回乡，设馆授徒。1914年病逝于老家。

是年，孙武①（1879—1939）出生于湖北夏口（今武汉市东西湖区）一个书香之家。

是年，石瑛②（1879—1943）出生于湖北阳新燕厦（今通山县新庄坪）一个书香家庭。

是年，欧阳瑞骅③（1879—1944）出生于湖北沔阳州一个书香之家。

光绪六年庚辰（1880年）　七岁

是年，小难先改"从族祖寿三公读"，时"记忆力弱，极以背诵为苦"（见《义痴六十自述》，《张难先集》第413页）。

---

① 孙武(1879—1939)，名葆仁，字尧卿(摇清)，号梦飞，湖北夏口人。1896年入湖北武备学堂，毕业后任湖南新军教练。唐才常组织自立军时，被委任为岳州司令。1904年赴日，入成城学校习海军。1905年归国，加入日知会。1907年再赴日本，入大森军事学校。共进会成立，任军事部主任，并被推为湖北主盟人。不久回国，在汉口、广州等地从事革命活动，在香港加入同盟会。1911年9月，共进会和文学社联合，共谋武装起义，任起义军参谋长。武昌起义后任湖北军政府军务部部长，拥护黎元洪，组织民社，排斥革命派。1912年3月，遭武汉革命党人指斥，自行引退。1915年12月，任参政院参政。1922年，鄂督萧耀南委其为汉口地亩清查督办。1926年夏，任湖北官矿督办。北伐军抵武汉后，孙武退居北平。抗战初，任北京法政大学校长，拒绝日寇拉拢。1939年11月10日病逝于北平。

② 石瑛(1879—1943)，字蘅青，湖北阳新人。1903年考中举人。1904年公派赴欧洲留学，初至比利时，继往法国，受歧视，转赴英国。1905年加入孙中山组织的欧洲同盟会，并负责筹款。武昌起义爆发后归国，至南京临时政府总办禁烟事宜。孙中山辞大总统职，奉命回鄂主持同盟会鄂支部，不久加入国民党；又被选为湖北省众议员、国会议员。"二次革命"失败，再赴英国，入伯明翰大学，习采矿冶金。1922年归国，历任北京大学教授、上海兵工厂厂长、武昌师范大学校长等职。1928年出任湖北省政府委员兼建设厅厅长。1929年出任武汉大学工学院院长。1932年出任南京市市长。1935年出任国民政府铨叙部部长。抗战爆发后复任湖北建设厅厅长，曾创办棉麻纺织合作社。1938年因病辞厅长职，被选为湖北临时参议会议长。1943年初赴重庆就医，年底病逝于重庆。其讲话、文稿汇编成《石蘅青先生言论集》。

③ 欧阳瑞骅(1879—1944)，字季香，湖北沔阳人。1903年考入武昌文普通中学堂，与宋教仁、田桐、吴昆等往还，从事革命活动。1904年与宋教仁、张难先、刘静庵等创办科学补习所。参与筹备长沙起义，事泄逃往日本。1906年回国，与张难先、刘静庵等成立日知会。1932年，南京市立图书馆筹备处与民众科学馆合并为一（后名为南京市立图书馆），被南京特别市政府委任为主任（馆长）。1938年7月，曾邀梁钟汉、殷子衡、张难先等在日知会原址建立武昌日知会纪念碑。著有《易林楹帖》及革命烈士小传多种。又译有日本河野元三所著之《蒙古史》。

正月初三日（2月12日），清政府任命出使英国、法国大臣曾纪泽为出使俄国钦差大臣，取代崇厚赴俄国继续办理伊犁交涉。

正月初七日（2月16日），陈经畲①（1880—1967）出生于江苏南京吉兆营一个机户家庭。

正月初十日（2月19日），清政府正式照会沙俄政府，不承认《里瓦基亚条约》。

四月上旬，清政府为向俄国索回新疆伊犁，频调劲旅分布诸边以为防备；又命浙江提督吴长庆立即进京陛见。

五月初八日（6月15日），总理衙门奏称崇厚获罪后，英、法、德驻华公使均要求宽免。

五月十九日（6月26日），清政府命暂免崇厚斩罪，并知照俄国。

六月二十六日（8月1日），出使俄国钦差大臣曾纪泽抵达俄京圣彼得堡。

七月初六日（8月11日），清政府调陕甘总督、钦差大臣左宗棠入京，并对俄妥协。

七月初七日（8月12日），清政府开释原出使俄国大臣崇厚。

八月十二日（9月16日），左宗棠创办的兰州机器织呢局正式开工。

八月十四日（9月18日），直隶总督李鸿章奏设南、北洋电报，获准在天津设立电报总局，并于紫竹林、大沽口、济宁、清江、镇江、苏州、上海七处各设电报分局，架设天津至上海间的电线（1881年4月开始铺设电线，同年12月完工）。

十二月初一日（12月31日），直隶总督李鸿章奏请兴建铁路。

---

① 陈经畲（1880—1967），名庆纶，字经畲，以字行，回族，江苏南京人。年轻时来汉当店员，后逐渐发展，独自经营百货业，积极提倡国货，拒进外货，并在南京、汉口兴办和参加许多慈善和教育事业。1933年被推选为汉口市商会主席。抗战初期任汉口抗敌后援会副会长，连任国民参政会第一、二届参政员。武汉解放前夕，参与汉口市人民和平促进会及武汉市民临时救济委员会工作，迎接解放。1949年受邀赴京出席中国人民政治协商会议第一届全体会议。新中国成立后历任中南军政委员会委员和财经委员会委员、武汉市副市长、武汉市工商联主委、中央民委委员、中南政法委员会委员、中国民主建国会一至三届中央委员、中南民委副主任、中国伊斯兰教协会副会长、中南行政委员会委员、全国人大一至三届代表和常委、全国政协一至四届委员、全国工商联副主委、民建武汉市委会副主委、湖北省工商联主委、湖北省政协副主席、湖北省副省长等职。1967年卒于汉。

是年，湖广总督李瀚章和湖北巡抚彭祖贤在省城武昌（夏口）设立修志局，开始编纂《湖北通志》。

是年，杨永泰①（1880—1936）出生于广东茂名高州大井镇大坡山村一个殷实家庭。

光绪七年辛巳（1881年） 八岁

是年，小难先仍"从寿三公读"（见《义痴六十自述》，《张难先集》第413页）。

正月二十二日（2月20日），张知本②（1881—1976）出生于湖北江陵秦市张公垱一个书香家庭。

正月二十六日（2月24日），出使俄国钦差大臣曾纪泽与沙俄签订《中俄伊犁条约》和《改订陆路通商章程》。

正月二十九日（2月27日），朝廷命东阁大学士左宗棠管理兵部事务，在军机大臣上行走，又在总理各国事务衙门行走。

三月初十日（4月8日），咸丰皇帝皇后钮祜禄氏、慈安太后在宫中猝死。

三月间，清政府擢升出使欧洲二等参赞黎庶昌为记名道员，赏给二品顶

---

① 杨永泰(1880—1936)，字畅卿，广东茂名人。17岁中秀才。21岁考入广州高等学堂，一年后转入北京政法专门学校习法律。1908年被推选为广东省谘议局议员。1912年被选为临时国会议员。1914年国会被解散，赴上海创办《正谊》杂志，加入中华革命党。1916年春回广东参加护国运动。肇庆军务院成立，任财政厅厅长。袁死后，与李根源等组织政学会。护法运动时，投靠岑春煊、陆荣廷，被任命为广东财政厅厅长、广东省省长。1922年再度出任北洋政府国会参议院议员。1928年通过政学系熊式辉的引荐，结识蒋介石，并受到蒋介石赏识，成为其心腹，历任豫鄂皖三省"剿匪"总司令部秘书长、国民政府军事委员会委员长武昌行营秘书长、国民党第五届中央候补执行委员、湖北省政府主席兼湖北省保安司令等职。

② 张知本(1881—1976)，别名礼恭，字怀九，号龙甲，湖北江陵人。1904年赴日留学，初入宏文书院，后入日本法政大学攻读法律。1905年加入中国同盟会。1907年学成回国，历任广济中学堂堂长、武昌公立法政学堂监督、武昌私立法政学堂及法官养成所教习、荆州府中学堂堂长。1911年任武昌军政司法部部长。1924年任湖北法科大学校长。国民党一大时，孙中山亲自提其名为中央委员。1928年任湖北省政府主席。1933年当选立法委员，并主持《五五宪法草案》的起草工作。抗战爆发后赴重庆，任重庆行政法院院长，兼任朝阳学院院长（今中国人民大学法学院）。1949年赴台湾。著有《宪法论》《宪政要论》《法学通论》《社会法律学》等，译著有《民事证据论》《土地公有论》等。

戴，派充出使日本钦差大臣，并命其速速回京陛见。

四月二十五日（5月22日），清政府颁布《开平矿务局章程》。

五月初五日（6月1日），季雨霖（1881—1918）出生于湖北荆门高阳（今荆门市沙洋区烟垢镇）一个书香家庭。

五月十三日（6月9日），唐山胥各庄运煤铁路建成，"中国火箭号"车头首次行驶。

夏天，沔阳州一带"大疫"，小难先见"一丐者病卧厕中，见之泪下"，于是常"窃家中药物食品与之"，又"时给茶水"，因是"丐者以愈"（见《义痴六十自述》，《张难先集》第413页）。

六月初一日（6月26日），东陲边务督办吴大澂奏请在吉林设立机器局，制造新式枪械子弹，获准。

六月十八日（7月13日），山东济南美国传教士强买民房改建教堂，泺源书院师生发出揭帖，要求收回房屋；传教士却向美国公使报告，谎称教堂已被拆毁，要求赔偿；美国公使馆派参赞到济南向地方官要挟，以退还原房价和赔款结案，史称"济南教案"。

八月二十三日（10月15日），广东南海县（今佛山市南海区）西樵缫丝工人因受迷信思想影响捣毁裕厚昌缫丝厂机器。

九月间，英国商人创办上海自来水公司。

十月初十日（12月1日），中国第一条电报线（天津至上海）铺成并投入使用。

十一月二十七日（1882年1月16日），《申报》首次刊用国内电讯。

十二月初一日（1882年1月20日），出使日本钦差大臣黎庶昌带领家眷和从侄汝谦、长婿后沆以及出使随员乘"驭远"兵船，自上海启航赴日。

十二月二十六日（1882年2月14日），出使日本钦差大臣黎庶昌一行人抵达东京，与前任公使何如璋办理完交接手续，随即前往日本外务部拜见外务卿井上馨，接洽公务。

是年，归安（今浙江省湖州市）富商黄佐卿在上海创办公和永缫丝厂，次年正式开工，是上海最早的民族资本机器缫丝厂。

是年，香港仁记洋行买办梁云汉（又名梁安，字鹤巢）在广州设立肇兴公司，经营海外航运及贸易。

是年，英商怡和洋行将华海轮船公司和扬子轮船公司合并为印华轮船公司，通称怡和轮船公司。

是年，刘英①（1881—1921）出生于湖北京山永隆河刘家榨一个书香富有家庭。

是年，吕大森②（1881—1930）出生于湖北建始猫几坪一个耕读家庭。

是年，杨时杰③（1881—1956）出生于湖北沔阳一个贫苦家庭。

光绪八年壬午（1882年） 九岁

是年，小难先仍"从寿三公读"，并开始"讲书"（见《义痴六十自述》，《张难先集》第413页）。

---

① 刘英（1881—1921），原名光铭，字丹书，号聘述，湖北京山人。1905年与族弟刘铁赴日留学，入东京明治大学，不久转入陆军士官学校，结识孙中山，倾向民主革命，加入同盟会。1907年参与发起共进会。1908年归国，在京山等地联络会党，编练军队，准备发动起义，被共进会预定为鄂省军政府副都督。1911年8月赴汉参加文学社、共进会的联合会议，共谋起义。武昌起义爆发次日，以副都督名义在京山尹隆河起兵，率领义军攻占京山、天门、潜江、监利、公安等地。11月在仙桃镇遇安襄郧荆招讨使季雨霖，接受改编，任军处处长，力主北伐。南北议和后，历任湖北军政府顾问、同盟会湖北支部部长、湖北官书局局长等职。旋被选为众议院议员。参加"二次革命"，失败后逃往日本，加入中华革命党。1915年回国，任湖北第三军区司令，继续反袁。1917年南下，任广州大元帅府参议。支持北伐。1921年被王占元诱捕杀害。

② 吕大森（1881—1930），字槐廷，号怀天，土家族，湖北建始人。幼聪慧好学，1897年考取秀才，同年入湖北武备学堂学习，受民主思潮影响，走上革命道路。得悉《中俄密约》签订，发动学生数百人集会，发表演讲，斥责清政府丧权辱国。1904年与刘静庵等创设革命团体科学补习所，被推为所长。同年谋与黄兴同时起义，失败后逃匿深山，秘密从事反清活动。武昌起义后赴烟台，协助山东都督胡瑛处理军务。1913年赴上海发动反袁斗争，被捕入狱，袁死后方才出狱。1920年因参加靖国军，又被捕入狱，后以服丧保释出狱。1922年以参加驱逐军阀、湖北督军王占元活动再次被捕入狱，至王占元被革职后始出狱。1927年赴安庆养病。1930年至浙江，同年病逝于杭州西湖。

③ 杨时杰（1881—1956），原名志铭，字舒武，湖北沔阳人。1905年赴日留学，先入东京弘文学院，继入东斌学校警宪科。1906年加入同盟会。1909年加入共进会。1910年回国谋划武昌起义，不久赴京参加朝廷同意组织的考试，授法科举人。1911年出任各省都督府代表联合会代表。1912年任湖北军政府内务部部长，并被推为国会议员。参加"二次革命"，失败后逃往日本，加入中华革命党。1915年回汉口创办《大中华日报》，抨击袁政府。1917年南下出席非常国会，支持孙中山护法。旋回鄂运动军队独立。1923年拒绝曹锟贿选。1926年赴沪创办《江南晚报》，参与反蒋活动。1932年任国民党中央惩戒委员会委员。抗战爆发后回洪湖组织游击自卫军，参加抗日斗争。抗战胜利后闲居武昌。1946年被推选为辛亥首义同志会监事。新中国成立后被聘为湖北省文物保管委员会委员、文史研究馆馆员。

二月十三日（3月31日），程潜①（1882—1968）出生于湖南醴陵北乡长连冲村一个世代耕读之家。

二月十八日（4月5日），宋教仁（1882—1913）出生于湖南省常德市桃源县仙瑞乡上坊村香冲（今漳江镇教仁村香冲组）一个耕读之家。

三月初六日（4月23日），直隶总督李鸿章奏请在上海试办机器织布局。

三月初八日（4月25日），以原法国交趾支那舰队司令李威利（又译作李维业，1827—1883）为头目的法国侵略军，突然出兵侵占安南（今越南）河内。

四月初二日（5月18日），《字林西报》的中文版《沪报》在上海创刊（后售予日人之东亚同文会，改为《同文沪报》）。

四月下旬至五月中旬，法国传教士在黑龙江呼兰县强买民地建房，开枪打死都统署官员一人，并捏造旗兵滋事，告到法国公使馆。法国公使向清政府提出交涉，以赔款三千两银子结案，史称"呼兰教案"。

五月初九日（6月24日），李书城②（1882—1965）出生于湖北潜江沱

---

① 程潜（1882—1968），字颂云，湖南醴陵人。早年曾中秀才，入岳麓书院深造。1903年弃文从武，考入湖南武备学堂。1904年赴日留学，入东京陆军士官学校。1905年加入同盟会。1908年底回国，入川训练新军。辛亥革命爆发，回鄂参加武汉保卫战。入民国，历任湘军都督府参谋长、湖南护国军司令、湖南护法军总司令、非常大总统府陆军总长、广东大本营军政部部长等职。北伐时历任国民革命军第六军军长、九江卫戍司令、江右军总指挥、武汉国民政府委员等职。抗战时期历任国民党第一战区司令长官、河南省政府主席、天水行营主任、战地党政委员会副主任委员等职。抗战胜利后曾任武汉行辕主任、长沙绥靖公署主任兼湖南省主席。1949年与陈明仁宣布起义，湖南和平解放。不久出席全国政协第一届全体会议。新中国成立后历任中南军政委员会副主席、湖南省省长、全国政协常委、国防委员会副主席、全国人大常委会副委员长、中国国民党革命委员会中央副主席等职。1968年卒于北京。

② 李书城（1882—1965），字晓圆，又作小渊、筱垣，湖北潜江人。幼随父读，少时曾中秀才。后入武昌经心书院深造。1902年赴日留学，先后入东京弘文学院、振武学校、陆军士官学校学习。参与创办《湖北学生界》，协助孙中山创立中国同盟会，积极宣传民主革命思想。1911年回国，任汉阳总司令部参谋长。民国成立，任总统府军事秘书。临时政府北迁后，任南京留守府总参议。袁世凯窃国后，随黄兴逃亡日本和美国。1916年回国。曾任北京摄政内阁陆军部总长，北伐军总司令部顾问，山西冯阎讨蒋军顾问。1932年先后任湖北省建设厅、民政厅厅长。抗战时期出任湖北通志馆馆长。1948年始，奔走两湖和河南，呼吁停止内战，主张民主建国。1949年9月，赴京出席中国人民政治协商会议第一届全体会议。新中国成立后曾任农业部部长、全国人大常委会委员、全国政协常委会委员。1965年在北京逝世。

埠垸袁桥村一个书香之家。

六月初九日（7月23日），朝鲜发生政变，史称"壬午政变"。

六月十二日（7月26日），上海英、美租界电灯公司电灯发光。

六月三十日（8月13日），清政府命浙江提督吴长庆率兵六营援助朝鲜。

八月二十四日（10月5日），徐州道程国熙集商资设局，机器开采铜山县（今江苏省徐州市铜山区）属利国驿等处煤矿。

九月十八日（10月29日），沙俄政府强迫清政府签订《中俄伊犁界约》。

十月十七日（11月27日），直隶总督李鸿章代表清政府与法国驻华公使宝海（Frédéric—Albert Bourée）签订备忘录，初步确定中国撤退驻越武装，法国保证不侵占越南土地和不贬削越南国王的权力，开放保胜为商埠。

十月二十七日（12月7日），邵力子（1882—1967）出生于浙江绍兴陶堰乡（今陶堰镇）邵家溇村一个书香之家。

十月二十九日（12月9日），沙俄政府胁迫清政府签订《中俄喀什噶尔界约》。

十二月初十日（1883年1月18日），清政府命在沪粤沿海铺设电线。

是年，粤人徐鸿复、徐润等在上海集股设立同文书局，购置机器，影印《二十四史》《古今图书集成》等古籍。同文书局是中国人自办的第一家近代石印图书出版机构。

是年，朱树烈①（1882—?）出生于湖北沔阳一个耕读之家。

是年，何成濬②（1882—1961）出生于湖北随州一个富裕的商人家庭。

---

① 朱树烈(1882—?)，字舜卿，湖北沔阳人。早年考入武昌陆军将弁学堂，秘密参加民主革命活动。参与武昌起义，任都督府办公厅科长。1928年任汉口市征收局局长。抗战期间曾出任沔阳县县长。

② 何成濬(1882—1961)，字雪竹，又作雪舟，湖北随州人。早年肄业于武昌经心书院。1904年赴日留学，入东京振武学堂。1905年加入同盟会。1907年考入日本陆军士官学校第五期。1909年回国，曾任职湖北督练公所、陆军部军制司。南京临时政府成立，出任陆军部副官长。临时政府北迁，任南京留守府总务厅厅长。后曾参加反袁和护法运动。1924年起，历任湖北招讨使兼建国军北伐总司令部参谋长、东征军总部总参议、国民革命军总司令部总参议、北平行营主任、湖北省政府主席兼武汉行营主任等职。抗战爆发，历任湖北省政府主席、军事委员会军法执行总监、湖北省参议会议长等职。1949年赴台。著有《八十回忆》等。

光绪九年癸未（1883年） 十岁

是年，小难先仍"从寿三公读"，并开始"学作文"。小难先"少时多痴"，而族中有同学"慧而狡"，小难先却"眤甚"，故常"为所愚"。一日，此同学"忤其寡母，族老扬言将处以死"；同学"恐之"。小难先"信为真，正自经以殉，忽同学窥见获免"（见《义痴六十自述》，《张难先集》第413页）。

二月十九日（3月27日），法国侵略军攻陷越南南定（今越南南定省）。

二月二十二日（3月30日），礼部上奏越南王阮福昇请求援救。

二月二十三日（3月31日），中、英订立上海至香港电报办法合同。

三月初二日（4月8日），刘永福率黑旗军驰赴越南山西，助越抗法。

是日，电报线铺设至广东。

三月二十八日（5月4日），汪精卫（1883—1944）出生于浙江山阴一个旅居广东番禺的商人家庭。

三月二十九日（5月5日），江南制造总局工人为反对延长劳动日举行示威游行。

四月十三日（5月19日），刘永福率黑旗军在河内以西怀德府的纸桥大败法军，击毙法将李威利，取得"纸桥大捷"。

五月初二日（6月6日），法国驻日本公使来中国重开谈判，企图强迫清政府承认法国在北越的侵略地位。

七月初十日（8月12日），中、俄签订《中俄科塔界约》。

七月二十三日（8月25日），法国侵略军侵入越南的顺化（今越南承天顺化省省会）。

八月初一日（9月1日），刘永福率黑旗军和越南军与法国侵略军激战于丹凤（今越南河内市丹凤县）。

八月初四日（9月4日），中、俄订立科布多新界牌标记。

八月十三日（9月13日），中、俄订立塔尔巴哈台北段牌标记。

九月初三日（10月3日），中、俄签订《中俄塔尔巴哈台西南界约》。

九月二十三日（10月23日），中、法谈判中止。

九月间，朝廷鉴于中、法之间紧张的局势，命在家丁忧的李鸿章夺情仍回其直隶总督任，而命署理直隶总督张树声仍回两广总督任。

十月十八日（11月17日），法国内阁通知中国驻法公使曾纪泽，一定会以武力夺取越南之北圻（旧时越南北部的十六省）。

十一月十五日（12月14日），法国海军中将、法国交趾支那舰队司令孤拔（Am,d,e Anatole Pros-per Courbet, 1827—1885）率法军六千人进攻清军和黑旗军的防地山西（今越南河内市山西市社），中法战争正式爆发。

十一月十七日（12月16日），法国侵略军攻占越南山西。

十一月十八日（12月17日），越南人杀死越南国王阮福昇。

十一月二十五日（12月24日），清政府命云贵总督岑毓英率兵驰赴越南之山西，援越抗法。

是年，黎澍①（1883—1954）出生于湖北黄陂一个书香家庭。

是年，陆和九②（1883—1958）出生于湖北沔阳一个蒙古族世代书香家庭。

光绪十年甲申(1884年)　十一岁

是年，小难先仍"从寿三公读"，并开始"学作诗"（见《义痴六十自述》，《张难先集》第414页）。

二月十一日（3月8日），法国侵略军开始大举进攻清军和黑旗军的防线。

二月十五日（3月12日），法国侵略军攻陷越南的北宁（今越南北宁省）。

二月二十三日（3月20日），法国侵略军攻陷越南的太原（今越南太原省）。

三月初二日（3月28日），胡瑛（1884—1933）出生于湖南桃源一个典史小吏家庭。

三月十三日（4月8日），慈禧太后黜军机大臣恭亲王奕䜣、翁同龢、

---

① 黎澍(1883—1954)，字邵平，湖北黄陂人。北京师范学堂毕业。曾任清候补道、大清银行江西分行经理等职。入民国，历任总统府副秘书长、湖北财政司司长、国税统筹处处长、湖北省财政厅厅长、湖北省临时参议会议员等职。著有《幽冥问答录》等。

② 陆和九(1883—1958)，原名开钧，字和九，号墨盦，以字行，蒙古族，湖北沔阳人。1899年中秀才。1903年毕业于汉阳府中学。后赴京，肄业于吏部学治馆法政班。曾在山东、河南等地从事考古工作。后曾任湖北襄阳第三师范国文教员、武昌大学汉文科长。中年后迁居北京，任中国大学等校国学系讲师等教职，讲授金石学、文字学、古器物学及书法、篆刻等课程。新中国成立后被聘为中央文史馆馆员。喜好金石文字，工书法绘画，擅长篆刻，收藏丰富。著述甚丰，有《中国金石学》《金石渊》《石刻名汇考》《汉以后金文录》《宋辽金元碑目》《中国文字学讲义》《中国古器物学》《珠璜碎稿》等著作行世。

李鸿藻、景廉、宝鋆，而以礼亲王世铎、额勒和布、阎敬铭、张之万、孙毓汶为军机大臣。

三月二十日（4月15日），越南兴化沦陷，法国侵略军占领越南红河三角洲。

四月初十日（5月4日），清政府命直隶总督李鸿章负责办理中法和议事宜。

四月十七日（5月11日），中、法在天津签订《中法会议简明条款》，清政府承认法国对越南的保护权。

四月二十八日（5月22日），朝廷鉴于当时的紧张局势，调山西巡抚张之洞署理两广总督，而以山西布政使奎斌署理山西巡抚。

同月里，因中、法已议和，浙江提督吴长庆奉朝命移防奉天金州（今辽宁省大连市金州区）。

五月初十日（6月3日），中、俄签订《中俄续勘喀什噶尔界约》。

闰五月初一日（6月23日），法国侵略军蓄意挑起了"谅山事变"，被守军击退。

闰五月初四日（6月26日），朝廷赏在家养病十余年的原直隶提督刘铭传巡抚衔，命其督办台湾军务。

闰五月二十日（7月12日），法国驻北京代理公使谢满禄（M. de Semalle，1849—1936）向清政府提出最后通牒。

闰五月二十三日（7月15日），法国远征舰队以游历为名，强行驶入福建水师基地马尾军港。

六月十四日（8月4日），法国海军少将、远东舰队副司令利士比率三艘军舰进犯台湾基隆，向守军投递劝降书，遭到严正拒绝。

六月十五日（8月5日），法国军舰进攻台湾基隆，遭到守军的猛烈反击，基隆炮台被炸毁。

六月二十六日（8月16日），法国议会决定扩大侵华战争，通过三千八百万法郎的侵华经费。

六月二十九日（8月19日），法国驻华代理公使谢满禄借口基隆事件，再次向清政府提出最后通牒。

七月初三日（8月23日），法国舰队以事先已驶入马尾港的优势，突然对马尾港中的中国兵舰发起袭击，马尾海战爆发；虽然许多中国官兵奋起迎战，但福建水师的船舰还是大部分被炸毁。

七月初四日（8月24日），法国舰队开炮摧毁福建马尾造船厂。

七月初五日（8月25日），闽江口清军长门炮台轰击法军舰队，法国军舰败逃。

七月初六日（8月26日），光绪皇帝被迫下诏对法宣战，并起用原广西提督冯子材、原福建布政使王德榜等抗击法军。

八月十三日（10月1日），法国海军中将孤拔率领法国舰队进攻台湾基隆，次日炮轰淡水炮台，被台湾守军击退。

八月十七日（10月5日），香港工人举行反对英国、法国侵略的罢工。

八月二十日（10月8日），法国军舰炮轰淡水炮台，被台湾守军击退。

九月初五日（10月23日），法国海军中将孤拔宣布封锁台湾海面。

九月三十日（11月17日），清政府在新疆建立行省，设置州县；任命刘锦堂为甘肃、新疆巡抚，仍以钦差大臣督办新疆军务；而以原甘肃布政使魏光焘为甘肃、新疆布政使。

十月二十八日（12月15日），西线滇军和刘永福所率之黑旗军包围法国侵略军占据之越南宣光城（今越南宣光省宣光市）。

十一月初五日（12月21日），蒋翊武①（1884—1913）出生于湖南澧州（今澧县）一个城市平民家庭。

十二月初五日（1885年1月20日），刘复基②（1885—1911）出生于

---

① 蒋翊武(1884—1913)，原名保襄，亦作保湘，字伯夔，湖南澧县人。1903年考入常德的湖南西路师范学堂，因参与革命活动被学校开除。1905年抵上海，次年入中国公学学习，参与创办《竞业旬报》，宣传反清革命。1909年进入湖北新军。1910年加入革命团体振武学社。1911年初主持将振武学社改组为文学社，被推为社长。文学社与共进会联合组成起义领导机构时，被推为临时总指挥，部署新军起义。旋起义机关遭破坏，潜匿新沟。武昌起义爆发后返回武昌，任湖北军政府军事顾问、军务部副部长；后曾代黄兴出任战时总司令，主持武昌防务。1912年被袁世凯调到北京，任临时大总统府高等军事顾问，又被授予陆军中将，加上将衔，均峻拒不受。同盟会改组国民党，被推为参议兼汉口交通部部长。"二次革命"爆发，被任命为鄂豫招讨使，回湖南策动反袁。失败后赴广西，在全州被捕。同年9月在桂林被陆荣廷杀害。

② 刘复基(1885—1911)，一名汝夔，字尧澂，湖南常德人。1905年曾参与会党起义，失败后逃往日本，加入同盟会。次年归国，在长沙设中外各报代派所，运销《民报》；并与禹之谟等公葬陈天华、姚宏业于岳麓山，鼓动学潮。因禹被捕，前往上海，与杨卓霖等创办《竞业旬报》，宣传革命。1909年至武汉，任《商务报》会计兼发行人。因谋击杀立宪派杨度未果，被捕。旋被释放，入湖北新军，参加振武学社。1911年振武学社改组为文学社，被推为评议部部长。不久退伍，从事革命联络工作。革命军总指挥部成立，被推为参议。1911年10月9日因汉口机关遭破坏，与蒋翊武等在武昌总部决定当夜起义，事泄被捕。10日晨英勇就义。

湖南武陵县（今常德市）的一个农民家庭。

十二月三十日（1885年2月14日），法国侵略军攻陷越南谅山（今越南谅山市，谅山省首府）。

是年，为抗议法国侵略军的入侵，广东、福建、浙江、贵州、云南等地民众自发捣毁天主教堂，频发驱逐法国传教士的事件；旅美、旅日侨胞则纷纷捐款，支持国内的抗法斗争。

是年，彭楚藩[①]（1884—1911）出生于湖北鄂城一个书香之家。

是年，曹浩森[②]（1884—1952）出生于江西都昌周溪乡牌楼村一个书香之家。

光绪十一年乙酉（1885年） 十二岁

是年，小难先改"从族祖晓崧荣春茂才读"，而自觉"文艺较旧略进"（见《义痴六十自述》，《张难先集》第414页）。

正月初四日（2月18日），熊十力（1885—1968）出生于湖北黄冈上巴河张家湾一个塾师家庭。

正月初九日（2月23日），法国侵略军侵占中国的镇南关（曾称鸡陵关、大南关、界首关和睦南关，今名友谊关，在今广西凭祥西南15公里处）。

正月十五日（3月1日），孤拔率法国远东舰队进犯镇海（今浙江省宁

---

① 彭楚藩（1884—1911），原名潭藩，字青云，湖北鄂城人。1906年入湖北新军，结识刘静庵，次年加入日知会，被推为评议。未几，日知会遭破坏，易名楚藩，入宪兵学校，递升正目，秘密从事革命活动。1911年初，先后参加文学和共进会，任宪兵营革命代表。9月文学社与共进会联合成立湖北革命军总指挥部，准备武装起义，被推为军事筹备员之一，负责搜集情报。10月9日得悉汉口机关遭破坏，与蒋翊武等在武昌总部决定当夜起义，事泄被捕，坚贞不屈，于10日早晨在武昌湖广总督署门前从容就义。

② 曹浩森（1884—1952），原名明魏，别名继善，字浩森，号浩笙，以字行，江西都昌人。1904年就读于都昌县高等小学。1906年考入江西陆军小学。1909年升入南京陆军第四中学，同年冬赴日留学，入东京振武学校，加入同盟会。1911年回国，任都督府军事科科员。1912年报送保定陆军军官学校深造。曾参加"二次革命"，失败后逃亡南洋等地。1915年回国参加护国、护法运动。孙中山去世后，跟随冯玉祥北伐。后离冯投蒋，历任代理军政部部长兼军事委员会第二厅主任、军政部特别党部特派员、江西省政府主席兼全省保安司令、国民党中央监察院委员、东南行政指挥部主任等要职。1947年冬晋升上将军衔。1948年赴台湾，与于右任过从甚密。1952年2月5日病逝于台北。

波市镇海区）海口，被清军参将吴杰率领严阵以待的浙东守军击退。

正月间，聂国青①（1885—1966）出生于湖北沔阳一个耕读之家。

二月初四日（3月20日）夜晚，浙江宁绍台道薛福成派部下偷偷将数门重炮运至前沿阵地，乘天色未亮之际，向海上的法国舰队突施猛攻，击中法军旗舰，孤拔身受重伤；法国舰队不明情况，只得仓惶南逃。

二月初六日（3月22日），清政府派直隶总督李鸿章为全权大臣与法国驻华公使巴德诺（又译作巴特纳，Jules Patenotre）商议条约。

二月初二至初八日（3月18—24日），原广西提督冯子材率领其"萃军"大败法国侵略军于关前隘，取得"镇南关大捷"。

二月十一日（3月27日），老将冯子材率所部"萃军"击退法国侵略军，攻克越南谅山。

二月十五日（3月31日），法国茹费理内阁倒台，新内阁成立，建议速办和议，清政府下达停战诏书。

二月十六日（4月1日），法军舰队攻占澎湖（今中国台湾地区澎湖县），法国侵略军主将孤拔病死。

二月十九日（4月4日），法国强迫清政府在巴黎签订《中法议和草约》。

二月二十二日（4月7日），清政府下令前线停战。

三月初四日（4月18日），中、日签订《天津会议专条》。

四月二十七日（6月9日），清政府全权大臣李鸿章与法国驻华公使巴德诺在天津签订《中法会定安南条约》（又称《中法新约》），中法战争结束。

五月初五日（6月17日），直隶总督李鸿章奏设天津武备学堂。

---

① 聂国青(1885—1966)，字松翘，湖北沔阳人。早年考入湖北讲武学堂，随后入湖北新军当兵。曾参加武昌起义，加入国民党。1916年退伍后回沔阳办楚望学塾。1924年赴广州参加国民党一大。1926年参加北伐，任天门县县长。1928年起先后任湖北财政厅科长、南京国民政府铨叙部秘书、浙江省政府秘书等职。1933年参与李济深等组织的"福建人民政府"，遭蒋介石通缉，逃亡河南。抗战爆发后回武汉，任湖北省民政厅秘书。1939年辞职，至中学任教。1940年赴桂林，在国民党军事委员会任职。1942年至重庆，在财政部任职。其间，加入民盟，任中央委员。1946年回武汉，在中华大学任教，暗中从事民主革命活动。新中国成立后历任民盟湖北省委主委、中南军政委员会参事室参事、全国人大代表、湖北省副省长等职。

五月二十一日（7月3日），清政府在德国订购的"定远""镇远"两艘铁甲舰抵达中国。

七月二十七日（9月5日），钦差大臣左宗棠（1812—1885）卒于福州任上。

九月初六日（10月13日），清政府设立海军衙门，以光绪皇帝生父奕譞总理海军事务。

九月二十三日（10月30日），清政府任命跟随前浙江提督吴长庆援朝平叛战功突出的袁世凯为驻朝鲜总理交涉通商事务大臣。

九月三十日（11月6日），李济深（1885—1959）出生于广西梧州一个农民家庭。

十一月二十七日（1886年1月1日），英国印度总督宣布将缅甸并入印度。

十一月二十九日（1886年1月3日），朝廷调工部尚书翁同龢为户部尚书，而以兵部尚书潘祖荫为工部尚书。

是年，上海格致书院成立，王韬被中西董事公举为格致书院掌院，同时担任《申报》的编纂主任。

是年，查光佛①（1885—1932）出生于湖北蕲州一个书香之家。

是年，杨揆一②（1885—1946）出生于湖北鹤峰一个书香家庭。

---

① 查光佛（1885—1932），名能，字竟生，号光佛，以号行，湖北蕲州人。1907年肄业于武昌文普通中学堂，投湖北新军四十一标当兵，并加入同盟会。1908年参与组织群治学社，并以蕲春学社为联络点从事革命活动。1911年奔走于文学社和共进会之间，被推为起义政治筹备员。武昌起义爆发，任湖北军政府秘书。南京临时政府成立，任稽勋委员、湖北军政府教育部副部长。"二次革命"爆发，参与反袁。1914年加入中华革命党，任反袁军湖北总司令部秘书长及驻汉特派员。1920年后任护法军政府机要秘书，广州大本营秘书。1926年后历任江汉宣抚使参议、《中央日报》总编辑、国民党汉口市党部宣传部部长、国民党中央党史编纂委员会编纂兼秘书等职。1932年病逝于江苏。著有《武汉阳秋》等。

② 杨揆一（1885—1946），字墨庵，湖北鹤峰人。诸生。1903年考入湖北武备学堂。1907年赴日留学，入振武学堂。回国后任新军第八镇炮兵管带。1911年随军参加武昌起义。后曾任南京陆军讲武堂堂长。北伐时，依附何成濬，历任湖南省绥靖公署副主任、参谋长、武汉行辕办公厅主任等职。1936年晋升陆军中将。1927年出任湖北省政府委员兼秘书长。武汉失陷后，逃往香港；不久追随汪精卫投敌，历任伪国民党中央委员、湖北省党部主委、军委会办公厅主任、参谋部政务次长兼代理部长、军事参议院院长、湖北省政府主席、武汉绥靖公署主任、湖北省保安司令等职。1946年春，被南京国民政府以汉奸罪枪毙。

是年，周象贤①（1885—1960）出生于浙江定海一个书香之家。

光绪十二年丙戌（1886年）　十三岁

是年，小难先仍"从晓崧公读"。不久，族人合议建祠修谱，而推举其父亲主持；于是"族人往来者"都住难先家，"每餐常列数筵款之"；而"父母兄嫂给餐供客，劳瘁无人状"，难先"则任茶水役，常至鸡鸣就寝"，"如是者年余，一家无怨言"，族党"多知之"。

其间，难先"忽慕神仙术"，遂"求知玄学者"而师之，且"自此习玄功至二十余乃已"。

张难先后来曾回忆说：自己"一生能劳苦，实赖有此一段功夫，精神凝固，老而不衰。玄功之有益于卫生，于此可见"（前引均见《义痴六十自述》，《张难先集》第414页）。

正月三十日（3月5日），董必武（1886—1975）出生于湖北黄安（今红安县）一个清贫的教师家庭。

二月二十二至三月初十日（3月27—4月13日），中、法订立广西关外各关界约。

六月初三日（7月4日），左副都御史吴大澂与沙俄订立《珲春界约》。

六月初十日（7月11日），慈禧太后颁发懿旨，宣布明年归政。

六月二十三日（7月24日），中、英签订《缅甸条款》，清政府被迫承认英国占领缅甸。

六月二十四日（7月25日），四川重庆（今重庆直辖市）的民众为反抗英、美传教士强修教堂，自发组织起来焚毁传教士住宅和教堂。教堂武装开枪杀伤民众三十余人，激起三千余名民众聚集起来将城内外的教堂和领事馆一并捣毁；在英、美、法驻华公使的要挟下，清政府以处死民众二人，赔款二十三万五千两银两结案，史称"重庆教案"。

八月初五日（9月2日），慈禧太后下懿旨：允醇亲王奕譞奏请，于光绪皇帝亲政后，再"训政"数年。

同日，续修《大清会典》书成。

---

①　周象贤(1885—1960)，别名企虞，浙江定海人。早年肄业于上海南洋公学。1910年赴美留学，入麻省理工学院和加利福尼亚大学。回国后曾至汉冶萍公司任职、北京大学任教。1922年起，历任扬子江水道讨论委员会委员、庐山管理局局长、治淮委员会主任、扬子江水利委员会主任、钱塘江工程局局长等职。曾三任杭州市市长。1949年携眷居香港，后任南洋兄弟烟草公司董事，经营商业。又受舟山旅台同乡会邀请，任名誉会长。曾赴台任第三任台北阳明山管理局局长。1960年病逝于香港。

十月十一日（11月6日），天津《时报》创刊，英国传教士李提摩太（Timothy Richard，1845—1919）担任主笔。

十一月初四日（11月29日），杨王鹏①（1886—1916）出生于湖南湘乡三坊花桥（今属梅桥镇丰城村）一个破落文人家庭。

十一月初六日（12月1日），朱德（1886—1976）出生于四川仪陇县马鞍场（今南充市仪陇县马鞍镇）一个佃农家庭。

十二月二十八日（1887年1月21日），清政府命直隶总督李鸿章速派员前往黑龙江勘办漠河（今大兴安岭地区漠河县）金矿。

是年，万州客民首领陈钟明领导琼山（今海南省海口市琼山区）、定安（今海口市定安县）、儋州（今海南省儋州市）等地的黎族、汉族民众举行反清起义。

是年，冯宝森②（1886—1926）出生于广东德庆德城镇西湾一个耕读之家。

是年，伍观淇③（1886—1952）出生于广东番禺南浦村一个耕读之家。

---

① 杨王鹏(1886—1916)，复姓杨王，名鹏，字子邕，湖南湘乡人。早年投湘军当兵，因有反清言论，被开除军籍。1908年到武昌，入湖北新军当兵，参加军队同盟会。同年将军队同盟会改组为群治学社。1910年，群治学社遭破坏，又成立振武学社，任社长。后振武学社活动为黎元洪侦知，杨王鹏被开除军籍，社务由蒋翊武负责。武昌起义爆发，参加光复长沙之役。不久至武昌，任汉口《民心报》经理兼国民党汉口交通部主任。1913年参加"二次革命"，失败后赴日本，加入中华革命党。1916年自日本回国，潜回长沙，与廖湘芸等组织护国军，谋攻靖武将军署，被军阀、湘督汤芗铭逮捕、杀害。

② 冯宝森(1886—1926)，字竹贤，广东德庆人。宣统年间入广东陆军速成学堂学习，因成绩优异，被保送转入河北保定军官学校深造。毕业后回粤任陆军速成学校工兵科队长，龙济光部军需及参谋等职务。后赴香港，加入中国国民党，追随孙中山，投身国民革命。1917年后，历任孙中山大元帅府大本营军政部政治科科长、粤军总部参谋长、粤军第一军少将参谋长、陆军训练总监、黄埔军校改组委员会委员等军政要职。1926年北伐开始后，被委任为北伐军总司令部兵站总监部参谋长，驻扎韶关。不久，染病殉职。

③ 伍观淇(1886—1952)，原名冠球，字庸伯，广东番禺人。早年考入两广高等学堂，后因涉嫌反清被学校除名。不久考入广州将弁学堂，毕业后任新军管带。1909年考入保定军官学校，毕业后留校任教官。1916年辞职，一心读书，专攻儒学。1921年夏回广东，聘为粤军督察处总参议。1922年陈炯明叛变，辞职回乡，致力于乡治建设。1926年受李济深之聘，任国民革命军总司令部办公厅主任兼少将参议。1927年任广东省政府委员。1936年出任广东省农村合作委主任。抗战爆发，任第四战区游击纵队司令，率部坚持抗战。抗战胜利后辞职回乡，任番禺县临时议会议长兼建设委主任等职。1949年底应李济深之邀北上入京。应梁漱溟等邀请出讲《大学》《论语》《孟子》等书。1952年病逝于北京。

是年，萧萱①（1886—1955）出生于湖北均县（今丹江口市）一个小商人家庭。

光绪十三年丁亥（1887年）　十四岁

是年，小难先改"从马吉庵逢乐先生读"，因马先生"工举业，有时名"；弟辉沅、侄儿选丞亦跟随马先生读（见《义痴六十自述》，《张难先集》第414页）。

其时，"四叔父星三公亦聘一师以教从弟衡平、伯平"，而"两家比户而居"，完全可以就便"附学"；但树楹公宁可多花费聘名师教授子弟，"其重视下辈之教育可谓至矣"（见《义痴六十自述》，《张难先集》第414页）。

正月初四日（1月27日），贾士毅②（1887—1965）出生于江苏宜兴万石小塘村（现宜兴市万石村）一个书香家庭。

正月十五日（2月7日），朝廷在紫禁城太和殿举行光绪皇帝的亲政礼。

正月二十四日（2月16日），清政府命直隶总督李鸿章在天津购置机器鼓铸制钱。

---

①　萧萱(1886—1955)，字纫秋，湖北均州人。1907年赴京，考入清高等巡警学校。1909年加入同盟会。1912年被选为众议院议员。1913年"二次革命"失败，随孙中山赴日本，担任其私人秘书。1914年起历任中华革命党党务部第二局局长、大元帅府秘书、大元帅大本营秘书兼监印官、蒋介石的私人秘书、湖北省政府秘书长兼建设厅厅长、代理湖北省政府主席、国民政府监察院监察委员、武汉行营党务委员（未就任）、总统府国策顾问等职。1950年被聘为上海市文物管理委员会特约顾问。

②　贾士毅(1887—1965)，字果伯，号荆斋，江苏宜兴人。早年曾入无锡初级师范、上海政法讲习所、南京两江师范学堂学习。1908年赴日留学，入东京法政大学，后转入明治大学，获学士学位。1911年回国，授法政科举人。入民国，历任北洋政府财政部参事、会计司司长、库藏司司长等职。南京国民政府成立，历任财政部赋税司司长兼盐务处处长、常务次长、湖北省财政厅厅长、江苏省财政厅厅长、江苏省政府代理主席、鄂湘赣财政金融特派员等职。同时在中央大学、中央政治学校任教，培养财政金融人才。1949年移居台湾，继续从事金融事务，被聘为台湾第一商业银行董事、逢甲学院董事等职。1965年病逝于台北。精通财政，著有《民国财政史》《民国财政续史》《关税与国权》等。

二月初二日（2月24日），钱基博①（1887—1957）出生于江苏无锡县城一个世代书香大家庭。

二月初七日（3月1日），川、滇电线铺成。

三月初二日（3月26日），葡萄牙侵略者迫使清政府与其订立不平等条约《里斯本议定书》，承认葡萄牙永久居据澳门。

三月初五日（3月29日），中、法订立广东、广西、云南《中越交界界约》。

闰四月间，两广总督张之洞在广州创办广雅书院。

六月十四日（8月3日），两广总督张之洞奏请开办广东水、陆师学堂各一所。

七月二十六日（9月13日），朝廷再次任命二品顶戴、记名道员黎庶昌为出使日本钦差大臣。

八月十三日（9月29日），黄河南岸郑州之下汛十堡处决口三百余丈，黄河断流，下游则大水成灾。

八月二十三日（10月9日），福建至台湾海底的电线铺设完成。

九月十六日（11月1日），英国长老会传教士韦廉臣（Alexander Williamson，1829—1890）在上海创办同文书会，1894年改称广学会。该会于1888年成立董事会，推举海关总税务司赫德为会长，英国驻沪总领事福克为副会长，韦廉臣为督办。1891年起，由李提摩太担任督办（后改称总干事）。

十月十四日（11月28日），美国传教士李佳白（Gilbert Reid，1857—1927）因在山东济南抢占地方民众房产，激起当地士绅的愤怒，将其殴伤。后在美国驻华公使田贝（Charles Denby，1830—1904）的干预之下，地方官府在济南城外拨给教会一块更大的地产作为补偿，事情才算了结。

十月十七日（12月1日），葡萄牙与清政府签订《中葡北京条约》和

---

① 钱基博(1887—1957)，字子泉，别号潜庐，江苏无锡人。1911年参加光复无锡，出任锡金军政分府秘书。不久加入援淮部队，任中校衔副官参谋。1913年始，历任无锡县立第一小学、吴江丽则女子中学教员，江苏省立第三师范学校教务长，北京清华大学、上海圣约翰大学、浙江大学、光华大学、无锡国学专修学校、武昌华中大学等校教授。1952年起执教于华中师范学院，1957年病逝于武汉。幼承家学，学识渊博，是著名的国学大师。著有《武侠丛谈》《周易解题及其读法》《读庄子天下篇疏记》《版本通义》《古籍举要》《明代文学》《现代中国文学史长编》《骈文通义》《经学通志》《中国文学史》《近百年湖南学风》《韩愈志》等。华中师范大学出版社出版有《钱基博集》。

《中葡和好通商条约》，肯定《里斯本议定书》中的规定，正式通过外交文书手续占领澳门，并将其辟为殖民地。1928年，中国政府公开声明此约作废。

十一月中旬，出使日本国钦差大臣黎庶昌带领家属及随员自上海启程赴日就任。

十一月十九日（1888年1月2日），出使日本国钦差大臣黎庶昌带领家属及随员再次抵达日本东京。

十二月初五日（1888年1月17日），直隶总督李鸿章奏调代理长春厅通判李金镛前往黑龙江筹办漠河金矿。

十二月十七日（1888年1月29日），贺衡夫①（1888—1968）出生于湖北汉阳一个小店员家庭。

是年，直隶总督李鸿章发起组织天津铁路公司，又在天津设宝津局机器造币，还在山东筹办山东淄川铝矿。

是年，两广总督张之洞在广州设机铸制钱局，又在广州石井墟设立枪弹厂。

是年，鲁涤平②（1887—1935）出生于湖南宁乡一个耕读家庭。

光绪十四年戊子（1888年）　十五岁

是年，张难先和弟辉沅及侄儿选丞仍"从吉庵师读"（见《义痴六十自

---

① 贺衡夫(1888—1968)，原名良铨，湖北黄冈人。后全家迁居汉阳。16岁至汉口当学徒。由于勤奋好学，精明能干，后来发展为自己独立开店，并逐渐成为武汉桐油贸易行业的翘楚，被推选为汉口油行同业公会理事长。1931年出任汉口市商会主席。抗战期间出任汉口市商会驻重庆办事处主任。1945年又被推选为汉口市商会理事长。武汉市解放后被任命为中南军政委员会委员、中南财经委员会委员、武汉市商业联合会筹备主任委员等职。在"五反"运动中遭遇冤案，被逮捕；1956年事情澄清，被释放，加入中国民主建国会，被任命为武汉市第一商业局顾问。

② 鲁涤平(1887—1935)，字咏庵，湖南宁乡人。1903年考入湖南将弁学堂。1906年在湖南新军中任哨长。1911年在长沙参加湖南起义，后历任湘军团长、旅长、师长，援鄂军第二军军长、国民革命军第二军副军长、军长，曾率部参加北伐。1928年兼任湖南省政府主席和湖南"清乡"督办。1929年被选为国民党候补中央执行委员，兼任中央讨逆军第5军军长，率部参加蒋桂战争。后调任江西省政府主席和国民革命军第九路军总指挥，率部进攻红军。1931年任浙江省政府主席。同年底，又被选为候补中央执行委员，兼任浙江省政府主席。1934年调任军事参议院上将副院长。次年，因患脑出血在南京病逝，终年48岁。

述》，《张难先集》第414页）。

其时，"因受习染"，张难先亦"嗜赌"；由于家中富裕，"里中无赖多夹以牟利"。一日，难先又"至族人家豪赌"，其父闻知，"将逮之"。为难先通风报信者数人，将难先"匿于其家帐中"；父到后，"博徒骇逸"，便"逐室搜索"。此族人"为族中前辈，欲斡旋于寝事"，父不许，族人不敢拦。旋其父"于匿处搜得"，将难先"提耳曳归"，令"跪中堂，将杖之"。早有人为其"奔告祖母"。祖母急出，泣诉于树楠公，难先始得逃过杖责。次日，祖母遂带难先至其父前，下跪"请罪"，保证"以后不敢再犯，事遂寝"。自此以后，张难先遂"戒赌志学"（见《义痴六十自述》，《张难先集》第414页）。

二月初七日（3月19日），英国侵略军悍然向我国西藏的隆吐山进攻，英国的第一次侵藏战争开始。

二月二十二日（4月3日），上海小车工人举行的抗捐斗争取得胜利。

同月里，慈禧太后挪用海军建设经费修建颐和园。

五月初四日（6月13日），渤海湾发生7.5级地震，周边地区均有影响。

六月间，我国自己修建的第一条铁路——（北）京山（海关）铁路的天津至唐山段铁路建成通车，称为北洋铁路。

十月初五日（11月8日），慈禧太后立副都统桂祥之女叶赫那拉氏为光绪帝皇后，原任侍郎长叙之女他他拉氏姐妹为瑾嫔、珍嫔。

十一月初五日（12月7日），韦卓民[①]（1888—1976）出生于广东省香山县五区翠微乡（今珠海市香洲区前山镇翠微村）一个茶商家庭。

---

① 韦卓民(1888—1976)，广东香山人。1903年随父来武汉，就读于武昌文华书院，1911年毕业后破格留校任教。1918年赴美国哈佛大学研究院进修哲学，翌年获哲学硕士学位。回国后任文华大学教授。1924年出任华中大学副校长兼教务长。1927年赴英国伦敦大学留学，获哲学博士学位。1929年回国，升任华中大学校长。抗战期间将学校迁至广西桂林，不久再迁至云南大理。被推选为第一、第二届国民参政员。1947年当选为湖北省基督教联合会主席。1948年拒绝国民政府将学校南迁的指令。新中国成立后曾任武汉政协委员、湖北省对外文化协会副会长等职。1950年再次被选为省基联主席，积极支持抗美援朝。1951年，积极参与将华中大学改建为华中师范学院。著有《孔门伦理》《亚里斯多德逻辑》《康德哲学讲解》《中国文化精神》等，译著有《形式逻辑纲要》《精神哲学》等。今人编有《韦卓民全集》。

十一月十五日（12月17日），北洋海军正式组建，共有船舰二十五艘，即"定远""镇远"两艘铁甲舰（主力舰），"经远""致远""靖远""来远"和"济远"五艘穹甲快舰（巡洋舰），"平远""超勇""扬威"等快船，以及"镇东""镇西""镇南""镇北""镇中""镇边"等蚊子炮船（炮舰）和鱼雷艇、教练船、运输船等。清政府任命北洋水师记名提督、直隶天津总兵丁汝昌为北洋海军提督，而以镇远舰管带林泰曾、北洋水师右翼总兵刘步蟾为左、右翼总兵。

十二月十九日（1889年1月20日），河南郑州汛十堡处之黄河决口终于合龙。

是年，高尚志①（1888—1920）出生于湖北巴东信陵镇一个商人家庭。

是年，程汝怀②（1888—1951）出生于湖北黄安永河椿树邹家湾一个耕读之家。

是年，王渐磐③（1888—1961）出生于湖北蕲水一个书香家庭。

---

① 高尚志(1888—1920)，字固群，湖北巴东人。1904年入湖北新军当兵，后被选入湖北陆军特别小学堂学习。曾参加自治团和共进会。武昌起义时参与作战，并参与策划军事。湖北军政府成立，为谋略处重要成员。后任军政府参议、军务部参议、稽查部总稽查之一。1912年任湖北近卫军统制，不久改任淮盐汉口局总办。1913年曾参加反袁斗争，出钱出力甚多。1917年南下，任广州大元帅府参议。1920年春，奉命至川鄂视察军事，在由奉节赴施南途中遭暴徒枪击，遇难身亡。

② 程汝怀(1888—1951)，字仲苏、号师辙，湖北黄安人。早年考入湖北陆军小学堂，曾参加辛亥革命和武汉保卫战。南北议和，入武昌陆军第二预备学校。1914年升入保定陆军军官学校。1919年又考入陆军大学。1922年毕业后，在鄂军任参谋、营长、团长、少将旅长、中将师长等职。1932年起历任湖北省政府委员、豫鄂皖三省"剿匪"总司令部党政视察专员、第4区行政督察专员兼黄安县县长、第2区行政督察专员兼保安司令等职。抗战期间历任鄂东游击总司令、鄂东行署主任、湖北省第2区行政督察专员兼保安司令、军事参议院中将参议等职。在任期间追随蒋介石，积极反共，屠杀共产党人和无辜民众。1946年退役，寓居武汉。1951年在武汉被人民政府收审，同年在关押中病故。

③ 王渐磐(1888—1961)，字孟苏，湖北蕲水人。早年考入北京大学学习经济。毕业后曾任北京大学出版部书记、会计科办事员。1926年回武汉，出任湖北省逆产清理处科长、省财政厅秘书。1928年奉湖北省财政厅厅长张难先之命，与唐有壬筹建湖北银行，任副行长。1948年起，历任湖北银行总经理、中国人民银行华中区行研究员、办公室秘书、放款处矿务科及私人业务放款科科长、综合研究员、武汉市银行办公室研究员等职。1961年在武汉去世。

光绪十五年己丑(1889年)　十六岁

是年，父树楹公见"吉庵师好墨艺，为文堆砌古典，无甚实义"，遂"改聘朱茂才子寿长龄课"难先、辉沅及选丞（见《义痴六十自述》，《张难先集》第414页）。

正月初六日（2月5日），江苏镇江的洋人巡捕殴毙华人，激起民众愤怒，一举捣毁洋行及英、美领事衙署。

正月二十七日（2月26日），光绪皇帝大婚礼成，册封慈禧太后的弟弟、副都统桂祥之女叶赫那拉氏为皇后。

二月初三日（3月4日），慈禧太后"归政"，光绪皇帝"亲政"。是日，皇上御太和殿，接受群臣朝贺，并宣诏颁行天下。

二月初五日（3月6日），周鲠生①（1889—1971）出生于湖南长沙一个贫寒的教书先生家庭。

三月初三日（4月2日），两广总督张之洞奏请建造卢汉铁路。

四月间，奉朝命赏二品顶戴、三品候补京堂、前湖南按察使薛福成接替前任使臣、新授广东巡抚刘瑞芬为出使英、法、意、比四国公使。

七月十二日（8月8日），朝命调两广总督张之洞为湖广总督，而调漕运总督李瀚章为两广总督。

八月初二日（8月27日），卢汉铁路经朝廷批准正式开始筹办。

秋天里，"父患伏气，数月不愈"；难先颇担心，"畏父知"，乃"阴侍疾"，时于"门隙中窥察动静，辄扶持之"，每餐饮食亦难先"躬进"。后见"父病久不愈"，难先竟"效世俗茹长斋以祈之"。久之，乃"为父觉"；初"责其不应"，既而"迫令食肉如初"（见《义痴六十自述》，《张难先集》第414—415页）。

---

① 周鲠生(1889—1971)，原名览，湖南长沙人。13岁中秀才。1906年赴日留学，入早稻田大学。在日期间加入同盟会。1911年回国，投身民主革命。1912年在汉口创办《民国日报》，反对袁氏的独裁统治，遭通缉；改名鲠生，赴英留学，获爱丁堡大学硕士学位；再赴法国，获法学博士学位。1921年回国后历任商务印书馆法制经济部主任，北京大学、中山大学、东南大学、武汉大学等校教授。1939年赴美讲学，并任联合国中国代表团顾问。1945年回国，任武汉大学校长。新中国成立后历任中南军政委员会委员、外交部顾问兼外交学会副会长、第一至三届全国人大代表、第三届全国人大法案委员会副主任委员等职。1956年加入中国共产党。1971年卒于北京。一生致力于国际法的教学和研究，成绩卓著。著有《革命的外交》《解放运动之对外问题》《国际公法之新发展》《国际法》等。

九月二十一日（10月15日），陈铭枢①（1889—1965）出生于广东合浦（今广西浦北）曲樟乡璋嘉村一个耕读之家。

十月上旬，朝廷授湖广总督裕禄为盛京将军，而督促两广总督张之洞速来湖广履任。

十月初三日（10月26日），李四光（1889—1971）出生于湖北黄冈回龙镇下张家湾村一个私塾先生家中。

十月二十二日（11月14日），张之洞交卸总督篆务，由漕运总督李瀚章接任两广总督。

十一月二十六日（12月18日），张之洞正式接受篆务，就任湖广总督。

十二月初八日（12月29日），上海机器织布局安装完毕，正式开车织布。

十二月间，德国在上海设立的德华银行正式营业，成为日后德国资本在华活动的中心。

是年，张难先跟随子寿师学习甚感满意，因子寿师"尚理脉清晰"，学后颇"有悟"，一年下来，感觉"文思大进"（见《义痴六十自述》，《张难先集》第414页）。

是年，王守愚②（1889—1924）出生于湖北京山城西七里桥一个耕读

---

① 陈铭枢(1889—1965)，字真如，广东合浦人。1906年考入广东陆军小学堂，加入同盟会，不久升入南京陆军第四中学堂。1911年参加辛亥革命。1912年入保定陆军军官学校。"二次革命"后逃往日本。1915年回国在粤军中服役。北伐时任国民革命军第十一军军长兼武汉卫戍司令。1927年任总政治部副主任。1929年任广东省政府主席。1930年所部改编为第十九路军。"九一八事变"后出任京沪卫戍司令，参与淞沪抗战。一度代理国民政府行政院长。1932年被调往福建，"围剿"红军。1933年与李济深等发动"福建事变"，成立中华共和国人民革命政府，与红军达成抗日反蒋协议。抗战胜利后参与组织三民主义同志联合会和中国国民党革命委员会。1949年应邀赴京出席新政协第一次全体会议。新中国成立后历任中央人民政府委员、中南行政委员会副主席、全国人民代表大会常务委员会委员、中国人民政治协商会议全国委员会常务委员、国民党革命委员会中央常务委员等职。1965年病逝于北京。

② 王守愚(1889—1924)，字玄一，亦作玄奕，湖北京山人。早年入武昌艺师养成所。17岁入湖北新军当兵。1908年与同志组织湖北军队同盟会、群治学社，从事革命活动。文学社成立，任会计。武昌起义后，随季雨霖北上征讨。后回武昌主持同盟会汉口交通部事务。入民国，赴日留学，学习法政、经济。1915年回国参加反袁斗争。袁死后再赴日本，完成学业。1917年参加护法，任湘西总司令部参谋。1919年任护法军鄂西总司令部顾问、咸丰知事、"清乡"司令。1920年任川军总司令部顾问、鄂西护法军总司令部参谋长。1922年代理鄂西护法军总司令。1923年赴福建，任东路讨贼军前敌总指挥部参议。著有《十二年回忆录》。

之家。

是年，陈雨苍①（1889—1947）出生于湖北荆门团林铺陈家新集（今团林铺镇陈集村）一个书香家庭。

是年，蒋伯诚②（1889—1952）出生于浙江诸暨浬浦镇一个书香家庭。

是年，章裕昆③（1889—1975）出生于湖南宁乡一个贫寒之家。

光绪十六年庚寅（1890年）　十七岁

正月里，"父病略愈"，乃令张难先"出就外傅，从族祖武丞公鸿禧茂才往张家沟读"；武丞公为本邑"名诸生，从游者众"。而武丞公对张难先甚是"激赏"，另眼相看："彼时乡村无史鉴"，武丞公竟将自己的《纲鉴总论》交给难先阅读。张难先自然"甚喜"，且"忘寝食读之"（见《义痴六十自述》，《张难先集》第415页）。

---

① 陈雨苍（1889—1947），1911年毕业于湖北陆军军医学堂。曾参加阳夏战役，出任季雨霖部军事参议、民事参谋、卫生科科长兼野战医院院长。民国成立，以公费留学日本东京帝国大学医科，毕业回国后又申请勤工俭学赴柏林医科大学深造，获医学博士学位。1920年偕德籍妻子回国，任内务部卫生司顾问。1921年回武昌，利用庚子赔款基金创办湖北省立医学专门学校，任校长。1926年开始在汉口挂牌行医，同时兼任湖北省立医院院长，暗中从事革命活动。1931年任上海国立同济大学秘书长兼医学院院长，1934年出任国民政府司法院法规委员会委员。1938年在上海挂牌行医。1942年赴渝，奉周恩来之命，周旋于国民政府高官之间，获取情报，并做统战工作。1943年患病。1946年春经中央批准回上海治病。

② 蒋伯诚（1889—1952），浙江诸暨人。早年就读于杭州师范学堂，后入苏州武备学堂，毕业后任保定军官学校教官。曾参与护国运动和护法运动。北伐开始后历任国民革命军第一路军参谋长、浙江省政府军事厅厅长、浙江省防军总司令兼杭州城防司令、浙江省政府代主席、中国国民党中央第六届执行委员会委员、山东省政府主席等职。抗战爆发后奉命潜入上海，组织敌后地下工作，成立上海工作统一委员会，获取政治军事情报。日军投降，以中央军事委员会委员长驻沪代表身份，组成驻沪代表公署，保护财产和秩序。后曾任全国抗日蒙难同志会主席。曾被国民政府任命为浙江监察使，因病未赴任，寓居上海。1952年病逝于上海。

③ 章裕昆（1889—1975），字锝藩，湖南宁乡人。1907年入湖北新军当兵。1908年与杨王鹏等成立军队同盟会，同年改为群治学社。1911年随营移驻襄阳。武昌起义后投奔季雨霖，任营长，驻扎天门、潜江一带。1913年参加"二次革命"，失败后回乡隐居数年。1919年复出。1923年任孙中山大本营副官。后历任梧州盐场场长、海口公安局长、湖北武穴征收局局长等职。抗战爆发回湖南，历任湘桂铁路警察所所长、湖南建设厅科长、湖北航务局科员等职。新中国成立后历任湖北省文管会委员、湖北省政府参事室参事、政协湖北省委委员等职。著有《文学社武昌起义纪实》等。

二月二十七日（3月17日），清政府驻藏帮办大臣升泰与英国印度总督兰斯顿（Henry Charles Keith Lansdowne）在加尔各答签订《藏印条约》，英国向我国西藏地区伸展侵略势力。

二月二十八日（3月18日），刘树杞①（1890—1935）出生于湖北蒲圻城关一个书香家庭。

闰二月十一日（3月31日），中、英签订《烟台续增专约》。

清明节假时，武丞公和张难先一起回村，碰到难先之父，亦甚夸难先"所学"。节假在家，难先亦"寝食不废读"，父亲见之，"心甚愉"。"假满赴校"，张难先感觉"文思益进"（见《义痴六十自述》，《张难先集》第415页）。

闰二月二十六日（4月15日），中、法订立《会勘广东越南第一图立石界约》。

四月初二日（5月20日），福建购买机器开炉试铸银元。

四月上旬，张难先"得家书"，谓"父病复作"，乃请假"奔归"；到家后，见父亲已"神色大变"（见《义痴六十自述》，《张难先集》第415页）。

四月十三日（5月31日），父亲树楹公病逝。

四月中旬，安葬完父亲的灵柩，张难先才返校学习。

四月间，湖广总督张之洞提倡新学，于江汉、经心两书院之外，又在武昌（夏口）营坊口左老天符庙都司湖畔创办两湖书院（今武汉音乐学院、武昌实验小学等单位所在地），不仅聘请其弟子、广东端溪书院前山长梁鼎芬为提调（山长），还相继聘请杨守敬、华蘅芳、姚晋圻②、邹代钧、陈三立、沈曾植等学人前来为学生授课。

六月二十三日（8月8日），因不堪外国传教士肆虐，四川大足县（今

---

① 刘树杞(1890—1935)，字楚青，湖北蒲圻人。武昌起义时，在武昌求学的刘树杞即参加革命活动。1913年赴美留学，先后入伊利诺伊大学和密西根大学学习化学。1917年获学士学位，并入哥伦比亚大学深造。1919年获博士学位。1921年回国，历任厦门大学教务主任和理科主任、湖北省教育厅厅长、代理武汉大学校长等职。1929年再度赴美从事研究。1930年回国，先后在中央大学、北京大学等校任教。1933年患心脏衰弱症，仍坚持给学生上课，深受学生喜爱。1935年在北京病逝。

② 姚晋圻(1857—1916)，字彦长，号东安，自署东安生，湖北蕲水人。光绪十五年(1889年)举人，十八年(1892年)进士，选庶吉士。散馆授翰林院编修，改刑部主事。曾参加康梁领导的维新变法。失败后回归故里，专事著述。1898年应张之洞之聘，任武昌两湖书院史学教习，兼任黄州经古书院院长。1903年任两湖书院院长。1906年后历任湖北省教育会会长、法学会会长、谘议局议员，《湖北通志》纂修、礼学馆顾问官。1912—1913年任湖北教育司司长。工诗文，尤长经学。著有《公羊春秋笺注》《三家书义发微》《春秋备疏》《经论》《礼经杂记》《汉志矿地记》《九宫随释》《小学教育法》《东安日程》等。

重庆市大足区）余栋臣组织煤窑、纸厂工人及挑贩数百人竖旗起义。起义军攻占龙水镇，并发布檄文，号召民众驱逐外国传教士。清廷急派桂天培带兵到大足"查办"，四川总督刘秉璋则以赔款五万银两并缉捕"凶手"结案，史称"大足教案"。

六月间，张难先见"家况非兄一人力所能支"，遂"泣诉于师，请退学以佐理家政，师允之"。难先归家后，辉烈兄"以父骨未寒即令"弟弟"辍学，甚不安"，乃"言于母及季父星三公"，一定要让难先"复学"。其时，"星三公雄于资财"，亦强令难先"返校"，继续学业，并承诺"学费有不继"，他愿"承之"。于是，难先只得又回到学校继续读书（见《义痴六十自述》，《张难先集》第415页）。

七月二十九日（9月13日），海军衙门批准湖广总督张之洞筹办汉阳制铁局，后改称汉阳铁厂，是我国第一所近代钢铁企业。

八月上旬，湖南澧州（今常德市澧县）哥老会首领廖星阶、马万伏率会众起义，进袭澧州城。后起义军与官兵周旋一年多时间才被清军镇压。

八月间，星三公亦"见背"，难先在校的学费变成了问题。

九月二十五日（10月27日），张治中（1890—1969）出生于安徽巢县（今巢湖市）黄麓镇洪家疃一个手工业者家庭。

九月二十六日（10月28日），河南道监察御史吴兆泰上奏请停止颐和园工程，清廷命将其交部严加议处。

十月十一日（11月22日），朝廷命居乡已达九年的原两江总督刘坤一再任两江总督兼南洋通商事务大臣。

十一月间，驻日公使黎庶昌即将任期届满，朝廷遂任命李鸿章之子李经方为驻日大臣，即将前来东京接任。

同月里，"为省费计"，张难先离开学校"在家从苏师经魁游"（见《义痴六十自述》，《张难先集》第415页）。

是年，湖广总督张之洞在武昌设立湖北织布局，并自1894年至1898年间又陆续设立纺纱、缫丝、制麻三局，通称"湖北纺织四局"。

是年，刘瑞恒[①]（1890—1961）出生于直隶南宫（今属河北）一个书香

[①] 刘瑞恒（1890—1961），字月如，直隶南宫人。1903年考入北洋大学堂。1906年未毕业即送美留学，入哈佛大学，获哈佛医学博士学位。1915年回国，任上海哈佛医专教授。1918年被北京协和医学院聘为外科教授。1920年赴美进修，回国后出任北京协和医院第一任华人院长和中华医学会会长。国民政府卫生部（署）成立，历任次长、部长、署长兼禁烟委员会委员长，兴建中央医院兼院长。后奉命成立军医总监部，任总监，并兼陆军军医学校校长。抗战期间辞职，赴香港建立协和医药公司。抗战胜利后回上海，出任善后救济总署卫生委员会主委。1949年去台湾。1959年因病赴美就医。1961年在纽约圣路加医院逝世。

家庭。

是年，卫挺生①（1890—1977）出生于湖北枣阳双河镇一个地主士绅家庭。

是年，林薰南②（1890—1982）出生于湖北黄冈周铺镇（今属武汉市新洲区）一个耕读之家。

光绪十七年辛卯（1891年） 十八岁

是年，张难先"复从马吉庵师读"。当时，马师"已为博士弟子员，食廪膳"；而此时难先"好穷义理，每读一书，必细究古人立言之旨，验之吾身有合而后已。为文入理深刻，树义雄强"。偶有"题不合手者，即烦若不能下笔"。马师常以难先所作"携呈其父"，太师爷"亦茂才"，"一读一击节，叹赏之声达户外"。奇怪的是，那年张难先的"记忆力忽强，上午三小时读《左传》五十页"，都能成诵。马师"家有经史子集少许"，难先"常涉猎，颇感兴趣，由此欲博观群书"（见《义痴六十自述》，《张难先集》第415页）。

正月初二日（2月10日），驻日公使黎庶昌赴日本皇宫递交辞行国书，

---

① 卫挺生（1890—1977），又名体国、绍浚、韬，字申父、琛甫，号经野，湖北枣阳人。1906年赴日留学。1911年赴美留学。1920年回国，参与筹建国立东南大学，并在燕京大学等校任课。1927年在南京国民政府财政部任职。1928年任立法院立法委员。1934年参与组织中国会计学社，任理事。1938年任湖北省政府委员，不久辞职，专任立法委员、代理法制委员会委员长等职。1944年作为中国财政代表团顾问，出席在美国举行的国际平准基金协会，中国亦当选为该协会的四个常务理事国。1948年赴香港讲学。1949年赴台湾大学从事研究。1953年赴菲律宾大学任教。1956年赴美国从事学术研究。1977年在美国加利福尼亚州病逝。著有《财政改造》《中国今日之财政》《欧战中英法美之金融》《徐福与日本》《卫挺生文存》等。

② 林薰南（1890—1982），字幼襄，亦作幼香，湖北黄冈人。1910年考入武昌陆军小学。1913年考入保定陆军军官学校。1916年毕业后在部队历任排长、连长、上尉参谋、少校参谋等职。1922年任广东西江讲武堂上校教育长。1923年改任黄埔军校教官。1925年起历任广州大元帅府参谋处参军、黄埔军校上校步兵科科长、训练处副处长、编译处高级官、国民革命军总司令部军务局副局长、湖北省会公安局局长等职。1928年以少将衔入日本陆军大学学习军事。1932年毕业回国，在南京陆军大学任职。抗战爆发，任参谋本部高级参议。1941年后任第七战区司令长官部参谋长、广东省防空副司令等职。1945年被授予中将军衔。同年任中国驻日本军事代表团中将顾问。1946年退役。1948年侨居日本。1982年病逝于日本东京。

向日本天皇辞行；日本天皇特赐黎庶昌"旭日大绶章"一枚，以表彰其对中日文化交流做出的积极贡献。

正月十二日（2月20日），四川会理州（今凉山彝族自治州）会党举行反清起义。

正月间，李范一①（1891—1976）出生于湖北应城城关老龙门街一个贫寒家庭。

三月十五日（4月23日），陈时②（1891—1953）出生于湖北黄陂陈家中湾一个书香官宦家庭。

三月十七日（4月25日），开平煤矿局矿工为抗议外国技师欺压中国矿工而举行大罢工。

同日，江苏扬州民众发布揭帖，揭露外国传教士欺压中国老百姓的罪恶，聚众五六千人包围教堂，被清政府派兵将民众驱散镇压，史称"（第二次）扬州教案"。

四月初六日（5月13日），安徽芜湖民众因反对英国传教士迷拐幼童，焚毁教堂，并包围领事馆，史称"芜湖教案"。

四月二十九日（6月5日），湖北广济县武穴镇民众因反对外国传教士贩卖婴儿，焚毁教堂，杀死一名英国传教士；在英、德两国的威胁下，湖广

---

① 李范一(1891—1976)，湖北应城人。13岁中秀才。后入两湖书院深造，结识董必武等，加入同盟会。1911年武昌起义，加入学生军。1912年赴美留学，入哥伦比亚大学习经济，后转无线电。1924年回国，参加北伐，历任国民革命军总司令部交通处处长、南洋公学校长、国民政府军事委员会交通处处长、军事交通技术学校校长、建设委员会无线电管理处处长、安徽省政府委员兼建设厅厅长、陕西省政府委员兼教育厅厅长、交通部电政司司长、湖北省政府委员兼建设厅厅长等职。抗战胜利后回到武汉，暗中从事民主革命活动。武汉解放，任军事管制委员会高级参议兼汉口第一纺织股份有限公司经理。新中国成立后历任燃料工业部副部长，石油工业部副部长，第一、二、三、四届全国人大代表。1976年病逝。

② 陈时(1891—1953)，字淑澄，湖北黄陂人。1907年赴日留学，先后在日本东京宏文书院、中央大学、早稻田大学、庆应大学学习，获法学士学位。1909年加入同盟会。1911年春回国。辛亥革命后任湖北军政府财政司秘书。积极支持其父创办中华学校，不久改为中华大学。父死后，自1917年至1945年出任校长28年，曾捐部分家产兴学。曾出任国民党中央政治会议武汉分会秘书处秘书，主持湖北省教育会，并曾出任湖北省国民参政员、北京教育部特种教育会委员、中国教育会理事等职。新中国成立后曾加入民革，被任命为湖北省政协委员和土改委员会委员，并被选为省人民政府委员。著有《政党论》《南洋游记》等。

总督张之洞处分地方官一名，捕杀民众二人，判七人徒刑，赔款六万五千银两结案，史称"武穴教案"。

七月初九日（8月13日），李宗仁（1891—1969）出生于广西临桂（今桂林市临桂区）一个耕读之家。

七月二十九日（9月2日），湖北宜昌民众因反对法国传教士拐卖儿童和美国传教士开枪伤人，相聚焚毁英、美、法国教堂。英、美、法等九国驻华公使联合向清政府威胁，各国军舰开至湖北汉口、宜昌进行恫吓。湖广总督张之洞以判处民众十二人徒刑，赔款十七万五千七百七十一两银子结案，史称"宜昌教案"。

七月间，康有为正式在广州长兴里设立万木草堂，聚徒讲学，著书立说，所著之《新学伪经考》一书刊行。

八月十二日（9月14日），贵州下江厅（今黔东南苗族侗族自治州从江县）苗民梁志得等率众举行起义。

十月初十日（11月11日），热河朝阳（今辽宁省朝阳市朝阳县）金丹教首领李国珍、杨悦春率教众举行反洋教起义，攻占贝子府（今内蒙古自治区赤峰市敖汉旗贝子府镇），建立"开国府"，李国珍称"扫北武圣人"，杨悦春被推为总大教师；下设丞相及各种官职，发布了安民告示。起义队伍数千人分青、黄、白、红、黑色旗等5队，攻占朝阳府；随后，"在理教"首领郭万昌(一作万淳)等亦率众数千起义响应。

十一月十七日（12月17日），胡适（1891—1962）出生于安徽绩溪一个书香官宦之家。

十一月间，李国珍、杨悦春、郭万昌等率领的起义军被清军镇压。

是年，戴季陶（1891—1949）出生于四川广汉（今德阳市广汉市）一个书香之家。

光绪十八年壬辰（1892年） 十九岁

是年，张难先"仍从马师读"。那时，"乡校陋俗，学子五经读毕，即谓已足"；去年难先"读《左传》"，马师"每晨圈点讲解由二十页至五十页，辛苦不可言状"；于是，马师"再不敢"让难先继续读。而此时，张难先开始"嗜蒙庄言，由是日放诞"（见《义痴六十自述》，《张难先集》第415页）。

二月十五日（3月13日），反清革命志士杨衢云、谢缵泰等在香港设立辅仁文社，以"尽心爱国""开通民智"为宗旨。

四月间，日本的横滨正金银行在上海设立分行。

五月中旬至六月上旬，襄阳府谷城县民众为抗议天主教传教士非法传教，聚众围攻教堂，并提出"灭洋改教"的口号，引发中外争端，史称"襄阳教案"。

六月三十日（7月23日），孙中山毕业于香港西医书院。

七月初四日（8月25日），中、俄订立接连陆路电线的约款。

闰六月中旬至七月上旬，沙俄出兵帕米尔地区，强占萨雷阔勒岭以西的中国领土二万多平方公里。

八月二十八日（10月18日），萍乡芦溪（今江西省萍乡市泸溪县）哥老会举行起义，因事泄失败。

十月初二日（11月20日），湖广总督张之洞在武昌设立的湖北织布局建成开织。

十二月初十日（1893年1月27日），宋庆龄（1893—1981）出生于广东文昌一个旅居上海的基督教牧师家庭。

十二月间，由湖广总督张之洞四处筹资建造的湖北汉阳炼铁厂的机器厂、铸铁厂、打铁厂及大冶运矿铁路五十余华里先后竣工完成。

是年，张难先曾奉兄命"赴州试"，待"入场，见争座位者狰狞可怖，厌之，蹀躞至启门，携白卷出。以不工八股、试帖，兼恶科举故也"（见《义痴六十自述》，《张难先集》第415页）。

是年，严立三①（1892—1944）出生于湖北麻城县城关一个书香官宦家庭。

光绪十九年癸巳（1893年） 二十岁

是年，张难先"复从武丞公游"，且觉"文思益进"，曾"颜其牖曰

---

① 严立三(1892—1944)，原名重，字修朝，号立三，别号劭园，以号行，湖北麻城人。18岁考入安徽陆军小学，后又考入保定陆军军官学校，与邓演达同学，并为莫逆之交。毕业后随邓赴广州，历任粤军副营长、营长、副团长。黄埔军校创立，任军校总队长、训练部部长，被称为"黄埔良师"。北伐时被任命为国民革命军第一军第二十一师师长，屡挫强敌，战功显著，赢得了"北伐名将"的美誉。1927年蒋介石发动反革命政变，不与合作，退隐杭州。不久，蒋介石下野，严即出任湖北省民政厅厅长。1928年蒋介石复出，严即挂冠隐居庐山。抗战爆发后出任湖北省政府民政厅厅长、代理省主席。为人清高，超世不群，是"湖北三怪"之一。

'复性窗'"（见《义痴六十自述》，《张难先集》第415页）。

正月初一日（2月17日），中外商人在上海合办《新闻报》，英国商人丹福士为总董，聘请《沪报》原主笔蔡尔康为主笔。

正月十六日（3月4日），张难先与本邑陈懿（字襄勤）完婚。"成婚时甚伤感，以为自此即入苦恼世界"，因"完婚"后"生计日促"，好在陈氏"备尝艰苦"，帮助难先继续学业，既感安慰，亦感不安（见《义痴六十自述》，《张难先集》第415页）。

二月初一日（3月18日），白崇禧（1893—1966）出生于广西桂林南乡山尾村一个小商人家庭。

五月十八日（7月1日），湖北麻城宋埠的民众因抗议新教瑞典行道会传教士随便捆殴当地民众，将教士梅宝善和乐传道殴毙，引起两国交涉。清政府以处死民众二人，徒刑7人，赔款四万二千银两结案，史称"麻城宋埠教案"。

九月初九日（10月18日），梁漱溟（1893—1988）出生于北京一个元代皇室后裔家庭。

九月初十日（10月19日），上海机器织布局因失火被焚毁。

十月十九日（11月26日），杨虎城（1893—1949）出生于陕西蒲城孙镇甘北村一个农民家庭。

十月二十三日（11月30日），潘宜之①（1893—1945）出生于江苏南京一个市民家庭。

十月二十八日（12月5日），中、英签订《藏印续约》，开亚东（今西藏日喀则市亚东县）为商埠。

十一月十二日（12月19日），直隶总督李鸿章在天津开办医学堂。

---

① 潘宜之(1893—1945)，字祖义，祖籍湖北广济，生于南京。早年考入南京军事测绘学校，后入保定军校第三期，与白崇禧同学。1917年任南京商会巡防队长。1920年后任福建民军总司令张贞部队参谋、浙军总司令陈肇英部副官、副官长。曾列席国民党一大和二大，拥护孙中山的三大主张，成为孙中山的侍从秘书。北伐时曾任北伐军总司令部大本营秘书处秘书。不久出任《中央日报》社社长、上海市政府秘书长。1927年后历任上海市党部执行委员，第四集团军总司令部政务处处长，国民党湖北省党部委员、省党务训练所教育长、代所长兼汉口市市长等职。第二次反蒋失败，逃亡欧洲，后入英国牛津大学就读。1934年底回国，后历任第四集团军总训处少将处长、湖北省政府委员、第五战区司令长官部秘书长、国民政府经济部常务次长、交通部常务次长等职。抗战胜利后遭蒋介石排挤，降职任用，愤而自尽。

十一月十九日（12月26日），毛泽东（1893—1976）诞生于湖南省湘潭县韶山冲一个农民家庭。

十二月二十二日（1894年1月28日），湖广总督张之洞在武昌奏设湖北自强学堂。

是年，张难先跟随武丞公温习四书、五经，当"读《诗》至'戎狄是膺，荆舒是惩'，读《左传》至'思小惠而忘大耻'等句"时，遂"于满清有种族之见，由是无心科名"（见《义痴六十自述》，《张难先集》第415页）。

是年，天津武举李福明等人在北京东便门外开办一家机器面粉厂，使用外国进口蒸汽机磨，每日平均磨粉二百担，生意兴隆。

是年，台湾巡抚刘传铭所主持修建的台北至新竹的铁路竣工通车。

是年，程起陆①（1893—1977）出生于湖北黄冈一个耕读之家。

光绪二十年甲午(1894年)　二十一岁

是年，张难先"仍从武丞公游"，且"喜读古书，临古帖，性情日狂放"；常"谓八股决非正学，极口诋之"。因爱"狎侮侪辈"，故"为士类所不容"。因家道"中落，无资购书，谋诸妇，尽典其衣饰为之"（见《义痴六十自述》，《张难先集》第416页）。

为了激励自己刻苦学习，张难先曾"刻佩自警"（《二十岁刻佩》，见《不成文文（节抄）》，《张难先集》第591页）。

正月初三日（2月8日），朝鲜东学党在全罗道古埠郡发动起义，提出了"逐灭夷倭""尽灭权贵"的口号。

二月十一日（3月17日），清驻美公使杨儒与美国国务卿葛礼山（Walter Quintin Gresham，1832—1895）在华盛顿签订《中美华工条约》。

二月十二日（3月18日），康有为和弟子梁启超一同进京参加即将举行的会试。

---

① 程起陆(1893—1977)，原名之屏，湖北黄冈人。1911年参加辽阳起义。1936年任河南省第3区行政督察专员，被授予陆军少将军衔。次年兼任河南省第3区保安司令。1940年任第9战区经济委员会主任。1942年任粤桂食糖专卖局局长。1943年任财政部地方财政司人事处处长。1945年离职。1949年5月任武汉市民临时救济委员会常委兼汉口执行处总干事。武汉解放后任武汉市人民政府参事、武汉市文史研究馆馆员。

四月十六日（5月20日），驻英、法、意、比公使薛福成至巴黎公使馆迎接新到任的公使、四川原布政使龚照瑗，并与其办理相关移交手续。

四月二十七日（5月31日），朝鲜国王以韩兵屡败于东学党，与袁世凯商议，请求中国出兵助剿。

四月二十九日（6月2日），日本内阁决定出兵朝鲜。

四月三十日（6月3日），朝鲜政府正式致书清政府，请求派兵援助。

五月初一日（6月4日），直隶总督李鸿章派太原镇总兵聂士成率兵九百由大沽前往牙山，援助朝鲜。

五月初五日（6月8日），太原镇总兵聂士成率兵抵达朝鲜牙山（韩国西海岸城镇，属忠清南道，临牙山湾）。

五月初六日（6月9日），直隶提督叶志超率兵七百由山海关赴朝鲜牙山。

五月初七日（6月10日），日本驻朝鲜公使大鸟圭介率数百日军进入朝鲜汉城。

五月初九日（6月12日），日军八百余名先头部队在朝鲜仁川登陆，次日开赴汉城。

五月十三日（6月16日），日军约四千人在大岛义昌的率领下，抵达朝鲜仁川（为韩国西北部的一个广域市，是一座面向黄海的港湾都市）。

五月十七日（6月20日），直隶总督李鸿章要求俄国驻华公使喀希尼出面调停朝鲜之事，中、日撤兵。

五月十九日（6月22日），日本外相陆奥宗光回复中国驻日公使汪凤藻，谓中、日所见不同，日本不会撤走朝鲜之兵（第一次绝交书）。

五月二十四日（6月27日），第二批日军到达朝鲜仁川，朝鲜日军已逾八千。

六月十二日（7月14日），日本驻中国公使小村寿太郎照会清政府总理衙门，拒绝撤兵，两国如果发生不测之变，日本不负责任（第二次绝交书）。

六月十三日（7月15日），诏令翁同龢、李鸿藻与军机大臣、总署大臣会筹韩事。

同日，直隶总督李鸿章电令叶志超自朝鲜牙山移军平壤。

六月十四日（7月16日），以日、韩情事已将决裂，光绪皇帝严旨直隶总督李鸿章速筹进兵事宜，不得畏葸、延宕。

同日，直隶总督李鸿章派河南镇总兵卫汝贵部六千（案：时奉朝命驻扎天津），太原镇总兵马玉崑部两千（案：时奉朝命协助宋庆防卫旅顺口），由海道分进平壤、义州，广东高州镇总兵左宝贵部四千（案：时奉朝命驻扎奉天）由陆路进军平壤。

六月二十一日（7月23日），日军包围朝鲜王宫，劫持国王，组织傀儡政府，并攻掠中国驻韩总理公署。直隶总督李鸿章雇英国商船"高陞""爱仁""飞鲸"运兵两千六百余名赴朝鲜牙山，援助叶志超军。

六月二十三日（7月25日），日本军舰"吉野号""浪速号"等在朝鲜半岛海域之丰岛偷袭北洋海军船只，击沉中国租用的运兵英船"高陞号"，一千多官兵誓不降敌，大部壮烈牺牲；"济远""广乙"两艘军舰被击伤，"操江"舰则被俘，甲午中日战争爆发。

七月初一日（8月1日），中、日两国同时宣战。

七月二十五日（8月25日），朝命直隶提督叶志超总统驻扎平壤诸军。聂士成部亦退抵平壤。

八月初七日（9月6日），日、中两国军队在朝鲜平壤接战。

八月十五日（9月14日），日军进攻平壤，高州镇总兵左宝贵和补用知府盛星怀战死。

八月十七日（9月16日），日军占领平壤，直隶提督叶志超、河南镇总兵卫汝贵败走，清军死伤两千余人。

八月十八日（9月17日），中、日发生黄海海战，日本舰队司令伊东祐亨大败北洋水师提督丁汝昌于大东沟（今辽宁省东港市）海面。"致远""经远""超勇""扬威"被击沉，"广甲"被击毁，余舰退走旅顺。管带邓世昌等战死。

秋天里，武丞公病故。武丞公"纯然儒者，心迹光明，实为人师"；难先"好古书，明古意，他师皆讥讪之，公独怜"之，并"加青眼"，这让张难先终生难忘（见《义痴六十自述》，《张难先集》第416页）。

九月初一日（9月29日），慈禧太后起用奕訢主持总理衙门。奕訢曾亲自出面请求英国联合美国和俄国，共同调停中日战争。

九月初二日（9月30日），直隶提督叶志超等部清兵奉命全部退出朝鲜。

九月初十日（10月8日），朝命湖广总督张之洞速进京议事，而以湖北巡抚谭继洵署理湖广总督。

九月二十二日（10月20日），日本侵略军占领朝鲜义州（今朝鲜新义州特别行政区）。

九月二十五日（10月23日），日本侵略军渡过鸭绿江。

九月二十六日（10月24日），日本侵略军第一军侵入中国边境；第二军则在辽东半岛花园口登陆，进犯旅顺、大连。

九月二十七日（10月25日），日本侵略军大败驰援九连城的四川提督宋庆所部，占领九连城和安东。

十月初五日（11月2日），朝命两江总督刘坤一进京议事，而以张之洞署理两江总督。

十月二十七日（11月24日），孙中山在美国檀香山组织成立兴中会。

十一月二十四日（12月20日），总署通知美国驻华公使田贝，清政府决定派户部侍郎张荫桓、署理湖南巡抚邵友濂为代表赴日本议和，并聘请前美国国务卿福世德（John W. Foster）为顾问。

十一月间，张难先便"从妻祖茂才陈融庵锦銮先生游"，然陈先生乃忠厚长者，颇"异"难先"所为学"，不久遂"以不合去"（见《义痴六十自述》，《张难先集》第416页）。

十二月初二日（12月28日），朝命两江总督刘坤一为钦差大臣，山海关内外防剿各军皆归其节制。

十二月十五日（1895年1月10日），日本侵略军攻陷盖平（今辽宁省盖州市）。

十二月二十五日（1895年1月20日），日本侵略军在荣成湾登陆，占领荣成（今山东省威海市荣成市）。

是年，唐有壬[①]（1894—1935）出生于湖南浏阳一个书香之家。

是年，张笃伦[②]（1894—1958）出生于湖北安陆三陂巷一个市民家庭。

[①] 唐有壬（1894—1935），原名琳，字寿田，湖南浏阳人。唐才常次子。早年就读于长沙高等实业学堂。1913年赴日留学，入东京庆应大学理财科。1919年回国，历任关税会议专门委员、北京大学经济学教授、上海中国银行总管理处调查部主任、湖北省银行行长兼省金库长等职。南京国民政府成立后，历任国民党中央政治会议秘书长、中央执行委员、立法委员、中央银行理事等职。1932年出任外交部常务次长，协助汪精卫处理对日外交事务。1935年12月改任交通部常务次长，尚未赴部到任即在上海遇刺身亡。

[②] 张笃伦（1894—1958），字伯常，湖北安陆人。1906年考入湖北陆军小学。1909年升入湖北陆军第三中学。1910年报送入保定陆军军官学校。1911年参加上海光复之役，任上海警备司令。1917年南下参加护法运动，任靖国军第一军参谋长。1926年参加北伐，任汉口市公安局局长、代市长。后调任军事参议院中将参议，旋调任蒙藏委员会委员。1938年调任西昌行营主任。1945年出任重庆市市长。1948年4月出任湖北省政府主席。1949年出任西南军政公署政务委员兼秘书长，同年去台湾。1958年病逝于台北。

光绪二十一年乙未（1895年）　二十二岁

年初，张难先"从诸师游，多所抵牾"；于是，难先乃"屏绝一切，独居祖祠中自习，扃门不通宾客"。其时"喜读《史》《鉴》《庄》《列》《骚》《选》等书，每遇忠臣孝子之什，不禁泪下。然实无途径，不能引起深刻兴味"（见《义痴六十自述》，《张难先集》第416页）。

正月初一日（1月26日），议和代表张荫桓、邵友濂自上海东渡。

正月初二日（1月27日），日本御前会议决定和议大纲。

正月初五日（1月30日），日本侵略军占领威海卫南帮炮台。

正月初七日（2月1日），张荫桓、邵友濂与伊藤博文、陆奥宗光会于广岛，商讨议和事宜，以无全权被拒；日本还公开指名要直隶总督李鸿章为全权代表。

正月十一日（2月5日），北洋舰队的"定远"舰在威海卫被日本军舰击沉。

正月十二日（2月6日），日本侵略军攻陷山东文登（今威海市文登区），北洋舰队的"来远""威远"等舰被日舰炸沉。

正月十三日（2月7日），北洋舰队在威海卫被日本侵略军海陆包围，陷入绝境。

正月十五日（2月9日），日本侵略军攻入山东宁海州（今烟台市牟平区），北洋舰队的"靖远"舰被日军击沉。北洋海军右翼总兵、记名提督刘步蟾自尽殉国。

正月十七日（2月11日），清政府召前谈判代表张荫桓、邵友濂回国。

正月十八日（2月12日），海军提督丁汝昌、总兵张文宣自尽殉国。五日后，威海卫海军及刘公岛守军投降，北洋舰队全军覆没。

正月十九日（2月13日），朝廷以直隶总督、北洋大臣李鸿章为头等全权大臣赴日商定和约，而以帮办北洋事务大臣王文韶署理直隶总督兼北洋大臣。

正月二十日（2月14日），道员牛炳昶代表威海卫海军残部与日本舰队司令伊东祐亨议定投降条款十一条。

正月二十一日（2月15日），日本侵略军攻陷刘公岛（在山东省威海市环翠区威海湾中）。

正月二十二日（2月16日），日本军舰驰入威海卫（在山东半岛东北端的威海市）。

正月三十日（2月24日），直隶总督李鸿章与奕劻、孙毓汶、翁同龢等朝中大臣商议合约条款，争执不下。海城（今辽宁省鞍山市海城市）日本侵略军乃进攻大平山（今营口市东南10公里处之二龙山），大败宋庆所部。

二月初十日（3月6日），日本侵略军攻陷营口（今辽宁省营口市）。

二月十三日（3月9日），日本侵略军攻陷田庄台（今辽宁省盘锦市大洼区）。

二月十八日（3月14日），赴日头等全权大臣李鸿章率其子经方和罗丰禄、伍廷芳、马建忠、徐寿朋、于式枚以及美国顾问福世德一行，离天津赴日本马关议和。

二月二十二日（3月18日），日本侵略军攻陷山东长山岛（在今烟台市长岛县境内）。

二月二十四日（3月20日），李鸿章一行在日本马关与伊藤博文开始议和、谈判。

二月二十九日（3月25日），日本侵略军攻占澎湖（今中国台湾地区澎湖县）。

三月初五日（3月30日），中、日双方达成停战条约。

三月二十日（4月14日），清政府电谕全权大臣李鸿章，如条件无可商议，即可订约。

三月二十一日（4月15日），头等全权大臣李鸿章与伊藤博文第五次会谈，接受日本所提全部条件。

三月二十三日（4月17日），《中日马关条约》签字。按条约规定：中国承认朝鲜独立；割让辽东、澎湖、台湾；赔款二万万两；日本商人可在中国口岸从事工艺制造。中日甲午战争宣告结束。

三月二十六日（4月20日），署理两江总督张之洞致电总署，阻止和议，主张向英、俄求援。

是日，头等全权大臣李鸿章自日本马关抵达天津。

三月二十九日（4月23日），法、德、俄三国驻日公使照会日本外务省，要求日本放弃辽东半岛。合约消息传出，举国震惊，臣民纷纷上书请求罢除合约。

四月初七日（5月1日），广东举人康有为、梁启超联合在京参加会试的十八省举人集会，号召拒约自强。

四月初八日（5月2日），清政府批准中日合约。

同日，康有为等十八省举人上书清政府，拒签合约，请都察院代奏，此即历史上著名的"公车上书"。

四月初十日（5月4日），张之洞、边宝泉、谭继洵、李秉衡等疆吏致电总署，请展期换约。

同日，日本政府向俄、德、法三国政府声明，愿意放弃辽东半岛。

四月十二日（5月6日），钦差大臣刘坤一致电总署，请缓期换约。

四月十三日（5月7日），日本向中国总署声明，愿意放弃辽东半岛。

四月二十四日（5月18日），清政府派李经方前往台湾与日本派出大臣商办交割事宜。

四月二十七日（5月21日），台湾绅民拒不接受《中日马关条约》，决定成立"独立民主国"，建元"永清"，即通告各国。

五月初二日（5月25日），"台湾民主国"宣布成立，唐景崧为总统，刘永福为民主将军，丘逢甲为义勇统领，陈季同为外务大臣，俞明震为内务大臣，李秉瑞为军务大臣，林维源为议院议长。

五月初六日（5月29日），日本陆军近卫师团开始在台湾澳底（在今中国台湾地区台北县东北）登陆，遭到台湾军民的猛烈抵抗。

五月初十日（6月2日），李经方与日本台湾总督桦山资纪会于基隆口外，签订台湾交接文据。

五月十一日（6月3日），日本侵略军攻占台湾基隆。

五月十六日（6月8日），日本侵略军攻陷台湾台北。

五月三十日（6月22日），日本侵略军攻陷台湾新竹。

闰五月初五日（6月27日），日本侵略军自台湾新竹南侵，为义军徐骧等所阻。

同日，傅作义（1895—1974）出生于山西荣河（今山西省临猗县孙吉镇安昌村）一个农民家庭。

闰五月十四日（7月6日），中、俄签订《四厘借款合同》。

闰五月十九日（7月11日），徐骧率义军反攻台湾新竹。

六月十一日（8月1日），福建古田斋教首领刘祥兴反对英、美教士勾结清朝官吏与民众为敌，率众愤怒焚毁教堂，史称"古田教案"。

六月二十五日（8月15日），日本侵略军攻陷台湾苗栗。

七月初四日（8月23日），日本侵略军攻陷台湾大甲溪。

七月初七日（8月26日），日本侵略军攻陷台湾府（今台中）。

七月初九日（8月28日），日本侵略军攻陷台湾彰化。

八月二十一日（10月9日），日本侵略军攻陷台湾嘉义，开始在南部登陆。

八月二十七日（10月15日），日本侵略军攻陷台湾打狗（今高雄）。

八月二十八日（10月16日），日本侵略军攻陷台湾凤山。

九月初四日（10月21日），日本侵略军攻陷台南府、安平，至此，日本侵略军已占领全台，"台湾民主国"灭亡。

九月初九日（10月26日），孙中山领导的广州起义失败。

九月二十二日（11月8日），中、日签订《交收辽南条约》。

九月间，康有为、陈炽、沈曾植、袁世凯、张孝谦、文廷式、杨锐、徐世昌、丁立钧、王鹏运等在北京发起成立强学会，梁启超任书记。

十月十五日（12月1日），黄绍竑①（1895—1966）出生于广西容县城郊珊萃村（今黎村镇）一个书香家庭。

十一月十八日（1896年1月2日），朝廷命钦差大臣刘坤一仍回两江总督本任，署理两江总督张之洞仍回湖广总督本任。

十一月二十八日（1896年1月12日），康有为在上海创办《强学报》。

十二月初六日（1896年1月20日），朝廷谕令封禁北京强学会。

十二月二十一日（1896年2月4日），清政府将强学会改为官书局，专司翻译书报，隶属总理衙门管理。

---

① 黄绍竑(1895—1966)，字季宽，广西容县人。1911年响应武昌起义，参加广西学生军敢死队随军北伐。1915年入保定军官学校第三期。1916年毕业后曾任桂军模范营排长、讨陆（荣廷）西路军总指挥、国民革命军第七军党代表。1927年后历任广西省政府主席兼留桂军军长、国民政府内政部部长、浙江省政府主席、湖北省政府主席。抗日战争期间历任军事委员会作战部部长、第二战区副司令长官。1947年任国民政府监察院副院长、立法委员。1949年作为国民政府和平谈判代表团成员赴北平参加国共谈判。谈判破裂后去香港，发表声明脱离国民党，旋出席中国人民政治协商会议第一届全体会议。中华人民共和国建立后历任中央人民政府政务院政务委员，第一届人大常委会委员，第一、二、三届全国政协委员，法案委员会委员，民革中央常委兼和平解放台湾工作委员会副主任等职。

十二月里，长女端君（1895—？）出生。

是年，赵志垚①（1895—1962）出生于浙江青田高湖镇东山村一个书香之家。

光绪二十二年丙申（1896年） 二十三岁

是年，张难先"复从马吉庵师游"，自感"极闷抑无聊"（见《义痴六十自述》，《张难先集》第416页）。

正月初一日（2月13日），华俄道胜银行在上海开设，它是沙俄在中国开设的第一家银行。在1904年日俄战争前的八年中，相继又在牛庄、天津、汉口、北京、哈尔滨、吉林、海城、沈阳、铁岭、旅顺、营口、张家口、雅加和乌里雅苏台等地开设了14家分行。

正月十七日（2月29日），张之洞交卸两江总督篆务，即日起程赴鄂。

正月二十八日（3月11日），张之洞自江宁返抵武昌湖广总督本任。

二月初十日（3月23日），清政府在北京与汇丰银行、德华银行订立《英德借款详细章程》。

二月二十六日（4月8日），盛宣怀在上海徐家汇镇北创办南洋公学。

三月十八日（4月30日），直隶总督李鸿章奉命出使俄国，参加尼古拉二世的加冕典礼，抵达彼得堡。

四月初九日（5月21日），沙俄又以干涉归还辽东半岛有功，强索划定汉口俄国租界。

四月二十二日（6月3日），中、俄在莫斯科签订《御敌互相援助条约》，即《中俄密约》，以中俄对日军事同盟为幌子，沙俄攫取了建筑东清铁路的特权，逐步控制了中国东北三省。

四月二十四日（6月5日），刑部侍郎李端棻疏请设立京师大学堂及广

---

① 赵志垚（1895—1962），原名淳如，字玉麟，号志垚，浙江青田人。早年曾就读于浙江省第十一中学，毕业后考入上海商务印书馆附设商业专门学校，任职后曾到中央大学旁听，选修财政、经济学。曾创办上海信达利钱庄。1928年应同学陈诚之邀，先后出任国民革命军总司令部中校会计科科长、十一师军需处处长。1948年，官至国防部预算局局长（中将军衔）。1949年携全家赴台居住，历任台湾省银行常务董事、物资调节委员会主任委员、交通银行官股董事及常务董事、台湾纺织公司董事长、台湾区棉纺织业工会委员会主任委员及理事长、菲律宾交通银行副董事长、台湾棉纺织同业公会理事长等职。1962年病逝于台北。

设学校、立报馆等。

五月初五日（6月15日），江苏徐州爆发大刀会首领智效忠领导的反洋教起义，史称"徐州教案"。

五月十一日（6月21日），吴德峰①（1896—1976）出生于湖北保康石磐岭一个望族家庭。

夏天里，兄长辉烈"忽婴心疾，每日呼朋啸侣，往各市场恣其所欲，旅食之费俱兄任之"。其时，难先家"开店有杂货、酥食、槽坊、药材各货，均兄主持，至是举措舛方，店员无人约束，损失甚巨"。母亲"怪骇"，召难先归。难先归后，"睹兄状，知万难再责以家政"，而"兄病最忌拂逆，违反不可，将顺不能"，心里"烦苦纠缠"（见《义痴六十自述》，《张难先集》第416页）。

五月二十六日（7月14日），林逸圣②（1898—1967）出生于湖北黄冈回龙镇林家大湾村一个耕读之家。

六月十一日（7月21日），中、日签订《通商行船条约》。

七月初一日（8月9日），黄遵宪、梁启超、汪康年等人在上海创刊《时务报》。

七月初八日（8月16日），邓子恢（1896—1972）出生于福建龙岩东肖邓厝村一个农民家庭。

---

① 吴德峰(1896—1976)，原名士崇，字德峰，湖北保康人。早年就读于湖北省立一师。1918年任湖北省长公署机要科员。1924年加入中国共产党，在武汉地区从事地下工作。1927年起，先后调任中共鄂南特委书记、赣西南特委书记、赣北特委书记、中共中央交通局局长等职。1932年赴江西苏区，历任国家政治保卫局江西分局局长、湘赣省保卫局局长、红六军团和红二方面军保卫局局长等职。抗战期间在西安从事地下工作。抗战胜利后历任中共晋察冀局敌工部部长、郑州市委书记等职。新中国成立后历任中南军政委员会委员、武汉市委第一副书记、武汉市市长、最高人民法院副院长、最高人民法院党组副书记、全国政协常委委员、全国人大常委会委员等职。"文革"中遭迫害致死。

② 林逸圣(1896—1967)，名祚海，字海滨，号逸圣，以号行，湖北黄冈人。与林育英、林育南、林彪合称"林氏四杰"。1911年报名加入学生军，投身革命。民国成立，考送保定陆军军官学校。毕业后赴广西龙州，隶胡宗铎部。1926年国民政府出师北伐，任第七军少将参谋长，不久以功升中将师长。1929年息隐湖滨，闭门读书。1934年考入陆军大学特二期深造。抗战爆发，调任国民政府军委会中将高参。1938年调任湖北省政府委员兼建设厅厅长。抗战胜利后出任华中战区武汉敌伪物资接收处理委员会特派员。1946年被选为国民大会代表。1948年任华中军委会总部政委会秘书长。武汉解放后前往香港，卒于香港。

七月二十五日（9月2日），中、俄订立《合办道胜银行合同》。

八月初二日（9月8日），清政府出使俄国大臣许景澄与华俄道胜银行签订《中俄合办东省铁路公司合同章程》。

九月初五日（10月11日），孙中山在伦敦被清政府驻英使馆诱捕，十多天后，在英国朋友康德黎（J.Cantlie，曾任香港西医医院教务长）等人的援救下，获释脱险。

九月十四日（10月20日），清政府设立卢汉铁路总公司，以盛宣怀为督办。

九月十五日（10月21日），中、俄订立《北京新约》。

九月十八日（10月24日），朝命直隶总督兼北洋大臣李鸿章在总理各国事务衙门行走。

九月十九日（10月25日），中、法订立《滇越界约》。

十月三十日（12月4日），沈刚伯[①]（1896—1977）出生于湖北宜昌市夷陵区三斗坪镇梅花村绕围坡一个世代书香之家。

十一月十四日（12月18日），兄长辉烈最终还是病逝。兄长"精明强干，佐先父经商达二十年，里党咸重之"；"先父治家严，兄久在束缚中，一旦父故，思有所发泄，遂如要驽之马不可遏抑，卒至倾家亡身"。

兄长去世后，"一切家累"都归难先。自此，遂"废读经商，每晨早起，围布裙下门扫地，为家人及店伙倡"。接阳为小镇，"交易多在上午。乡场与都市之商情不同，其顾客俱为邻近亲友，间必待以宾礼"。难先此时亦"完全抛去书生面目，客至亲奉茶烟，阅数月商业略有转变。惟亏损太大，负债极多，甚不易爬梳振起"。难先上午"专理商业，下午事少"，乃"设书案于铺坊，内壁嵌玻璃，一面读书，一面监视店员"。难先如此"忧患求学，领略倍切。浏览史鉴，常遇精要处，即有动于中，始略通作人行事途径"（见《义痴六十自述》，《张难先集》第416页）。

十二月十五日（1897年1月17日），美国商人在上海开办的鸿源纱厂正式开工。

[①] 沈刚伯（1896—1977），谱名大烈，字汝潜，湖北宜昌人。11岁入湖北方言学堂，14岁毕业后进入武昌高师，1917年毕业。1924年赴英留学，入伦敦大学。1927年回国，历任中山大学、国立中央大学、东北大学、国立政治大学等校教授。1948年赴台，任台湾大学文学院院长兼历史系主任。在1948—1969年主院期间，使文学院逐渐建成六个系和五个研究所。著有《沈刚伯先生文集》（上、下卷）等。

十二月二十三日（1897年1月25日），刘叔模①（1897—1975）出生于湖北武昌（今属鄂州市）段店刘弄村一个书香家庭。

是年，竺鸣涛②（1896—1969）出生于浙江嵊州一个书香之家。

是年，魏云千③（1896—1971）出生于湖北江陵一个富裕家庭。

是年，黄仲恂④（1896—1976）出生于湖北江陵一个耕读之家。

是年，傅光培⑤（1896—2001）出生于湖北潜江一个革命烈士家庭。

---

① 刘叔模(1897—1975)，名馨范，又名范祥，湖北武昌人。1911年考入寒溪学堂。武昌起义爆发，参加学生军。1912年编入陆军小学读书。1918年毕业于北京法政学校。1919年赴法国勤工俭学。1922年考入北大法文系。1925年赴国民革命军陈铭枢部任秘书。1926年任澄迈县县长。1931年任国民政府行政院参事。1933年任中华共和国人民革命政府文化委员会秘书长。1937年起历任南京军事委员设计委员、国民参政会参议、湖北省政府委员、湖北省参议会议员等职。1949年加入民革，任中央委员。新中国成立后历任中南军政委员会参事、武汉市人委参事、武汉市政协常委等职。1958年被错划为"右派"，1979年平反。

② 竺鸣涛(1896—1969)，字明道，浙江嵊州人。1912年留学日本，1913年参与组织少年革命再造党。1915年加入中华革命党，回国后入黄埔军校潮州分校第二期学习，毕业后再赴日本东京陆军野战炮兵学校学习。1926年任国民党中央党部军人部总干事，1927年任海空军总司令部卫士大队长、虎门要塞司令部党代表。1929年任浙江保安队第三、五团团长。1933年调军委会办公厅任高级参谋及第二、三处处长，第三厅总务处处长等。1943年任浙江保安处长兼保安副司令、第三十二集团军副总司令。1946年升中将。1947年任浙江警保处长、衢州绥靖署副主任、浙江警备副司令。1949年去台湾。1969年在台北病逝。

③ 魏云千(1896—1971)，谱名昌槫，字云千，湖北江陵人。1913年入交通银行沙市办事处任职。1921年转入长沙办事处任职。1930年晋升主任。1933年受湖北省主席夏斗寅之聘，出任湖北银行行长。1940年任第9战区经济委员会副主任，颇有功绩。1943年调南昌交通银行主持工作。1945年任南昌银行公会主席。1946年任湖北银行常务理事。1947年任中华民国银行商业同业公会联合会理事。1949年先赴香港，再赴台湾。晚年皈依基督教，卒于台湾。

④ 黄仲恂(1896—1976)，湖北江陵人，中国国民党党员。曾任黄埔军校少校地形教官、峨眉山中央训练团少将副教育长、湖北省政府委员兼秘书长等职。新中国成立后任湖北省军管区少将副司令。

⑤ 傅光培(1896—2001)，字养苏，一作养生，湖北潜江人，傅慈祥之子。1917年毕业于湖北省第一师范学校。此后历任武昌模范小学教员、北京教育部录事、国民革命军第15军政治部书记官、国民政府会计处秘书、正太铁路会计处处长、国民政府主计处某科科长、湖北省政府会计处处长、重庆市政府会计处处长等职。1948年任汉口特别市政府会计长、财政局局长。新中国成立后历任中南财政部财务处经济建设处处长、中南军政委员会文教处处长、武汉市政协副秘书长、华中农学院教授、武汉市政府参事室参事、武汉市政协第一至五届委员等职。

光绪二十三年丁酉（1897年） 二十四岁

是年，张难先仍在家经商，且"商务颇有转机"；其间，与"同里汪君葵村论交"。"汪君好学深思，志趣远大，有一日千里之势"，然"三十而夭"，甚是痛惜（见《义痴六十自述》，《张难先集》第416页）。

正月二十一日（2月22日），康有为、梁启超、何廷光、何穗田、康广仁等人在澳门创办《知新报》。

正月二十九日（3月1日），湖广总督张之洞奏设湖北武备学堂。

正月间，夏粹芳在上海创办商务印书馆，先设印刷所。

二月初三日（3月5日），日本在江苏苏州设立日租界。

二月十三日（3月15日），法国驻华公使强迫清政府同意不将海南岛及对面广东海岸割让给他国。

二月二十日（3月22日），英国商人在上海杨树浦路创办的老公茂纱厂开车。

二月间，因巡抚谭继洵奉旨入京陛见，朝命湖广总督张之洞兼署湖北巡抚篆务。

二月三十至三月初四日（4月1—5日），上海公共租界爆发独轮车夫反抗捐税的斗争，遭到英、美帝国主义海、陆军的镇压。

三月初七日（4月8日），康有为与唐景崧、岑春煊、蔡希邠在广西桂林发起组织圣学会，出版《广仁报》。

三月二十一日（4月22日），江标、唐才常等人在湖南创办《湘学新报》，后改为《湘学报》（旬刊）。

三月二十六日（4月27日），中、比在武昌议定《卢汉铁路借款合同》。

三月二十七日（4月28日），叶剑英（1897—1986）出生于广东省梅县雁洋堡下虎形村一个小生意人家庭。

四月二十六日（5月27日），盛宣怀创建中国通商银行上海总行，它是中国自办的第一家商办银行；至年底，又在北京、天津、汉口、广州、汕头、烟台、镇江等地设立分行。

同日，谭继洵返抵武昌，张之洞交卸兼署湖北巡抚篆务。

六月间，梁启超、汪康年、麦孟华等在上海成立不缠足会。

七月初五日（8月2日），孙中山离开加拿大赴日本横滨。

七月十九日（8月16日），中东铁路①正式开工。

八月初五日（9月1日），朝命以户部尚书翁同龢为协办大学士。

九月初三日（9月28日），长子少勤（1897—1941）出生。

九月间，资产阶级维新派在长沙设立时务学堂。

十月初一日（10月26日），严复和王修植、夏曾佑等人在天津创办《国闻报》（日报）。

十月初七日（11月1日），山东曹州巨野县德国传教士唆使教徒欺压民众，激起民众公愤，酿成"巨野教案"；济宁、寿张、单县、武城等县民众在大刀会的号召下，纷纷响应。

十月二十日（11月14日），德国借口"巨野教案"，派军舰强占胶州湾。

十一月二十二日（12月15日），沙俄舰队侵入辽东旅顺湾，强占旅顺、大连。

十一月间，祖母许氏（1804—1897）去世，享年九十有三。

十二月十二日（1898年1月4日），陈诚（1898—1965）出生于浙江青田高市乡一个书香家庭。

十二月十三日（1898年1月5日），康有为等人在北京成立粤学会。

十二月间，湖广总督张之洞奏请设立粤汉铁路总公司。

是年，张难先"惑于王遁术数之学"，故"常与方士往来"（见《义痴六十自述》，《张难先集》第416页）。

是年，丁寿石②（1897—1972）出生于湖北沔阳西流河三角嘴村一个书香家庭。

光绪二十四年戊戌（1898年）　二十五岁

是年，张难先仍在家经商，然"癖术数之学益甚，几若舍此无以治国平天下者"（见《义痴六十自述》，《张难先集》第416—417页）。

张难先在家经商而"无起色"，遂"令三弟竺轩、大侄选丞分理家

---

① 中东铁路：亦称作东清铁路、东省铁路。日俄战争结束后称中东铁路，即"中国东省部铁路"之意，指的是沙俄在清朝末期修筑的从俄国赤塔经中国满洲里、哈尔滨、绥芬河到达符拉迪沃斯托克（海参崴）的西伯利亚铁路在中国境内的一段。

② 丁寿石（1897—1972），湖北仙桃人。1920年毕业于国立北京政法大学。1934年出任安陆县县长。1941年出任长阳县县长。所至廉洁爱民，有政绩。曾与王兆虎、余会云编纂有《湖北堤防纪要》二卷。

事"，自己则在乡设馆授徒，收"取脩金以补助困乏"，"夜则习技击之术，拳棍刀矛无不学之"（见《义痴六十自述》，《张难先集》第417页）。

正月二十一日（2月11日），英国强迫清政府声明不将长江流域各省割让或租借给其他国家。

二月初九日（3月1日），清政府再次向英、德集团续借"英德洋款"。

二月十三日（3月5日），周恩来（1898—1976）出生于江苏淮安城内驸马巷一个大户人家。

二月十四日（3月6日），清政府与德国在北京签订《胶澳租界条约》。

三月初六日（3月27日），清政府与沙俄在北京签订《旅顺大连湾租地条约》。

三月二十日（4月10日），法国强租广州湾，逼迫清政府宣布两广、云南不让割与他国。

三月二十二日（4月12日），康有为在北京粤东会馆成立保国会，梁启超、林旭、宋伯鲁①、杨锐、刘光第、徐仁录、陈虬、傅增湘等186人列名。

三月二十四日（4月14日），清政府与华美合众公司签订《粤汉铁路借款合同》。

三月间，湖广总督张之洞发表《劝学篇》，宣扬"旧学为体，新学为用"的洋务观点，以干扰维新运动。

闰三月初二日（4月22日），日本强迫清政府声明不将福建割让给他国。

同日，严复译述英国赫胥黎的名著《天演论》出版发行。

闰三月十七日（5月7日），沙俄与清政府在圣彼得堡订立《续订旅大租地条约》。

四月初二日（5月21日），中、英签订《山西省开矿合同》。

四月二十一日（6月9日），清政府与英国在北京签订《展拓香港界址

---

① 宋伯鲁(1854—1932)，字芝栋，亦作子钝、芝洞、子栋，号芝田，晚年又号钝叟，别号九嵕山樵、瓶园老人、心太平轩老人，陕西礼泉人。光绪十二年(1886年)进士，授翰林院编修，官至都察院掌印御史，参与维新变法运动。变法失败后曾入伊犁将军长庚幕。1911年夏返乡。辛亥革命爆发，任兵马都督府参谋官。政治研究会成立，被举为会长。1912年任总统府高等顾问。袁世凯复辟帝制，辞职返回西安。1918年选为国会众议院议员。工诗文，擅书画。编著有《新疆建置志》《新疆山脉志》《西辕琐记》《海棠仙馆诗集》《焚余草》《己亥谈时》《知唐桑艾录》等。

专条》。

四月二十三日（6月11日），光绪皇帝下"明定国是"诏书，宣布开始变法自强，先举办京师大学堂，又命督抚保举人才。"百日维新"（又称"戊戌变法"或"戊戌维新"）开始。

四月二十七日（6月15日），朝廷任命荣禄为直隶总督兼北洋大臣，统率北洋三军，即董福祥的甘军、聂士成的武毅军和袁世凯的新建军。

同日（6月15日），慈禧太后逼迫光绪皇帝罢免翁同龢工部尚书、军机大臣等职务，逐回原籍。

四月二十八日（6月16日），光绪皇帝在仁寿殿召见康有为，命其在总理衙门章京上行走，并许其专折奏事。

五月初三日（6月21日），中、英订立《河南矿务合同》，英国夺取河南开矿权。

五月十三日（7月1日），中、英在北京签订《订租威海卫专条》。

同日，四川大足县（今重庆市大足区）的余栋臣再次发动反洋教起义。

五月十五日（7月3日），诏立京师大学堂，官书局及译书局皆并入大学堂，派孙家鼐为管理大臣。

五月二十四日（7月12日），清政府颁布《振兴工艺给奖章程》，它是近代中国第一个奖励科学发明的条例。

五月二十八日（7月16日），上海民众再次发动反对法国侵略者强占四明公所的斗争。

六月初七（7月25日），清政府命将张之洞的《劝学篇》颁发各省督抚、学政，俾得"广为刊布流传"。

六月十一日（7月29日），清政府命各省兴办中小学堂。

六月十五日（8月2日），清政府设立矿务铁路总局。

六月下旬至七月上、中旬（8月），廖华①（1898—1969）出生于福建

---

① 廖华（1898—1969），曾用名王晓林、陈继周、陈国柱，字子石，福建莆田人。中学时即参加学生运动。1922年考入厦门大学。1924年与进步师生转至上海创办大夏大学。1925年加入中国共产党。1926年起，长期在福建莆田、上海、北平、天津等地从事地下工作。1945年被选为中共七大代表。解放战争时历任辽宁省教育厅厅长、旅大行政公署民政委员会主任、关东行政公署委员兼文管会主任、大连地委文物委员会主任等职。新中国成立后历任福建省政府委员兼教育厅厅长、中央文史研究馆办公室主任兼参事、国务院参事等职。

莆田一个书香家庭。

七月初五日（8月21日），清政府设立农工商总局。

七月初八日（8月24日），清政府发布上谕：光绪皇帝将于十月十九日奉太后赴南苑，再赴天津以次阅军。

七月十四日（8月30日），奉上谕：裁撤詹事府、通政司、光禄寺、鸿胪寺、太常寺、太仆寺、大理寺等衙门；外省裁撤湖北、广东、云南三省督抚同城的巡抚，东河总督及不办运务之粮道与仅管疏销之盐道等。

七月十九日（9月4日），光绪皇帝革去阻挠上书的礼部尚书怀塔布、许应骙等六堂官职。

七月二十日（9月5日），诏令谭嗣同、刘光第、杨锐、林旭等以四品卿衔为军机章京，参与新政。

七月二十九日（9月14日），光绪皇帝赐康有为、杨锐密诏，谕以政变危机，望他们速筹良策。

秋天里，张难先闻知康梁变法维新思想，"乃为所感"，并开始"究心当时之务"（见《义痴六十自述》，《张难先集》第417页）。

八月初一日（9月16日），光绪皇帝召见袁世凯，命以侍郎衔候补，专办练兵事宜。

同日，湖广总督张之洞奉命兼管湖北巡抚事务。

八月初二日（9月17日），光绪皇帝密命康有为迅速出京，赴上海督办官报局。

八月初三日（9月18日），谭嗣同密访工部右侍郎袁世凯，企图借袁氏之力（案：此指小站所练新军）以胁迫慈禧太后，袁佯应允。

八月初五日（9月20日），工部侍郎袁世凯一回到天津，立即将帝党的计划向直隶总督荣禄告密。

八月初六日（9月21日），慈禧太后发动政变，复出临朝训政，光绪皇帝被幽禁于中南海南海中的仙岛皇宫——瀛台。又以康有为"结党营私，莠言乱政"，下令通缉。

八月十三日（9月28日）下午四时，谭嗣同、刘光第、杨深秀、杨锐、林旭、康广仁在北京菜市口被杀，史称"戊戌六君子"。

八月二十一日（10月6日），清政府查禁湖南南学会，将湖南巡抚陈宝箴及其子吏部主事陈三立、湖南学政江标、庶吉士熊希龄等革职交地方官管束。

八月二十二日（10月7日），清政府将刑部主事张元济革职。

八月二十五日（10月10日），清政府与英国中英公司在北京订立《关内外铁路借款合同》。

八月间，汉口发生大火灾，延烧5173户，死300余人；朝命复设湖北巡抚一职。

九月初一日（10月15日），怡和洋行代表英国银行公司与盛宣怀订立《沪杭甬铁路借款草约》。

九月十八日（11月1日），上海纶华纱厂工人举行反对降低工人工资罢工。

九月间，湖广总督张之洞选派两湖学生赴日游学。

十月初一日（11月14日），梁启超在日本横滨创办《清议报》（旬刊），鼓吹保皇立宪。

十月十一日（11月24日），刘少奇（1898—1969）出生于湖南宁乡花明楼炭子冲一个世代耕读之家。

十月二十二日（12月5日），清政府悬赏购捕康有为、梁启超、王照。

十月间，湖北长乐县（今五峰县）发生民众击杀传教士、教民，焚掠教堂事件，张之洞严饬宜昌地方文武速予平定，阻止其蔓延、扩展。

十二月，湖广总督张之洞奏请在汉口设置夏口厅治，改"汉口同知"为"夏口厅抚民同知"。

是年，余家菊[①]（1898—1976）出生于湖北黄陂大余湾一个世代书香家庭。

---

① 余家菊(1898—1976)，字景陶，又字子渊，湖北黄陂人。1912年考入文华书院，次年转入中华大学预科。1916年升入中华大学哲学门。1919年毕业留校参与创办附属中学，任学监。1920年初肄业于北京高等师范学堂教育研究科，并至长沙第一师范、河南第一师范任教。1922年赴英留学，先后入伦敦大学、爱丁堡大学。1924年回国，历任国立武昌师范大学(后改为武昌大学)、东南大学、金陵军官学校、冯庸大学、北平中国大学、北京大学、河南大学等校教授。其间曾加入中国青年党，在天津创办健行中学。抗战期间出任国民参政会参政员。1946年出席政治协商会议，并历任制宪国大代表、国民政府委员、行宪国大代表、总统府国策顾问等职。1949年赴台湾。晚年信奉天主教，去世前受洗礼。一生笔耕不辍，著有《国家主义概论》《中国教育史要》《孔子教育学说》《孟子教育学说》《中国伦理思想》《教育与人生》等。

光绪二十五年己亥（1899年） 二十六岁

年初，张难先仍在乡设馆授徒。然自家店铺经营不好，故家用"奇窘，所入俱不足以自给，常断炊"；不得已，难先乃"赴湘依旧知，将觅一事接济之，亦不合而归。离家尚数十里，斧资尽，不能雇挑夫，待至昏夜，自担其行李，踣踬阡陌中以归。归后遍体奇痛，卧数日始能起"（见《义痴六十自述》，《张难先集》第417页）。

正月十九日（2月28日），意大利向清政府租借浙江三门湾，为清政府所拒。

正月间，湖广总督张之洞改两湖、经心、江汉三书院课程，分经学、史学、天文、舆地、兵法、算学六门，并在三书院进行枪操，按月考校。

二月初三日（3月14日），清政府任命毓贤为山东巡抚。

二月间，山东义和拳（亦称义和团）朱红灯率拳众举行起义。

三月二十八日（5月7日），中、俄订立《勘分旅大租界专条》及《辽东半岛租地专条》。

三月间，朝廷新授湖北巡抚于荫霖抵任。

四月初九日（5月18日），英国、德国与清政府签订《津镇铁路借款草合同》。

六月十三日（7月20日），康有为在加拿大成立保救大清皇帝会，简称保皇会。

八月初二日（9月6日），美国国务卿海约翰提出对华"门户开放"政策。

八月十三日（9月17日），山东平原义和拳首领朱红灯率拳众抢劫教民。

九月十四日（10月18日），工部右侍郎袁世凯率军击散山东平原义和拳朱红灯部众。

十月十四日（11月16日），清政府与法国订立《广州湾租界条约》。

十月间，意大利窥视三门湾愈急，朝命沿江一带炮台严密防守。

同月里，兴中会邀请哥老会、三合会各首领至香港集会，随后议定纲领，歃血为盟，结成一个大团体——兴汉会，并公推孙中山为总会长。

十一月初四日（12月6日），朝命撤换毓贤的山东巡抚职务，而以袁世凯署理山东巡抚，并率军大肆镇压义和拳。

十一月十九日（12月21日），山东义和拳首领朱红灯被清军抓捕。

十一月二十一日（12月23日），山东义和拳首领心诚和尚（又号本明和尚）被清军抓捕，并同朱红灯一起解送济南。

十一月二十二日（12月24日），毓贤在离开山东济南前，将义和拳首领朱红灯、心诚和尚、于清水等人杀害。

同日，两江总督刘坤一奉命进京陛见，而以江苏巡抚鹿传霖署理两江总督。

十二月二十三日（1900年1月23日），母亲李老夫人因忧病而逝。

此前，"家中各业大败"，"一日巨风，竟将住宅吹倒数进，器具什物多损失，惟未伤人"。自"遭此重重挫折，生意愈不能支，索债者日逼一日"。老母"性仁慈"，又"素患咳，见家况如此，心愈急，病愈甚，痛儿辈之心亦愈深"，终于一病不起。老母在世时，"和善慈祥，勤俭晓大义"，佐父亲"理家政，家境即日兴月盛"；祖父"于饮食极考究，不调必令重制，虽数易无怨色"；其"早爱食最嫩之鸡卵"，而"母剥卵，其黄白柔滑若将流者，然壳去无毫发裂痕"，可谓"手敏而心细"。难先"少时性情乖张"，赖母亲"循循善诱，始不流于邪僻"。每念及老母"之恩斯勤斯，鬻子闵斯"，遂"历历在目"（见《义痴六十自述》，《张难先集》第417页）。

十二月二十四日（1900年1月24日），慈禧太后懿旨，立端王载漪之子为大阿哥，准备废掉光绪皇帝。

十二月二十七日（1900年1月27日），英、美、法、德、意驻华公使一致要求清政府速下剿灭义和拳的上谕。

光绪二十六年庚子（1900年）　二十七岁

正月二十日（2月19日），朝命直隶、山东督抚出示晓谕，严行禁止义和拳会，若仍执迷不悟，即行从严惩办。

正月间，张难先"见家境衰落至此，再无恢复希望"；又思"母既去世"与"先父遗志"，遂"将商业分于大侄选丞、三弟竺轩经理"，自家则"取田数亩"，由贤妻"躬耕"，自己"日夕闭门披阅《史记》《汉书》及《通鉴》，颇悟治国之道"；当"读至东晋王凝之被杀事"，前此之"术数之惑始解"："凝之世奉天师道仍以杀身，则术之不可信也明矣"。因此，张难先"决意向孔氏之门以求安身立命之要"，"后见曾文正公家书、家训，惊其所以教子侄者大异乡师，狂喜，无日夜读之，并条别为系统，编列其书目"(见《义痴六十自述》,《张难先集》第417页)。

二月十四日(3月14日),朝廷擢升袁世凯为山东巡抚,调毓贤为山西巡抚,邓华熙为贵州巡抚。

三月初七日(4月6日),英、美、德、法四国照会清政府总理衙门,请于两月"剿灭"义和拳,否则将出兵"代剿"。

三月十三日(4月12日),朝廷以山东部分义和拳主力转入直隶境内,会威胁到朝廷安全,命直隶总督裕禄认真查禁。

四月二十四日(5月22日),义和拳在直隶涞水县大败清军,杀死副将杨福同,取得"涞水大捷"。

四月二十九日(5月27日),英、俄驻华公使通知清政府总理各国事务衙门,拟派兵来京。义和拳毁琉璃河、长辛店铁路;次日,又毁丰台铁路。

四月间,汉阳府举行院试,张难先在族戚的劝导下,卖掉家中的猪、鸡及部分粮食,携款赴汉阳府参加院试;至汉皋后,将携带之款都购买了书带回家,谢绝宾客,"悉发所购书读之"。

此前,"张文襄督鄂提倡朴学,傅公汉亭廷仪具高足也。会许君沆香从之游,得闻绪论,甚有矜色"。一日,难先在姐姐家与许君相遇,相交谈,许君颇"异之,以为乡曲乌有此人",其"语渐恭";由是二人"订交",往来"切磋益进"(见《义痴六十自述》,《张难先集》第417页)。

五月初四日(5月31日),英、美、法、俄、日、意水兵三百余人进入京城使馆区。湖广总督张之洞致电总理衙门及军机大臣荣禄,请"速剿拳匪",保护铁路。

五月十二日(6月8日),两江总督刘坤一亦电请"剿灭"义和拳。

五月十三日(6月9日),义和拳蜂聚北京附近,捣毁京津铁路。

五月十四日(6月10日),英、德、俄、法、美、日、意、奥等八国组成二千多人的联军,由英国海军中将西摩尔率领,从天津向北京进发,抵达杨村(位于今天津市武清区境东南部,京、津、塘高速公路与京山铁路之间,夹河成镇)。

五月十五日(6月11日),日本驻华使馆书记杉山彬在北京永定门外为董福祥的部下所害。各国联军与义和拳在直隶廊坊(今河北省廊坊市)接战。

五月十六日(6月12日),义和拳开始在北京焚烧外国教堂;总署大臣启秀传太后懿旨，慰问各国驻华使馆。

五月十九日（6月15日），朝命京城步兵统领衙门、神机营、虎神营、武卫中军会同弹压"拳匪"；又命两广总督李鸿章迅速来京，而两广总督由广东巡抚德寿兼署。

同时，朝廷任命兵部侍郎李端遇、国子监祭酒王懿荣为京师团练大臣，办理京师团练事宜，督率兵勇，抗击联军，以保京师安定。

五月二十日（6月16日），清廷召集王大臣、六部九卿会议，商阻洋兵进京事宜。两江总督刘坤一、湖广总督张之洞均电军机大臣荣禄，请速"剿匪"。

五月二十一日（6月17日），八国联军开始攻打天津大沽口炮台；义和拳进攻天津紫竹林租界。慈禧太后召见王大臣等议事。有人伪造了各国驻华公使要求太后归政的照会，太后见之大怒，声言要与联军决战。

五月二十四日（6月20日），德国驻华公使克林德在京城被杀。董福祥率甘军与义和拳开始围攻北京东交民巷使馆。

五月二十五日（6月21日），太后下旨，与各国宣战。两江总督刘坤一、湖广总督张之洞、巡阅长江水师大臣李秉衡等疆吏仍致电总署，请"力剿邪匪"。顷奉谕旨："各督抚勿再迟疑观望，迅速筹兵筹饷，力保疆土。"①

五月二十九日（6月25日），慈禧太后颁下懿旨，停攻外国驻华使馆并派兵保护。

五月三十日（6月26日），两江总督刘坤一、湖广总督张之洞等疆吏派代表与各国驻华领事会订《东南保护约款》。

五月间，八国联军攻打天津之事传到乡里，张难先"益留心当世之务"（见《义痴六十自述》，《张难先集》第417—418页）。

六月初三日（6月29日），清政府命我驻外国公使向所在国政府解释清政府的宣战乃是出于被迫。

六月初五日（7月1日），奉天义和拳烧毁城内法、英教堂和东清铁路公司。

同日，湖广总督张之洞奏请展缓本年乡试，并派湖南布政使锡良统帅湖北、湖南军北上护驾。

六月初七日（7月3日），辽阳群众焚毁俄国人在茨儿山所开办的

---

① 胡钧原编，庞坚删节：《张文襄公年谱》，张之洞著，庞坚点校：《张之洞诗文集（增订本）》，上海古籍出版社2015年版，第744页。

煤矿。

六月初十日（7月6日），沙皇尼古拉二世乘机自任总司令，下动员令，先后调集近十八万军队，分六路入侵中国东北。

六月十二日（7月8日），清政府任命原两广总督李鸿章为直隶总督兼北洋大臣，准备向八国联军乞和。

六月十三日（7月9日），武卫前军总统、直隶提督聂士成在天津战死。

六月十八日（7月14日），八国联军占领直隶天津，大肆劫掠。

同日，闽浙总督许应骙与俄、英、美等六国驻福州领事签订《福建互保协定》。

六月二十、二十一日（7月16—17日），沙俄侵略军在黑龙江先后制造了"海兰泡惨案"与"江东六十四屯血案"。

其间，自盛京（今沈阳市）北至开原，南至海城，俄国人所修建之铁路、桥梁均为当地群众拆毁。

七月初三日（7月28日），端郡王载漪矫旨逮杀反对围攻外国使馆和对外宣战的吏部左侍郎许景澄、太常寺卿袁昶。

七月初五日（7月30日），八国联军成立天津临时政府，即"天津都统衙门"。

七月初九、十日（8月4—5日），沙俄侵略军先后占领哈尔滨、瑷珲、营口；八国联军占领北仓（今天津市北辰区北仓镇）。

七月十一日（8月5日），八国联军攻陷杨村（天津市武清区杨村镇），已革职留任的前直隶总督裕禄自杀殉国。

七月十三日（8月7日），清廷授直隶总督李鸿章为全权大臣，即日电商各国停战。德皇宣布以瓦德西为联军统帅。

七月十八日（8月12日），八国联军占领通州（今北京市通州区）。

七月十九日（8月13日），俄国侵略军攻占北京东便门。董福祥率军与义和拳一起连日猛攻各国驻华使馆。

七月二十日（8月14日），八国联军攻入北京城内，大肆掳掠。

七月二十一日（8月15日），慈禧太后挟持光绪皇帝仓惶离京西逃。

七月二十二日（8月16日），清政府议和全权大臣李鸿章致电各国停战议和。

同日，甘肃布政使岑春煊迎护两宫于南口（今北京市昌平区南口镇）。

七月二十五日（8月19日），诏命巡幸太原，命甘肃布政使岑春煊督理前路粮台，而以吴永、俞启元会办前路粮台。

七月二十六日（8月20日），光绪皇帝于西逃途中发布罪己诏。

七月二十九日（8月23日），朝命护理陕西巡抚端方在西安预备驻跸之所，准备迎驾。

七月三十日（8月24日），朝旨准议和全权大臣李鸿章便宜行事，迅速处理善后事宜。李鸿章则电请派奕劻、荣禄、刘坤一、张之洞亦为全权大臣。

八月初五日（8月29日），沙俄侵略军占领黑龙江齐齐哈尔。

八月初七日（8月31日），朝廷加派两江总督刘坤一、湖广总督张之洞会同全权大臣李鸿章商办和议。

八月十六日（9月9日），朝廷授权奕劻、李鸿章、荣禄均为议和全权大臣；刘坤一、张之洞会办议和事宜，均准便宜行事。

八月二十九日（9月22日），沙俄侵略军占领吉林。

闰八月初二日（9月25日），朝命惩处纵容包庇"拳匪"的诸王大臣。庄亲王载勋，怡亲王溥静、贝勒载濂、载滢皆革去爵职，端王载漪撤去一切差事，交宗人府严加议处。辅国公载澜、左都御史英年均交宗人府严加议处。协办大学士、吏部尚书刚毅，刑部尚书赵舒翘则交部议处。

闰八月初五日（9月28日），沙俄派军队占领辽阳。

闰八月初八日（10月1日），两宫离开山西太原前往陕西西安。

是日，议和全权大臣李鸿章接任直隶总督；沙俄派军队占领沈阳。

闰八月二十四日（10月17日），议和全权大臣奕劻、李鸿章照会各国使臣，和议开始。

九月初四日（10月26日），两宫抵达陕西西安，以原陕甘总督府为行宫。

九月初五日（10月27日），各国驻华公使一致通牒，要求惩处载漪、载勋、载澜、溥静、毓贤、李秉衡、董福祥、刚毅、赵舒翘等十一人。

九月初九日（10月31日），沙俄派军队占领锦州。

九月十五日（11月6日），八国联军在直隶保定杀害直隶布政使廷雍等六人。

九月十七日（11月8日），沙俄强迫盛京将军增祺的代表签订《奉天交地暂且章程》。

九月十九日（11月10日），两江总督刘坤一和湖广总督张之洞联名电奏，请速惩办诸祸首。

九月二十二日（11月13日），朝旨革去载漪爵职，与载勋同交宗人府圈禁；溥静、载滢一并交宗人府圈禁；载濂已革爵职，命其思过；载澜、英年则降调，赵舒翘革职留任，毓贤充边。

是日，八国联军攻陷直隶保定后，开始进攻直隶张家口。

九月二十九日（11月20日），议和全权大臣奕劻、李鸿章致电军机大臣荣禄，各国驻华公使坚持惩办甘肃提督董福祥。

十月初二日（11月23日），两江总督刘坤一和湖广总督张之洞联名电奏，请速治毓贤、董福祥之罪。

十月十二日（12月3日），朝命甘肃提督董福祥革职留任，即日带领所部回甘。

十月十九日（12月10日），八国联军在京城设立"管理北京委员会"。

十一月初三日（12月24日），各国驻华公使联合通牒，提出和约大纲十二条。

十一月初六日（12月27日），清政府照允十二条大纲。

十一月二十五日（1901年1月15日），议和全权大臣奕劻、李鸿章遵旨在合约上签字。

十二月初十日（1901年1月29日），朝旨下：各朝中大臣、地方督抚，可就现实情形，并参酌中西政治，踊跃建言献策。

十二月二十五日（1901年2月13日），朝廷第三次下旨加重惩处祸首：载漪、载澜均发配新疆永远监禁，载勋赐自尽，毓贤正法，刚毅追夺原官，董福祥革职，英年、赵舒翘革职定斩监候，徐桐、李秉衡革职并撤销恤典；启秀、徐承煜先行革职，查明后从严惩办。开复徐用仪、立山、许景澄、联元、袁昶原官。

光绪二十七年辛丑（1901年）　二十八岁

年初，张难先仍在家闭户读书，留心当时实务。岂料全家人相继生病，生计遂"大窘"（见《义痴六十自述》，《张难先集》第418页）。

正月初三日（2月21日），朝廷再次下旨，加重惩处肇祸诸臣：载勋自尽，英年、赵舒翘自尽，毓贤正法；载漪、载澜斩监候，加恩发往新疆；照会各国交回启秀、徐承煜，即行正法；刚毅斩立决，徐桐、李秉衡斩监候，惟其已故，业经革职，撤销恤典，应免再议。

正月初十日（2月28日），湖广总督张之洞奉旨兼署湖北巡抚篆务。

正月二十三日（3月13日），山西巡抚锡良开缺，而以甘肃布政使岑春煊补调；因迎銮护驾有功，朝命河南布政使端方不必赴豫，仍留西安护理陕西巡抚。

三月初五日（4月23日），德、法军队占领娘子关（位于山西平定县东北）。

四月初八日（5月25日），议和全权大臣奕劻、李鸿章联名上奏，请照和议总纲的要求，将总理各国事务衙门改为外务部，冠于六部之首，管部大臣以近支王公充之，设尚书二人，侍郎二人；尚书中须有一人兼军机大臣，侍郎中必须有一人通西文、西语。

四月十二日（5月29日），给各国的赔款议定，以金价计算，共四万五千万两，四十年偿清，年息四厘。

四月二十三日（6月9日），朝廷授醇亲王载沣为头等专使大臣，赴德国谢罪。

五月初二日（6月17日），张厉生①（1901—1971）出生于直隶乐亭（今河北乐亭）一个世代农民家庭。

五月二十一日（7月6日），清政府发布上谕："兹择于七月十九日由河南、直隶一带回京，着各衙门先期敬谨预备。"②

六月初九日（7月24日），清政府正式改总理各国事务衙门为外务部，派奕劻总理部务。

六月二十八日（8月12日），梅龚彬③（1901—1975）出生于湖北黄梅

---

① 张厉生(1901—1971)，原名维新，字少武，河北乐亭人。1916年考入天津南开学校。1922年赴法留学，入巴黎大学攻读社会经济学。在法期间加入中国国民党。1924年回国，历任国民革命军第十军政治部秘书、杭州市政府秘书长、南京卫戍司令部秘书、南京市党部监察委员、国民党中央执行委员、豫鄂皖三省"剿匪"总司令部党政委员会常务处处长、河北省政府委员兼建设厅厅长、国民党中央组织部部长、行政院秘书长、内政部部长等职，深受蒋介石、陈诚等的信任和青睐。1949年去台湾，晚景凄凉，卒于台北。

② 吴永口述，刘治襄记，鄢琨标点：《庚子西狩丛谈》，岳麓书社1985年版，第93页。

③ 梅龚彬(1901—1975)，名逸仙，字电龙，号剑文，笔名龚彬，笈越，化名张柏生等，湖北黄梅人。1917年考入武昌启黄中学，1921年考入上海东亚同文书院商业经济科。1924年加入国民党，曾任上海特别市党部秘书。1924年加入中国共产党，曾任徐家汇支部第一任书记。曾参加北伐和南昌起义及海陆丰起义。受周恩来派遣任浙江省委员兼宣传部部长。1935年出任中华民族革命同盟宣传处处长。抗战期间任全国战地委员会委员，在暨南大学、中山大学、香港达德学院任教，长期在国民党高层中开展统战工作。1947年中国国民党革命委员会成立，任中央执行委员。新中国成立后历任中央财经委员会委员、全国政协委员、全国人大常委会委员、民革中央常务委员会委员兼秘书长等职。"文革"中受到迫害。著有《太平洋上之争霸战》等。

县城东门梅家新屋一个破落的地主家庭。

六月间，"全家大病半年"，经济困窘，一女亦病亡；不得已，张难先拖着病体前往"荆宜鬻书"。

在荆州时，结识"徐鲁山、李培吾、黄志生诸君子，均能刮目相看，多费游扬。所获鬻书钱达百缗"。

在宜昌时，"遇一善鼓琴者，情为之移。于是搁其笔墨事，遣回侍者，即将前所得润金留学焉"。岂料侍者怨恨，归家报告时，竟说张难先得了神经病。此前难先"癖壬遁"，乡里人就曾目其为"癫子"。家里人听说后颇担心，三叔父"即促弟竺轩"前来寻找难先。"竺轩至宜"见到兄长后，方"知事皆子虚"。

其间，张难先结识一位四川人，不仅"雄资财，通文史"，极看重难先，而且"欲出粟"为张难先"纳捐"，还说通三弟面劝，难先终"笑谢之"（前引均见《义痴六十自述》，《张难先集》第418页）。

七月初一日（8月14日），朝廷再次下谕：改定两宫以八月二十四日回銮。

七月十六日（8月29日），诏命自明年始，乡试、会试等皆不准用八股文程式，而改试策论；而自明年始，罢停武科考试。

七月二十五日（9月7日），议和全权大臣奕劻、李鸿章与英、法、美、德、意、奥、比、西、荷、日、俄十一国代表签订和约（《辛丑条约》），共十二款。

八月初二日（9月14日），朝命将各省所有书院改设成大学堂，各府及直隶州改设成中学堂，并多设蒙养学堂。

八月初五日（9月17日），八国联军根据《辛丑条约》规定，开始退出京城。

八月二十四日（10月6日）上午，两宫自西安起驾回銮。

九月二十七日（11月7日），和议全权大臣李鸿章卒于任上，年七十九岁，追赠太傅，晋封一等侯爵，谥"文忠"，入祀贤良祠。朝命王文韶署理全权大臣，袁世凯署理直隶总督兼北洋大臣；又以张人骏为山东巡抚。

九月二十八日（11月8日），两宫驻跸河南郑州。

十月初二日（11月12日），两宫驻跸开封省城。

十月二十日（11月30日），奉懿旨，撤去溥儁大阿哥名号，立即出宫。

十月二十五日（12月5日），朝廷以共保东南疆土，尽心筹划，勋劳卓著，下旨赏加刘坤一太子太保衔，赏加张之洞、袁世凯太子少保衔。

十一月初四日（12月14日），两宫自河南开封行宫起驾。

十一月二十四日（1902年1月3日），两宫驻跸直隶保定府。

十一月二十八日（1902年1月7日），两宫圣驾自直隶保定启銮还京。

同日，朝廷以议和与共保东南疆土有功，下旨赏赐奕劻双俸，荣禄、王文韶、张之洞、刘坤一、袁世凯等双眼花翎，宫衔有差。

十二月初九日（1902年1月18日），慈禧太后公开露面接见各国驻华使节。

十二月二十一日（1902年1月30日），英、日缔结同盟条约。

十二月二十三日（1902年2月1日），朝命满汉可以通婚，并劝汉人妇女除缠足积习。

十二月间，张难先偕三弟竺轩自宜昌返回沔阳，途经沙市时，因好友徐鲁山的介绍，曾在沙市暂留，为雷茂才介瀛祖父的相片题赞。鲁山看后甚是"叹服"，介瀛则"厚馈之"。于是，兄弟俩携款一起回家度岁（见《义痴六十自述》，《张难先集》第418页）。

是年，李伯刚①（1901—1976）出生于湖北天门竟陵（今天门市竟陵街道）一个耕读之家。

是年，吴嵩庆②（1901—1991）出生于浙江镇海青峙乡（今属宁波市北仑区）一个书香家庭。

---

① 李伯刚(1901—1976)，湖北天门人。1915年考入武昌勺庭中学，1918年加入互助社。1919年加入武汉学联，积极参加学生运动，担任《学生周刊》主编。1920年同董必武等创建武汉社会主义青年团。次年加入中国共产党。1922年出任湖北工团联合会教委主任委员。1926年任国民革命军第十四师政治部组织科科长、代理政治部主任。抗战爆发，奉董必武指示，组织湖北乡村促进会并任理事，创办湖北省战时儿童保育院并任院长，从事救亡活动。新中国成立后历任武汉市各界人民代表会议秘书长、武汉市人民政府副秘书长、中南政法学院院长兼武汉师范专科学校校长、武汉市政协副主席、武汉市委统战部副部长等职。

② 吴嵩庆(1901—1991)，浙江镇海人。1922年考入上海私立沪江大学。1925年毕业，任宁波四明中学商科主任。1927年任上海卫戍司令部少校秘书。1928年赴法国留学。1932年回国任铁道部总务司职员。1934年任航空委员会秘书。1936年任航空委员会秘书长宋美龄的机要秘书。次年起历任航空委员会主任秘书、副处长、处长等职。1943年起任军政部军需署司长、副署长等职。1945年任湖北省财政厅厅长兼湖北银行行长。1948年晋升中将，负责将大陆的黄金、白银转移至台湾。1964年退役。后任台湾唐荣铁工厂公司的董事长十几年。卒于台北。

光绪二十八年壬寅（1902年） 二十九岁

年初，张难先在家闲居、自学。

正月初一日（2月8日），梁启超在日本横滨创办《新民丛报》（半月刊）。

正月二十四日（3月3日），梅花拳宗师、武举人景廷宾率领直隶广宗、巨鹿、威县一带义和拳余众举行起义。

正月间，两江、湖广会设江楚编译局于江宁。

春间，张难先与在本邑朱家授徒的"孝感冷子琴调阳"结识，且"甚契"。这冷氏"为沈棠溪先生弟子，学有门径，尤一片天真"。冷氏"商之居停，另延一师专课学子算术"，并邀难先"往学"，难先"从之"，前往"习算数月，竟至咯血"，终以"性不近弃之"（见《义痴六十自述》，《张难先集》第418页）。

三月初一日（4月8日），中、俄订立《交收东三省条约》，规定沙俄军队在十八个月内分三批撤出东北。

三月十六日（4月23日），景廷宾的起义军树起"官逼民反""扫清灭洋"的大旗；邢台、内邱、新河、南宫、平乡等州县民众纷纷响应。

三月二十日（4月27日），蔡元培、蒋智由、黄炎培等在上海发起成立中国教育会，推蔡元培为事务长（会长）。

四月初四日（5月11日），上海耶松船厂工人举行罢工，要求增加工资。

四月间，湖广改两湖书院为两湖大学堂，自强学堂为文普通中学堂，经心书院为勤成学堂；又改武备学堂、防营将弁学堂为武高等学堂，又设武普通中学堂；又创建湖北师范学堂及高等小学堂五所；又将农务学堂移至武胜门外，于工艺学堂增设工厂，增设方言学堂、仕学院等；另设立学务处管理全省学务。

同月里，上海商人成立上海商业会议公所，后改称上海总商会。

五月初二日（6月7日），山西巡抚岑春煊在太原开办山西大学堂。

五月初四日（6月9日），朝廷实授袁世凯为直隶总督兼北洋大臣。

五月十七日（6月22日），中、英订立《上海会审公廨合同》。

五月间，湖北省城警察正式创立；湖广考选优秀学子五十人赴日留学（其中师范学生三十人，警察弁目二十人）。

夏间，张难先又与"张君品珊[①]订交"（见《义痴六十自述》，《张难

[①] 张品珊，生卒年不详，一作品三，湖北沔阳人。事迹待考。

先集》第 418 页）。

六月二十二日（7 月 26 日），奉上谕："湖广总督张之洞着兼充督办商务大臣。"

七月十三日（8 月 16 日），各国会议议定中国关税税率。

八月十二日（9 月 13 日），日本设立湖南汽船会社，行驶于汉口至长沙、常德间。

八月二十八日（9 月 29 日），英国商人成立英美烟公司，相继在中国的上海、汉口、沈阳、哈尔滨等地设立烟厂。

九月初五日（10 月 6 日），两江总督刘坤一逝于任上，年七十三岁，追封一等男爵，赠太傅，谥"忠诚"。

九月初六日（10 月 7 日），奉上谕："两江总督着张之洞署理，迅速赴任。"①

九月十一日（10 月 12 日），彭真②（1902—1997）出生于山西曲沃侯马镇垤上村一个贫苦农民家庭。

九月十六日（10 月 17 日），朝廷下旨，各省须仿袁世凯制定警务章程，办理巡警。

九月二十日（10 月 21 日），郑位三（1902—1975）出生于湖北红安七里坪镇马鞍山村一个破落的地主家庭。

九月二十一日（10 月 22 日），湖广总督兼署两江总督张之洞上书奏保经济特科人才十六人（其中已服官者六人，由学堂出身者十人）。

十月初二日（11 月 1 日），张之洞交卸完湖广总督篆务后，即乘"楚

---

① 胡钧原编，庞坚删节：《张文襄公年谱》，张之洞著，庞坚点校：《张之洞诗文集（增订本）》，上海古籍出版社 2015 年版，第 755 页。

② 彭真（1902—1997），原名傅懋恭，山西曲沃人。1922 年考入山西省立第一中学。1924 年加入中国共产党，曾任中共太原支部委员、书记，中国共产主义青年团太原地委书记，中共天津地委组织部部长，中共天津市委代理书记、书记，中共顺直省委常委、组织部部长、代理书记等职。1929 年在天津被捕入狱。1935 年刑满出狱后积极开展抗日救亡运动，历任中共北方局代表、组织部部长，中共中央晋察冀分局（北方分局）书记，中央党校教育长、副校长，中共中央组织部部长，城市工作部部长，中央政治局委员，东北局副书记兼副政委，中央组织部部长兼北平市委书记等职。新中国成立后历任中央人民政府委员、政务院政法委副主任党组书记兼北京市委书记，北京市市长，第一、二、三届全国人大常委会副委员长和第二、三、四届全国政协副主席等职。"文革"中受到迫害，1979 年平反，历任中央政治局委员，中央政法委书记，全国人大常委会副委员长、委员长等职。著有《彭真文选》《论新中国的政法工作》等。

材"轮船启行。

十月初六日（11月5日），张之洞抵达江宁，暂以钟山书院为行馆。

十月初九日（11月8日），张之洞接署两江总督篆务，循例兼署两淮盐政、钦差通商大臣篆务。

十月十七日（11月16日），上海南洋公学学生发动学潮，二百余人退学。中国教育会在泥城桥福源里成立爱国学社，蔡元培为总理，章炳麟、黄炎培等为教员，专门接收从日本归来的留学生和上海、南京等地退学的学生。

十月二十五日（11月24日），湖南留日学生杨笃生、黄兴、樊锥等在日本东京创办《游学译编》（月刊），鼓吹反清的民族主义思想。

十一月初九日（12月8日），朝廷下旨命云贵总督魏光焘为两江总督，署理两江总督张之洞仍回湖广总督本任。

十一月十八日（12月17日），京师大学堂正式开学。

十一月间，"许君沅香、向君笙三、张君品珊等"，以张难先"可亲，俱负笈来与共学"（见《义痴六十自述》，《张难先集》第418页）。

光绪二十九年癸卯（1903年）　三十岁

年初，张难先受时风的影响，在家"遍求新书、新报阅之，亦骎骎奢侈谈新学矣"（见《义痴六十自述》，《张难先集》第418页）。

正月初一日（1月29日），湖北留日学生刘成禺、李书城等在日本东京创办《湖北学生界》（月刊，后改名《汉声》），宣传民主革命思想。

二月二十二日（3月20日），张之洞交卸两江总督篆务，仍回湖广总督本任。

三月初一日（3月29日），张之洞抵达武昌湖广总督府。

三月十一日（4月8日），沙俄交还辽宁的营口到期，却拒不履约撤兵。

同日，中国女留学生胡彬夏等在日本东京成立共爱会，是中国提倡男女平权的第一个爱国妇女团体。

三月二十一日（4月18日），沙俄驻华公使普拉嵩向清政府外务部提出七项新的要求。

三月二十七日（4月24日），湖广总督张之洞奉旨北上觐见。

四月初一日（4月27日），上海市民在张园召开拒俄大会，通电反对沙俄改约。

四月初三日（4月29日），日本东京的中国留学生五百余人集会，声讨沙俄侵占中国东北的罪行，并在会后组成拒俄义勇队。

四月初六日（5月2日），拒俄义勇队改名为学生军，主持人为蓝天蔚、黄兴等。

四月十五日（5月11日），留日学生黄兴、陈天华、钮永建、叶澜、秦毓鎏、蔡锷等人在东京成立军国民教育会。

同月里，邹容著《革命军》一书在上海出版发行。

夏间，张难先因事至向笙三家，得遇前辈"刘先生彤轩鸿藻①"。刘先生"有豪气，不类侪人"，又"喜写梅"，早听向氏介绍过张难先，甚有好感。刘先生谓张难先"书有气概，可学梅"，并愿意教难先画梅。张难先甚感刘老美意，遂至刘老家中学画，刘老则留难先住在他家，"倾囊倒箧"教之（见《义痴六十自述》，《张难先集》第418页）。

此前，好友邓子泉曾做媒，将朋友香坪之女许配给难先之子少勤，而香坪因都是"旧相识"，遂"欣然许之"，并已"约纳庚期"。哪知香坪"惧内甚"，当不了家，他的夫人嫌张难先家"穷极"，且难先"有神经病，力持不可"。子泉只得来刘先生家给张难先回话。不料他二人谈论的事情被刘先生闻知，对此感到异常愤慨。子泉、香坪皆为刘先生弟子，当他得知此事已"万难挽回"时，竟请子泉、笙三作冰人，慨然允诺，将自己的孙女菊仙许配给张难先的儿子少勤，并很快就交换了庚帖。于是，张家与刘家成为姻亲。

此次张难先在刘老家学画十余日，见"略有可观"，才谢别"彤师"而归（前引均见《义痴六十自述》，《张难先集》第418—419页）。

闰五月二十日（7月14日），东清铁路全线通车，正式开始营业。

六月间，张之洞奉朝命会同张百熙、荣庆将现办大学堂章程一切事宜再行商订，并议订约束游学生、鼓励毕业生章程。

七月十六日（9月7日），清政府设立商部，以载振为尚书，伍廷芳、陈璧为左右侍郎。

八月十八日（10月8日），《中美续议通商行船条约》在上海签字。

八、九月间，陈天华所著之《猛回头》《警世钟》相继在日本东京

---

① 刘鸿藻（1843—1905），字彤轩，号家彦，湖北沔阳人。少时家富资财，好客，有豪爽之气。洪杨事败，与同里向梓侯谋再举，事败，两家产业荡尽。后游学海内外，结识当世贤豪。同光年间走上仕途，官至广东同知。后曾寓居香港多年。晚年以病归里，卒于乡。工诗文，善画梅，有《梅痴画册》《小桑园丛书》四种等行世。

出版。

九月十六日（11月4日），黄兴、陈天华、宋教仁等人在湖南长沙筹设华兴会。

九月间，刘彤轩先生见张难先"贫无以自赡，力劝设帐授徒"，并出面选"向氏宗祠为馆址"；难先因此时"生计亦陷于绝境"，遂"允之"。其时，"来学者十余人，品珊、笙三、沉香亦负笈"前来"会讲"（见《义痴六十自述》，《张难先集》第419页）。

张难先此次设馆授徒，自以"世变日亟，教者、读者均不能长守乡里，抱一经以终身"，又自觉"世变紧急"，"应惜寸阴"，"于是，严立学规，确定课程，俾学子速通国学，再求新知识以应用"。学生开始"俱惮其繁重"，但几个月后则"渐感兴趣"。而"设教三月"，难先因比平时"劳苦数倍"，竟"吐血两次"（见《义痴六十自述》，《张难先集》第419页）。

十月二十二日（12月10日），英印政府派荣赫鹏和麦克唐纳（General Macdonald）率领三千侵略军进犯中国的西藏地区。

十月二十七日（12月15日），蔡元培、王小徐等人在上海组织对俄同志会，发行《俄事警闻》报纸，后改名为《警钟日报》，揭露俄国军队在东北的暴行。

十一月二十五日（1904年1月12日），张之洞会同管学大臣奏进重订学堂章程，并请专设学务大臣，奖励职官游历、游学，酌定新进士入馆办法，试办递减科举。

同日，郭廷以①（1904—1975）出生于河南舞阳一个富裕的商人家庭。

是年冬，湖广总督张之洞在武昌创办湖北文普通中学堂，周从煊为文史科教习。

十二月二十一日（1904年2月6日），日本舰队袭击沙俄占领下的旅顺口，争夺中国东北的日俄战争爆发。

---

① 郭廷以(1904—1975)，字量宇，河南舞阳人。1926年国立东南大学历史系毕业，历任清华大学、河南大学、中央政治学校、中央大学教授。1949年赴台，任台湾大学教授、台湾师范大学教授兼文学院院长。1959年起，与美国哥伦比亚大学东亚研究所合作，首创口述历史工作。曾赴夏威夷大学、哈佛大学、耶鲁大学、哥伦比亚大学讲学及研究，并任哥伦比亚大学东亚研究所客座高级研究员。1975年病逝于美国纽约。著有《太平天国历法考订》《中国近代史》《近代中国史事日志》《近代中国的变局》《近代中国史纲》《台湾史事概说》等。

十二月二十四日（1904年2月9日），张难先才让塾馆学生放年假，自己亦离馆回家与家人团聚度岁（见《义痴六十自述》，《张难先集》第419页）。

十二月二十五日（1904年2月10日），日、俄双方正式宣战。

十二月二十七日（1904年2月12日），清政府外务部宣布：日、俄开战，中国"严守中立"。

十二月三十日（1904年2月15日），黄兴、宋教仁、陈天华、刘揆一、张继、胡瑛、周震麟、吴禄贞等一百余人在长沙明德学堂校董龙璋西园住所举行华兴会的成立大会。

光绪三十年甲辰（1904年）　三十一岁

正月初十日（2月25日），按照年前放假时的约定，今日塾馆开学，张难先亦"预备赴校"，却不见学生来家接他去学校（见《义痴六十自述》，《张难先集》第419页）。

正月十四日（2月29日），四川总督锡良奏设川汉铁路公司。

正月二十日（3月6日），塾馆学生来家接张难先赴校授课。张难先对学生说："汝等忘昔日之约乎？既如是，是以读书为戏耳！吾乌有如许功夫与汝辈戏？"遂辞"谢之"（见《义痴六十自述》，《张难先集》第419页）。

辞掉馆师后，张难先来到省城武昌，"闻枝江时伯弼有秘密运动，访之"，与其结识，并通过时功璧结识了湖南的胡瑛。胡瑛"为黄克强弟子，以避学校风潮，持黄书来匿吴君禄贞处。与语大悦，商进行"。胡瑛对张难先说："此时非运动军队不可！"难先同意胡瑛的看法。于是两人"同入第八镇工程营当兵"（见《义痴六十自述》，《张难先集》第419页）。

说起这工程营，"在湖北新军中最有名，士人从军者，有荆州朱松坪元成，黄陂雷日轩天壮①、陈桂仙教懋②，浙江毛善如复旦③，安徽陈从新④等"。他们皆在张难先、胡瑛之前入伍。大家都思想进步，倾向革命，遂"尽心联络"，很快成为朋友，并常在一起"散发《黄帝魂》《孙逸仙》

---

① 雷天壮，生卒年不详，字日轩，一字月轩，湖北黄陂人。事迹待考。
② 陈教懋，生卒年不详，字桂仙，湖北黄陂人。事迹待考。
③ 毛复旦，生卒年不详，一名汝际，字善如，浙江黄岩人。事迹待考。
④ 陈从新，生卒年不详，安徽人。事迹待考。

《猛回头》等书"（见《义痴六十自述》，《张难先集》第419—420页）。

他们在工程营内，常于"饭后坐沙上，与各士兵讲有关之故事，皆感动"；有时亦走出军营，"在外与学生联络"。其间，与在武昌文普通中学堂读书的同乡欧阳瑞骅结识，自此"常来往，说以运动同学"。一段时间后，胡瑛倡议说："有此凭借，当立一机关为根据地。"大家均赞成，并纷纷行动，四处联络筹备（见《义痴六十自述》，《张难先集》第420页）。

三月间，张之洞一行赴江宁与两江总督会商江南制造局移建新厂事宜。

同月里，张之洞札令湖北学务处设立湖北师范传习所，以陈曾寿为监督，杜宗预、徐毓华为正、副提调。

四月二十二日（6月5日），张之洞一行自江南返抵武昌。因端方已调任署理两江总督，朝命湖广总督张之洞兼署湖北巡抚。

四月间，经过一段时间的组织联络，第八镇工程营的朱元成、陈从新、雷天壮、陈教懋、毛复旦、李胜美①、胡瑛、张难先等人与学界的吕大森、欧阳瑞骅、曹亚伯、时功璧、康建唐等人，在武昌斗级营同庆酒楼宴集，商议筹组革命机关科学补习所的相关事宜，共推吕大森起草章程。

五月十八日（7月1日），湖南长沙正式对外开埠。

五月二十日（7月3日），吕大森、刘静庵、曹亚伯、胡瑛、张难先、宋教仁等人以"革命排满"为宗旨，在武昌多宝寺街时象晋家（"花园山聚会"成员时功璧、时功玖父亲家，后迁至武昌魏家巷一号）正式成立科学补习所（后改名日知会）。推吕大森为所长（吕大森只肯任代理所长，而将所长之位留给吴禄贞），胡瑛为总干事，时功璧、宋教仁、曹亚伯、唐廷枢分任财政、文书、宣传、庶务等职。

五月二十三日（7月6日），英国侵略军攻占西藏江孜。

六月二十二日（8月3日），英国侵略军攻占西藏拉萨，达赖十三世在俄国间谍德尔智的裹挟下，出走库伦（今蒙古都城乌兰巴托），意欲投奔沙俄，被清政府驻库伦大臣阻止。

七月二十八日（9月7日），英国侵略军头目荣赫鹏在布达拉官强迫西藏三大寺的代表签署《拉萨条约》（又称《英藏条约》）。

九月十六日（10月24日），黄兴、马福益等策划于湖南长沙起义，事泄失败，黄兴流亡日本。

九月中旬，长沙起义事泄，"得本所往来文件，湘抚电鄂督张之洞逮

---

① 李胜美，生卒年不详，字遵五，湖北襄阳人。事迹待考。

捕"。张难先已得长沙党人传来消息,立即"奔告各同志,与刘静庵毁本所文据",待"夜半,巡署承鄂督旨搜索本所"时,遂"一无所得"。后"逮其房主严鞠,则指为欧阳瑞骅所租"。欧阳瑞骅是文普通中学堂的学生,梁鼎芬则是该学堂总监督,因事涉学堂,他不愿将事态扩大,便在其师张之洞处"缓颊",才未至"兴大狱"。但因此事,欧阳瑞骅、宋教仁被学校除名。于是,欧阳瑞骅、宋教仁、胡瑛等人相继"亡走日本",张难先在好友张品三的帮助下"窜山谷间"躲避,其他同志亦暂时隐蔽起来(见《义痴六十自述》,《张难先集》第420页)。

居正在《科学补习所》中记载:"后执房主,讯知其室为文普通学生欧阳瑞华(骅)等所租,知府梁鼎芬以涉及其监督下之学堂学生,不敢兴大狱,仅开除欧阳瑞华(骅)、宋教仁学籍寝事,而科学补习所则遭封闭。"①

十月十四日(11月20日),陶成章、龚宝铨、蔡元培等人在上海发起成立光复会。

十一月初九日(12月15日),沙俄军舰"阿斯科"号水兵持利斧在上海南京路劈死行人周生有。

十一月二十二日(12月28日),户部侍郎铁良②奉清廷之命假伪立宪名义至东南各地搜刮财富,抵汉口大智门,遭刘静庵、王汉、胡瑛截杀,未遂。

案:得知消息后,王汉与胡瑛、刘静庵商议,为不牵连湖北革命组织和亲属,决定"赴河南彰德,候铁良乘车至,邀击之";"未几,铁良抵彰德,汉独持枪伺站上,猛击之";"枪连发不得中,卫兵来捕,汉急驰道旁井自溺"身亡,而"铁良仍乘车去,命彰德知府根究"③。

十一月二十七日(1905年1月2日),日本侵略军攻占旅顺,日、俄

---

① 居正:《辛亥札记·科学补习所》,罗福惠、萧怡编:《居正文集》,华中师范大学出版社1989年版,第15页。
② 铁良(1863—1938),字宝臣,穆尔察氏,满洲镶白旗人。幼家贫,少即弃文习武,后入荣禄幕,深得信任,被荐举入兵部,历官至兵部侍郎、会办京旗练兵。光绪二十九年(1903年),赴日考察军事,回国后擢升户部尚书、总理练兵处襄办大臣。三十二年(1906年),升军机大臣。次年,专任陆军部尚书。宣统二年(1910年)调任江宁将军。辛亥革命后寓居天津。张勋复辟,命为弼德院顾问。复辟失败,再居天津。1931年参与成立伪满洲国。1938年在天津去世。
③ 居正:《辛亥札记·王汉刺铁良》,罗福惠、萧怡编:《居正文集》,华中师范大学出版社1989年版,第17页。

"旅顺战役"结束,双方签订投降协议,俄军将领司都塞尔向日军投降。

十二月初九日(1905年1月14日),俄国共产党领袖列宁在《前进报》上发表《旅顺口的陷落》一文,揭露日、俄侵略中国东北的暴行。

十二月十九日(1905年1月24日),奉上谕:"云南、湖北巡抚两缺即行裁撤,湖广总督、云贵总督均着兼管巡抚事。"①

年底,科学补习所风波的风头已过,张难先遂从山中回到家中同家人一起度岁。

是年,柳克述②(1904—1987)出生于湖南长沙东乡一个书香家庭。

光绪三十一年乙巳(1905年)　三十二岁

年初,张难先仍在家闲居,因"子女已大",遂"居家课之"(见《义痴六十自述》,《张难先集》第420页)。

正月间,沙俄侵占中国新疆巴尔鲁支山地区,并继续进兵喀什噶尔。

二月初六日(3月11日),日本军队已将俄国军队驱逐出奉天城,

二月二十七日(4月1日),卢汉铁路正式建成通车。

四月初七日(5月10日),上海工商界召开商务总会会议,决定发起反对美国迫害华工、抵制美货运动,全国各地纷纷响应。

四月十八日(5月21日),浙江士绅集议,拒绝美商培次承办浙赣铁路。

四月二十四日(5月27日),俄、日两国在朝鲜半岛和日本本州之间的对马海峡爆发对马海战。

四月间,张难先闻美国有"虐待华工事,愤甚",遂"来武汉约同志四出演讲,暴扬美国罪恶以抵制美货"(见《义痴六十自述》,《张难先集》第420页)。

其时,好友刘静庵在"科学补习所失败","同志多星散"的情况下,和"四衙巷圣公会胡主教兰亭,以教堂之日知会作机关",欲组织新的革命

---

①　胡钧原编,庞坚删节:《张文襄公年谱》,张之洞著,庞坚点校:《张之洞诗文集(增订本)》,上海古籍出版社2015年版,第763页。

②　柳克述(1904—1987),字剑霞,湖南长沙人。1924年考入唐山交通大学,后转入北京大学,加入中国国民党。毕业后曾赴伦敦政治金融学院进修。回国后历任黄埔军校政治教官、政治总教官,军事委员会总政治部秘书长,湖北省政府委员兼秘书长等职。1945年后任中央常务委员、国防最高委员会委员、中央政治委员会委员等职。1949年赴台,著有《新土耳其》《土耳其革命史》《世界政治经济概要》等。

组织，以"重振旗鼓"；于是，"同志复集"，"会例星期公开演讲"，"颇有蓬蓬勃勃气象，如科学补习所之旧观"（见《义痴六十自述》，《张难先集》第420页）。

张难先亦常往参加演讲会。在他看来，"革命乃秘密事"，处处"宜谨慎"，尤"不宜公开演讲"；而如今"流品太杂，演讲者竟大谈革命"，很容易暴露。他虽然很佩服好友的"胆气之雄"，却又为好友感到忧虑，并劝告好友注意或改变方式，刘静庵则"然之而不改"（见《义痴六十自述》，《张难先集》第420页）。

五月初一日（6月3日），广州士商集会抵制美约。

五月初二日（6月4日），赵尔陆①（1905—1967）出生于山西崞县（今原平市）解村乡北三泉村一个书香家庭。

五月十六日（6月18日），天津、南京、汕头、潮州、杭州、福州以及新加坡等地绅商集议抵制美约。

五月三十日（7月2日），袁世凯、张之洞、周馥等大臣联衔奏请于十二年后实行立宪政体。

六月十四日（7月16日），清政府派载泽、戴鸿慈、徐世昌、端方出洋考察宪政。

六月十八日（7月20日），上海各帮商董大会决议不定美货，商学会并召开实行抵制美约大会。

六月二十八日（7月30日）下午，经宋教仁、程家柽、冯自由、胡毅生、马君武等人分头通知，孙中山、黄兴等人联合兴中会、华兴会、光复会、科学补习所等革命团体和十七省代表七十余人，在日本东京赤阪区桧町三番内田良平住宅兼黑龙会事务所举行了同盟会成立的筹备会议。

七月十四日（8月14日），清政府又增派绍英出洋考察。

七月二十日（8月20日）下午，黄兴、宋教仁、程家柽、陈天华、田

---

① 赵尔陆(1905—1967)，山西崞县人。早年就读于太原进山中学。1926年参加革命。1927年参加八一南昌起义，同年加入中国共产党，后历任红四军第二十九团团长、红四军军需处长、红一军团供给部部长、前敌指挥部供给部部长、八路军总供给部副部长、晋察冀军区第二军分区司令员兼政治委员、冀晋纵队司令兼政委、华北军区参谋长兼后勤司令员、第四野战军参谋长等职。新中国成立后历任中南军区第二参谋长、第二机械工业部部长、第一机械工业部部长、国家经委副主任、中央军委国防工业委员会副主任、国务院国防工业办公室常务副主任兼国防工业政治部主任等职。1955年被授予上将军衔。1967年卒于北京。

桐、居正、曹亚伯等友朋积极支持、协助孙中山，在日本东京赤阪区霞关阪本金弥子爵的宅邸正式成立中国同盟会。大会通过了会章，一致推举孙中山先生为总理，并确定分三部开展工作：一为执行部（由总理统率治事，执行部之下又分庶务部——部长先后有黄兴、朱炳麟、蒋尊簋、张继、孙毓筠、刘揆一等，书记部——部长先后有马君武、胡衍鸿、田桐、但焘、李肇甫，内务部——部长先后有朱炳麟、匡一，外务部——部长先后有程家柽、廖仲恺，会计部——部长先后有刘维焘、谢延誉、何天炯，经理部——部长先后有谷思慎、程克），二为评议部（议长汪兆铭，另有董修武、熊克武、田桐、冯自由等议员18人），三为司法部（总长邓家彦，判事张继、何天瀚，检事宋教仁）；另各省分会置分会长一人，负责各省会员的联络、组织、发展工作①。

案：中国同盟会的成立，使全国的精英汇聚在一个统一的组织里，去为一个共同的革命目标而奋斗，开创了中国革命的新纪元。孙中山为此感到特别高兴，曾回顾说："乙巳之秋，集合全国之英俊而成立革命同盟会于东京之日，吾始信革命大业可及身而成矣。于是乃敢定立'中华民国'之名称而公布于党员，使之各回本省，鼓吹革命主义，而传布中华民国之思想焉。不期年而加盟者已逾万人，支部则亦先后成立于各省；从此革命风潮一日千里，其进步之速，有出人意表者矣！"②

七月二十一日（8月21日），清政府发出旨令，以禁用美货"有碍邦交"，命各省督抚"从严查究，以弭隐患"。

七月间，清政府赎回粤汉铁路，改由鄂、湘、粤三省筹款分段修建。

八月初四日（9月2日），政府诏令，自明年之丙午科始停科举。

八月初七日（9月5日），日、俄签订《朴茨茅斯条约》，俄国承认日本在朝鲜的特殊权益，将在中国辽东半岛的租借权转让给日本，割库页岛南部和千岛群岛与日本。

八月二十六日（9月24日），革命党人吴樾在北京正阳门车站使用炸弹刺杀出洋考察的五大臣，吴樾当场死难。

八月二十七日（9月25日），张謇、汤寿潜等奏准创设上海-大连轮船有限公司。

---

① 田桐：《革命闲话·同盟会之成立》，王杰、张金超主编：《田桐集》，华中师范大学出版社2011年版，第376页。

② 孙中山：《建国方略》，《孙中山全集》第6卷，中华书局1985年版，第237页。

八月间，湖广总督张之洞与直隶总督袁世凯会奏，请立停科举，推广学校，并筹切要办法数端。

九月二十八日（10月26日），清政府改派载泽、戴鸿慈、端方、尚其亨、李盛铎出洋考察宪政。

九月间，张之洞奉旨督办粤汉铁路，并在武昌设立粤汉铁路总局。

十月初六日（11月2日），日本政府文部省公布《取缔清韩留学生规则》。

十月十七日（11月13日），张之洞出席卢汉铁路通车典礼；随又奏请将卢汉铁路改名为京汉铁路，旨下准行。

十月三十日（11月26日），中国同盟会机关报《民报》在日本东京创刊，孙中山在发刊辞中首次揭示了三民主义。

十月间，为方便筹款自办川汉铁路，在武昌设立川汉铁路总局。

同月里，朋友们在里任口创办小学，聘请张难先具体经办，不久亦辞去。

其间，因恩师刘鸿藻的"到处延誉"，张难先与"罗田姚公彦长晋圻、江夏钱公季香桂笙、同邑黄公翼生福、王公巽庵劭恂①、孟公寿荪晋棋等"学人结识（见《义痴六十自述》，《张难先集》第420—421页）。

大约亦在此时，张难先的同乡、恩师刘鸿藻在老家病逝。

十一月初八日（12月4日），中国留日学生八千余人，为抗议日本政府取缔中、韩留学生实行罢课，二百余人愤而回国。

十一月二十六日（12月22日），《中日会议东三省事宜条约》签订，日本强迫清政府将沙俄侵占的中国东北南部的全部权益转让给日本。

年底，张难先回沔阳老家与家人一起度岁。

光绪三十二年丙午(1906年)　三十三岁

年初，张难先在沔阳老家陪家人过年。过完年后，受同乡孝廉黄福②、

---

① 王劭恂，生卒年不详，字巽庵，湖北沔阳人。举人，曾官湖北存古学堂学监。
② 黄福(1850—1936)，亦名复，字雨生，号翼生，湖北沔阳人。光绪十一年(1885年)举人。后历任湖北枝江、均州、蕲水、德安、江夏、黄州等府县学官，两湖书院、存古学堂经史文学主教，湖北高等师范学校、国学馆经史文学教授兼国学馆课试总校阅。平生致力教育，潜心著述，成果颇丰。通经史，工诗文，著有《诸经补正》《读史正义》《理学正宗》《觉世微言》《古本大学注》《洪范集解》《系辞说卦辑义》《老子解》《易经大义》《孝经详注》《冬官补亡编》《一经大义》《孟子要义》《诸子粹言》及诗文集等。

王劭恂之聘，在仙桃镇办理集成学校。

正月十三日（2月6日），醇亲王载沣的长子溥仪（1906—1967）出生于京城府邸。

正月二十九日（2月22日），江西南昌县知县江召棠被法国传教士王安之行凶刺死。

正月间，武昌日知会在高家巷圣公会正式成立（见张难先《湖北革命知之录》，《张难先集》第78页）。会内设干事、评议两部，推刘静庵为总干事，辜天保、李亚东①等为干事，冯特民、陆费逵等为评议员。

二月初三日（2月25日），南昌民众捣毁外国教堂，击毙法国传教士王安之等六人、英国传教士三人，史称"南昌教案"。

三月初八日（4月1日），连接北京与汉口的全长1214.49公里的卢汉铁路全线通车，在湖广总督张之洞和直隶总督袁世凯一起验收后改名京汉铁路。

三月二十一日（4月14日），上海华新纱厂工人为反对将工厂售予日本资本家，举行罢工。

三月间，《民报》第三号发行号外，列举了《民报》与《新民丛报》根本分歧的十二个问题。革命派与保皇派的论战更为激烈。

四月初四日（4月27日），《中英续订藏印条约》在北京签订。

闰四月十六日（6月7日），日本设立南满洲铁道株式会社。

闰四月二十三日（6月14日），谭政（1906—1988）出生于湖南湘乡楠竹山村书香之家。

五月二十四日（7月15日），中国留日学生在东京锦辉馆举行欢迎章炳麟大会，日本友人宫崎寅藏发表支持中国人民正义斗争的演说。

七月十三日（9月1日），慈禧太后下诏准备"仿行宪政"，清政府预备立宪正式开始；随后改考察政治馆为宪政编查馆，直属军机处，下设编制

---

① 李亚东（1873—1936），原名斌，字亚东，以字行，河南信阳人。弱冠入湖北将弁学堂，毕业后任湖北新军队官，因参加革命活动被革职。1905年加入日知会。1906年日知会遭破坏，被捕入狱。在狱抵死不屈。其间曾改名皇甫观，字上逸，继续撰文鼓吹革命。1911年武昌起义后出狱，任汉阳府知事。汉阳失守后依季雨霖，被聘为高等顾问。不久回籍，就任豫南民军总司令。南北议和后辞职东下，游说反袁，为冯国璋所逮捕，押至北京。袁世凯死后获释。1917年护法战争时被孙中山任命为河南招讨使，因故未成行。国民党改组，往来申、汉间开展宣传工作。后在鄂、浙入张难先幕，颇受重用。张去职，寓居杭州，卒于杭州。

局、统计局、庶务处、译书处、图书处、官报局。

七月十四日（9月2日），湖南巡抚端方擢升两江总督兼南洋大臣。

七月十七日（9月5日），朝命于式枚总理广西铁路，以梁鼎芬为湖北按察使。

秋间，经大半年的辛勤努力，张难先所经办之仙桃镇集成学校已逞兴盛气象。

据张难先后来回忆说：那时"乡俗不悦新学，群迟疑观望，于是遍请其镇之长老陈说便利，乡人始憬然，悉令子弟来学。历数月益信从，其初仅三四十人，秋乃增至七八十人"（见《义痴六十自述》，《张难先集》第421页）。

八月初三日（9月20日），张之洞七十寿诞，蒙恩赏御笔"望重耆贤"匾额。

九月初一日（10月18日），（日）中岛真雄在辽宁沈阳创办《盛京时报》。

九月十一日（10月28日），清政府下旨各省筹设谘议局，并预筹设立各府、州、县议事会。

九月二十三日（11月9日），清政府改督办政务处为会议政务处。

九月二十七日（11月13日），郭布罗·婉容（1906—1946）出生于满洲正白旗一个书香官僚家庭。

十月十七日（12月2日）上午，中国同盟会会员5000余人在东京神田锦辉馆隆重举行《民报》创刊一周年纪念大会。

十月十九日（12月4日），同盟会联合湘赣哥老会发动萍乡、浏阳、醴陵起义，萍乡矿工数千人和部分防营兵勇参入。是月下旬起义失败。

萍浏醴起义爆发后，消息传至日本，"孙中山先生以时机可乘，派朱松坪、胡经武、梁钟汉回鄂谋策应"（见《义痴六十自述》，《张难先集》第421页）。

十月二十四日（12月9日），康有为在美国纽约《中国维新报》上发表公告，通知各地保皇会于1907年元旦改称国民宪政会，作为推动宪政的团体。

十月下旬，朱元成、胡瑛、梁钟汉等人抵汉后，曾致函招张难先前往相助。

十一月初一日（12月16日），江浙绅商在上海组织预备立宪公会，举郑孝胥为会长，张謇、汤寿潜为副会长。

十一月十四日（12月29日），张难先的同乡好友朱元成在汉口苗家码头被捕。

十一月二十八日（1907年1月12日），武昌日知会机关被清廷查封。

十一月二十九日（1907年1月13日），因叛徒郭尧阶的告密，刘静庵、朱元成、梁钟汉、胡瑛、李亚东、季雨霖等日知会同志先后被逮捕入狱。

十一月下旬，张难先收到朱元成等人书函后，安顿好学校事情，立即自沔阳赶赴武昌。当他抵达武昌时，方知"元成等已为汉奸郭尧阶所卖"，均被清廷逮捕。"友人促亡日本"，而难先"见人心坏败至此，愤不欲生"，乃"狼狈返校"，竟至"吐血不止"（见《义痴六十自述》，《张难先集》第421页）。

冬间，张难先的同乡好友张品三在老家病逝。

十二月上旬，叛徒郭尧阶带领巡捕至仙桃镇将张难先抓捕。张难先颇为镇定，当即"呼取纸笔来，处理学校事"毕，泰然登船随巡捕赴省城。抵省后，巡警道冯启钧曾亲自审讯，大骂不屈。再审，索笔"将革命事件一一写出"，并一一自"承之"（见《义痴六十自述》，《张难先集》第421—422页）。

其间，因叛徒郭尧阶的出卖，吴贡三①、殷子衡舅甥亦在黄州被逮捕。

十二月中旬，"司道梁鼎芬、冯启钧、陈树屏、王世澧等约八九人会审"，而将刘静庵、胡瑛、朱元成、梁钟汉、季雨霖、李亚东、吴贡三、殷子衡和张难先九人俱都押到，并"俱各别审讯，审毕还押"，然终无所获。

在狱期间，各位同志均遭毒刑，吃尽苦痛。尤其是"刘静庵，酷刑拷打，血肉狼藉，九死一生"。张难先则颇"幸运"，未遭毒刑，只见"狱吏日与其俦作耳语，或目视示其意，心知有异，然无从得其究竟，日惟读阳明集以听其自然"（见《义痴六十自述》，《张难先集》第422页）。

十二月二十六日（1907年2月8日）夜，一狱吏前来告知张难先，他们

---

① 吴贡三(1864—1937)，又作贡山，原名之铨，又作元铨，字贡三，又字保春，湖北黄冈人。1889年秀才，在乡设馆授徒。1902年赴应县城福音堂懿范女子学校教授国文。1905年与吴昆在校内创立日新学社；又与殷子衡在团风创办坪江阅报馆，借以联络同志，宣传革命。日知会成立，令弟子吴昆、殷子衡往来联络。1906年事泄被捕，判十五年徒刑，发还原籍监禁。武昌起义爆发，被迎出狱，主持黄州政务，驰谕黄州各县反正，说服巡防营营长姚福忠参加革命。南北议和后辞职还乡，以读书、讲学自娱。著有《新民》《破梦雷》等书。

的厄运可以解除了。问其缘由，则谓本来此案涉案各人将被处决，今突接朝中"某王电遂止"，估计后面就不会有大事了（见《义痴六十自述》，《张难先集》第422页）。

张难先《湖北革命知之录·胡瑛传》中记载："后得吴禄贞、程家柽等奔走，肃邸电张督对此案和平办理，而狱始缓。除夕，分禁九人于各监，始脱缧绁，能通信会客矣"（见《湖北革命知之录》，《张难先集》第59页）。

殷子衡在其日记中记载说："闻于十二月二十五日，北京外务部忽来电云关于圣公会之日知会刘敬安案从缓办理。盖美公使既抗议，而吴禄贞、程家柽等亦暗中于庆王、肃王前有施救之术也"；还记载说：自此，吴贡三、李亚东、梁钟汉等党人"得狱官熊家骐之庇护，组织一中华铁血军于狱中，得以与日知会会员变名分设之各种机关通声气"；而"胡瑛在臬司狱中尚不十分痛苦，因北京有吴禄贞、程家柽之照应，海外有杨毓麟、黄兴之关心，武昌各同志机关中又有詹大悲为之代理一切。故管狱者谈国华，对于胡瑛特别优待，并以其女许之，孙昌敬时赠书籍以纵其观览焉"①。

案：日知会案发生后，湖北革命党人曾派人至京城找吴禄贞设法营救。吴禄贞立即找到程家柽商议，随后做通了庆亲王奕劻和肃亲王善耆的工作，并以肃亲王的名义，给湖广总督府发了一封电报，请张之洞对此案"和平办理"。另外，刘静庵因系圣公会信徒，武昌圣公会的黄吉亭②牧师遂请美国人孟良佐牧师及吴德施主教将此事电告给了美国驻华大使馆，美国驻华公使乐克希便向清政府施加压力，故清政府不得不慎重从事，并下令从缓办理。

十二月二十七日（1907年2月9日），中日订立《扩展汉口租界专

---

① 曹亚伯著，周月峰、张阳、郭靖编：《曹亚伯集》，华中师范大学出版社2019年版，第177—178、185—186页。

② 黄吉亭（1868—1954），名瑞祥，字虞之，号吉亭，以号行，湖北武昌人。早年入武昌基督教文华书院读书，并受洗加入教会，成为基督徒。毕业后赴上海入圣约翰大学，又入神学院深造。完成学业后回武昌基督教圣诞堂服务。1901年成立备立中华圣公会，次年于圣公会救主堂创办书报阅览室日知会。同年调往湖南长沙，亦效武昌做法，在吉祥巷开设阅览室日知会。1903年起，成为革命党的秘密机关和宣传革命的阵地。1913年起，历任《圣公会月报》中文版主笔、中华圣公会传道部总干事及教区社会服务干事等职。抗战期间，积极宣传抗战并开展募款劳军活动。1944年赴重庆出任圣公会鄂湘教区常委会主席。抗战胜利后返回武汉，任汉口圣保罗堂会长。1946年退休，居上海。新中国成立后任中南军政委文史馆馆员。

约》。

十二月三十日（1907年2月12日），为传统的除夕，督署命将刘静庵、张难先等犯人分禁于"各监"，且"可会客"（见《义痴六十自述》，《张难先集》第423页）。

是年，中国第一所官办法律专门学校京师法律学堂正式开学。

光绪三十三年丁未(1907年)　三十四岁

年初，张难先被关押在武昌府候审所过年。

正月初一日（2月13日），康有为、梁启超改保皇会为国民宪政会。

正月初五日（2月17日），日本政府应清政府驻日公使杨枢的要求，下令早稻田大学和中央大学开除与同盟会有关系的中国留学生39人。

开年后，张难先自觉此时为"读书之最好机会"，便致函家人送书籍过来，"日惟手一卷，以鞭策"自身。间或有好事者送来纸笔，求索书画（见《义痴六十自述》，《张难先集》第423页）。

正月二十日（3月4日），日本政府应清政府要求，迫令孙中山离境，孙中山只得前往越南河内设立机关，准备领导广东、广西与云南的武装起义。

二月三十日（4月12日），朝旨川汉铁路改由商办。

三月初八日（4月20日），清政府改盛京将军为东三省总督，并设奉天、吉林、黑龙江三省巡抚。

三月间，张难先见卧榻之上所求书画"积至盈尺"，遂"令役卒磨墨数瓢"，又"沽酒以一大碗，置诸案头，且饮且书"，"期以一日竣事"，"一日之间醉与倦并"；疲倦之时，"即单衣倒卧榻上"。不料，至半夜时"寒热大作"，第二天更见加重，"头痛不可抑"。延医至，"药屡进"亦"无效"。狱官急忙上报梁鼎芬和冯启钧。同里乡绅"王君慎庵、刘君熙卿、傅君楚材等"见状，乃四出斡旋、说情，终于征得当道者同意，张难先得以"出狱就医"（见《义痴六十自述》，《张难先集》第423页）。

三月二十四日（5月6日），张难先的同乡、战友朱元成病逝于江夏狱中。

四月十一日（5月22日），革命党人陈涌波、余既成等举行潮州黄冈起义，旋失败。

四月二十二日（6月2日），革命党人邓子瑜等发动惠州七女湖起义，旋失败。

五月初九日（6月19日），朝命解奕劻军机大臣差，命醇亲王载沣在军机大臣上学习行走，而以鹿传霖为军机大臣。

五月十一日（6月21日），大学士王文韶因病乞休；谕下，以湖广总督张之洞为协办大学士。

五月二十六日（7月6日），光复会领袖徐锡麟枪杀安徽巡抚恩铭，率巡警学堂学生在安庆举行起义，失败被杀。

五月间，经过一两个月的治疗、调养，张难先的病已痊愈，正打算"游燕赵吴越间，一览形胜并候教于贤豪长者"，适徐锡麟刺杀案出，乡绅王慎庵"力止之"，并聘请张难先"续办仙桃镇小学"（见《义痴六十自述》，《张难先集》第423页）。

六月初四日（7月13日），女革命家秋瑾响应徐锡麟在浙江绍兴起义，事泄被捕，两天后在绍兴被杀害。

六月十四日（7月23日），奉上谕："张之洞着授为大学士，仍留湖广总督之任。"

六月十八日（7月27日），奉上谕："张之洞着充体仁阁大学士。"①

七月初二日（8月10日），朝廷电召体仁阁大学士张之洞迅速来京陛见。

七月初十日（8月18日），张伯祥、邓文翚、焦达峰、孙武、刘公、居正等近百人在日本东京成立革命团体共进会。

七月二十四日（9月1日），奉孙中山之命，革命党人王和顺等人在钦州、廉州、防城发动起义，历时半月后失败。

七月二十七日（9月4日），朝廷以袁世凯为外务部尚书兼会办大臣，并授张之洞、袁世凯为军机大臣。

八月初二日（9月9日），张之洞交卸湖广总督篆务，即渡江北上。

八月初五日（9月12日），军机大臣、体仁阁大学士张之洞奉旨抵达京城，寓居"畿辅先哲祠"。

八月十三日（9月20日），清政府决定在中央设立资政院。

八月十五日（9月22日），朝命张之洞以大学士兼管学部事务。

九月十三日（10月19日），清政府命各省设立谘议局。

十月二十七日（12月2日），同盟会会员黄明堂、关仁甫等发动镇南关

---

① 胡钧原编，庞坚删节：《张文襄公年谱》，张之洞著，庞坚点校：《张之洞诗文集（增订本）》，上海古籍出版社2015年版，第770页。

起义,孙中山亲临指挥,历时七天后失败。

十一月初一日(12月5日),林彪(1907—1971)出生于湖北黄冈回龙镇林家大湾村一个地主家庭。

十一月初四日(12月8日),邮传部奏设交通银行。

十二月初十日(1908年1月13日),中、英、德签订《天津浦口铁路借款合同》。

十二月十三日(1908年1月16日),陶铸①(1908—1969)出生于湖南祁阳一个贫苦知识分子家庭。

十二月下旬,张难先辞去经办仙桃镇小学之事,留在家陪家人度岁。

是年,齐燕铭②(1907—1978)出生于京城一个破落的蒙古封建贵族家庭。

光绪三十四年戊申(1908年)　三十五岁

年初,张难先在家陪家人过完年,即"谢绝一切,发侯官严氏各译书读之"。通过对严复所译有关"理蕴宏深而有实用"的"泰西名著"的研

---

① 陶铸(1908—1969),原名际华,号剑寒,化名陶磊,湖南祁阳人。1926年考入广州黄埔军校,同年加入中国共产党。后参加南昌起义和广州起义,先后任中共福建省委秘书长、福州中心市委书记等职。1933年在上海被捕入狱。抗战爆发后被营救出狱,派赴鄂豫边区工作。1940年赴延安,历任中央书记处办公厅党史资料编辑委员会委员、中央军委秘书长、中央军委总政治部秘书长、宣传部部长等职。抗战胜利后历任中共辽宁省工委书记,辽西、辽吉、辽北省委书记,东北野战军政治部副主任,第四野战军政治部副主任,南下工作团副团长等职。新中国成立后历任中共中央中南局委员,中南军政(行政)委员会委员,中南军区政治部副主任、主任,中南军区党委常委,中共广西省委代理书记,中共广东省委书记、第一书记兼任广州军区第一政委,中南局第一书记,国务院副总理,中央书记处常务书记等职。"文革"中被迫害致死。

② 齐燕铭(1907—1978),又名齐震,齐振勋,笔名齐鲁,蒙古族,北京人。1924年考入北京大学预科。1926年入北京大学国语系。曾在北平大同中学、光华女中、保定第六中学、中国大学、北平中法大学、东北大学等校任教。1935年参加革命工作,曾参与领导学生的爱国运动。1938年加入中国共产党,历任鲁西北《抗战日报》主编,政治干部学校教务长,冀南行署太行办事处主任,延安中央研究院研究员,中共赴重庆、南京代表团秘书长,中共中央城市工作部、统战部秘书长等职。新中国成立后历任中央人民政府办公厅主任、政务院副秘书长,中共中央统战部副部长,总理办公室主任,国务院专家局局长,文化部党组书记、副部长等职。"文革"中受到迫害。后复出,任全国政协秘书长。工诗文,擅书法、篆刻,喜京剧。

读，张难先感觉是对自己"平日肤浅之见解、浮躁之动作，痛下针砭"，"遂不觉汗流浃背，自愧其不学无术，怨艾无已"（见《义痴六十自述》，《张难先集》第423页）。

正月初一日（2月2日），朝廷授醇亲王载沣为军机大臣。

二月初三日（3月5日），上海公共租界有轨电车通车。

二月二十四日（3月26日），邮传部右侍郎盛宣怀合并汉阳铁厂、大冶铁矿、萍乡煤矿组建成汉冶萍煤铁厂矿有限公司（简称汉冶萍公司），正式在农工商部注册，改官督商办为完全商办。

二月二十五日（3月27日），黄兴率领华侨组成的中华国民军南路军发动钦廉上思起义，转战四十余日后失败。

三月二十九日（4月29日），革命党人黄明堂、王和顺等在云南发动河口起义，历时一月后失败。

夏间，好友彭养光、张学济①招张难先至武昌，"谓胡瑛之兄家懋任湖南乌溪金矿局司事，为其局长向某所陷害，府县捕之急，非君去无可任者"（见《义痴六十自述》，《张难先集》第423页）。

胡瑛本为好友，现仍在狱中，又有彭、张两位好友相托，张难先满口应承，且第二天即赴湖南乌溪矿局"密查"，然后拿所查结果与各方交涉，最终使黄宗浩总办承诺："先生且归，此事即吾事，决不牵累胡某。"后好友胡瑛知此事，曾作有一诗赠难先："吾道消沉久，多君独苦行。穷交肝胆在，高义死生轻。忧患逢知己，艰难见世情。十年家国泪，今日共心倾。"（见《义痴六十自述》，《张难先集》第423—424页）

此事完结并将结果告知彭、张两位好友后，张难先自武昌仍回沔阳老家"研究政治哲学"（见《义痴六十自述》，《张难先集》第424页）。

五月二十日（6月18日），考察宪政大臣于式枚上奏，言宪法自在中国，无需求之外洋，定于一则无非分之想，散于众则有竞进之心。

---

① 张学济（1873—1920），字溶川，湖南芷江人。1897年拔贡。1902年赴日留学，入东京陆军士官学校。1905年加入同盟会。回国后在上海创设广益书局，作为革命联络机关。不久又至汉口设《大江日报》。1911年辛亥革命后任湖南检查使，旋被袁世凯解职。1913年参加"二次革命"，失败后走两广、云贵，继续反袁活动。1915年回湘西开展讨袁（世凯）驱汤（芗铭）。1916年在乾城（今石首）举义，成立湖南临时政府，任护国军湘西总司令兼辰沅道尹。1917年参加护法，被孙中山任命为湘西护国军总司令，被授予陆军中将。1919年奉命率军入黔援川。1920年11月，在来凤救援靖国军第三师吴醒汉部时中弹身亡。

六月初十日（7月8日），资政院奏拟院章，颁布谘议局及议员选举章程。

六月二十日（7月18日），奉上谕："着派大学士张之洞兼充督办（粤汉）铁路大臣。"①

六月二十八日（7月26日），湖北新军士兵杨王鹏等人在武昌成立军队同盟会，后改组为群治学社。

六月间，学部奏准在京师设立女子师范学堂。

七月间，学部奏定各学堂学生毕业发给执照章程。

八月初一日（8月27日），清政府颁布《钦定宪法大纲》。

秋间，张难先偶见"点心盒盖刻一老僧跌坐，手持篆书心字形似点心，老僧凝神视之，因戏题"其词于旁（见《不成文文（节抄）》，《张难先集》第591页）。

九月二十日（10月14日），十三世达赖喇嘛在仁寿殿陛见。

九月二十五日（10月19日），日本警视厅查封同盟会机关报《民报》。

九月二十六日（10月20日），萧克②（1908—2008）出生于湖南嘉禾泮头小街田村一个书香家庭。

十月二十一日（11月14日），光绪皇帝崩于瀛台涵元殿，时年三十八岁，遗诏以摄政王载沣之子溥仪入承大统，为嗣皇帝，并承继穆宗为嗣，兼承大行皇帝之祧。以摄政王载沣监国。

十月二十二日（11月15日），孝钦显皇后——慈禧太后亦薨，年七十三岁。

十月二十五日（11月18日），嗣皇帝溥仪登极礼成，诏令改元，以明

---

① 胡钧原编，庞坚删节：《张文襄公年谱》，张之洞著，庞坚点校：《张之洞诗文集（增订本）》，上海古籍出版社2015年版，第772页。

② 萧克(1908—2008)，原名武毅，字子敬，湖南嘉禾人。1925年毕业于本县甲种简易师范学校。1926年参加革命。1927年加入中国共产党。曾参加北伐和南昌起义，历任红四军十二师师长、红八军军长、红六军团军团长、红二方面军副总指挥、八路军一二〇师副师长、华北军区副司令员、冀热辽军区司令员等职。新中国成立后历任人民革命军事委员会军训部部长、国防部副部长、解放军训练总监部部长、农垦部副部长、中国人民解放军军政大学校长、全国政协第五届委员会副主席、中央军委委员、军事学院院长兼第一政治委员、中共中央顾问委员会常委等职。1955年授予上将军衔。著有《浴血罗霄》《萧克诗稿》等。

年为宣统元年。

十月二十六日（11月19日），革命党人熊成基在安徽安庆率领新军发动武装起义，旋失败。

十一月初七日（11月30日），美、日两国互换照会，确认对华侵略"机会均等"。

十一月初十日（12月3日），清廷宣布预备立宪，仍以宣统八年为限。

十一月二十日（12月13日），湖北武昌新军革命党人杨王鹏等将军队同盟会改为群治学社。

十二月十一日（1909年1月2日），清政府鉴于袁世凯的权势日盛，难以驾驭，乃以"患足疾，步履维艰，难胜职任"为由，罢黜其回籍养疴。

十二月十五日（1909年1月6日），沪宁铁路建成通车。

年底，张难先在沔阳老家陪家人度岁。

宣统元年己酉（1909年）　三十六岁

年初，张难先在家陪家人过完年，仍留在家"读书射猎"（见《义痴六十自述》，《张难先集》第424页）。

正月十一日（2月1日），万国禁烟会议在上海召开。

二月初一日（2月20日），谕下："派大学士张之洞为总裁官"①，以恭修《德宗景皇帝实录》。

闰二月间，革命党人孙武、焦达峰等自东京回国后，在汉口租界设立共进会总机关，从事长江流域会党的联络活动。

三月二十日（5月9日），德宗景皇帝梓宫奉移梁格庄行宫暂安。

三月二十六日（5月15日），革命党人于右任等在上海创办《民呼日报》。

五月初六日（6月23日），李先念（1909—1992）出生于湖北黄安（今红安）一个农民家庭。

六月二十一日（8月6日），上海勤昌丝厂女工因反对延长工时举行同盟罢工。

六月二十九日（8月14日），清政府查封《民呼日报》。

六月间，天降大雨，沔阳到处积水，"不啻海洋，庐舍人畜，漂流无

---

① 胡钧原编，庞坚删节：《张文襄公年谱》，张之洞著，庞坚点校：《张之洞诗文集（增订本）》，上海古籍出版社2015年版，第775页。

算。饥民不能忍者,群起抢掠"。张难先担心"彼等辈指名聚啸,买舟出走。不及十里,风浪大作,舟几覆,随风飘于高阜而免"。不久,"大吏派兵弹压",果然怀疑是张难先在背后"嗾使";幸亏"地方正绅张公石村树棠缓颊",方未"成狱"(见《义痴六十自述》,《张难先集》第424页)。

其间,二姐因逃难,客死他乡;"二姐聪明晓大义,三十夫故,事公姑孝,抚子女慈,里党无不称之"。张难先闻知噩耗,"痛极"(见《义痴六十自述》,《张难先集》第424页)。

同乡好友许沅香亦因此次大水,流离他乡而死(见《义痴六十自述》,《张难先集》第424页)。

七月二十日(9月4日),中、日订立《间岛协约》。

八月初八日(9月21日),旅美华工冯如在旅美华侨的资助下,驾驶着自制的飞机飞上天空,成为中国第一个飞行家。

八月十二日(9月25日),由中国工程师詹天佑自行勘测、自行设计建设的京张铁路建成通车。

八月二十一日(10月4日)晚,体仁阁大学士、军机大臣张之洞在京城地安门外白米斜街府邸去世,年七十三。晋赠太保,谥"文襄",入祀贤良祠。

八月下旬至九月上旬,同盟会南方支部在香港成立,随即着手准备在广州发动起义。

九月初一日(10月14日),各省(除新疆外)谘议局宣告成立。

九月十三日(10月26日),朝鲜爱国志士安重根在哈尔滨将前日本内阁总理大臣、公爵、朝鲜第一任统监、太子太师伊藤博文击毙。

九月十七日(10月30日),次子澈生(1909—?)出生。

其时,"家奇窘,以麦麸野菜度日。树皮亦不易得,邻人有食者易而食之,以悉其苦况";于是,张难先"佐理地方放赈",事先"必调查确实,始榜示而面发之,差幸无滥"(见《义痴六十自述》,《张难先集》第424页)。

十月初一日(11月13日),陈去病、高旭、柳亚子等17人在苏州虎丘的张国维祠举行雅集,成立南社。

十月二十九日(12月11日),朝命立张之洞祠于京城。

冬间，"友人宋秀峰、吴延清、金松涛、徐瀛洲见沔阳丝质精良，土性宜桑"，遂邀张难先"在沔阳创办勤业公司"。张难先"以前年被逮后一举足即为官厅注目，亦欲隐身实业"，便爽快应承。于是，"宋君等合资"聘张难先为司理，并在"东荆河畔中革岭购田百余亩"，开始"种桑育蚕"（见《义痴六十自述》，《张难先集》第 424 页）。

十一月初，江苏谘议局议长张謇召集十六省谘议局代表在上海开会，决定成立国会请愿同志会，组织代表团晋京请愿，要求速开国会，建立责任内阁。

十一月上旬，湖北谘议局议员及数十名绅商发起组织了湖北铁路协会，举刘心源为会长，刘人祥、万昭度为副会长，反对借债修路，要求集股筹资，铁路自办，并派代表赴京请愿。

十一月十五日（12 月 27 日），刘子厚①（1909—2001）出生于河北任县刘家屯一个普通农民家庭。

十一月二十五日（1910 年 1 月 6 日），美国国务卿诺克斯（Knox）照会中、日、英、法、俄、德各国，提出东北诸铁路中立案。

十二月初六日（1910 年 1 月 16 日），国会请愿同志会发动第一次请愿，上书都察院，要求速开国会，清廷不允。

十二月十一日（1910 年 1 月 21 日），日、俄两国声明：不允许将东北铁路改为公共铁路。

十二月十四日（1910 年 1 月 24 日），各省谘议局代表在北京组织"速开国会同志会"，通告各省谘议局。

十二月二十日（1910 年 1 月 30 日），革命党人熊成基在哈尔滨谋刺载洵，事泄被捕杀。

年底，张难先在沔阳老家陪家人度岁。

---

① 刘子厚(1909—2001)，原名文忠，化名马致远，河北任县人。1927 年参加革命，1929 年加入中国共产党，历任任县县委书记，冀南滏西特委书记，红军平汉游击队队长，华北人民抗日救国军第一师师长，鄂豫边省委统战部部长，信应地委书记，豫南指挥部政治委员，新四军第五师第二游击纵队政治委员，豫鄂边区行署财政处处长、副主席兼行署党组书记，鄂西北行政公署副主席，鄂豫区党委副书记兼鄂豫行署主席等职。新中国成立后历任湖北省委组织部部长、湖北省委副书记兼湖北省人民政府副主席、湖北省委第二书记兼湖北省省长、河北省委书记处书记、第二书记兼河北省省长，华北局书记处书记，北京军区政治委员，国家计划委员会副主任、党组副书记，第六届全国政协常委等职。1982 年离休。

宣统二年庚戌（1910年） 三十七岁

年初，张难先在家陪家人过完年，即至勤业公司理事。因"公司所购之地原为淤洲，不能即时种桑"，故"先种杂粮以整理之"。自此，张难先"每日黄冠草履，在阡陌间与工人共甘苦"（见《义痴六十自述》，《张难先集》第424页）。

正月初三日（2月12日），同盟会员倪映典等在广州发动新军起义，倪映典战死，起义旋失败。

正月十八日（2月27日），清政府颁布中国红十字会试办章程，命邮传部右侍郎盛宣怀为红十字会会长。

正月间，光复会在日本东京成立总部，推章太炎、陶成章为正、副会长。

二月十四日（3月24日），清政府批准湖北设立商办粤汉川铁路公司。

二月二十一日（3月31日），革命党人汪精卫、黄复生在北京谋炸载沣，事情败露，被捕入狱。

三月初四至初六日（4月13—15日），长沙发生抢米风潮，饥民焚毁抚台衙门、长沙税关及洋行、教堂等。

四月十三日（5月21日），山东莱阳贫苦农民曲诗文率饥民700多人冲进县署，要求速发积谷，减免苛捐杂税。

四月十五日（5月23日），清政府与英、德、法、美四国银行团在巴黎达成铁路借款协议，将湖北、湖南两省人民争回的路权以"国有"的名义收回，再出卖给帝国主义，激起全国人民的义愤。

五月初六日（6月12日），山东莱阳、海阳农民发动抗捐起义。

五月初十日（6月16日），国会请愿团发动第二次请愿。

五月十九日（6月25日），孙中山离开日本横滨前往槟榔屿（又称庇能），约黄兴、赵声、胡汉民等前来商议卷土重来计划。

五月二十七日（7月3日），山东莱阳曲诗文正式宣布起义，队伍发展至十几万人。

五月三十日（7月6日），曲诗文率农民起义军攻打县城数日不下，只好放弃县城。

六月上旬，经过十几天的血战，起义军伤亡惨重，起义被镇压；曲诗文在当地农民的掩护下逃到外地，隐姓埋名，才幸存下来。

七月十八日（8月22日），日本伊藤博文政府迫使朝鲜政府签订《日韩合并条约》。

七月二十五日（8月29日），日本宣布合并韩国，朝鲜沦为日本的殖民地。

八月间，勤业公司所种之"杂粮"获得大丰收。但有一事却让张难先十分痛心：张难先本"于田事甚隔膜"，幸有三姐夫田选功，为"老农"，乃"引以为助"，才使得农事均顺利。岂料后因事"赴州城，过越舟湖遇风"被"溺毙"，故"思之泫然"（见《义痴六十自述》，《张难先集》第424页）。

九月初一日（10月3日），清政府资政院行开院礼，监国摄政王载沣临院训词。

九月初九日（10月11日），革命党人于右任在上海创办《民立报》。

九月十五日至二十日（10月17—22日），全国第一次运动会在上海举行，参加比赛的运动员140人，上海获第一名，华北获第二名。

九月二十日（10月22日），第三次国会请愿代表团向载沣和资政院上书。

九月二十三日（10月25日），东三省总督锡良、湖广总督瑞澂、两广总督袁树勋、云贵总督李经羲等省督抚联名上书请组织内阁，定明年开国会。

九月（10月）间，国际飞行协会在美国旧金山举行飞行比赛，冯如驾驶其自制飞机参加比赛，获得第一名。

十月初三日（11月4日），清政府宣布将九年预备立宪期限缩改为五年，并预行组织内阁；令民政部及各省督抚解散请开国会之代表。

十月十二日（11月13日），孙中山在马来西亚北部的槟榔屿召集黄兴、赵声、胡汉民等同盟会骨干举行秘密会议（史称"庇能会议"），决定在广州再次发动武装起义。

十月中、下旬，孙中山派赵声赴香港联络广州新军，并派黄兴、胡汉民、邓泽如等分赴南洋各埠筹集起义款项。

十一月初一日（12月2日），沙皇政府召开内阁特别会议，专门讨论了吞并中国东北北部的问题。

十二月二十三日（1911年1月23日），武汉各界数万人集会抗议英租界枪杀人力车工人的暴行。

十二月下旬，黄兴抵达香港，受孙中山的委托主持广州起义的筹备工作，并成立统筹部，黄兴为部长，赵声任副部长，统筹一切起义计划；同时在广州设立秘密机关，运动新军起义。

年底，张难先在沔阳老家陪家人度岁。

是年，美国基督教会将南京汇文书院和宏育书院合并组成南京金陵大学堂（1915年改名金陵大学）。

是年，张难先在沔阳与友人开办勤业公司期间，亦间或应彭养先、胡瑛、詹大悲等党人之招，赴汉与他们共"商党事"，但往往"意见多忤"（见《义痴六十自述》，《张难先集》第424页）。

宣统三年辛亥（1911年） 三十八岁

年初，张难先在家陪家人过完年，即赴勤业公司打理相关事情。

一过完年，好友宋秀峰即"往湖州购桑"，张难先在公司做准备工作。"桑秧"一到，张难先乃"督种一万余株"。时间不长，所种桑树"行列整齐，枝叶肥硕，乡人赞慕不已，咸来参观"（见《义痴六十自述》，《张难先集》第424页）。

正月初一日（1月30日），湖北革命党人蒋翊武、詹大悲、刘复基等在武昌成立文学社，蒋翊武被推为会长，詹大悲被推选为文书部长，《大江报》亦成为文学社的机关报；社员达八百余人，以新军为主。

正月初十日（2月8日），上海协和丝厂女工举行反对减发工资的同盟罢工。

三月初十日（4月8日），同盟会员温生才在广州刺死署理广州将军孚琦，温氏亦随即被捕遇害。

三月十七日（4月15日），清政府与英、美、德、法四国银行团订立一千万英镑币制改革和东三省实业振兴借款合同。

三月二十九日（4月27日），黄兴、赵声、朱执信等同盟会员在广州发动武装起义（史称辛亥广州起义、辛亥广州三月二十九日之役或黄花岗之役），攻占两广总督府，随即被清军镇压。此役牺牲革命党人86人，后由善堂收殓烈士遗骸七十二具，合葬于城郊的红花岗（后改名黄花岗）。

案：黄花岗之役虽然失败，但其震动全国，影响却甚大。孙中山先生曾给予它很高的评价："是役也，碧血横飞，浩气四塞，草木为之含悲，风云因而变色。全国久蛰之人心，乃大兴奋。怨愤所积，如怒涛排壑，不可遏抑。不半载而武昌之大革命已成，则斯役之价值，直可惊天地，泣鬼神，与武昌革命之役并寿。"①他还强调指出："是役也，集各省革命党之精英，与彼虏为最后之一搏。事虽不成，而黄花岗七十二烈士轰轰烈烈之概，已震动全球，而国内革命之时势，实以之造成矣。"②

四月初七日（5月5日），张执一③（1911—1983）出生于湖北汉阳爹山镇袁岭村屠湾一个轮船工人家庭。

四月初十（5月8日），清政府裁撤军机处，成立皇族内阁，以奕劻为总理大臣。

四月十一日（5月9日），清政府取消粤汉、川汉铁路民办的成案，宣布铁路干线国有政策。

四月十二日（5月10日），文学社在武昌小朝街八十五号设立机关部。

四月十六日（5月14日），湖南长沙举行万人大会，决议拒外债，保路权。

四月十八日（5月16日），长沙、株洲一万多名筑路工人举行游行示威，提出了罢市、罢课、全省抗缴租税的号召。

四月二十日（5月18日），清政府任命端方为督办铁路大臣，前往接收四省商民集股的铁路公司。

四月二十二日（5月20日），清政府派邮传部大臣盛宣怀与英、法、德、美四国银行团代表签订《粤汉川汉铁路借款合同》。

四月间，张难先勤业公司所种之桑树"忽发虫，地方名斯虫为'水麻木'，科学上之名词曰'金龟子'，法当洒以石油乳汁及人工捕杀，或纵火俾自投之"；为尽快消除虫患，张难先遂指导工人"三种方术一时齐施"，

---

① 孙中山：《〈黄花岗烈士事略〉序》，胡汉民编：《总理全集》第一集，上海民智书局1930年版，第1054页。

② 孙中山：《孙中山选集》上卷，人民出版社1956年版，第181页。

③ 张执一（1911—1983），原名谨唐，湖北汉阳人。1926年参加革命，1929年加入中国共产党。1930年考入湖北乡村师范，任中共武昌区委宣传委员、武昌农民行动委员会书记。1931年毕业后赴襄阳任教，秘密从事党组织的发展工作。1935年后在上海从事学运、军运工作。1939年后任新四军豫鄂挺进纵队政治部联络部部长、第五师旅政治部主任，中共中央上海局外县工委书记等职。新中国成立后历任中共中央中南局统战部部长、中南军政委秘书长、中共中央统战部副部长、国家民委副主任、全国政协副秘书长、中共中央统战部顾问、全国人大代表、全国政协常委。1983年病逝于北京。著有《行踪吟草》等。

几天下来，"所烧死之虫成冢墓五起，均高三尺"；以致"虫尽叶亦尽，爰求柔桑仅存枝干"（见《义痴六十自述》，《张难先集》第424—425页）。

五月初十日（6月6日），广东粤路股东千余人开会，决议保路，并通电湘、鄂、川，呼吁相互支持。

五月十六日（6月12日），张难先的同乡、好友刘静庵在武昌模范监狱病逝。

五月二十一日（6月17日），川汉铁路股东代表在四川成都召开会议，反对铁路国有，组成保路同志会。

五月二十四日（6月20日），中央教育会成立，张謇任会长，张元济、傅增湘任副会长。

六月初六日（7月1日），孙洪伊、汤化龙、谭延闿、雷奋等在北京成立宪友会（又称民党）。

六月间，沔阳"复发大水，桑田成海，桑之枝干亦尽淹死"；张难先见公司"无法进行"，遂来到武昌，与党人一起"奔走党务"（见《义痴六十自述》，《张难先集》第425页）。

其时，"共进会、文学社俱虎虎有生气，文学社主缓进，共进会主急进"，张难先"亦主缓进"。"一日与共进会杨舒武谈，辩论甚烈。两团体相持不下，赖王守愚、李小香、刘复基、高尚志、查光佛、陈铁侯①等从中协调"，才"渐趋一致"（见《义痴六十自述》，《张难先集》第425页）。

闰六月初六日（7月31日），宋教仁、陈其美、谭人凤等人在上海北四川路湖北小学校成立中国同盟会中部总会。

闰六月十一日（8月5日），上海晋昌、长纶、锦华、协和四丝厂工人为反对减工举行联合罢工。

闰六月二十一日（8月15日），朝命陈宝琛充任弼德院顾问大臣。

秋间，因"川汉铁路风潮起，鄂军多调入川，共进会以为有机可乘，益猛进"，而"官厅侦骑"，亦"四出"侦探（见《义痴六十自述》，《张难先集》第425页）。

七月初一日（8月24日），四川成都举行万人保路大会，决定全省罢

---

① 陈铁侯，生卒年不详，字树芬，一字孝芬，湖北黄安人。早年曾加入共进会，从事革命活动。1911年参与武昌起义。民国初年任水师统领。后曾参加反袁（世凯）、反段（祺瑞）。抗战期间曾加入汪伪政府。1940年任武汉警备司令，暗中保护过不少抗战人士。

市、罢课，抗纳捐税，不认外债；重庆、嘉定、荣县等数十州县的保路分会纷纷响应。

七月初九日（9月1日），四川川路股东大会决定实行抗粮抗捐。

七月十二日（9月4日），经过数月的磋商，武昌的文学社和共进会终于达成联合的意向。

七月十五日（9月7日），四川总督赵尔丰在成都逮捕谘议局、保路同志会、铁路公司及股东会负责人。

七月十六日（9月8日），四川保路同志会举行武装起义，包围成都，全省响应。

七月二十二日（9月14日），武昌文学社、共进会组成统一的起义领导机构，决定总动员计划，推蒋翊武为革命军总司令，孙武为参谋长，刘复基、彭楚藩等为军事筹备员，并在汉口设立政治筹备处，负责将来建立革命军政府的准备工作。

同日，鉴于湖北日趋紧张的局势，文学社与共进会再次举行联席会议，决定于10月6日（阴历中秋节）在武昌举行起义。

八月初四日（9月25日），同盟会员吴玉章和王天杰率领起义军占领四川荣县，宣布独立，建立了革命党人领导的第一个地方政权。

八月十七日（10月8日），孙武在汉口俄国租界宝善里二十二号赶制炸药引起爆炸，起义机关遭破坏。

八月十八日（10月9日），蒋翊武等在武昌小朝街总部讨论形势，于下午五时发出起义的紧急命令，决定当晚十二时以中和门（今起义门）的炮声为号举义。是夜十一时半，武昌小朝街起义总部被清朝军警破坏，刘复基、彭楚藩等人被捕。

八月十九日（10月10日）早晨，宪兵营革命党代表彭楚藩、军事参谋刘复基、交通员杨洪胜在武昌被杀害。晚九时，武昌新军的革命士兵在第八镇工程第八营革命党总代表熊秉坤的指挥下，打响了起义的第一枪；湖广总督瑞澂、新军第八镇统制张彪弃城逃遁，武昌起义（辛亥革命）爆发。

八月二十日（10月11日），革命军攻克湖广总督衙门，武昌城光复。中华民国湖北军政府成立，旋推举第二十一混成协协统黎元洪为中华民国军政府鄂军都督。于是，即日告示安民，宣布废除清朝年号，中国为中华民国。

同日，张难先正在汉川"与梁钟汉计事，忽闻武汉已反正，拥黎元洪为都督"，遂与梁氏商定，先回武汉相助（见《义痴六十自述》，《张难先集》第425页)。

八月二十一日（10月12日），汉阳、汉口相继光复，湖北军政府通电全国，宣告武汉三镇光复，电促黄兴、宋教仁速赴湖北，并请转电孙中山先生从速回国，主持大计。

同日，张难先与梁钟汉"乘轮抵省，入谘议局"，参与政事，遇好友蒋翊武，谓"宋卿守中立，不可测"，忧心忡忡（见《义痴六十自述》，《张难先集》第425页）。

同日，孙中山在美国科罗拉多州的典华（今译作丹佛）旅途中，从美国报纸上获知武昌起义消息，遂决定转赴英国进行外交活动，并取道法国东归。

同日，军政府组建约法起草委员会，刘公任主席，成员尚有居正、胡瑛、陶德崐、王正廷、汤化龙、陶凤集六人，开始起草制定《鄂州约法》。

八月二十二日（10月13日）晨，张难先找黎元洪叙谈，黎始"心决"；于是，张难先"即赴汉阳视察"（见《义痴六十自述》，《张难先集》第425页）。

其时，好友李亚东知汉阳府，留张难先佐理府事，"坚不令去"。张难先知汉阳为重镇，战略位置重要，而李亚东却"不甚省"，故对其说："汉阳实武昌屏藩，汉阳失即武昌不可保，君为地方官，宜理民事。汉阳县令贤，可推诚与之，责以民事。君尽力与统制宋锡荃（时荃号一师守汉阳）规画军事。此时胜负全在此也"（见《义痴六十自述》，《张难先集》第425页）。

八月二十三日（10月14日），清政府重新起用袁世凯，任命其为湖广总督；又任命岑春煊为四川总督，对抗起义军。

八月二十四日（10月15日），由原省谘议局局长汤化龙主持起草了《军政府暂行条例》。条例规定，军政府下设军令、军务、参谋、政事四部，各部皆受命于都督。而在任命的四个部长中，革命党人仅孙武一人，其余三人均是立宪派或前清军官。

八月二十六日（10月17日），湖北军政府公布《中华民国军政府条例》。

八月二十七日（10月18日），沙俄唆使外蒙叛国集团宣布独立。

八月二十八日（10月19日），革命军大败清军于汉口刘家庙（今黄浦路到丹水池一带）。

九月初一日（10月22日），湖南革命党人焦达峰、陈作新率领新军、会党起义,占领长沙,被推为正、副都督。

同日,陕西新军、会党发动起义,攻占西安,张凤翙被推为都督。

九月初二日(10月23日),江西九江的新军发动起义,成立九江军政分府。

九月初三日(10月24日),黄兴自香港抵达上海。

九月初四日(10月25日),黄兴在红十字会女医师张竹君率领的战地救伤队的掩护下,自上海赶赴武汉。

同日,鉴于首义后领导权旁落的状况,在孙武、刘公、张振武、居正等人提议下,军政府再次开会,改订了《军政府暂行条例》,将原来的军令、军务、参谋、政事四部改成军令、军务、参谋、内务、外交、财政、交通、司法、编制九部,而在所任命的九名部长中有四名是革命党人,其他为立宪派二人、前清军官二人、留日学生一人。

九月初六日(10月27日),清政府任命袁世凯为钦差大臣,节制湖北水陆各军;袁世凯自彰德(今河南安阳市)出发,抵达孝感督师。

同日早晨,张难先见李亚东"益昏惑",与其"共事十余日",可谓"血泪为枯";如今竟每日"乘四人轿张红伞",累劝不听,遂"留书绝彼",离汉口渡江回汉阳(见《义痴六十自述》,《张难先集》第425页)。

九月初七日(10月28日),清廷颁发停战文告,但整个南京城仍然在张勋等旧军的控制之下。

同日,张难先仍回汉阳府署"视事"(见《义痴六十自述》,《张难先集》第425页)。

同日,黄兴偕李书城、田桐等一行人安全抵达湖北武昌(夏口)。

九月初八日(10月29日),山西宣告独立,山西军政府成立,阎锡山任都督。

同日,清军攻陷循礼门,革命军向南退却,退往汉口华埠商住区。张难先担心汉口守不住,遂"与涂耀枢渡江说军务部长孙武,宜急分兵守汉阳。武以兵少谢之"。张难先无奈,只得渡江"回署",则"闻北军已便衣渡河袭龟山,电话俱断,饬侦探往,无应者"。张难先只好"只身出东门,任侦察事","行数里至清总兵署,始有散乱卒二百余人",乃"使之成散兵线,布满江干,遇南渡者即严索,果搜得形迹可疑者三十余人";随后至"龟山顶炮队处,痛哭演说,谕以同心死守"。待"探毕回署,则职员士兵散逸如星辰"(见《义痴六十自述》,《张难先集》第425—426

页）。

当天半夜，碰到胡瑛，"云湖北不可守，当退保湘岳"，张难先"恐其言益乱人心，蹴止之"（见《义痴六十自述》，《张难先集》第426页）。

九月初九日（10月30日），云南同盟会联合新军起义，次日成立云南军政府，推蔡锷为都督。

同日早晨，"闻统制宋锡荃已率溃军走岳州，而枪炮厂空矣（宋扎该厂）"。此时，"炮声隆隆击府署"，张难先仍在府署"检点簿籍"，"一杂役至，谓大人且走（时犹称亚东为大人），先生何仍在此"！张难先"愤极"，见"门者已逸"，无奈，亦"走江滨，欲济，无舟"，只得"步行至沌口"；后来还是搭乘同乡的船，数日后才回到沔阳老家，"匿向君笙三处"（见《义痴六十自述》，《张难先集》第426页）。

九月初十日（10月31日），江西南昌新军举行起义，并于11月2日成立江西军政府，吴介璋为都督。

同日，湖南革命发生变局，都督焦达峰、副都督陈作新先后被自邵阳赶到长沙的新军杀害，原立宪派人物谭延闿被推举为湖南都督。

九月上旬，孙中山自美国抵达伦敦，会见英、法、德、美四国银行团主任，要求停止对清政府借款，未获结果；又委托维加炮厂经理就此问题向英国外交大臣格雷（E. Grey）进行交涉。

九月十一日（11月1日），皇族内阁辞职，清政府任命袁世凯为内阁总理大臣，负责组织责任内阁。

九月十二日（11月2日），江南新军第九镇统制徐绍桢与协统沈同午等在南京城外发动起义，被推为江浙革命联军总司令。徐氏率军进攻雨花台，被江南提督张勋击退。

同日，北洋军攻陷湖北汉口，民军退守汉阳。黄兴被委任为战时总司令。

九月十三日（11月3日），上海革命党人占领县城，起义胜利。三天后成立沪军都督府，陈其美任都督。

九月十四日（11月4日），浙江杭州新军起义，次日成立浙江军政府，推汤寿潜为都督。

同日，贵州新军发动起义，次日成立贵州军政府，举杨荩诚为都督。

九月十五日（11月5日），江苏巡抚程德全在苏州起义，江苏独立，军政府成立，拥程德全为都督。

数日后，张难先得知"汉阳未陷，私喜且惭"，遂将妻子托付给好友向笙三照应，自己仍"买舟赴省"，且"自耻在汉阳无状，羞称任事。惟闲居为各处递送消息"（见《义痴六十自述》，《张难先集》第426页）。

九月十六日（11月6日），袁世凯以二万元收买马步周，在直隶石家庄车站刺杀革命党人、新军第六镇统制吴禄贞。

九月十七日（11月7日），广西独立，成立军政府，先举巡抚沈秉堃为都督，随后改举陆荣廷为都督。

九月十八日（11月8日），安徽独立，成立军政府，举巡抚朱家宝为都督。

九月十九日（11月9日），福建新军起义，成立军政府，举统制孙道仁为都督。

同日，广东独立，成立军政府，举胡汉民为都督。

广东光复后，冯如带着自制的两架飞机参加革命，被广东革命政府任命为飞机队飞机长。

九月二十一日（11月11日），汤寿潜、陈其美、程德全三都督通电，倡议在上海召开各省代表会议。

同日，孙中山自美国纽约抵达英国伦敦开展外交活动。

九月二十三日（11月13日），山东独立，成立军政府，推举巡抚孙宝琦为都督。

同日，海军舰船十三艘在九江起义，加入革命行列。

同日，宋教仁见自己在武昌事情不多，便给黄兴留下一便笺，就与日人北一辉等离汉返沪。

自武昌起义爆发起，至九月二十三日，湖北、湖南、陕西、山西、云南、江西、上海、贵州、浙江、江苏、广西、安徽、福建、广东、山东等省市先后发动起义，宣布独立。

九月二十四日（11月14日），内阁总理大臣袁世凯自孝感回到北京，晋谒隆裕太后，誓言效忠清室。

九月二十五日（11月15日），已光复各省代表会议在上海召开，定名为各省都督府代表联合会。

九月二十六日（11月16日），内阁大臣袁世凯组成责任内阁。

九月下旬，湖北军政府任命军政府顾问季雨霖为安襄郧荆招讨使，强邀张难先"同行，聘为顾问"（见《义痴六十自述》，《张难先集》第426页）。

九月三十日（11月20日），张难先随季雨霖的大军乘船溯汉江北征，在沌口时吸收两队民军加入队伍（见《义痴六十自述》，《张难先集》第426页）。

同日，各省代表在上海的江苏教育总会会商，决议"承认武昌为民国中央政府，以鄂军都督执行中央政务"。

十月初一日（11月21日），孙中山自英国抵达巴黎开展外交活动，会见法国内阁总理克里孟梭（G. Clemenceau）和外长毕恭（S. Pichon），争取他们同情中国革命。

十月初二日（11月22日），四川重庆独立，成立军政府，推张培爵为都督。

十月初四日（11月24日），上海各省都督府代表联合会决定赴武昌开会。

同日，季雨霖率本部人马抵达仙桃镇，经张难先的"游说"，李亚东、刘英、梁钟汉均率所部前来合兵一处，接受"招讨使改编，受其节制，军容始振"（见《义痴六十自述》，《张难先集》第426页）。

十月初七日（11月27日），时任清政府川汉、粤汉铁路督办大臣的端方，奉朝命率湖北新军第八镇第十六协第三十一标及三十二标一部，经宜昌入川，行抵四川资州时被哗变新军杀死。

同日，四川成都独立，成立军政府，举谘议局议长蒲殿俊为都督。

是日，冯国璋率清军攻陷汉阳，起义军退至武昌。

十月初十日（11月30日），各省都督府代表联合会代表抵达汉口英租界开会，讨论组织临时中央军政府问题。

十月十一日（12月1日），沙俄策动外蒙反动王公、上层喇嘛宣布"独立"，分裂中国领土。

十月十二日（12月2日），江浙革命联军攻克江宁，南京光复，张勋败走徐州。两江总督张人骏和江宁将军铁良登上日本军舰逃往沪上，革命中心乃由湖北转移到长江下游。

十月十四日（12月4日），各省都督府代表联合会决定以南京为临时政府所在地；并推举黄兴、黎元洪为正副元帅。

十月十六日（12月6日），隆裕太后懿旨，准监国摄政王载沣引咎辞职。

十月十八日（12月8日），内阁总理大臣袁世凯派唐绍仪为全权代表南下与革命军议和。

十月十九日（12月9日），各省都督府联合会亦派伍廷芳为代表与清方代表相聚汉口英租界，由英国领事葛福安排在顺昌洋行（英商轮船公司，旧址在今汉口沿江大道）举行南北调停谈判。

十月二十四日（12月14日），汉口、上海两地各省军政府的代表齐集南京继续开会。

十月二十六日（12月16日），张难先随季雨霖率安襄郧荆招讨使大营进驻沙洋。

在大军进驻沙洋期间，季雨霖曾派人筹集堤工经费，修筑沙洋汉江溃堤，使荆、江、潜、沔、监五县农田受益。在沙洋筹饷后，又以炮兵支援唐西支攻破荆州，并命高仲和率军务部先进军襄阳。在荆州攻占后，季又率军北上过安陆府治钟祥，逐张楚材，杀全明汉，收编所部，致使襄阳民军司令张国荃疑惧警戒，几经疏解，愿意归顺，听从调遣。

十月二十七日（12月17日），各省都督府代表联合会改举黎元洪为大元帅，黄兴为副元帅。

十月二十八日（12月18日），南北议和代表伍廷芳和唐绍仪在上海英租界市政厅举行首次会议，英、日、美、德、法、俄六国驻沪领事及上海外商代表李德立出席。

十一月初二日（12月21日），同盟会总理孙中山自法国抵达香港。

十一月初六日（12月25日），同盟会总理孙中山从香港抵达上海。

十一月初七日（12月26日），以黄兴、陈其美、宋教仁为首，革命党人齐聚哈同花园"公宴总理"（见《辛亥札记·公宴总理》，《居正文集》第71页）。

同日晚，黄兴、陈其美、宋教仁、胡汉民、汪精卫等人至孙中山寓所讨论成立临时政府的相关问题；其间，宋教仁与孙中山就是建立内阁制还是总统制发生尖锐冲突。

十一月初十日（12月29日），十七省军政府代表在南京会议，选举孙中山为中华民国临时大总统，并决议改用公历。

十一月十一日（12月30日），北洋军撕毁停战协定，开始炮击武昌。

十一月十二日（12月31日），各省都督府代表联合会决定修改临时政府组织大纲，实行内阁制，增设副总统。

十一月十三日（1912年1月1日），中华民国临时大总统孙中山自沪抵宁，于当晚10时宣誓就职，发表《临时大总统就职宣言》和《告全国同胞书》，宣告中华民国成立。

同日，袁世凯撤销唐绍仪的议和代表资格，宣布由他与伍廷芳直接电商和谈事宜；段祺瑞、冯国璋、段芝贵等北洋将领联名通电反对共和，主张立宪。

十一月十五日（1912年1月3日），中华民国南京临时政府成立，各省代表推举黎元洪为副总统，通过孙中山提出的各部总长、次长任命名单。

十一月十六日（1912年1月4日），章太炎与张謇等人在上海成立中华民国联合会，嗣发刊《大共和日报》。

十一月十七日（1912年1月5日），张难先随季雨霖率领招讨使大本营离开沙洋渡河向钟祥进发，受到百姓的夹道欢送。

十一月十七日至二十二日（11月5—10日），经南北议和代表的反复磋商，根据协议，清军从汉阳、汉口撤退，清军司令部由汉口迁至孝感。

十一月十八日（1912年1月6日），季雨霖指挥大军击败守敌，收编残部，进驻钟祥。

十一月二十日（1912年1月8日），武昌军政府将原有湖北新军8个协扩编为8个镇。安襄郧荆招讨军编为民军第八镇，季雨霖为第八镇统制。

十一月二十一日（1912年1月9日），民军第八镇接都督府来电：孙中山已在南京被选举为中华民国临时大总统，黎元洪为副总统，下令定国号为中华民国，以这一年为民国元年，改用公历。

十一月二十二日（1912年1月10日），季部官兵齐集钟祥的汉神庙，举行庆祝中华民国成立典礼。季雨霖在会上发表演说，鼓励军士们"勠力同心，北扫幽燕，以光复祖国为惟一之目的，死生所不暇顾"。

同日，湖北临时议会成立，刘心源出任议长。

十一月二十三日（1912年1月11日），中华民国临时大总统孙中山宣布自任北伐军总指挥，派黄兴为北伐军陆军参谋长，制定六路北伐计划。

同日，黎元洪以南京临时政府大元帅的名义，下令各军准备北伐。

十一月二十四日（1912年1月12日），吴兆麟奉命率领第一军为中路，经阳逻向黄陂进发。李烈钧奉命率领安徽、江西的援鄂军为第二军，作为第一军的右翼。赵恒惕奉命率领援鄂的湘桂联军为第三军，作为第一军的左翼，同时向目标地孝感进发。

十一月二十五日（1912年1月13日），根据孙中山的提议，参议院通过设立法制院，由宋教仁出任院长。

十一月二十六日（1912年1月14日）凌晨，光复会领袖、浙江临时参议会议长陶成章被刺死于上海广慈医院。

十一月二十七日（1912年1月15日），孙中山致电南方和谈代表伍廷芳，再次明确表示："清帝如实行退位，宣布共和，则临时政府决不食言，文即可正式宣布解职，以功以能，首推袁氏。"①

十一月下旬，民军第八镇大营接到都督府电令，即日率师北伐。于是季雨霖率部北上，进驻襄阳，随后分兵三路北上进击河南新野、邓州、唐县等地，并势如破竹，三路大军同时告捷。

在襄阳期间，因为用人问题，季雨霖与文学社同仁发生分歧，张难先"居间调停，煞费苦心"，季雨霖不仅不理解，反谓文学社同仁是其"所纵"。张难先颇为生气，请求季雨霖放他归家，季雨霖却"坚不令去"；张难先遂辞顾问职，而"就财政处管库员职，日惟与阿堵物为缘，不复计大事"（见《义痴六十自述》，《张难先集》第426页）。

十二月初一日（1912年1月19日），中华民国教育部颁发《普通教育暂行办法》十四条，规定初等小学可以男女同校，要求教科书合乎民国宗旨，旧教科书和小学读经科一律废止。

十二月初二日（1912年1月20日），原共进会负责人孙武纠集一些对同盟会不满的湖北人在上海成立民社，拥戴黎元洪为领袖；随后，又在汉口成立民社湖北分社。

十二月初四日（1912年1月22日），孙中山发表声明，如清帝退位，袁世凯宣布赞成共和，就马上辞职，推袁为总统。

同日，朱志尧、徐企文等在上海成立中华民国工党。

十二月初五日（1912年1月23日），清政府免去张人骏两江总督职务，以江南提督张勋接任两江总督。

十二月初六日（1912年1月24日），黎元洪任命湖北军政府总监察刘公为北伐军左翼军总司令官，率部队两标离汉赴西北，与季雨霖所部会合，进驻襄阳。

十二月初九日（1912年1月27日），北洋军将领段祺瑞、姜桂题等48人通电全国，要求清廷"明降谕旨，宣示中外，立定共和政体"②。

同日，由宋教仁主持起草、拟定的《中华民国临时组织法草案》（共7章55条）完成。

十二月初十日（1912年1月28日），南京临时参议院成立，林森当选

---

① 广东省哲学社会科学研究所历史研究室编：《孙中山年谱》，中华书局1980年版，第111页。

② 李新等编：《中华民国大事记》，中国文史出版社1997年版，第180页。

议长。

同日，南京临时政府大元帅黎元洪再次发布北伐命令：刘公所率北伐左翼军和安襄郧荆招讨使季雨霖部进入河南，熊秉坤率所部收复麻城，其他各路北伐军则分驻孝感、黄陂、云梦等地。

十二月十一日（1912年1月29日），沈佩贞在上海创办女子尚武会。

十二月十六日（1912年2月3日），清隆裕太后命内阁总理大臣袁世凯与民军磋商退位优待条件。

十二月十六日至二十六日（1912年2月3—13日），湖北北伐左翼军相继攻克河南邓县、唐县、新野；季雨霖部则攻占河南重镇南阳。

十二月十八日（1912年2月5日），南京临时政府改大清银行为中国银行。

同日，由袁世凯策划、以段祺瑞为首的第一军将领再次致电清廷，声称若国体问题再不解决，将"谨率全体将士入京，与王公剖陈利害"[①]。

十二月二十一日（1912年2月8日），中华民国工业建设会在上海公布草章。

十二月二十三日（1912年2月10日），南京临时参议院通过优待清室条件八款。

十二月二十五日（1912年2月12日），宣统皇帝奉隆裕太后懿旨，颁发退位诏书，授权内阁总理大臣袁世凯组织临时共和政府，有清二百六十八年（以入关为起点）之国运暨华夏二千余年的帝制时代正式终结，中华民国肇兴。

岑春煊在其《乐斋漫笔》中说："以数千年专制政体，一变而为共和之国，犹复优待清室，不失尊荣，以视前朝易姓诛夷之惨，相去何止天渊。昔日委质为臣者，今且与故君同为国之公民，而区区效忠一姓之狭义，皆当随潮流以俱去，抑世界大势之所趋耶。于是共和告成，改用阳历纪岁，以明年为中华民国元年云。"[②]

十二月二十六日（1912年2月13日），内阁总理大臣袁世凯通电宣布：承认"共和为最良国体，世界之所公认"，并保证"永不使君主政体再行于中国"[③]。孙中山向参议院辞职，荐举袁世凯为临时大总统。

---

① 李新等编：《中华民国大事记》，中国文史出版社1997年版，第183页。

② 岑春煊：《乐斋漫笔》，荣孟源、章伯锋主编：《近代稗海》（第一辑），四川人民出版社1985年版，第107页。

③ 白蕉：《袁世凯与中华民国》，中国史学会主编：《中国近代史资料丛刊：辛亥革命》（八），上海人民出版社1956—1957年版，第136页。

同日，张难先给率军驻扎河南南阳的季雨霖致函谓："和议已成，满清已灭，大愿酬矣。而布衣菜根之乐，迫我乡思。预将职务交清，纵览此地之名山大川，凭吊古人，然后买舟归。且耕且读，借以补过求学耳。驻节南郡，恐难面辞，特布缕缕。"（见《义痴六十自述》，《张难先集》第426—427页）

当天半夜，"忽得招讨电"，命张难先"往武当山调钟鸣世回"；接电后，张难先以此"可借览名山"，遂"欣然往"（见《义痴六十自述》，《张难先集》第429页）。

十二月二十八日（1912年2月15日），南京临时参议院选举袁世凯为临时大总统。

十二月下旬，当民军第八镇大本营已完成收编清军部队、整顿地方治安工作，正准备挥师挺进中原、攻打洛阳的时候，突然接到都督府电令：部队停止前进，即日班师回省。

是年，史林峰①（1911—2003）出生于湖北天门干驿镇洪水堰一个耕读之家。

民国元年壬子（1912年）　三十九岁

年初，张难先仍在民军第八镇财政处任管库员。

正月初一日（2月18日），南京临时参议院派蔡元培、宋教仁、汪精卫等人为专使，前往北京，迎接袁世凯南下就职。

正月初三日（2月20日），南京临时参议院选举黎元洪为副总统，同时又兼任湖北军政府都督。

正月初四日（2月21日），季雨霖率部自河南新野班师南下。

正月初五日（2月22日），南京临时参议院委派景跃月、张一鹏、吕志伊、王有兰、马君武为审查员，开始修改《临时政府组织大纲》（《中华民国临时约法》）。

正月初七日（2月24日），季雨霖率部自河南新野南下抵达襄阳，部队

---

① 史林峰（1911—2003），原名泰升，湖北天门人。1936年参加革命。1938年加入中国共产党。1939年入延安抗大学习。此后长期在杭州、温州、重庆、香港、武汉等地从事党的地下工作。新中国成立后历任中南军政委员会交际处处长、湖北省政府副秘书长、中国对外文化联络委员会礼宾司司长、驻巴基斯坦大使馆文化参赞、北京市委统战部副部长、北京市民族事务委员会主任等职。2003年去世。

稍事停留休整，并遍戒所属人员"不许辞职"（见《义痴六十自述》，《张难先集》第 431 页）。

正月十一日（2月28日），袁世凯会见专使团团长蔡元培，表示不日即南下，先至武汉会见黎元洪副总统，然后同黎副总统一道乘船赴宁参加就职典礼。

正月十二日（2月29日），袁世凯指使曹锟的第三镇制造"北京兵变"，次日波及天津、保定等地，并以此作为拒绝南下就职的借口。

正月十五日（3月3日），英军一千多人，美、法、德、日军各二百多人抵京"保卫"其使馆。

正月十六日（3月4日），鉴于眼前局势，专使团致电南京称："速建统一政府，为今日最为重要，余尽可迁就，以定大局。"①

正月十八日（3月6日），南京临时参议院允准袁世凯在北京就任临时大总统之职。

正月二十日（3月8日），南京临时参议院通过《中华民国临时约法》。

正月二十二日（3月10日），袁世凯在北京宣誓就任临时大总统，北洋军阀统治开始。

正月二十三日（3月11日），南京临时政府在南京宣布《中华民国临时约法》。

正月二十五日（3月13日），临时大总统袁世凯提名唐绍仪为国务总理。

正月二十七日（3月15日），《中华民国暂行新刑律》公布。

正月二十九日（3月17日），季雨霖率部行抵沙洋，深觉今后事不可测，遂约集部中张难先、刘英、梁钟汉、阙龙、陈雨苍、廖汇川、陈子惠、章裕昆等十人来自己船上开会，商议分析形势，并歃血为盟，誓共生死。众人以年岁排列次序，最长者为张难先，最小者为章裕昆，而以季雨霖为盟首（见《义痴六十自述》，《张难先集》第 431 页）。

二月初一日（3月19日），南京女子代表至参议院要求参政权。

二月初四日（3月22日），张难先随季雨霖率部行抵汉川。

二月初七日（3月25日），张难先随季雨霖率部抵达武昌。

---

① 凤冈几门弟子编：《三水梁孙燕先生年谱》上册，1946 年铅印本，第 114 页；转引自李新、李宗一主编《中华民国史》第二编第一卷，中华书局 1987 年版，第 6 页。

二月初八日（3月26日），黎元洪签署慰勉电文，盛赞招讨之功，属部改编为鄂军第八镇，季仍任统制。

二月十二日（3月30日），唐绍仪的内阁组成。

二月十三日（3月31日），临时大总统袁世凯任命黄兴为南京留守。

二月十四日（4月1日），孙中山正式宣布解除临时大总统职务，将政权交给袁世凯。

同日，由谷钟秀、殷汝骊、彭允彝和吴景濂发起，将共和统一党、国民共进会、政治谈话会三个团体合并，在南京组成统一共和党。

二月十五日（4月2日），南京临时参议院议决民国临时政府迁往北京，"南京临时政府不幸夭折，辛亥革命宣告失败"①。

二月十八日（4月5日），南京临时参议院议决该院迁往北京。

二月中旬，日知会、文学社诸同志在抱冰堂专为张难先开欢迎会，并请其在会上演讲。当时，虽中山先生已让位于袁世凯，但党人"仍多持倒袁之论"。张难先自思"本党业让位于袁，席未暖而又欲倒之为不妥"，遂云："本党既举袁世凯为大总统，自宜放手听彼一做，天下未有一面以刃授人，而即与之斗者。本党宜各省立一大学，集同志讲学于斯。一因各同志奔走革命，学业荒废，宜趁此求学，以便担当国事；二因各同志奔走多年，均感困惫，可借求学为休息之计，以恢复精神；三则以恬退风示天下，使天下晓然知本党光明磊落。袁世凯贤，不啻代吾辈之劳，何乐如之！不贤，以吾辈出处之正，人才之多，是非曲直深入人心，吾以为去一袁氏，不啻摧枯拉朽耳！吾侪同志宜深谋远虑，不宜于袁世凯是非未明之日，摘其一二小节，奋其空拳，以与之争一日之胜负也。"张难先讲完后，立即遭到杨王鹏等同志的反对，结果欢迎会"不欢而散"（见《义痴六十自述》，《张难先集》第427页）。

欢迎会后，张难先见"同志之浅陋嚣张"，自知"隐患实深"，而"自惭才德俱不足以感人，于是发愿读书，预定十年后再出问世"。而此时，都督府已任命张难先为秘书，季雨霖亦复聘其为安襄郧荆招讨使顾问。张难先均予"谢绝"，随后"购数签书以归"（见《义痴六十自述》，《张难先集》第431—432页）。

张难先归乡后，遂"下帷读书"，并撰"博我以文，约我以礼；用之则行，舍之则藏"一联以自惕（见《不成文文（节抄）》，《张难先集》第

---

① 尚明轩：《孙中山传》，北京出版社1979年版，第174页。

591—592页)。

二月二十一日（4月8日），女子参政同盟会在江苏南京成立。

三月初四日（4月20日），国务院在北京正式成立，蔡元培（教育总长）、王宠惠（司法总长）、宋教仁（农林总长）、陈其美（工商总长）等同盟会骨干赴京就职。

同日，中国同盟会举行干事会议，由"总理指定汪兆铭、张继任总务，马和、田桐任文书，居正任财务。本部组织既成，初在南京，继移上海，后迁北京"（见《梅川日记·同盟会》，《居正文集》第94页）。

三月十三日（4月29日），临时参议院在北京原清廷资政院旧址举行开院仪式。

三月二十三日（5月9日），由统一党、民社联合国民协进会、民国公会、国民党（非同盟会系统）等在上海合并组成共和党。

三月二十四日（5月10日），英国侵略军再次侵占西藏的亚东、江孜。

三月二十六日（5月12日），五族合进会在北京成立，推举姚锡光为会长。

四月十一日（5月27日），由黄兴、程德全、黎元洪、唐绍仪、伍廷芳等党团领袖发起的政见商榷会在上海成立。

四月十七日（6月2日），南北议和成后，张难先"感触极多，由厌世而萌出世思想"，遂至三佛阁照僧装像一张，并题"放下屠刀，立地成佛；绍祖留侯，天生怪物"一联以寄意（见《不成文文（节抄）》，《张难先集》第591页）。

四月二十三日（6月8日），临时参议院决议国旗为五色旗。

四月二十九日（6月14日），临时大总统袁世凯下令撤销南京留守府，解除黄兴的职务。

五月初二日（6月16日），唐绍仪辞去国务总理之职；十几天后，以陆徵祥为国务总理。

五月间，张难先在老家与孙鸣雷①结交，孙并成为其"生平第一益友"（见《义痴六十自述》，《张难先集》第432页），惜平生困顿，英年早逝。张难先后得知其病逝噩耗，曾为其写了四副挽联（《挽孙君雨初四联》），以表达其哀痛、缅怀之情（见《不成文文（节抄）》，《张难先

---

① 孙鸣雷，生卒年不详，字雨初，湖北沔阳人。好学，有特性，于书无所不读，对张难先颇有影响。

集》第 606 页）。

六月二十八日（8月10日），临时大总统袁世凯公布参议院制定的《国会组织法》和《议员选举法》，并下令在全国进行国会议员选举。

同日，北京同盟会本部召开评议员和全体职员联席会议，听取宋教仁报告联合、改组同盟会的经过及结果。

六月间，胡瑛弟子、崇阳刘元瑞遵其师旨意"在通山县城办一学会"，名曰人学会，数次诚请张难先前往主讲。张难先难拂其意，允之，并约好友孙鸣雷、殷勤道一同前往。抵通山后，"问其经费"，刘元瑞谓胡瑛答应给五千元开办，已派人去取，几天后即回。张难先一听，则说："殆矣！经费落空矣！"众不解。旬日后，派去取款者果然空手而归。众问其故，张难先对大家说："胡都督属汝等办此学者，欲为私人植党耳！吾教汝等以正道，乌有明道之人而能为人作工具者？！瑛有小才，应能知此，不便明讲，只以经费困之，俾自消灭，吾行矣，汝等好自为之。"张难先随即下山归，"不久学会亦解散"（见《义痴六十自述》，《张难先集》第 432 页）。

七月十二日（8月24日），孙中山应临时大总统袁世凯的邀请抵达北京。

七月十三日（8月25日），孙中山、黄兴、陈其美、宋教仁等人以同盟会为基础，联合统一共和党、国民共进会、共和实进会、国民公党等党派，成立国民党，公推孙中山为理事长（随即由宋教仁代理）。

七月十五日（8月27日），民主党成立，拥自日本归国的梁启超为首领。

七月二十八日（9月9日），临时大总统袁世凯授孙中山以"筹划全国铁路全权"，督办全国铁路。

秋间，张难先在老家沔阳之高观山筑一茅亭，朝夕阅读《船山易传》。但又遇水灾，"生计无资"，只得应前辈好友姚晋圻之请，出为湖北省"教育司模范讲演团讲员以济之"（见《义痴六十自述》，《张难先集》第 432 页）。

在办理湖北全省模范讲演团期间，张难先曾撰有"吾舌尚存，奚甘缄口；人心未死，当亦点头"一联以言志（见《不成文文（节抄）》，《张难先集》第 592 页）。

八月十五日（9月25日），临时大总统袁世凯任命赵秉钧为国务总理。

八月十八日（9月28日），临时参议院决议10月10日为中华民国国庆纪念日。

九月初五日（10月14日），孙中山在上海成立中国铁路总公司，正式对外办公。

九月二十五日（11月3日），沙俄强迫外蒙库伦傀儡当局签订《俄蒙协定》，规定俄国"帮助"外蒙"自治"。

九月二十九日（11月7日），中国政府严正声明，不承认《俄蒙协定》。

十一月二十九日（1913年1月6日），孙中山、黄兴、宋教仁等赞同筹建民国国史馆，撰修《中华民国史》。

十一月间，中华基督教青年会全国协会在上海成立。

十二月十一日（1913年1月17日），宋教仁抵达湖南进行竞选活动，随后经武汉前往上海。

十二月二十九日（1913年2月4日），北京参众两院复选，宋教仁主持的国民党获392席，占压倒性多数，拥护袁世凯的共和党、统一党、民主党仅获223席。

年底，张难先仍在老家陪家人度岁。

民国二年癸丑（1913年）　四十岁

年初，张难先在沔阳老家陪家人过完年，仍任教育司模范讲演团讲员，以助家用。

正月初五日（2月10日），孙中山偕马君武、何天炯、戴季陶等人自上海启程，赴日本访问，并考察实业、铁路等。

正月上旬，宋教仁结束在南方各省的竞选活动，抵上海稍事休整，即准备北上。

正月十七日（2月22日），隆裕太后在紫禁城驾崩。

正月间，孙中山以全国铁路督办的身份赴日本考察，田桓则作为留日学生代表前往欢迎中山先生。

二月十三日（3月20日），在袁世凯的授意下，赵秉钧、洪述祖指使凶徒枪击国民党代理理事长宋教仁于上海车站（现上海铁路博物馆），当时在车站的黄兴、于右任、廖仲恺等人立即将其送往沪宁铁路医院急救。

二月十五日（3月22日），因伤势过重抢救无效，宋教仁在沪宁铁路医院去世。

二月十九日（3月26日），江苏都督程德全通电公布刺杀宋教仁案主要证据，使真相大白于天下，大总统袁世凯的阴谋败露。

二月二十日（3月27日），孙中山得悉宋教仁被刺消息，立即自长崎返沪，提出了"联日""速战"的对策，主张先发制人。

二月二十二日（3月29日），瞿鸿禨、樊增祥、陈三立、沈曾植、缪荃孙等人在上海倡立超社（原名超然诗社）。

二月二十七日（4月3日），隆裕太后的灵柩移至西陵梁格庄暂安殿。

三月初二日（4月8日），中华民国第一次国会开会。

三月二十日（4月26日），民国大总统袁世凯与英、法、德、日、俄五国银行团签订《善后借款合同》。

三月间，张难先欲辞教育司模范讲演团讲员职，教育司长姚晋圻不允，且委任他为模范讲演团团长，"同事亦恳留"，张难先只得同意再"效力三月"（见《义痴六十自述》，《张难先集》第432页）。

张难先在就任教育司模范讲演团团长期间，副总统兼湖北都督黎元洪在听幕僚介绍张难先生平后，"赍以千元"，以示褒奖；张难先立即将此款"分恤故旧"，"余则购书偿债，千金立尽"（见《义痴六十自述》，《张难先集》第428页）。

四月十五日（5月20日），上海国民党机关刊物《国民》月刊正式出版。

四月二十四日（5月29日），统一、共和、民主三党合并，组成进步党，推举黎元洪为理事长，梁启超、汤化龙、张謇等为理事。

五月初五日（6月9日），大总统袁世凯免去江西都督、原同盟会会员李烈钧之职。

五月初十日（6月14日），大总统袁世凯调广东都督、原同盟会会员胡汉民为西藏宣抚使。

五月二十六日（6月30日），大总统袁世凯调安徽都督、原同盟会会员柏文蔚为陕甘筹边使。

五月间，国民党发表宣言，反对袁世凯政府违法借款。

六月初九日（7月12日），原江西都督李烈钧在江西湖口宣布独立，被推举为江西讨袁军总司令，"二次革命"爆发。

六月十二日（7月15日），川汉铁路督办黄兴潜入南京，与江苏都督程德全秘密会见，随后宣布江苏独立，并被举为江苏讨袁军总司令。

六月十四日（7月17日），安徽宣布独立，柏文蔚任安徽讨袁军总司令。

六月十五日（7月18日），陈炯明在广东宣布独立讨袁。

同日，陈其美率领上海讨袁军开始攻击制造局，居正率部占领吴淞口炮台。

六月十七日（7月20日），福建宣布独立讨袁。

六月十九日（7月22日），大总统袁世凯发布讨伐令。

六月中旬，孙中山在上海发表讨袁通电，号召各方促袁辞职，以息战祸。

六月二十日（7月23日），大总统袁世凯下令撤销孙中山筹办全国铁路全权。

六月二十二日（7月25日），江西讨袁军战败，湖口易帜。

六月二十六日（7月29日），黄兴被迫自南京出走，江苏都督程德全宣布取消独立。

六月二十八日（7月31日），大总统袁世凯任命熊希龄为国务总理。

六月二十九日（8月1日），袁军张勋所部在攻陷徐州、清江浦后，进抵江北重镇扬州。

六月间，张难先答应前辈好友姚晋圻三月期满，因"睹时局奇离，不能不去"，乃"坚辞"模范讲演团团长职，仍回沔阳老家闲居（见《义痴六十自述》，《张难先集》第432页）。

七月十七日（8月18日），袁军攻陷南昌，占领江西。

七月二十七日（8月28日），袁军倪嗣冲所部攻占安徽安庆。

七月间，张难先回到沔阳后，经过一番思考，便打算"以畜牧资生"。当时，勤业公司因虫水失败，已停办，土地亦闲置。张难先便"分购公司之田二十余亩"自己耕种，又在中革岭筑室而居，名曰闲闲别墅，耕读其间，可谓自得其乐（见《义痴六十自述》，《张难先集》第432页）。

八月初一日（9月1日），袁军张勋所部攻陷江苏南京，孙中山偕胡汉民再次逃亡日本。

八月初九日（9月9日），张难先的战友蒋翊武在广西桂林被袁世凯下令杀害。

八月十一日（9月11日），进步党名誉理事熊希龄的"第一流人才内阁"组成。

八月十二日（9月12日），四川讨袁军总司令熊克武放弃重庆，"二次革命"失败。"这次斗争的失败，标志着辛亥革命的最后失败。"[①]

八月十五日（9月15日），大总统袁世凯下令通缉孙中山、黄兴、李烈钧、柏文蔚、廖仲恺、朱执信等人。

---

① 尚明轩：《孙中山传》，北京出版社1979年版，第189页。

八月十八日（9月18日），大总统袁世凯授意成立公民党，以梁士诒为党魁，叶恭绰为副，收罗北洋官僚、政客加入。

九月初五日（10月4日），宪法会议通过并公布《大总统选举法》。

九月初七日（10月6日），临时大总统袁世凯派军警包围国会，强迫国会开会，选其为正式总统。

九月初八日（10月7日），国会选举黎元洪为副总统。

同日，英、俄、法、日等十三国以袁世凯公开承认一切不平等条约为条件，承认"袁记民国"。

九月十一日（10月10日），袁世凯在紫禁城太和殿正式就任大总统。

十月初七日（11月4日），大总统袁世凯为进一步扫清复辟帝制的障碍，下令解散国民党，并取消国民党籍国会议员资格。

十月初八日（11月5日），大总统袁世凯另组行政会议（后改名政治会议），行使议会职权。

同日，袁世凯政府同沙俄签订《中俄声明》，承认外蒙自治权及沙俄在外蒙的一切侵略特权。

十一月十六日（12月13日），光绪皇帝和隆裕太后的灵柩落葬崇陵。

十一月十八日（12月15日），大总统袁世凯御用的政治会议开会，篡夺国会职权。

十一月十九日（12月16日），大总统袁世凯调张勋为长江巡阅使，冯国璋为江苏都督。

十二月十五日（1914年1月10日），大总统袁世凯下令解散国会，停止参众两院现有议员的职务。

年底，张难先仍在沔阳老家陪家人度岁。

民国三年甲寅（1914年）　四十一岁

年初，张难先在家陪家人过完年，便又搬至闲闲别墅居住，耕读自娱。

正月十八日（2月12日），大总统袁世凯解除熊希龄本兼各职，以孙宝琦代理国务总理，"名流内阁"倒台。

二月初四日（2月28日），大总统袁世凯宣布解散各省议会。

二月十九日（3月15日），全国商会联合会在上海召开。

四月初七日（5月1日），袁世凯颁布《中华民国约法》，废除《临时约法》；又撤销国务院，设立政事堂，任命徐世昌为国务卿。

四月初十日（5月4日），政事堂正式成立，裁撤总统府副秘书长，以杨士琦、钱能训为左右丞；又任命袁思亮为政事堂印铸局局长，易顺鼎为印铸局副局长。

四月十六日（5月10日），根据孙中山的指示，为了扩大革命宣传，以壮大革命队伍，《民国》杂志在东京创刊，后成为中华革命党的机关刊物。

五月初二日（5月26日），参政院在北京正式成立，黎元洪出任第一任院长；樊增祥与汪大燮、李家驹、张国淦等七十余人被聘为参政。

五月二十九日（6月22日），中华革命党在东京举行预备会议，推孙中山为总理。

五月间，张难先在家所营"畜牧因乏资本"又失败了；而所种"禾稼"，因"厄于蝗虫"，亦无收成，全家"生计又绝"（见《义痴六十自述》，《张难先集》第432页）。

闰五月初七日（6月29日），袁世凯命由参政院代行立法院职权。

闰五月初八日（6月30日），袁世凯废除各省都督，在北京设立将军府，立将军名号。

闰五月十六日（7月8日），孙中山在日本召开中华革命党成立大会，就任总理；同时公布孙中山手书之《中华革命党总章》（共计三十九条）。

六月初十至十三日（8月1—4日），德国对俄、法、英国宣战，第一次世界大战爆发。

六月十五日（8月6日），袁世凯政府宣布对欧战（第一次世界大战）保持中立。

七月初三日（8月23日），日本政府正式宣布对德作战。

七月十二日（9月1日），《中华革命党宣言》发表，通告海内外。

七月十三日（9月2日），日本派兵在中国山东半岛的龙口登陆。

八月初一日（9月20日），孙中山在东京主持召开会议，讨论中华革命党的革命方略。

八月十七日（10月6日），日军占领山东济南车站。

八月间，经袁世凯批准设立清史馆，以赵尔巽为馆长，正式启动《清史稿》的编纂工作。

九月二十日（11月7日），日本侵略军占领山东青岛。

九月二十九日（11月16日），女儿式玉（1914—？）出生。

九月间，上海招商局、太古、怡和三轮船公司中国海员举行总同盟罢工。

同月里，省立模范小学校长王毓兰①通过好友谭少卿、孙鸣雷恳请张难先前往"帮办校事"，因赴省城就任教员职（见《义痴六十自述》，《张难先集》第432页）。

十月中旬，朱执信等策动驻防广州观音山（今越秀山）的炮兵内应讨伐龙济光，失败。

十一月十三日（12月29日），袁世凯公布《大总统选举法》，任期十年，且得连任，继任候选人由总统提名。

十二月初四日（1915年1月18日），日本公使日置益代表日本政府向袁世凯提出阴谋灭亡中国的"二十一条"要求。

年底，张难先自汉回沔阳老家陪家人度岁。

是年，张难先的战友康建堂在恩施老家病逝。

民国四年乙卯（1915年）　四十二岁

年初，张难先在家陪家人过完年，即赴省立模范小学任教。

正月二十五日（3月10日），孙中山指示中华革命党党务部发布通告，揭露"二十一条"交涉真相，号召党人坚决进行反袁斗争。

正月二十七日（3月12日），湖南乾城（今湘西土家族苗族自治州吉首市）大王岩煤矿工人举行罢工。

二月初三日（3月18日），上海数万民众组织国民对日同志会，召开群众大会，决议拒用日货。

三月二十四日（5月7日），日本政府致北京政府外交部最后通牒，限48小时完全应允"二十一条"，否则"将执认为必要之手段"。

三月二十六日（5月9日），北京袁世凯政府正式承认丧权辱国的"二十一条"修正案，史称"五九国耻"。

四月十二日（5月25日），北京政府外交总长陆徵祥与日本驻华公使日置益签订草约。

四月二十五日（6月7日），《中俄蒙协约》签字。

五月初四日（6月16日），大总统袁世凯以"妨碍邦交"为名，再次申令禁止抵制日货。

五月下旬，学校放暑假，张难先因"在校不慊意"，遂辞去教职（见《义痴六十自述》，《张难先集》第432页）。

---

① 王毓兰，生卒年不详，字知生。事迹待考。

夏间，张难先"读书数年，仍觉孔孟之道中庸高明"，遂"逃释归儒"，并题词"以明志"（见《不成文文（节抄）》，《张难先集》第591页）。

六月三十日（8月10日），大总统袁世凯的宪法顾问、美国政客古德诺发表《共和与君主论》，极力提倡帝制。

六月下旬，孙中山在日本东京曾多次主持召开军事会议，讨论研究组建国内四大中华革命军的相关问题，同时密令陈其美、居正、胡汉民和于右任等人在上海、青岛、广州和陕西三原等地筹设中华革命军东南、东北、西南及西北军总司令部。

七月上、中旬，张难先离家北上，"游首都，借觇政象"；然"抵京之翌日，适筹安会发生，倡者有胡瑛、孙毓筠二人，愠极，即循海道归，灌园为业"（见《义痴六十自述》，《张难先集》第432—433页）。

七月十三日（8月23日），杨度、孙毓筠、严复、刘师培、李燮和、胡瑛等人在北京成立筹安会，杨度和孙毓筠出任正、副会长，公开鼓吹帝制。

七月二十二日（9月1日），参政院开会，审查各省变更国体的请愿书。

八月初六日（9月14日），杨度、孙毓筠、严复、刘师培、李燮和、胡瑛等发表筹安会宣言，时称"筹安六君子"。

八月初七日（9月15日），陈独秀主编的《青年杂志》（次年9月改名为《新青年》）在上海创刊。

八月十一日（9月19日），总统府秘书长、交通银行总理、财政部次长梁士诒等人成立全国请愿联合会，第二次向参政院递交请愿书，要求召开国民会议解决国体问题。

八月二十四日（10月2日），参政院根据"民意"，制定《国民代表大会组织法》。

八月三十日（10月8日），大总统袁世凯公布《国民代表大会组织法》。

八月间，张难先所种之菜丰收，起先让工人去卖菜，"常轧没其半"；张难先发现其弊后，遂"自售之"。而"别墅距市场约三里，市规以黎明售菜，非鸡鸣适市即无置菜处"，故张难先每天须早起赴市场卖菜（见《义痴六十自述》，《张难先集》第433页）。

九月初七日（10月15日），筹安会改组为宪政协进会。

九月十七日（10月25日），袁世凯导演的全国国民代表选举开始，即所谓"国体投票"。

　　同日，在日本著名律师和田瑞的主持下，孙中山与宋庆龄在日本东京结婚。

　　九月二十九日（11月6日），中俄会订《呼伦贝尔协约》签字，沙俄强行将中国黑龙江省的一部分划为"特别区"，实行"自治"。

　　十月初四日（11月10日），革命党人王明山、王皖峰等刺杀袁世凯的爪牙、上海镇守使郑汝成于外滩白渡桥。

　　十月十三日（11月19日），蔡锷秘密离开北京，由天津乘船赴日本。

　　十月十四日（11月20日），袁世凯御用的各省区国民代表大会国体投票结束，全体代表"赞成君主立宪"。

　　十月二十九日（12月5日），中华革命党成员陈其美受孙中山之命在上海策动"肇和"兵舰起义，炮轰上海制造局。

　　十月间已是天寒地冻，张难先照样每天赴市场卖菜，尤其是"严冬寒夜在十字街头植立雪中，见者恻然"，而张难先却"自若也"（见《义痴六十自述》，《张难先集》第433页）。

　　十一月初五日（12月11日），参政院推戴袁世凯为皇帝，各省的推戴书上也一律写着："恭戴今大总统袁世凯为中华帝国皇帝，并以国家最上完全主权奉之于皇帝，承天建极，传之万世。"

　　十一月初六日（12月12日），袁世凯宣布承受帝位，改国号为"中华帝国"，以明年为洪宪元年，并加紧筹备翌年的登基大典。袁世凯的倒行逆施行为，遭到举国上下的反对与声讨。

　　十一月初七日（12月13日），袁世凯在紫禁城居仁堂接受百官的朝贺。

　　十一月初十日（12月16日），黎元洪辞参政院院长职，由溥伦继任。

　　十一月上旬，"同志等谋倒袁"，约张难先前往"协助"；张难先遂欣然应允，赴省城，住好友孙鸣雷家（见《义痴六十自述》，《张难先集》第433页）。

　　十一月十一日（12月17日），李烈钧、熊克武等人奉孙中山之命自香港抵达云南昆明，准备反袁起义。

　　十一月十五日（12月21日），被袁世凯软禁在北京的原云南都督（时任陆军部编译处副总裁、全国经界局督办）蔡锷，在梁启超、小凤仙等人的帮助下，由北京潜往日本，再由日本经台湾，转香港，过越南，抵达云南昆明。

十一月十九日（12月25日），蔡锷与已来昆明参加护国运动的原江西都督李烈钧和现任云南督军唐继尧通电全国，宣布云南独立，组织护国军讨伐袁世凯，护国运动开始。

同一天，孙中山亦发表《讨袁檄文》，痛斥袁世凯的倒行逆施罪行。

十一月二十五日（12月31日），袁世凯仍宣布改明年为洪宪元年。

十一月二十六日（1916年1月1日），云南军政府正式成立，唐继尧任都督，并组成护国军总司令部，蔡锷、李烈钧分别担任第一、第二军总司令。护国军在昆明校场誓师，发布讨袁檄文，历数袁氏十九大罪状，实行武力北上讨袁。

十二月初一日（1916年1月5日），袁世凯下令近滇各省"严筹防剿"，并派曹锟督师进扎。

十二月初二日（1916年1月6日），广东中华革命军在惠州淡水、白芒花等地起义讨袁，旋失败。

十二月二十三日（1916年1月27日），贵州省宣布独立，赞成共和。

年底，张难先仍回沔阳老家陪家人度岁。

民国五年丙辰(1916年)　四十三岁

年初，尚未过完年，张难先即应党人之召赴省城从事倒袁活动。

正月初六日（2月8日），中华革命军东北军在山东起义讨袁。

正月初七日（2月9日），朱执信等率部攻打广州，未克。

正月初八日（2月10日），长子少勤与刘菊仙完婚，时张难先"在省未归，婚事胥由弟竺轩等处理"（见《义痴六十自述》，《张难先集》第433页）。

正月上、中旬，江竟飞①等党人经暗中联络组织，决定于正月十六日晚在武昌发动起义。江氏主张在南湖陆军中学发难，张难先谓陆军中学"力薄难尽信"，而江氏仍坚持，并约定张难先届时在南湖附近的白沙洲雨初小学接应，以"备缓急"（见《义痴六十自述》，《张难先集》第433页）。

正月十六日（2月18日）夜，江竟飞等人"在南湖鸣枪发难，校中无应者"，且"整队出，遍索党人"。江竟飞"匿湖中，水不没者仅口鼻，以夜

---

①　江竟飞，生年不详，字迪生，湖北黄安人。家富资财，为人忠肝义胆，习法律，加入共进会。参加武昌起义。后跟随季雨霖北伐。1916年谋在武昌南湖举义反袁，事败，患伤寒，月余去世。

黑得免"。因此，中华革命党在湖北武昌的举事失败（见《义痴六十自述》，《张难先集》第433页）。

正月十七日（2月19日），"南湖事败，省中风潮大"，张难先只得"买舟回沔"，继续种菜卖菜（见《义痴六十自述》，《张难先集》第433页）。

正月二十二日（2月24日），张难先的战友杨王鹏在率领湖南护国军进攻湖南督署时被汤芗铭捕杀。

正月下旬，乡人同情张难先的"卖菜之苦"，遂劝他重新在乡设馆授徒（见《义痴六十自述》，《张难先集》第433页）。

二月十二日（3月15日），陆荣廷、梁启超等宣布广西独立，赞成共和。

二月十九日（3月22日），袁世凯被迫宣布取消帝制，仍称大总统。

二月二十日（3月23日），黎元洪、徐世昌、段祺瑞致电蔡锷等人，请求停战，商议善后。

二月二十六日（3月29日），蔡元培等人在巴黎发起成立华法教育会，蔡元培与法国人欧乐被推举为会长。

二月间，张难先的战友江竟飞在武昌病逝。

三月初四日（4月6日），广东宣布独立，赞成共和。

三月初十日（4月12日），浙江宣布独立，赞成共和。

三月十七日（4月19日），陆荣廷、梁启超等在广东肇庆成立护国军两广都司令部，以岑春煊为都司令，梁启超为都参谋，李根源为副参谋，开府办事。

三月十九日（4月21日），袁世凯宣布恢复内阁制。

三月二十九日（5月1日），孙中山偕廖仲恺、戴季陶离开日本，抵达上海。

四月初三日（5月4日），居正、吴大洲等在山东起义，攻占潍县、周村，三围济南，宣布独立。

四月初七日（5月8日），已宣布独立的各省在广东肇庆成立中华民国军务院，拥戴黎元洪为大总统，推唐继尧为抚军长，岑春煊为副抚军长，梁启超、蔡锷、陆荣廷、李烈钧等为抚军，与袁世凯政府形成对峙。

四月初八日（5月9日），孙中山在上海发表《第二次讨袁宣言》。

四月十七日（5月18日），袁世凯派心腹干将在上海将陈其美杀害。

四月二十一日（5月22日），袁世凯的亲信、四川将军陈宧宣布独立，改称都督。

四月二十五日（5月26日），陕西宣布独立。

四月二十八日（5月29日），湖南宣布独立。

五月初六日（6月6日），袁世凯在全国人民的一片唾骂声中惊惧而死，年五十八岁。

五月初七日（6月7日），黎元洪以副总统出任代理大总统。

五月初九日（6月9日），孙中山发表规复约法的宣言。

五月二十九日（6月29日），黎元洪宣布遵行《临时约法》，恢复国会，裁撤参政院，任命段祺瑞为国务总理。

六月初七日（7月6日），民国政府改各省军事长官为督军，民政长官为省长。

七月初三日（8月1日），中华民国国会正式复会。

秋间，因学馆"来学者众"，张难先一人忙不过来，遂请好友孙鸣雷前来"助教"（见《义痴六十自述》，《张难先集》第433页）。

八月初四日（9月1日），《青年杂志》自第二卷第一号起改名为《新青年》。

九月初四日（9月30日），中、美订立《铁路借款合同》。

九月二十四日（10月20日），天津人民集会反对法国侵占老西开为租界。

十月初四日（10月30日），总统选举会补选冯国璋为副总统。

十月初五日（10月31日）凌晨，民族民主革命家黄兴在上海医院病逝。

同日，孙中山、林森、岑春煊、褚辅成、白逾桓、马君武、居正、田桐等人在北京成立丙辰俱乐部，反对段祺瑞的独裁专制政治。

十月初九日（11月4日），《德宗景皇帝本纪》全书告成，陈宝琛因功被授予太保。

十月十三日（11月8日）上午，民族民主革命家蔡锷在日本福冈医院因喉疾病逝。

十月二十七日（11月22日），天津法租界华工团举行示威游行。

十一月初二日（11月26日），上海江南造船厂全体工人千余人因反对巡警的搜身殴辱，举行罢工。

十二月初二日（12月26日），蔡元培被任命为国立北京大学校长。

十二月初八日（1917年1月1日），胡适在《新青年》二卷五号上发表

《文学改良刍议》一文。

十二月十六日（1917年1月9日），安徽督军张勋及各省督军代表应安徽省省长倪嗣冲之邀，赴徐州会议，提出修改约法，解散国会，改组内阁等主张。

年底，张难先"自修心切，总不以舍己营人为然"，遂"遣散学子"，打算开年后"一意自修"（见《义痴六十自述》，《张难先集》第433页）。

是年，张难先的同乡、前辈好友姚晋圻在蕲水老家病逝。

民国六年丁巳（1917年） 四十四岁

年初起，张难先在家认真"读张江陵、熊襄愍、左文襄、胡文忠诸集，并将文襄、文忠两集中之嘉言分类编纂，自信力愈大，愈觉孔孟之学之弘通博大矣"；又"宗南海康氏言，纵临汉魏六朝诸碑"（见《义痴六十自述》，《张难先集》第433页）。

案：张江陵即张居正（1525—1582），熊襄愍即熊廷弼（1569—1625），左文襄即左宗棠（1812—1885），胡文忠即胡林翼（1812—1861），南海康氏系指康有为（1858—1927）。

正月初十日（2月1日），陈独秀在《新青年》二卷六号上发表《文学革命论》。

二月十七日（3月10日），上海商界联合会通电反对参加世界大战，全国各地商会纷纷响应。

二月十九日（3月12日），俄国二月革命爆发，推翻沙皇专制政体，建立临时政府。

二月二十一日（3月14日），北洋政府宣布与德国绝交。

四月初二日（5月22日），安徽督军张勋与安徽省省长倪嗣冲等召开第四次徐州会议。

四月初三日（5月23日），黎元洪的总统府与段祺瑞的国务院之间因对德参战问题而矛盾激化，黎元洪下令免去段祺瑞国务总理职务，而命伍廷芳暂代。

四月初八日（5月28日），北洋政府任命审计院前院长李经羲为国务总理兼财政总长。

四月初九日（5月29日），安徽省省长倪嗣冲等宣布与中央政府脱离关系。

四月初十日（5月30日），浙江宣布独立。

四月十一日（5月31日），山东、黑龙江相继宣布独立。

四月十二日（6月1日），福建宣布独立。

同日，大总统黎元洪招安徽督军张勋入京共商国是。

四月十八日（6月7日），安徽督军张勋率5000辫子军自徐州北上。

四月二十三日（6月12日），张勋强迫黎元洪解散国会。

四月二十五日（6月14日），安徽督军张勋率5000辫子军抵达北京，准备复辟帝制。

夏间，孙中山口授朱执信撰成《中国存亡问题》一书。该书从国家与战争的关系等方面，论述中国绝不能参战。

五月初一日（6月19日），各省陆续通电取消脱离中央宣言。

五月初七日（6月25日），李经羲正式就任国务总理。

五月上、中旬，孙中山在沪积极运动海军护法。

五月十三日（7月1日）凌晨，张勋带领刘廷琛、康有为、沈曾植、王士珍、江朝宗、陈光远、吴炳湘等清朝旧臣，拥年仅12岁的清废帝宣统溥仪复位。

五月十四日（7月2日），大总统黎元洪避入日本驻华公使馆，任命段祺瑞为国务总理，出面处理善后事宜。

五月十五日（7月3日），浙江、江西、湖南、湖北等省通电反对复辟。段祺瑞亦在天津马厂"誓师"，率"讨逆军"入京讨伐张勋。

五月十八日（7月6日），孙中山为进行护法活动，偕廖仲恺、朱执信、何香凝、章炳麟等人乘"海琛号"军舰，自上海启程前往广东。

五月二十日（7月8日），副总统冯国璋自立为代理总统。

五月二十四日（7月12日），段祺瑞率"讨逆军"攻入北京，张勋仓皇逃入荷兰公使馆，"丁巳复辟"（亦称"张勋复辟"）的丑剧仅上演了12天就破产了。

五月二十六日（7月14日），黎元洪通电全国，辞去大总统职务。

夏间，友人刘子通"介绍黄冈林幼香与长女端君议婚"，张难先"因赴德安、黄冈两地探视。熏南为保定军官学校毕业生，时见习于刘佐龙旅部。刘驻德安，商之刘，招林语公事"，张难先则"从旁察之，见林应对简当，容止谦和，复赴黄冈查访，亦门第清白，遂订婚"（见《义痴六十自述》，《张难先集》第433页）。

五月二十九日（7月17日），孙中山一行抵达广州，随即发表护法演说。

六月初一日（7月19日），孙中山在广州倡议召集国会，组织护法军政府。

六月初四日（7月22日），海军总长程璧光发表拥护护法的宣言，率领第一舰队南下广州护法。

六月十四日（8月1日），副总统冯国璋正式出任大总统。

六月二十七日（8月14日），段祺瑞政府对德、奥两国宣战。

六月间，沔阳又发大水，"屋塌禾死，生计又虚"；不得已，张难先遂"鬻书画数月，得二百余缗"，才使一家人没有挨饿（见《义痴六十自述》，《张难先集》第433页）。

七月初八日（8月25日），南下国会议员在广州召开非常会议（又称为非常国会）。

七月十五日（9月1日），非常国会第四次会议选举孙中山为中华民国军政府大元帅，唐继尧、陆荣廷为元帅。

七月二十四日（9月10日），孙中山就任中华民国军政府大元帅，宣告军政府成立。

八月二十二日（10月7日），孙中山通电全国，否认冯国璋、段祺瑞政府，并下令南方革命军开始北伐。

九月十八日（11月2日），美、日《蓝辛-石井协定》订立，美国承认日本在中国有"特殊利益"，日本则不否认美国对中国的权益。

九月二十三日（11月7日），俄国爆发伟大的十月社会主义革命。

九月二十七日（11月11日），《申报》《时报》《晨钟报》等皆向中国民众报道了俄国十月革命的消息。

十月初六日（11月20日），段祺瑞辞去国务总理职务。

十月十七日（12月1日），冯国璋任命王士珍为内阁总理兼陆军总长。

十月间，张难先"见南北相攻不已，心颇恻然，欲适粤一行"，便先致函时在上海的汪精卫云："时贤以章太炎炳麟、伍秩庸廷芳及君名最高，太炎已见过，君与秩老则未领教，甚欲一瞻丰采。"（见《义痴六十自述》，《张难先集》第433页）

随后，张难先来到上海，寓居好友李亚东家。汪精卫曾前往李亚东家拜访张难先，"谈粤事甚悉"。张难先"见粤事甚纷乱"，遂"不愿往"。汪精卫则"力劝"张难先前往，谓去后"只会伍秩庸先生"，并为其"作一最恳切之介绍信"和"书其旧作以赠行"（见《义痴六十自述》，《张难先集》第433—434页)。

于是，张难先"当晚放洋"赴粤。及"抵粤"，张难先遂"投汪书见之"。不料与伍廷芳相见叙谈之后，让张难先感到其人"官僚恶习，令人欲呕"，甚是愤懑，广州亦不愿待，便"负气转沪"。

十二月二十日（1918年2月1日），中日合办的中华汇业银行成立。在北京设立总行，旋在北京、天津、上海、奉天设立分行，是日本对华进行经济侵略的金融机构。

十二月下旬，张难先自粤抵沪，仍寓住好友李亚东家；曾走访汪精卫不遇，乃"留书精卫"，略述见伍情形（见《义痴六十自述》，《张难先集》第434页）。

年底，张难先乃留在上海李亚东家度岁（见《义痴六十自述》，《张难先集》第434页）。

是年，张难先的同乡、前辈友人钱桂笙①在江夏老家病逝。

民国七年戊午（1918年）　四十五岁

年初，张难先仍在上海好友李亚东家过年。其间，曾在李亚东的陪同下，一起前往拜访了著名书画家李瑞清②，向"先生问书法"，梅庵先生则请他们"观宋拓张猛龙、张迁礼器及旧拓石门颂、郑文公下碑七八种"（见《义痴六十自述》，《张难先集》第434页）。

正月初一日（2月11日），张难先的战友、盟弟季雨霖在钟祥被襄阳镇守使黎天才杀害。

同日，张难先的同乡、盟弟阙龙亦被襄阳镇守使黎天才杀害于钟祥。

---

①　钱桂笙（1847—1917），字季芗，一作季香，晚号隐叟，室名丛桂堂、菊佳轩、独醒斋等，湖北江夏人。光绪二十年（1894年）解元。历任两湖书院、鹿门书院、存古学堂山长、讲司，湖北通志馆纂修等。学行健明笃实，通经史，精小学，工诗文，著述甚丰，为张之洞等名流称许。著有《丛桂堂文钞》《菊佳轩诗存》《经义文钞》《时方备要》《湖北藩封志》《湖北物产志》《关隘志湖北》《湖北风俗志》《说文问答》《校经日记》《钱隐叟遗集》等。

②　李瑞清（1867—1920），字仲麟，号悔庵，一号悔痴，斋名玉梅花庵、黄龙砚斋，入民国后署清道人、玉梅花庵主，戏号李百蟹，江西抚州人。光绪十九年（1893年）举人，次年成进士，入翰林，任南京两江优级师范学堂监督、江宁提学使。辛亥革命爆发，樊增祥逃逸，朝命署理江宁布政使。提倡艺术教育，特设图画手工科，造就艺术教育人才颇众。晚年以清遗老自居，寓沪鬻字画为生。卒后谥"文洁"。工诗，善书画，尤擅书法，与湖南曾农髯并称为"当代两大书家"。著有《清道人选集》《清道人遗集》等。

正月中、下旬，张难先自上海回到沔阳，"从此不问世事，以授徒度日"（见《义痴六十自述》，《张难先集》第434页）。

其间，张难先曾接到汪精卫写来的回函，其中略谓："秩老为人有习气，近来倚老卖老，此习愈深。所憾者，铭未预与先生言之也"（见《义痴六十自述》，《张难先集》第434页）。

正月二十七日（3月9日），孙中山发布《鼓励义军作战电》，勖勉进讨北方非法政府。

正月二十八日（3月10日），段祺瑞、徐树铮、王揖唐①等人在北京安福胡同成立俱乐部，极力推行武力统一政策。

二月十一日（3月23日），段祺瑞再任国务总理，主张武力统一。

二月十三日（3月25日），日本政府为反对新生的苏维埃政权，与段祺瑞政府互换《中日共同防敌军事协定》公文。

二月二十九日（4月10日），在桂系军阀和政学系政客的收买、操纵下，国会非常会议第十七次会议通过了改组军政府的《中华民国军政府组织大纲修正案》，决定改组军政府，取消大元帅一长制，改为七总裁合议制，排挤孙中山。

三月二十一日（5月1日），上海英美烟公司烟厂工人罢工。

三月二十二日（5月2日），上海英商祥生船厂工人罢工。

三月二十四日（5月4日），因受西南军阀排挤，孙中山向广东非常国会请辞大元帅职。

四月初三日（5月12日），留日学生罢学回国，反对中日"共同防敌"军事协定。

四月初六日（5月15日），鲁迅在《新青年》四卷五号上发表小说《狂人日记》。

四月初七日（5月16日），《中日陆军共同防敌军事协定》订立。

---

① 王揖唐(1877—1948)，初名志洋，字慎吾，号什公，后改名赓，字一堂，号揖唐，别号逸塘，晚年自署今传是楼主人，安徽合肥人。早年教书。光绪三十年(1904年)进士，授兵部主事。不久，公派赴日留学，习军事和法政。归国后历任东三省督练处参议，吉林军事总参议兼兵备、参谋、教练三处总办、军谘府军谘使。入民国，被授予陆军中将，历任参政院参政、吉林巡按使、内务总长、安福国会众议院议长、安徽省省长等职。1937年，日本侵占华北，公开投敌，成为汉奸；出任"华北临时政府"内政部部长、"华北政务委员会"委员长、伪国民政府考试院院长等职。抗战胜利后被捕，1948年被处决。工诗文，精法律，著有《逸塘诗存》《今传是楼诗话》《东游纪略》《上海租界问题》《世界最新之宪法》等。

四月初十日（5月19日），《中日海军共同防敌军事协定》订立。

四月十一日（5月20日），非常国会选举孙中山、唐绍仪、伍廷芳、岑春煊、陆荣廷、唐继尧、林葆怿七人为军政府总裁，并推岑春煊为主席总裁。

四月十二日（5月21日），孙中山离粤赴沪，护法运动失败。

同日，北京大学、北京高等师范学校等校学生二千余人赴总统府前请愿，要求废除中日"共同防敌"军事协定。

五月二十三日（7月1日），李大钊在《言志季刊》第三册发表《法俄革命之比较观》。

五月底，学馆放假，适族人商议"修祠纂谱"，张难先"循族人之请"，具体负责其事（见《义痴六十自述》，《张难先集》第434页）。

七月初六日（8月12日），由皖系军阀操纵的安福国会在北京开会。

七月初七日（8月13日），上海日商日华纺织公司千名女工发动罢工，要求改善待遇。

七月十五日（8月21日），直系军阀吴佩孚等通电反对段祺瑞的武力统一，南方军政府复电赞成和平，段祺瑞被迫命前线各军暂时保持守势。

七月二十四日（8月30日），孙中山通告海外革命党人，准备重订党章，整理党务。

七月二十六日（9月1日），北京国会选举徐世昌为大总统。

七月底，学馆开学，张难先一边授课，一边负责修祠纂谱之事，"劳极，数月均告成"（见《义痴六十自述》，《张难先集》第434—435页）。

八月二十四日（9月28日），中日签订满蒙、山东铁路借款各二千万元合同，而北京陆军部与日本银行团订立二千万元参战借款合同。

九月初六日（10月10日），徐世昌宣布正式就任中华民国大总统。

九月十一日（10月15日），李大钊在《新青年》五卷第五号上发表《庶民的胜利》和《布尔什维主义的胜利》两篇文章。

十月初八日（11月11日），第一次世界大战结束。

十月十三日（11月16日），大总统徐世昌发布停战令。

十月十九日（11月22日），广州军政府亦下令停战，双方商定在上海举行南北和议谈判。

十月间，孙中山就美国政府通过驻广州领事对南方政府施加压力，促其与北方政府妥协事，致电美国总统威尔逊，申明坚持护法的立场。

十一月二十日（12月23日），陈独秀、胡适等人主编的《每周评论》在北京创刊。

十二月十七日（1919年1月18日），帝国主义分赃的巴黎和会开幕。

十二月二十日（1919年1月21日），北洋政府派陆徵祥等五人为参加巴黎和会全权代表。

十二月二十七日（1919年1月28日），中国代表在巴黎和会上要求取消"二十一条"，归还山东，取消列强在华特权等。

年底，张难先在沔阳老家陪家人度岁。

民国八年己未(1919年)　四十六岁

年初，张难先陪家人过完年，继续在学馆任教，因学生较多，遂聘此时亦在家办私塾的"聂君松翘国青助教"（见《义痴六十自述》，《张难先集》第435页）。

正月初八日（2月8日），上海日商日华纺织公司工人罢工，上海美商美孚油洋行工人罢工。

正月十二日（2月12日），中国赴巴黎和会代表公布中日各项密约。

正月二十日（2月20日），南、北和平会议代表唐绍仪和朱启钤在上海会议。

二月初三日（3月4日），列宁领导的第三国际（共产国际）在莫斯科正式成立。

二月十四日（3月15日），上海印刷工人二千余人发动罢工。

二月间，中国第一批勤工俭学留学生启程赴法国。

同月里，张难先的四女儿式玉（1914—1919）因病不治，数日夭亡（见《义痴六十自述》，《张难先集》第435页）。

三月初一日（4月1日），中国代表抗议巴黎和会三国会议解决山东问题的办法。

三月十一日（4月11日），驻日公使章宗祥启程回国，留日学生持"卖国贼"旗痛斥之。

三月二十九日（4月29日），巴黎和会决定将德国在山东的权利让予日本。

四月初四日（5月3日），北京各大专学校代表在北大开会，决定于5月7日在中央公园召开国民大会；当晚七时，又在法科礼堂开会，决定提前在明日举行爱国示威游行。

四月初五日（5月4日），北京学生三千余人举行爱国示威游行，火烧赵家楼外交次长曹汝霖的住宅，痛殴驻日公使章宗祥。五四运动爆发。

四月二十九日（5月28日），孙中山在上海发表《护法宣言》。

五月十三日（6月10日），北京军阀政府被迫免去曹汝霖、章宗祥、陆宗舆的职务。

六月初一日（6月28日），中国代表在举国人民的严厉督责和中国旅欧学生、工人的强烈要求下，拒绝在《凡尔赛和约》上签字。

六月十三日（7月10日），广东人民举行国民大会，并罢工、罢市、罢课，要求废除对外密约和反对桂系统治。

六月二十八日（7月25日），苏俄政府发表第一次对华宣言，表示废除在华特权和一切密约。

七月初六日（8月1日），奉孙中山之命，朱执信、廖仲恺等人在上海创办《建设》杂志。

闰七月二十九日（9月22日），孙中山接见北方和议总代表王揖唐，告知必须恢复旧国会，否则和议"无可商量"。

八月十七日（10月10日），孙中山在上海宣布将中华革命党改组为中国国民党，本部设于上海，并公布规约三十二条。

九月十三日（11月5日），北洋军阀政府以靳云鹏为总理组织内阁，总统仍为徐世昌。

九月十八日（11月10日），由全国学联和天津各界联合会发起与筹备的全国各界联合会在上海成立。

十月间，因赴学馆"来学者众"，故朋友们便提议"办中学"；于是大家"奔走校舍、教员，倍极辛勤"；然"其堪任教学者，皆陋乡村不就，遂作罢"（见《义痴六十自述》，《张难先集》第435页）。

是年，张难先开始阅读"陈独秀所办之《新青年》"，颇"有感"（见《义痴六十自述》，《张难先集》第435页）。

民国九年庚申（1920年） 四十七岁

正月初四日（2月23日），孔德成①（1920—2008）出生于山东曲阜孔氏大家族。

---

① 孔德成（1920—2008），字玉汝，号达生，孔子第77代孙，袭封31代衍圣公（最后一代衍圣公）。1935年被任命为大成至圣先师奉祀官。1938年迁居重庆。1945年日本投降后旅居上海。1949年赴台湾，曾任台湾大学、台湾师范大学、辅仁大学、东吴大学、中兴大学教授、台湾地区"考试院"院长等职，是台湾当时少数的世袭官员之一。他的工作之一就是每年在孔子诞辰纪念日负责参加台北孔庙的祭典。

正月二十七日（3月17日），张难先的同乡好友、时任大元帅府参议的高尚志前往川鄂视察军事，在巫山黛溪的长寿桥上突遭暴徒枪击遇难身亡。

正月间，列宁领导的共产国际派维金斯基（伍廷康）来华，与李大钊、陈独秀等人联系，帮助建立中国共产党。

同月里，张难先"精神极烦闷"，自觉"再不能住乡间面壁而立"；于是他将学馆学生"送省垣各学校"就读，自己则"只身走北京求学"——此时，"杜威、罗素俱在京讲学"（见《义痴六十自述》，《张难先集》第435页）。

进京后，"为生事计"，张难先接受"友人西山林场场长严寄诚聘，教其女苹英"。因此，张难先平时在西山教读苹英，周末则"进城会友谈学"，尤与熊十力和梁漱溟"过从甚密"。

那时，从西山林场至西直门，计三十里，张难先因"困于经济，俱步行，进城往返则百里"。其"年近五十，实非所任"（见《义痴六十自述》，《张难先集》第435页）。

二月二十一日（4月9日），曹锟在保定召集直系五督（直督曹锟、苏督李纯、赣督陈光远、鄂督王占元、豫督赵调）和奉系三督（奉督张作霖、吉督包贵卿、黑督孙烈臣）组成"反皖八省联盟"。

三月十三日（5月1日），北京和上海、广州等地的工人和知识分子相聚一起，举行国际劳动节的纪念活动。

四月下旬至五月上旬，奉孙中山之命，朱执信、廖仲恺赴福建漳州，敦促陈炯明率粤军赴粤驱逐桂系军阀。

五月二十五日（7月10日），段祺瑞对直奉联军下达总攻击令。

五月二十七日（7月12日），曹锟、张作霖联名通电讨段，直皖战争正式爆发。

六月初四日（7月19日），皖军被直奉联军击败，段祺瑞被迫通电辞职，北京政权遂为直、奉军阀主要是直系军阀所支配。

六月二十八日（8月12日），陈炯明举行誓师大会，随即率粤军分三路回师广东，驱逐桂系军阀。

八月初一日（9月12日），张难先的前辈友人、书画家李瑞清在上海虹口寓所去世。

八月十六日（9月27日），苏俄政府发布第二次对华宣言，重申第一次宣言的原则，表示将竭力促成中俄友谊条约的缔结。

九月二十四日（11月4日），孙中山在上海主持召开中国国民党本部会议，作《修改章程之说明》。

九月下旬，孙中山指示闽、粤军回师广东，驱逐桂系军阀。

九月里，通过朋友的介绍，张难先与蔡元培结识，并时相往来。

其间，张难先读到胡适所著之《中国哲学史大纲》，颇为佩服，很想结识他，以便随时向他请教学问；原本打算通过友人蔡元培介绍，与胡适交往，适蔡元培被派赴欧洲考察，不在国内，只好另想办法。

十月初一日（11月10日），孙中山委任陈炯明为广东省省长兼粤军总司令。

十月初七日（11月16日），因短期间内无合适人介绍，为了拜见胡适，当面向他请教，张难先只得直接致函胡适（《致胡适书》[1]），与他相约见面时间。

十月上旬，陈炯明率粤军入粤，驱逐桂系军阀，占领广州。

十月十六日（11月25日），孙中山应粤军许崇智的请求，偕唐绍仪、伍廷芳等人自上海启程赴广州。

十月二十日（11月29日），孙中山抵达广州，重组护法军政府。

十月间，张难先的好友张学济在率部至湖北来凤救援靖国军第三师吴醒汉部时，不幸中弹身亡。

十月中、下旬至十一月上旬，张难先与胡适相见几次后，见其"轻薄，遂再不往"来（见《义痴六十自述》，《张难先集》第435页）。

十一月间，张难先毕竟年近五十，难任奔波之苦；"加之次女十四、次儿十二、三女年十岁，俱值学龄"，亦需要教读，故辞馆南返，并思谋"徙燕"之事（见《义痴六十自述》，《张难先集》第435页）。

年底，张难先在家陪家人度岁，并为开年"徙燕"做准备。

民国十年辛酉（1921年） 四十八岁

年初，张难先征得夫人陈懿的同意，遂"质田得数百竿"，用以"作旅食之费"；剩余之田，则仍由夫人"襄勤在家耕种，冀可补助京需"（见《义痴六十自述》，《张难先集》第435页）。

正月初七日（2月14日），广州军政府举行讨论收回海关管理权的政务会议，决议为便利对外交涉，组织正式政府。

---

[1] 此书函原载《胡适来往书信选》上册，中华书局1979年出版，第115页；今见严昌洪、张铭玉、傅蟾珍主编：《张难先集》，华中师范大学出版社2011年版，第587页。

正月下旬，待各事"部署既定"，张难先"即携儿子少勤、澈生，媳刘菊仙，女肖瑜、汉民进京"；因当时"澈生咳血，汉民幼弱"，夫人陈懿"依依不舍"，遂"亲送至京"（见《义痴六十自述》，《张难先集》第435页）。

抵京后，张难先一家"租西直门内崇寿寺东房"居住；而"京师学堂多"，肖瑜、澈生和汉民前往投考，"片时俱定"。张难先"随将所携之款购米炭，付租金，预备支持半年"，自己便"一心求学求友"。

张难先当时所租之房屋为"破庙三间，厨房、书房、客房俱在一处"，故撰写二联以"自嘲"（见《不成文文（节抄）》，《张难先集》第592页）：

大隐从来在朝市；君子何须远庖厨。

亦狂亦狷学者；极新极旧人家。

当时，杜威、罗素仍在北大讲学，张难先便每晚前去听讲。时在北大任教的好友梁漱溟介绍张难先与广东番禺的伍观淇结识，伍观淇又介绍张难先与广东梅县的萧隐公①、林志钧、李济深等人结识。大家"每星期日会讲于西什库德庆冯竹贤宝森寓，推隐公为首座"。这"隐公研究《大学》《中庸》，尊孔子而排斥孟子"；张难先因"素宗孟子"，故"受感动至深"（见《义痴六十自述》，《张难先集》第435页）。

二月中、下旬，夫人陈懿见一家人基本安顿好，便依依不舍地离京返回沔阳老家。

二月二十八日（4月7日），国会参、众两院联合在广州举行非常会议，制定、通过了《中华民国政府组织大纲》，并推孙中山为非常大总统。

三月初三日（4月10日），国会非常会议发表宣言，并敦请孙中山就职，建立正式政府。

三月二十八日（5月5日），孙中山在广州就任中华民国非常大总统，并发表宣言，反对南北军阀统治。

三月间，好友梁漱溟见张难先"人口多，四壁萧条"，打算每月送他"津贴三四十元"；而张难先却笑而"谢之"，只希望好友"在学问上"帮助他；好友梁漱溟亦"自后即不再言"经济上相助之事（见《义痴六十自

---

① 萧隐公，生卒年不详，原名炎，后称隐公，广东梅县人。早年考入北京法政学堂。1906年与友人在北京法源寺讲《大学》。入民国，居京师嘉应州会馆讲学，与伍观淇、林志钧、梁漱溟等人往来甚密。

述》,《张难先集》第435页)。

夏间,北洋政府"命吴佩孚为两湖巡阅使"。张难先见此时的吴佩孚"威震全国,举足有轻重",遂"驰书痛陈大局利害,及所应由之途径",而"吴不能纳"(见《义痴六十自述》,《张难先集》第435页)。

其间,通过友人许汉文的介绍,张难先与湖北同乡、著名学者王葆心①结识并订交(见《挽罗田王青坨葆心先生联》附序,《张难先集》第536页)。

六月上、中旬,长女端君利用暑假赴京看望父亲及弟妹,"见弟妹等无人照拂",遂"辞豫教职",而另"就京事",留在京城协助父亲照顾弟妹(见《义痴六十自述》,《张难先集》第435页)。

六月初二日(7月6日),中国劳动组合书记部(中国工会办事处)在上海成立并发表宣言。

六月十六日(7月20日),奉孙中山之命,廖仲恺、何香凝赴梧州劳军。

六月十九日至二十七日(7月23—31日),中国共产党第一次全国代表大会在上海举行。全国各地共产主义小组选派的代表毛泽东、何叔衡、董必武、陈潭秋、王尽美、邓恩铭、李达、李汉俊、张国焘、刘仁静、陈公博、周佛海以及陈独秀指派的代表包惠僧、共产国际的代表马林、赤色职工国际代表尼科尔斯基出席了会议。

七月初七日(8月10日),国会非常会议通过出师北伐的决定,并咨请孙中山宣布徐世昌罪状,明令出师讨伐,以谋求国家的统一。

八月初四日(9月5日),张难先的盟弟刘英在回乡奔母丧途经汉口时,被鄂督王占元贿通法国领事将其逮捕,并于当日在武昌阅马场杀害。

---

① 王葆心(1867—1944),字季芗,号晦堂,晚年居青坨院,别号青坨老人,湖北罗田人。早年入黄州书院、两湖书院深造。1894年优贡。1898年后历任湖北博通学院、潜江传经书院、黄梅调梅书院、罗田义川书院院长,两湖优级师范和京师师范教习等职。1903年中举人。不久入京,先后任礼部总务司行走、图书馆编纂、礼学馆编纂、学部主事、礼部郎中等职。辛亥革命后曾任湖南官书报局总纂、北京图书馆总纂。1922年后历任国立武昌师范大学、武汉大学教授,湖北省立国学馆馆长,湖北省通志馆筹备主任、总纂等职。1935年严拒伪满洲国的礼聘。1938年辞职回乡避难,出任罗田通志馆馆长,潜心著述,卒于乡。学识渊博,著述丰富,有《古文辞通义》《历朝经学变迁史》《续汉口丛谈》《方志学发微》《天完志略》《江汉献征录》《湖北诗征长编》等近百种传世。另与甘鹏云等编纂有《湖北文征》五百五十卷等。

八月初八日（9月9日），广州国会发出通电，反对吴佩孚倡议的庐山国是会议。

八月间，因"资斧已罄"，张难先不得不通过原日知会老同志张佩绅①的介绍，至北洋政府参谋部"充录事"，以维持一家人的生计。在参谋部，张难先"有事则写字，无事则看书，甚安心"（见《义痴六十自述》，《张难先集》第435—436页）。

一段时间后，参谋部次长蒋雁行颇看重张难先的"为人"，不忍让其"屈居书佣"，便与总长张怀芝商议，聘请张难先"课其子侄"，张怀芝听后"极同意"——张怀芝的"子侄俱卒业于德国陆军大学"，但"中学太差"，并立即派杨科长"来致意，并请去一晤"。张难先一时"窘甚"，急忙请老友张佩绅前去"婉辞"。张佩绅知好友"不可屈"，前往"详说"，才将此事摆平（见《义痴六十自述》，《张难先集》第436页）。

九月初八日（10月8日），孙中山提请非常国会通过了北伐案。

九月十五日（10月15日），孙中山乘军舰出巡广西，准备北伐；北伐军三万将士亦于是日启程。

十月十三日（11月12日），美、英、日、法、意、中、荷、葡、比等九国召开了华盛顿会议。这是帝国主义国家在第一次世界大战结束后，重新划分远东及太平洋区域势力范围的一次会议（会议于1922年2月6日，即正月初十结束）。

十月二十五日（11月24日），广州国会宣布徐世昌、吴佩孚祸国殃民罪状。

十一月初六日（12月4日），孙中山抵达桂林，受到群众热烈欢迎，在桂林建立北伐军大本营。

十一月间，长女端君与黄冈林薰南在北京万牲园完婚。

十二月十五日（1922年1月12日），香港海员在中国共产党的影响和推动下，为反对港英当局的压迫，争取改善待遇，举行了大罢工，史称"香港海员大罢工"。

年底，张难先带领子女留在北京度岁。

十二月间，孙中山以大总统名义宣布徐世昌、梁士诒罪状并下令通缉，号召全国民众共诛"危害民国者"。

---

① 张佩绅，生卒年、事迹不详，待考，浙江湖州南浔人。早年曾参加辛亥革命，后在北洋政府参谋部任职。

同月里，孙中山将北伐军整编组成七个军团，共四万余人，待命出发。

民国十一年壬戌（1922年） 四十九岁

年初，张难先与子女在北京过年，仍在北洋政府参谋部"充录事"。因为"参谋部常数月不发薪"，故生计"奇窘"（见《义痴六十自述》，《张难先集》第436页）。

正月初七日（2月3日），孙中山以大元帅名义发布动员令，命令各军分路出师北伐。

正月十六至二十四日（2月12—20日），张作霖、段祺瑞先后派代表到粤，与孙中山商议合作讨伐直系事宜。

正月间，北伐军的先头部队分别进入湘境。

二月初，一家人已无米下锅，张难先只得"解身上之棉马褂质银三钱。次日又解棉袍质银一钱五分"，以解燃眉之急。那时，"燕市酷冷，严寒解质，其窘迫为何如也"。直到几十年后，张难先"清理书籍，此账犹存，因剪下裱悬中堂，以警子侄"（见《义痴六十自述》，《张难先集》第436页）。

二月上、中旬，孙中山先生率北伐军大本营准备自桂林向湖南进军。

三月十二日（4月8日），由于陈炯明和湖南督军赵恒惕暗中勾结，极力阻挠，北伐军只得回师广东，改设大本营于韶关，决定改道北伐。

三月二十日（4月16日），孙中山返回梧州，召开军事会议，商讨北伐问题。

三月二十二日（4月18日），陈炯明在广州拒不来梧州出席会议，并电辞本兼各职。

三月二十五日（4月21日），因在北伐等问题上存在严重分歧，又闻邓铿遇刺身亡，孙中山"震怒异常"，遂撤销陈炯明粤军总司令、广东省省长、内务总长职务，只留其陆军总长一职；陈炯明则乘机退居惠州，不问时事（见《梅川谱偈》，《居正文集》第536页）。

四月初三日（4月29日），第一次直奉战争爆发，奉军大败。战后张作霖退往关外，宣布东北三省自治；从此北京政府完全由直系军阀控制。

四月初五至初十（5月1—6日），中国劳动书记组合部在广州主持召开了第一次全国性的工会代表大会，史称第一次全国劳动大会。

四月初九日（5月5日），中国社会主义青年团第一次全国代表大会在广州召开。

四月十三日（5月9日），孙中山在韶关举行三军北伐的誓师大会，随即在大本营下达总攻击令,北伐军分三路向江西进军。

五月上旬,大总统徐世昌受直系军阀曹锟、吴佩孚的逼迫,逃至天津租界避难。其时有人主张"黎元洪复职",张难先听到此消息后,立即致电黎元洪(《致黎黄陂电》①)以"阻之":"时我公想为政客围绕,失其主张。我十年未开口,今请一鸣。公须以大总统让中山,自居副总统职。如此,则南北可统一,公名位日隆矣。"(见《义痴六十自述》,《张难先集》第436页)

五月十一日(6月6日),孙中山就徐世昌退职发表对外宣言,警告帝国主义不得干涉中国内政。

五月十二日(6月7日),张难先阅报方知"拥黎者为蔡子民领衔之国立八校,气极",立即驰书责备好友蔡元培、胡适云:"子民先生,阅报知公等一致拥黎,漠视西南政府(去年西南非常国会已举孙中山为大总统),仆诚期期以为不可。公等此种主张,是偏颇的,是狭隘的,是苟且的,是糊涂的,是违反真正民意的,是袒护有枪阶级的,是造成异日大战的,是侮辱吾国最高学府的。公等执学界牛耳,出言不可不慎,主张不可不公。军阀专横,恃政治家以纠正之;政治家污浊,恃学者以纠正之。今学者又复如此,则吾国之苦百姓将永远无宁日矣。气愤填胸,不知所言。望公等自摸良心,自筹补救,无为吾国造绝大之恶势力也,则幸甚。另抄仆昨致黎黄陂电附览"(见《义痴六十自述》,《张难先集》第436页)。

给蔡元培、胡适的书函(《致蔡元培、胡适》②)寄出后,张难先"亦闻有人谏止黎氏复职。业通鱼电,表示不来。乃某月某突至京师就职",则"悲愤不可言喻"。因此,张难先"知祸机又伏,精神日感痛苦"(见《义痴六十自述》,《张难先集》第436页)。

五月十三日(6月8日),广州非常国会通电,反对黎元洪复任总统职位。

五月十六日(6月11日),黎元洪就任北洋军阀政府大总统职务,特任

---

① 张难先:《致黎黄陂电》,原载《胡适来往书信选》上册,中华书局1979年版,第115页,文字与其自述稍有不同;今见严昌洪、张铭玉、傅蟾珍主编:《张难先集》,华中师范大学出版社2011年版,第588页。

② 张难先:《致蔡元培、胡适》,原载《胡适来往书信选》上册,中华书局1979年版,第115页;今见严昌洪、张铭玉、傅蟾珍主编:《张难先集》,华中师范大学出版社2011年版,第587—588页。

颜惠庆署理国务总理。

五月十八日（6月13日），北伐军一路势如破竹，一举攻占江西南部重镇赣州。

五月二十一日（6月16日），陈炯明叛变革命，所部四千多人围攻孙中山的总统府，孙中山登上"楚豫舰"避难；次日，转登"永丰舰"，亲率海军各舰讨伐叛军。

五月二十四日（6月19日），孙中山电令李烈钧等入赣北伐军迅速班师回粤，讨平叛逆。

闰五月初三日（6月27日），入赣北伐军奉命班师回粤，遭到叛军的阻击和直系军阀的攻击。

闰五月十三日（7月7日），《德宗景皇帝实录》全书告成并举行首函呈进仪式，陈宝琛因功加太傅衔。

闰五月十六日（7月10日），孙中山亲率舰队攻击车歪炮台，冲越叛军炮火封锁而进泊白鹅潭。

闰五月十六日至六月初六日（7月10—29日），北伐军与叛军和直系军阀激战于韶关和翁源一带；因长期征战，疲惫不堪，弹粮供给困难，遭到重大挫折，不得不分途向江西、湖南边境退却。

闰五月二十二至二十九日（7月16—23日），中国共产党第二次全国代表大会在上海举行。陈独秀、蔡和森、李达、邓中夏、张国焘、张太雷、向警予等十二名代表出席了会议。会议的中心任务是制定党的革命纲领。

六月十七日（8月9日），孙中山因孤军无援，领导的北伐失败，遂离粤赴沪，第二次护法运动失败。

六月二十二日（8月14日），孙中山乘英舰"摩轩号"抵达上海。

七月初一日（8月23日），李大钊自北京赴上海，与孙中山多次交谈，讨论"振兴国民党以振兴中国"的问题；于是，孙中山和张继介绍李大钊加入国民党。

七月初三日（8月25日），苏联代表越飞在李大钊的陪同下赴上海与孙中山会晤，商谈合作事宜。

七月上旬，遵照共产国际的指示，中国共产党中央委员会总书记陈独秀以个人身份加入中国国民党；随后，蔡和森、张太雷、毛泽东、张国焘等一大批共产党员以个人身份陆续加入国民党。

七月二十三至二十七日（9月14—18日），江西安源煤矿和株萍铁路工人一万七千多人发表罢工宣言，高呼"从前是牛马，现在要做人"的口号，提出保障政治权利、改善待遇和增加工资等十七项要求，举行了大罢工。

罢工取得重大胜利。

八月下旬至九月上旬，孙中山将驻扎福建的北伐军改名为讨贼军，任命许崇智为东路讨贼军总司令。

九月十三日（11月1日），粤汉铁路总工会在长沙新河成立。

九月二十七日（11月15日），中国国民党召开会议讨论新修改的党纲和总章；随后请汪精卫、胡汉民起草《中国国民党宣言》（见《本党改进大凡》，《居正文集》上册，第161页）。

九月间，三弟辉沉在老家去世，张难先请假回里奔丧。

在乡期间，"乾西院农民围绕诉水灾苦状"，请张难先出主意解决。张难先遂建议他们"选好人办理堤工"，堤修好后就不怕水灾。可"群众举陆国钧，国钧畏劣绅不敢承"，乡亲们再来请张难先出面做工作。不得已，张难先出面做陆国钧的工作，并许诺遇"困难时臂助"之，陆国钧这才答应负责修筑湖堤（见《义痴六十自述》，《张难先集》第436页）。

办理完三弟的丧事，修筑湖堤的工作也准备就绪，张难先遂离家启程赴京就职。

十月十二日（11月30日），紫禁城里举行了盛大的册封候补道、世袭六世贵族荣源之女婉容为皇后的册封礼。

十月十三日（12月1日），溥仪在紫禁城乾清宫举行隆重的大婚典礼。

十月二十二日（12月10日），孙中山联络驻留广西的滇军杨希闵、桂军刘震寰和梧州及西江的部分粤军，组成了西路讨贼军。并任命杨希闵为讨贼军滇军总司令、刘震寰为讨贼军桂军总司令，两军联合向广东发起进攻。

十一月十五日（1923年1月1日），苏维埃社会主义共和国联盟正式成立。

十一月十五至十七日（1923年1月1—3日），孙中山相继发表《中国国民党宣言》《中国国民党党纲》《中国国民党总章》。

十一月十八日（1923年1月4日），孙中山通电广州、汕头、香港各报馆转广东全省民众，声讨陈炯明。

十一月下旬至十二月上旬，共产国际作出关于中国共产党与孙中山领导的中国国民党合作的决定。

十一月三十日（1923年1月16日），讨贼军滇军、桂军一起夺回广州，陈炯明率部退往惠州。孙中山发表和平统一宣言。

十二月初五日（1923年1月21日），孙中山以总理名义任命中国国民党本部各部部长，旋又任命廖仲恺、陈独秀等21人为参议。

十二月初十日（1923年1月26日），孙中山与苏联代表越飞联合发表宣言，史称《孙文越飞联合宣言》。

十二月十六日（1923年2月1日），京汉铁路工人在郑州举行京汉铁路总工会成立大会，遭到北洋军阀吴佩孚的武力阻挠。

十二月十九日（1923年2月4日），京汉铁路全体工人开始总罢工。

十二月二十二日（1923年2月7日），吴佩孚在帝国主义的支持下，命令其部下肖耀南等在江岸、郑州、长辛店及其他各站对工人进行残酷镇压。工人领袖、江岸分会委员长、共产党员林祥谦，湖北工团联合会和京汉铁路总工会法律顾问、共产党员施洋与其他四十余名工人惨遭杀害，史称"二七惨案"。

年底，为节省开支，张难先带领子女仍留在京城度岁。

民国十二年癸亥（1923年） 五十岁

年初，张难先带子女在京城过年，仍在北洋政府参谋部"充录事"。

正月间，老家"乾西院堤工事"果然引起"土劣"的不满，"群起窘陆"，陆则"连函诉苦"；张难先因去年回家时曾允诺"难时臂助"，只好请假回乡"佐陆督工督费，日巡堤步行数十里，数月堤成，土劣仍拖骗堤费，亏款二千竿"（见《义痴六十自述》，《张难先集》第436页）。

正月初六日（2月21日），孙中山在谭延闿等人的陪同下，自上海重返广州，组织海陆军大元帅府。

正月十四日（3月1日），孙中山在广州陆海军大元帅府就任大元帅，以廖仲恺、伍朝枢、谭延闿分任财政、外交、内务部部长。

二月初一日（3月17日），蒋介石被孙中山任命为大本营参谋长。

二月初十日（3月26日），全国各地人民举行反日集会游行，要求取消"二十一条"及收回旅顺、大连租借地。

二月二十六日（4月11日），北洋政府派王宠惠等抵沪，与孙中山的驻沪代表胡汉民等洽谈统一问题。

四月二十八至五月初七日（6月12—20日），中国共产党第三次全国代表大会在广州举行。陈独秀、李大钊、毛泽东、瞿秋白、陈潭秋、蔡和森、张太雷、张国焘、谭平山、向警予等三十多位代表出席了会议。大会着重讨论了与孙中山领导的国民党建立革命统一战线的问题。

四月二十九日（6月13日），北洋政府发生内讧，取代徐世昌而为大总统的黎元洪，又被直系军阀首脑曹锟赶下台，被迫离京赴津。

四、五月间，为讨伐叛军沈鸿英部，孙中山亲赴广东各地巡视和劳军。

五月间，老家湖堤已修好，只剩亏款尚未处理。适好友、粤军第一师师长兼西江善后督办李济深来函，请其速赴粤任职。于是，张难先遂"借债偿欠"，然后匆匆赶回京城（见《义痴六十自述》，《张难先集》第436页）。

七月初五日（8月16日），蒋介石偕李章达、张太雷率"孙逸仙博士代表团"由上海启程，赴苏俄考察。

七月中旬，孙中山迁大本营于石龙，亲自督战，东征陈炯明。

八月初五日（9月15日），《国华》月刊在上海创刊，章太炎任社长兼主编，章门弟子汪东、黄侃等任编辑。

八月二十五日（10月5日），直系军阀首领曹锟逼迫总统黎元洪辞职下台后，以五千银元一张选票贿赂国会议员，当选为"总统"，世称"贿选总统"。

八月二十六日（10月6日），苏俄政府常驻广州代表鲍罗廷抵达广州，与孙中山讨论改组国民党及组建军队等问题，被孙中山聘为国民党组织教练员，具体指导和帮助国民党改组。

八月二十九日（10月9日），孙中山大元帅府下令讨伐曹锟，通缉贿选议员。

九月初一日（10月10日），曹锟在北京宣誓就任大总统。

九月初十日（10月19日），孙中山委派廖仲恺、李大钊、汪精卫、张继、戴季陶为国民党改组委员，负责办理改组事宜，并致电国民党上海事务所，令其密电北京李大钊赴沪会商国民党改组问题。

九月十六日（10月25日），孙中山在广州召开中国国民党改组特别会议，委任廖仲恺、胡汉民、林森、邓泽如、杨庶堪、陈树人、谭平山、孙科、吴铁城九人组成新的国民党临时中央执行委员会，负责改组国民党筹备事宜。

九月十九日（10月28日），孙中山在广州召开国民党临时中央执行委员会议，讨论国民党改组事宜。

九月间，张难先辞去北洋政府参谋部差事，安顿好子女，遂出京南下，来到肇庆，就任西江善后督办公署参议兼西江讲武堂教官之职（见《义痴六十自述》，《张难先集》第436—437页）。

十月十二日（11月19日），孙中山亲自指挥各军奋勇抵御陈炯明反扑广州省城的叛军，广州防卫战取得胜利。

十月十八日（11月25日），孙中山在大本营对国民党员发表演说，说明国民党改组的用意，强调要学习"俄国的方法、组织及训练，方有成功的希望"。

十月二十二日（11月29日），国民党右派分子邓泽如、林直勉等十一人联名上书孙中山，反对国民党改组，反对与共产党联合。

同日，孙中山指派廖仲恺赴沪，与各省支部商讨改组有关事宜，同时批驳邓泽如等人的谬论。

十月间，张难先得知"本党谋改组"，颇为赞成，并"草数千言书寄汪精卫，痛陈历来症痂"，请他与中山先生商议"以大无畏精神洗涤之"。汪精卫收到张氏书函后，曾"复书嘉纳"（见《义痴六十自述》，《张难先集》第437页）。

十一月初一日（12月8日），孙中山在大元帅府召开会议，决定秘密筹备北伐。

十一月十八日（12月25日），中国共产党为帮助国民党改组，发出了《中国共产党中央委员会第十三号通告》，要求全体党员积极支持和参与国民党的改组工作。

十一月二十三日（12月30日），孙中山在广州对国民党员发表演讲，要求党员"注重宣传的奋斗，不要单注重兵力的奋斗"。

十二月上旬，李大钊抵达广州，协助孙中山完成国民党的改组和召开第一次全国代表大会的准备工作。

十二月十五至二十五日（1924年1月20—30日），中国国民党第一次全国代表大会在广州国立高等师范学校举行，李大钊、毛泽东、瞿秋白、林祖涵、张国焘、李立三等共产党人作为正式代表出席了会议。李大钊还被孙中山指定为大会主席团五个委员之一。大会重新解释了三民主义，制定了"联俄、联共、扶助农工"的三大政策。

十二月十六日（1924年1月21日），俄共领袖列宁在莫斯科逝世。

十二月十九日（1924年1月24日），在苏联和中国共产党的帮助下，国民党在广州黄埔筹办陆军军官学校，邓演达、王柏龄、沈应时等七人被委任为中国国民党陆军军官学校筹备委员会委员。

十二月二十日（1924年1月25日），为哀悼列宁逝世，代表大会休会三天，以志哀悼。

年底，张难先留在肇庆西江善后督办公署度岁。

民国十三年甲子(1924年) 五十一岁

正月初三日（2月7日），全国铁路总工会在北京成立。

正月十八日（2月22日），孙中山在大元帅府召开军务会议，决定限期肃清东、北江残敌，以便开始北伐。

正月十九日（2月23日），孙中山委任廖仲恺为黄埔军校筹备委员会委员长，负责建校，并开始办理招生事宜。

正月二十日（2月24日），中国国民党在广州举行列宁追悼大会，孙中山亲书"国友人师"四字，以示敬仰之意。

正月间，中国国民党一大已召开，改组已完成，张难先遂至高要县党部登记注册。他对"总理见老党员之腐化也，于是联共以厚革命力量"的做法甚表赞成，直到几十年后认为："十五年北伐成功，即得力此一支生力军"（见《义痴六十自述》，《张难先集》第437页）。

二月十七日（3月21日），何香凝主持召开国民党中央妇女部妇女党员大会，决定创办贫民妇女医院和妇女劳工学校。

二月二十八日（4月1日），北京外交使团被迫决定将粤海关的"关余"（关税余款）拨交广东革命政府。

三月二十四日（4月27日），北京各学校及民众团体联合发表宣言，反对日本对中国的文化侵略。

三月三十日（5月3日），许崇智被委任为粤军总司令，蒋介石被委任为陆军军官学校（简称黄埔军校）校长兼粤军参谋长。

四月初六日（5月9日），廖仲恺被任命为驻黄埔军校党代表。

五月十五日（6月16日），黄埔军校举行第一期开学典礼，孙中山亲临讲话。

五月间，孙中山对国民党右派邓泽如、张继等人提出的反对联共案严加驳斥，坚持三大政策。

夏间，"大元帅欲办全省清乡，属秘书长古应芬①筹备"；古秘书长"亲赴西江约"张难先"赴省商讨"；后"计画（划）已定，因商团之变而

---

① 古应芬(1873—1931)，字勤勤，别字湘芹，广东番禺人。1902年中秀才。1904年赴日留学，入东京法政大学。1905年加入同盟会。1907年毕业回国，任广东法政学堂编纂、广东谘议局书记长。1912年任广东都督府核计院院长、琼崖绥靖处总办、都督府秘书。后曾参与讨袁与护法运动。1923年任广州大本营秘书长，随孙中山东征陈炯明。1924年任广州大本营财政部部长兼军需总监。1925年出任广东省政务厅厅长、国民政府财政部部长等职。1926年选为国民党中央监察委员，曾参与清党。南京国民政府成立，出任常务委员兼财政部部长。1928年赴日考察，归任中央政治会议委员、国府文官长。1929年当选为国民党中央监察委员、中央政治会议委员。著有《孙大元帅东征日记》《双梧馆诗文集》等。

止"（见《义痴六十自述》，《张难先集》第437页）。

案：广州商团事变是指1924年8—10月因广州商团和商界反对孙中山组织的广州军政府而引发的一场流血冲突事件。广州军政府将这次事件描绘为一次反革命叛乱，所以又称"广州商团叛乱"；广州商团则把孙中山镇压商团的这一事件描绘为专制政府迫害商民的暴行，所以又称"西关屠城血案""西关惨案"。

六月初二日（7月3日），由国民党中央农民部创办、共产党人澎湃主持的第一届农民运动讲习所在广州开学。

六月初六日（7月7日），国民党中央执委会发表《党务宣言》，指斥党内右派分子的反共活动。

六月十四日（7月15日），广州沙面工人为反对英、法帝国主义的新警律，举行罢工。

同日，孙中山下令设立军事训练委员会，加强部队军事和政治训练工作。

七月初十日（8月10日），孙中山饬令黄埔军校扣留汇丰银行买办陈廉伯为武装商团阴谋叛乱秘密运往广州的枪械。商团则以此为借口，出动两千多名团丁将大元帅府包围，并发动各城镇举行罢市。

七月二十四日（8月24日），孙中山下令调兵进入省城并宣布广州戒严，以防止商团的叛乱。

七月二十八日（8月28日），英帝国主义派出9艘军舰集中白鹅潭，将炮口对准中国军舰，公开进行恫吓。

七月二十九日（8月29日），在英国总领事的支持下，广州商团发动叛乱。

八月初三日（9月1日），孙中山对英国麦克唐纳政府干涉中国内政提出严重抗议。

八月初五日（9月3日），江浙军阀战争爆发。

八月初六日（9月4日），孙中山在大元帅府召开筹备北伐会议，商讨北伐大计。

八月十四日（9月12日），孙中山亲率先头部队抵达韶关。

八月二十日（9月18日），中国国民党发表《北伐宣言》，申明北伐的目的。

八月二十一至九月二十五日（9月19日—10月23日），第二次直奉战争爆发。由于直系热河前线总司令冯玉祥回师北京，发动政变，囚禁贿选总统曹锟，致使直系全线溃败，总司令吴佩孚率领残部退往武汉。冯与奉系军阀共推段祺瑞为中华民国临时政府执政。旋张、段勾结，排斥冯玉祥，北京政权实际被亲日派所控制。

八月二十二日（9月20日），孙中山亲往韶关督师，并在韶关举行了北伐誓师大会；随即湘、赣、豫、滇、粤北伐各军，分两路向湘、赣进军。

九月十二日（10月10日），在广州民众举行纪念武昌起义十三周年游行时，广州商团竟乘机发动武装叛乱，袭击游行队伍，死伤数十人。为镇压商团叛乱，广州革命委员会成立，以蒋介石为主任，廖仲恺、谭平山为特派全权委员，鲍罗廷为顾问。

九月十五日（10月13日），革命委员会遵照孙中山手令，派胡汉民将广州商团机关一律解散。

九月十七日（10月15日），在工农群众的大力支持下，黄埔学生军将商团麇集的西关区团团包围起来，经数小时战斗，迅速平定了商团的叛乱。

九月二十五日（10月23日），在全国高涨的革命形势推动下，直系将领冯玉祥突然竖起反直的旗帜，发动了"北京政变"，导致直系军阀迅速溃败。

九月二十七日（10月25日），冯玉祥电邀孙中山北上入京主持国家大计。

九月二十九日（10月27日），孙中山致电冯玉祥和段祺瑞，表示准备北上。

秋间，西江讲武堂停办，随后西江善后督办公署裁撤，而"改设广西梧州善后处，任济深为处长"；好友李济深遂调张难先"至梧州任参议"（见《义痴六十自述》，《张难先集》第437页）。

十月初六日（11月2日），曹锟宣告下台，由黄郛摄政内阁。

十月初九日（11月5日），根据黄郛摄政内阁的决定，冯玉祥将军派京畿卫戍总司令鹿钟麟、警察总监张璧和国民代表李煜瀛等进宫，迫令清废帝溥仪在《修正清室优待条件》上签字，并于当天将溥仪（包括婉容和文绣等眷属）驱逐出紫禁城。溥仪只得携家眷暂时搬进北府（其父载沣的醇王府）居住。

十月十四日（11月10日），孙中山应冯玉祥等人电邀，准备启程北上，并发表《北上宣言》，提出召开国民会议及废除不平等条约、并重申反对帝国主义和军阀的主张。

十月十七日（11月13日），孙中山偕宋庆龄等乘"永丰舰"离粤北上。

十月二十一日（11月17日），孙中山偕宋庆龄等一行抵达上海，受到市民热烈欢迎。

十月二十八日（11月24日），所谓中华民国临时执政府成立，段祺瑞就任临时总执政。

十一月初三日（11月29日），清废帝溥仪担心还会有人对其不利，便住进了德国医院。

十一月初八日（12月4日），孙中山偕宋庆龄一行经长崎、神户抵达天津，受到数万民众的热烈欢迎；因肝病发作，暂寓天津。

十一月二十八日（12月24日），段祺瑞执政府公布《善后会议条例》，宣布将召开善后会议，以抵制即将召开的国民会议。

十一月间，张难先的同乡、早年革命战友王守愚在广州病逝。

十二月初六日（12月31日），孙中山扶病由津入京，受到十万民众的热烈欢迎，并发表《入京宣言》，重申救国主张。

十二月十七至二十八日（1925年1月11—22日），中国共产党第四次全国代表大会在上海举行。会议除讨论通过了一系列决议案之外，还着重讨论了党如何加强对民族民主革命运动的领导以及党在组织上和群众工作方面如何准备的问题。

十二月二十三日（1925年1月17日），孙中山在病榻上复电段祺瑞，指出其包办的善后会议的谬误，并提出了补救方案。

十二月二十六日（1925年1月20日），广东国民会议促成会组织十万人游行，反对善后会议。

年底，张难先留在广西梧州善后处度岁。

民国十四年乙丑（1925年）　五十二岁

年初，张难先在广西梧州过年，仍在善后处任参议。

正月初三日（1月26日），孙中山病情加重，确诊为肝癌，入协和医院施行手术。

正月初八日（1月31日），国民党中央执行委员会根据孙中山的指示，向全党下达抵制善后会议的通知。

正月初九日（2月1日），广州革命政府开始第一次东征，讨伐军阀陈炯明。

同日，段祺瑞执政府主持的善后会议在北京开幕。

正月初十日（2月2日），中国国民党发表宣言，反对善后会议。

二月初二日（2月24日），孙中山病危，分别口授国事与家事遗嘱。

同日，经郑孝胥、罗振玉的奔走，溥仪由日本人护送至天津日租界内之张园。

二月初七日（3月1日），在中国共产党的帮助下，国民会议促成会全国代表大会在北京举行，与善后会议对抗。

二月十三日（3月7日），东征军收复潮安、汕头，陈炯明逃往香港。

二月十八日（3月12日）上午九时二十五分，伟大的民主主义革命先行者孙中山因患肝癌在北京逝世。

二月二十五日至三月初九日（3月19日—4月1日），孙中山的灵柩在北京中央公园（后改名中山公园）停灵公祭，各界相继前往祭奠的达74万余人。

孙中山去世后，全国各地及海外华侨纷纷举行了隆重的追悼活动，以寄托人们的哀思。

二月间，溥仪移居天津租界张园后，与清朝遗老遗少以及张作霖、段祺瑞、吴佩孚等往来密切，并成立清室驻天津办事处。

三月初十日（4月2日），孙中山的遗体移往北京香山碧云寺石塔，前来参加送灵的民众达三十余万人。

四月下旬至闰四月上旬（5月），在中国共产党的领导下，爆发了五卅运动，全国掀起了反帝高潮。

闰四月十一日（6月1日），上海实行罢工、罢市、罢课，即总同盟罢工，抗议帝国主义制造的"五卅惨案"。

闰四月中、下旬，杨希闵、刘震寰在广东发动叛乱，妄图进攻广州革命政府，建立反动政权。以廖仲恺为首的左派和共产党主张坚决讨伐。胡汉民随即以代理大元帅名义，免去杨希闵一切职务，明令讨伐。

闰四月二十九日（6月19日），广东、香港十余万工人为支持、声援五卅运动，反对帝国主义，举行了政治大罢工。此次大罢工（省港大罢工）坚持了一年零四个月，沉重地打击了英帝国主义，对巩固广东革命根据地、推动北伐战争起了巨大作用。

五月初四日（6月24日），广东军政府照会各国，要求以废除不平等条约为解决"五卅惨案"的基础。

五月初九日（6月29日），全世界被压迫民族国民大会在北京召开。

五月十一日（7月1日），广东军政府改组为国民政府，汪精卫任主席。

七月初二日（8月20日），国民党左派领袖廖仲恺在广州被反动派暗杀。

七月中旬，粤军第一师师长李济深奉命"率师讨逆"，张难先则负责"留守梧州"（见《义痴六十自述》，《张难先集》第437页）。

不久"乱平"，李济深率师"回梧"（见《义痴六十自述》，《张难先集》第437页）。

七月中、下旬，在苏联顾问和中国共产党的支持下，广州国民政府开始筹备北伐。

八月十四日（10月1日），广东革命军进行第二次东征，讨伐军阀陈炯明，广州根据地基本统一。

八月间，广州国民政府任命张难先"为广西榷运局局长"，张难先"就职之日"，即"裁汰拿干薪者数十人"；又"开员役大会，决议革除陋规三十余事"，并"增薪以养廉"，颇受正直人士之欢迎（见《义痴六十自述》，《张难先集》第437页）。

九月间，叶挺独立团在广东肇庆成立，隶属于国民革命军第四军，准备北伐。

十月初八日（11月23日），国民党右派在北京召开西山会议，参加会议的有叶楚伧、邵元冲、石瑛、张继、谢持、邹鲁、居正、林森等十余人，史称"西山会议派"。他们策划另立国民党中央，反对孙中山的"三大主张"。

十一月十七至十二月初六日（1926年1月1—19日），中国国民党第二次全国代表大会在广州召开。

十一月间，为北伐事，广州国民政府主席汪精卫专程"至梧，召集粤、桂、黔、湘四省代表商讨出师计划"；张难先应邀出席会议，"亦多所贡献"（见《义痴六十自述》，《张难先集》第437页）。

十二月上、中旬，国民政府见广东全省"新收复，民政厅长鞭长莫及"，遂将全省改设为西江、东江、北江、南路、琼崖等五个行政委员公署，每个行政公署都可以"直接任免县长"，以便管理；海南地区则属琼崖行政委员公署管辖（见《义痴六十自述》，《张难先集》第437—438页）。

案：第二次东征胜利后，鉴于广东全省已基本统一，但由于幅员广阔，交通不便，加之兵战连年，兵匪充斥，为便于恢复经济、建设和整顿秩序、管理，广州国民政府遂决定将广东划分为六个行政区，并分设行政公署，即广州（含南番顺，为模范区）、西江（含钦廉高雷）、东江（含惠潮梅）、北江（含南韶连）、南路（含肇罗阳）和琼崖（为特别区）。

十二月中、下旬，广州国民政府派遣国民革命军渡海入琼，将军阀邓本殷部驱逐出境，"琼崖克服"（见《义痴六十自述》，《张难先集》第437页）。

十二月二十三日（1926年2月5日），琼崖临时行政委员公署挂牌成立，任命张难先为行政公署委员（见《义痴六十自述》，《张难先集》第437页）。

年底，张难先留在广西梧州度岁，并办理移交手续。

民国十五年丙寅（1926年）　五十三岁

年初，张难先在梧州过完年，办理完移交手续，即"离梧赴琼"（见《义痴六十自述》，《张难先集》第437页）。

张难先初至琼崖之时，"见民众不悉政府政策，于是广发告民众书，集署中职员分数队专事宣传，民众始感悟奉令"。其时，"琼崖共十三县，为军阀邓本殷盘踞八年，民不聊生"，不少人"迫而为盗"；"于是，注重绥靖，一则办理民团，一则商请驻军协助，数月亦安"；行政公署还根据"琼崖气候温暖，宜于农林"的特点，委派专家"筹划开发"（见《义痴六十自述》，《张难先集》第437页）。

一月二十五日（3月9日），长沙召开市民大会，成立湖南人民临时委员会。

二月初五日（3月18日），北京发生帝国主义勾结军阀破坏中国革命而制造的屠杀中国军民的事件，史称"三一八惨案"。

二月初七日（3月20日），广州发生阴谋反共的"中山舰事件"（亦称"三二〇事件"）。

同日，中国共产党发表反对段祺瑞屠杀民众的《告全国民众书》。

二、三月间，当一切工作走上正轨之后，行政公署则重点解决五指山地区的问题。

张难先知道，"五指山黎人历受压迫"，贫穷落后，要想办法让他们脱离贫困，走向富裕，遂"访得大学生黎族王昭夷，属其约各酋来琼参观。少选，果邀数十人来"。张难先在行政公署设宴招待他们，"纵其舞蹈"，并"亲导参观市政、学校、工厂、军警"，随后与他们一起"讨论整顿黎区方法"，而黎人代表见状"俱感兴奋，经旬始归"（见《义痴六十自述》，《张难先集》第437页）。

三月二十二日（4月14日），"三一八惨案"消息传来，张难先甚是愤慨，作《祭北京殉国诸烈士文》对死难者表示哀悼（见《不成文文（节抄）》，《张难先集》第592页）。

三月二十六日（4月18日），奉系、直系两军在北京会师。

三月二十八日（4月20日），第一次全国农民代表大会在广州召开。

三月间，国民军驱逐段祺瑞下台，临时执政府在全国人民的声讨中倒台。

四月二十六日（6月6日），蒋介石出任北伐军总司令。

四月间，叶挺独立团作为北伐军的先遣队，奉命出师湖南。

五月二十二日（7月1日），广东革命政府发出《北伐宣言》。

五月三十日（7月9日），国民革命军在广州举行北伐誓师大会。

六月初三日（7月12日），叶挺率领的北伐先遣队攻占长沙等地。

六月二十三日（8月1日），汉阳兵工厂工人举行总罢工。

七月初六日（8月13日），张难先的好友冯宝森在广东韶关染病殉职。

七月二十至二十三日（8月27—30日），国民革命军北伐军先遣队攻占湖北的汀泗桥、贺胜桥。

七月二十九日（9月5日），英国军舰炮轰四川万县（今重庆市万州区），死四千余人，造成"万县惨案"。

八月初一日（9月7日），国民革命军北伐军相继占领汉阳、汉口。

八月十一日（9月17日），冯玉祥在绥远五原（今属内蒙古自治区）誓师，就任国民联军总司令，加入国民革命军，并向甘肃、陕西进军，与北伐军南北呼应。

九月初四日（10月10日），国民革命军北伐军攻占武昌，吴佩孚兵败，二万余人被歼灭。

十月初四日（11月8日），国民革命军北伐军进入南昌，歼灭了孙传芳的主力。

十月二十七日（12月1日），张作霖在天津就任安国军总司令，并发表长篇的《反赤宣言》。

十一月初一日（12月5日），以汪精卫为核心的广州国民政府正式迁至武汉。

十一月二十八日（1927年1月1日），国民党中央政治会议决定将国民政府从广州迁往武昌。

十一月间，因全粤"庶政略上轨道"，武汉国民政府遂"裁撤五路行政委员"，调张难先至广州"任监察院委员"（见《义痴六十自述》，《张难先集》第437—438页）。

张难先"宰琼一年"，收获颇多，尤其是"琼崖中共同志多"，"得力不少"，"因彼此做事积极，相处甚欢"（见《义痴六十自述》，《张难先集》第438页）。

十二月初二至三日（1927年1月5—6日），人民群众在中国共产党和武汉国民政府的领导、支持下，相继收回汉口、九江英租界。

年底，张难先离开琼崖，来到广州度岁。

民国十六年丁卯（1927年） 五十四岁

年初，张难先在广州过完年，即至国民政府监察院任职。

案：1926年12月初，鉴于北伐军占领武昌、国民革命重心由珠江流域转移到长江流域的现实，一批国民党中央执行委员和国民政府委员来到武汉。为了不致使中央党部和国民政府的权力中断，到武汉的委员遂成立国民党中央执行委员、国民政府委员临时联席会议，行使中央最高职权，并选定汉口南洋大楼为办公地点。联席会议的成立，标志着国民政府由广州迁至武汉。但原广州国民政府的不少机构仍在广州，并未迁至武汉。

正月十八日（2月19日），国民革命军北伐军攻入浙江杭州。

正月间，张难先到任后，实心办事，接连查办了几个案子：一是鉴于当时"税务人员多贪污"的现实，彻查黄冈厘厂案"。一时间，"巨公缓颊者如雪片飞来"，张难先"悉置之"，因而"厂长某惧，奔香港匿"（见《义痴六十自述》，《张难先集》第438页）。

二是查处某外交部代部长"以干股贪污案"，初"传讯，不理"，"接连严传始至，一讯而服，押解法院"（见《义痴六十自述》，《张难先集》第438页）。

三是为台山县县长刘栽甫①平反（见《义痴六十自述》，《张难先集》

---

① 刘栽甫(1887—1966)，原名培旋，号希卢，广东台山人。早年入两广优级师范学堂学习，1905年加入同盟会。毕业后任教台山三合公立高等小学堂。1912年当选为国会议员。1917年南下，出席非常国会。1920年在广州接办《新民国报》，任社长。1921年出任台山县县长，后曾三任台山县县长。1928—1929年，任广东省政府委员，并出任民政厅厅长。后淡出政坛，赴香港闲居。1951年返回广州，1956年当选为省政协委员。

第 438 页）。

案：1921 年 12 月，刘栽甫当选为台山县县长，归心陈炯明（时陈任广东省省长兼粤军总司令、广州国民政府陆军部总长兼内务部总长）。1922 年 6 月 16 日，陈炯明叛变，炮轰总统府，孙中山被迫转移到珠江上的军舰。其间，刘栽甫曾向叛军解送军粮。1923 年 1 月 15 日，陈炯明失败宣告下野，刘栽甫则被认定为叛徒，被撤职。

二月初三日（3 月 6 日），蒋介石制造了"赣州惨案"，杀害赣州总工会委员长、共产党员陈赞贤。

二月初七至十四日（3 月 10—17 日），中国国民党二届三中全会在汉口召开，会议通过了维护孙中山三大政策、提高党权，反对蒋介石军事独裁等项决议。

二月十三日（3 月 16 日），蒋介石以武力解散拥护孙中山三大政策的国民党南昌市党部，解散江西省学联，封禁国民党左派的《贯彻日报》。

二月十四日（3 月 17 日），蒋介石又捣毁国民党左派的九江市党部和总工会，并组织反共游行。

二月十七日（3 月 20 日），蒋介石抵达安徽安庆，收买暴徒杀害革命群众。

二月十八日（3 月 21 日），在共产党人周恩来、罗亦农、赵世炎、汪寿华等领导下，上海八十余万工人进行总罢工，随即举行武装起义，即上海工人第三次武装起义。两天后，起义工人武装占领全上海，并建立了上海特别市临时政府。

二月二十一日（3 月 24 日），当北伐军攻占南京时，美、英、法、意等帝国主义借口保护侨民和领事馆，命令其停泊在下关江面的军舰炮击南京，打死打伤中国军民二千余人，房屋财产损失无数，世称"南京惨案"。

二月二十三日（3 月 26 日），蒋介石秘密抵达上海，与帝国主义者、上海买办资产阶级筹划反革命大屠杀。

三月初五日（4 月 6 日），奉系军阀搜查苏联驻华使馆，逮捕苏联外交人员和在使馆中避难的李大钊等六十余人。

三月十一日（4 月 12 日），以蒋介石为代表的国民党新右派集团在上海发动了反革命政变，残酷捕杀共产党员、革命群众和镇压革命运动，史称"四一二反革命政变"。

三月十四日（4 月 15 日），国民党反动派在广州发动反革命政变，捕杀共产党人、工人积极分子二千人，史称"四一五惨案"。

三月十七日（4月18日），蒋介石在南京成立代表帝国主义和地主买办阶级利益的"国民政府"，并通过"清党"决议。

三月下旬，张难先自觉"在院数月"，虽"贪暴震慑"，然得罪的人亦不少，遂"辞职，拟回鄂"（见《义痴六十自述》，《张难先集》第438页）。

四月二十一日（5月21日），湖南反动军官许克祥受何键的指使，在长沙发动了反革命叛变，袭击革命组织，捕杀共产党员和革命群众；随后在全省开始了反革命的大屠杀。因此日的电报代日韵目是"马"字，故史称"马日事变"。

四月间，张难先"离粤抵沪"，有"同乡旅沪者告以武汉清党，一塌糊涂"，属其"不可去"；"不得已"，张难先只好暂时"赴杭州小休"（见《义痴六十自述》，《张难先集》第438页）。

五月上旬，武汉政府北伐军与冯玉祥所部在郑州会师。

五月十一日（6月10日），汪精卫和冯玉祥在郑州举行会议，密谋反共事宜。

五月十九日（6月18日），张作霖在北京就任中华民国陆海军大元帅。任命潘复为内阁总理，发表了九个部的总长名单和军政府"组织令"，组成了"安国军政府"——这是北洋军阀最后的小朝廷。

五月二十一日（6月20日），冯玉祥在徐州与蒋介石举行徐州会议，决定实行"宁汉合作"，共同反共。

五月二十七日（6月26日），武汉国民政府任命张难先为广东省政府委员兼土地厅厅长（见《义痴六十自述》，《张难先集》第438页）。

六月十七日（7月15日），汪精卫集团在武汉发动反革命政变，公开宣布与共产党决裂，随即大批屠杀共产党人和革命群众，第一次国内革命战争失败，史称"七一五反革命政变"。

六月间，张难先离开杭州赶赴广东就任。

张难先就任后，自觉"土地政策必须先正经界"，"于是博搜中外载籍，遍访专家"，经数月梳理，方知"此事非多事之秋所能办"。有鉴于此，张难先遂请好友、时任国民政府委员、国民党中央执行委员会常务委员会候补委员李济深"建议中央裁撤各省土地机关"，中央亦醒悟，先将"南京市土地局撤销，渐达各省，免滥耗国帑"（见《义痴六十自述》，《张难先集》第438页）。

七月初四（8月1日），在周恩来、贺龙、朱德、叶挺、刘伯承等人的领导下,爆发了南昌起义,打响了武装反抗国民党反动派的第一枪,成为中国共产党独立地领导革命武装斗争的开端。

七月十六日(8月13日),蒋介石被迫发表下野宣言,宣布辞去国民革命军总司令职务。

七月二十二日(8月19日),南昌起义军攻占江西瑞金。

七月二十八日(8月25日),武汉国民政府迁往南京,南京国民政府与武汉国民政府合并,仍称南京国民政府,史称"宁汉合流"。

八月初四日(8月30日),湖南省委成立以毛泽东为书记的前敌委员会,作为秋收起义的最高指挥机关。

八月十四日(9月9日),毛泽东以中央特派员的身份和湖南省委在湘赣边界领导了著名的秋收起义。同年九月底,起义部队到达井冈山,创建了中国共产党领导下的第一个农村革命根据地。

八月十六日至十八日(9月11—13日),国民党宁、汉、沪三方代表在上海举行谈话会。

十月间,因土地机构被撤销,张难先再闲不住,遂辞去省政府委员职务(见《义痴六十自述》,《张难先集》第438页)。

十一月十八日(12月11日),张太雷、叶挺、恽代英、叶剑英、杨殷、周文雍、聂荣臻等人在广州领导国民革命军第四军教导团和广州工人举行武装起义,建立了广州苏维埃政府。由于帝国主义和国民党反动派的联合镇压,起义最后失败;所剩部分武装,分别转移至海陆丰和广西左、右江等地农村,与当地农民起义武装会合,继续坚持革命斗争。

十一月间,"为省无谓之周旋",张难先头"戴北方之长统风帽,只双眼有小隙能视,头面全蒙,虽故旧觌面,亦无识者",自粤"抵鄂起岸",回到家乡沔阳,竟然"儿童相见不相识"——张难先已"离家五年,彼辈皆长大也"(见《义痴六十自述》,《张难先集》第438页)。

冬月间,张难先曾应乡人之请,为其作有《陈母邱孺人传》相赠(见《不成文文(节抄)》,《张难先集》第592—593页)。

十二月上旬,南京国民政府任命张难先为湖北省政府委员兼财政厅厅长。张难先得知此消息"骇极",自觉"家中之财政俱未理过,何能堪此",遂马上"具文向中央辞"谢。有人将张难先已回家的消息密报给省府主席张知本,张知本遂亲自到张难先家中看望、拜访,并催促其尽快赴省"就职"。等张知本一走,张难先立即"附轮赴上海避之"(见《义痴六十自述》,《张难先集》第438页)。

十二月中旬，张难先来到上海，亦觉上海颇"嚣尘"，遂"复徙居西湖寺中"（见《义痴六十自述》，《张难先集》第438页）。

年底，张难先为躲避任职，遂留在杭州西湖的寺中度岁（见《义痴六十自述》，《张难先集》第438页）。

是年，张难先的同乡、友人孟晋棋①在沔阳老家去世。

是年，张难先的同乡好友时功璧在枝江老家病逝。

民国十七年戊辰（1928年）　五十五岁

年初，张难先为躲避任职，在杭州西湖寺中过年。

正月上旬，朱德、陈毅等率领南昌起义保存下来的一部分部队，由广东北江地区进入湖南南部，在当地党组织的配合下，发动和领导了宜章年关暴动，揭开了湘南起义的序幕。

正月中旬，郴州、永兴、资兴、耒阳等十余县农民纷纷起义，部分县还建立了革命政权。

正月二十五日（2月16日），蒋介石和冯玉祥、阎锡山、李宗仁相会于河南开封，商定：蒋任国民革命军总司令兼第一集团军总司令，冯任第二集团军总司令，阎任第三集团军总司令，李任第四集团军总司令，四方联合向奉军和直鲁军进攻。

正月间，见张难先仍不赴任，遂有乡人诋毁他"拆湖北之台"（见《义痴六十自述》，《张难先集》第438页）。

二月上旬，好友、现任湖北"建设厅长石瑛、教育厅长刘树杞来"，并谓"非君去，我等不去"；此时，"鄂人益借口函电催促"。

二月中旬，张难先"不得已"，遂与"石、刘两君联袂回鄂"（见《义痴六十自述》，《张难先集》第438页）。

二月十六日（3月7日），国民党中央政治会议改推蒋介石为主席，李济深、李宗仁、冯玉祥、阎锡山分别为广州、武汉、开封、太原政治分会主席。

二月二十日（3月11日），张难先正式就湖北省政府委员兼财政厅厅长职。

---

①　孟晋棋(1860—1927)，字寿荪，湖北沔阳人。清末秀才。曾入经心书院肄业。后历任咸宁儒学教谕、武昌高师国文系教授等职。1922年与王葆心等创办湖北国学馆，任学长。

就职伊始，张难先大刀阔斧，"从整理征收（即旧日之厘金局，弊病极大）着手，慎选廉吏，严惩贪暴。汉口征收局局长为白崇禧之胞兄崇墨，恃势不治事，免职，而委朱树烈。武穴局长为政治分会主席李宗仁之嫡表，长不到局，撤之，而委章裕昆。皆廉干老同志"。于是，"数月财政大有起色"（见《义痴六十自述》，《张难先集》第438页）。

闰二月十九日（4月9日），蒋（介石）、冯（玉祥）、阎（锡山）、桂（李宗仁）四个集团军北伐进军开始。

三月初九日（4月28日），朱德、陈毅等率领南昌起义保存下来的一部分部队和湘南起义的农军到达井冈山，在宁冈砻市与毛泽东领导的部队会师，并于三月中旬成立了中国工农革命军第四军（四月中旬，根据中共中央的指示，改称中国工农红军第四军）。

三月十四日（5月3日），日本帝国主义在山东济南制造了屠杀中国军民和外交人员的惨案。日军攻占城区，奸淫掳掠，残杀中国军民及外交人员六千余人，伤一千七百余人，毁坏财产价值数千万元，史称"五三惨案"或"济南惨案"。

四月十六日（6月3日），张难先的同乡、民国前大总统黎元洪在天津寓所去世。

四月十七日（6月4日），奉系军阀张作霖被日本关东军炸死于沈阳西北的皇姑屯车站，史称"皇姑屯事件"。

夏间，张难先又主持"确定税则"。此前，"湖北税则至离奇，惟厘蠹手中有秘本，任意高下，商人无据理论"。张难先遂"委科长夏赋初主其事，会同汉市各帮商人详细讨论，二十余日告成，印万册，遍发局卡、商会，其余由商人购买"。自此，"员司无敢滥收，商人不受蒙蔽，货流而税裕"（见《义痴六十自述》，《张难先集》第438—439页）。

随后，张难先又主持"印《经界三书》数千本，每县发五部，由县长交四乡正绅研究，以为异日清丈土地之预备。《经界三书》者，即民初蔡锷长经界局所编之《经界法规草案》《各国经界纪要》《中国经界纪要》三种，搜集而合装者也。三书由中外各专家会编精印，洵称巨制"（见《义痴六十自述》，《张难先集》第439页）。

五月十四日（7月1日），经湖北省政府委员会决定，成立湖北省银行筹备委员会。于是，张难先拨出"一百五十万元委唐有壬、王渐磐筹备湖北银行"（见《义痴六十自述》，《张难先集》第439页）。

五月十九日（7月6日），蒋、冯、阎、李四个国民党集团军总司令在北京集会，商讨善后事务。

五月下旬，遗民特质较为突出的词社须社在天津郭则沄的栩楼成立，并举行第一次社集。

六月初六日（7月22日），彭德怀、滕代远、黄公略等共产党人在湖南平江领导所部革命士兵和当地农民举行武装起义，成立了中国工农红军第五军和平江工农兵苏维埃政府，开辟了湘鄂赣革命根据地。

八月二十五日（10月8日），国民党中常委会通过蒋介石为国民政府主席兼陆海空军总司令。

九月二十日（11月1日），经过四个月的筹备，湖北银行在汉口正式成立，"任唐有壬为行长，王渐磐为副行长"（见《义痴六十自述》，《张难先集》第439页）。

十月间，根据南京国民政府的决定，湖北省政府开始筹建武汉大学，成立建筑委员会，"推李四光为主任"，张难先和"石瑛、刘树杞俱为委员"，并"选定东湖珞珈山为建校地址"；张难先从湖北省拨出"二十五万元交建筑委员会"，作为开办经费（见《义痴六十自述》，《张难先集》第439页）。

同月里，考试院院长戴季陶拟筹建铨叙部，特来电请张难先赴宁就任考试院铨叙部部长一职；与此同时，又致电"政治分会主席李宗仁、省政府主席张知本"，劝张难先前往南京就任。李宗仁和张知本接戴院长电报后，曾拜访张难先，征询其意见。张难先则问李、张二人："两公视予可否离开财政厅，可则去，否则留。"李、张二人同声说："湖北财政，经张先生整顿，蒸蒸日上，何能离开。"张难先见他们如此讲，就说："若公等言，我决不去，惟请公等善为我辞焉！"于是，由李宗仁和张知本出面，向戴季陶婉辞，此事遂止（见《义痴六十自述》，《张难先集》第439页）。

十一月初一日（12月12日），彭德怀、滕代远等率领平江起义建立的红五军主力，转战到达井冈山，与红四军会合。

十一月十八日（12月29日），奉系军阀张学良通电全国，宣布从即日起遵守三民主义，服从国民政府，改变旗帜（将北洋政府的五色旗改换成国民政府的青天白日满地红旗）。此举标志着北伐的结束、国民政府完成全国的统一以及北洋政府的正式结束。

十二月初四日（1929年1月14日），为打破湘赣敌军对井冈山根据地的"会剿"，毛泽东、朱德、陈毅率红四军主力挺进赣南、闽西。

十二月初九日（1929年1月19日），著名思想家、政治家、文学家梁启超在北京协和医院病逝。

十二月中、下旬，张难先接夫人陈懿来武汉度岁。

十二月二十六日（1929年2月5日），张难先的儿女亲家、同乡挚友严寄诚在武昌寓所病逝。

是年，省立第一师范学校前校长、武汉中学董事长郭肇明①在武汉病逝，张难先为其撰写了一副挽联，以表达其哀悼之情：

革命党内老同志；湖北省中大伟人。

民国十八年己巳（1929年） 五十六岁

年初，张难先陪夫人在武汉过年，继续在湖北省财政厅任职。

正月初八日（2月17日），上海同人在静安寺公祭梁启超，陈三立与张元济主持其事。

正月间，张难先将亡友、"刘烈士静庵墓"迁葬"于卓刀泉伏虎山"，并"撰碑文刻石以表墓"（见《义痴六十自述》，《张难先集》第439页）。

其间，张难先曾派人接长嫂胡氏来汉小住，为其照一张相，并在相片背后作《题长嫂胡夫人像》，"叙其生平勤苦坚贞之操，以告后人"（见《不成文文（节抄）》，《张难先集》第593页）。

二月初八日（3月18日），国民党召开第三次全国代表大会，通过《确定训政时期党政府人民行使政权治权之分际及方略案》，进一步剥夺了全国人民的民主权利。

二月间，"政治分会李（宗仁）、白（崇禧）与蒋主席意见日深，竟逐湘主席鲁涤平而易何键"；而蒋介石甚怒，"亲率兵击李、白桂军"，蒋桂战争爆发（见《义痴六十自述》，《张难先集》第439页）。

张难先和好友石瑛"不忍见自相残杀之局"，遂"辞职"躲避（见《义痴六十自述》，《张难先集》第439页）。

---

① 郭肇明(1871—1928)，号炯堂，湖北竹山人。18岁中秀才。1904年赴日留学，入东京弘文书院。回国后历任两湖书院、两湖高等学堂教习、监督，湖北省议会议员，省立第一师范学校校长等职。1920年出任武汉中学董事长。1923年与董必武等发起成立湖北职业教育研究社和湖北职业教育促进会，从事革命活动。1924年组织成立启明工读学校。1926年，湖北省学生联合会主席陈定一被捕，积极参与营救。北伐军攻占武昌，组织召开欢迎大会。1927年蒋介石叛变革命，掩护董必武离汉赴沪。1928年病逝于武汉。

三月间，"桂军不战而溃"，蒋介石来到武汉，派人寻找张难先和石瑛回省府复职，二人"不应"。蒋介石随即派萧萱前来威胁张难先，谓指控他的人颇多，如"不顺主席意，恐不测"。张难先亦不示弱，说道："若因案传我，公文何时到，我何时往。复职有关羞耻，虽系颈不往也！"蒋介石见状，"不再强"（见《义痴六十自述》，《张难先集》第439页）。

四月间，张难先正式办理完"交卸"手续，"撙节所积，略二千元"，遂"费千元卜居高观山麓，即今之灵山寺巷灵山窝"，整天"读书灌园，真所谓无官一身轻"；"其额为欧阳竟无①先生所书"（见《义痴六十自述》，《张难先集》第439页）。

夏季里，应好友孙芸农之请，张难先曾为其祖母的遗像题词（《题孙老太夫人遗像》，见《不成文文（节抄）》，《张难先集》第593—594页）。

八月上旬，彭德怀、滕代远率领红五军的五、六纵队回师湘鄂赣边界，与黄公略率领的湘鄂赣边支队会师合编，统称红五军，彭德怀任军长，滕代远任政委，黄公略任副军长，邓萍任参谋长，吴溉之任政治部主任。

八月间，戴季陶再次派人持书前来，请张难先前去筹建铨叙部并任"铨叙部部长"职。张难先见其"书辞恳切，不可却"，遂离汉赴宁"筹备"（见《义痴六十自述》，《张难先集》第439页）。

九月初八日（10月10日），西北军将领宋哲元等通电反蒋，并进军河南，开始了蒋介石与冯部西北军之间的战争。

十月十五日（11月15日），中共中央政治局通过开除陈独秀党籍的决定。

十一月十一日（12月11日），共产党人邓小平、张云逸、韦拔群、雷经天等领导广西右江地区的部分革命士兵和当地农民游击队约五千人在百色举行武装起义，成立了红七军和右江工农民主政府。

---

① 欧阳竟无(1871—1943)，名渐，字竟无，以字行，江西宜黄人。诸生。早年就读于南昌训经书院。甲午战争后专习陆（九渊）王（阳明）心学。1904年皈依佛教。不久在宜黄创办诚志学堂。1906年出任广昌县教谕，旋因母亲病故，隐居九峰山守丧。1907年奉杨仁山之命，赴日本学习密宗佛法。1908年回国，赴两广优级师范任教。1910年至南京从杨仁山学唯识（瑜伽宗）。杨仁山去世后，接任刻经局编校。1912年在南京、北京等地创办佛学会。1918年与章太炎、陈三立等在南京设立中国内学院，担任佛学院院长多年。晚年主要从事有关佛学的撰述，成为著名的佛教居士。著有《竟无内外学》二十六种，三十余卷。

十二月初七日（1930年1月6日），经过几个月的筹备，国民政府考试院铨叙部举行成立典礼，张难先亦正式就任部长之职。张难先"感于住京数月，见各机关之泄泄沓沓"，故在就职会上"顿发最沉痛之呼声"。散会时，一位要人却说："此追悼会也，何谓之就职典礼？"张难先闻之，心里感到"益痛"（见《义痴六十自述》，《张难先集》第439页）。

年底，张难先留在南京度岁。

民国十九年庚午（1930年）　五十七岁

年初，张难先在南京过年，仍在考试院铨叙部任职。

正月初三日（2月1日），共产党人邓小平、李明瑞、俞作豫等领导由中国共产党掌握的一部分国民党军队，在广西的龙州举行武装起义，成立了红八军和左江苏维埃政府。

正月十四日（2月12日），鲁迅、柔石、郁达夫、田汉、夏衍、冯雪峰等人在上海发起成立了中国自由运动大同盟，简称"自由大同盟"。

考试院铨叙部开办之后，"政府及五院之职员送审者源源而来。其审查名册证件，毫不假借，不合者径与免职，触犯刑事者径送法院"。其间，曾为卫生部一职员移送法院事，卫生部部长刘瑞恒负气与张难先争论。张难先对他解释说："此政府付与我之责任，违法者不照章办理，即我之违法。"后"瑞恒悟，以后即不复言"（见《义痴六十自述》，《张难先集》第439—440页）。

二月初三日（3月2日），中国共产党在上海领导创建了文学组织中国左翼作家联盟，简称"左联"。

二月二十九日（3月28日），阎锡山前往五台县建安村迎接冯玉祥到太原，商议共同反蒋事宜。

四月初五日（5月3日），经过几个月的合纵连横，冯玉祥与阎锡山相会于河南郑州，揭开了联合反蒋的中原大战的序幕。

四月中旬至十月上旬（5月至11月），爆发了国民党新军阀蒋介石与冯玉祥、阎锡山、李宗仁等地方军阀之间的战争，史称中原大战，又称蒋冯阎战争，或称蒋冯阎李战争。这场战争主要在河南、山东、安徽三省间进行，历时七个月，双方投入兵力一百多万，战线绵延数十里，死伤数十万人。中原大战是中国现代史上规模最大、耗时最长的军阀混战，以蒋获胜而结束。

六月初七日（7月2日），张难先的同乡好友、民国元勋田桐在上海中西疗养院病逝。

闰六月初三日（7月28日），红三军团攻占湖南长沙（8月5日被迫退出）；红军第二军与红军第六军在湖北公安会师，成立红军第二军团，贺龙任总指挥，周逸群（后为邓中夏）任政治委员。

闰六月初七日（8月1日），中国左翼戏剧家联盟在上海成立。

闰六月二十九日（8月23日），红三军团退出长沙后，与红一军团在湖南浏阳的永和市会师，组成中国工农红军第一方面军（中央红军），朱德任总司令，毛泽东任总政委、总前委书记，彭德怀任副总司令，朱云卿任参谋长，杨岳斌任总政治部主任。

八月初十日（10月1日），被英国人强行租借的威海卫，终于回归中国。

八月十三日（10月4日），红军第一军团攻占江西吉安。

九月中下旬，周庆云、夏敬观、黄孝纾等人在上海发起成立词社沤社。

十月中旬，国民政府主席蒋介石召见张难先，告诉他，国民政府将任命他为浙江省政府主席兼民政厅厅长。张难先"力辞"不允，竟至"五辞弗获"。几天后，任命发表（见《义痴六十自述》，《张难先集》第440页）。

十月二十三日（12月12日），张难先办理完铨叙部的交卸手续，遂携眷属离宁赴浙就任。

十月二十七日（12月16日），蒋介石调动十一个师和三个旅共十万人，开始对中央革命根据地进行第一次"围剿"。

同日，张难先在杭州正式接任浙江省政府主席兼民政厅厅长职务。

张难先一到杭州，即向国民政府举荐"石瑛为建设厅长，刘凤翔为省府秘书长，俱获任命"（见《义痴六十自述》，《张难先集》第440页）。

张难先就任之后，"因前主席张人杰勇于任事，百废俱举，以致机关林立，负债达四千余万元"；遂"决定减缩政策，停办不急之务，合并骈指机关。凡杭江铁路、自来水、电气厂各重要建设，仍继续完成。不顾一切，力予刷新"（见《义痴六十自述》，《张难先集》第440页）。

十一月上旬（12月下旬），中国工农红军第一方面军在江西南部歼灭张辉瓒的两个主力旅和一个师部，俘获前敌总指挥、第十八师师长张辉瓒，粉碎了国民党军的第一次反革命"围剿"。

十一月十九日（1931年1月7日），中共中央在上海召开六届四中全会，虽然结束了李立三的冒险主义，但王明（陈绍禹）的"左"倾主义思想开始在党中央占统治地位。

十一月中、下旬，蒋介石曾"电属"张难先"委蒋伯诚为保安处长，周象贤为杭州市长"。张难先经过一番调查了解，遂回电蒋介石"拒之"。然蒋介石"连电坚持"，不得已，张难先赴南京面见蒋介石说："主席知此二人否？予各处咨访，劣迹甚多。"随即"历举事实诵之，并云：'如主席必欲用此二人，予则挂冠而逃耳。'主席动容曰：'汝不言，吾实不知，可再物色他人。'"张难先"遂提竺鸣涛、赵志游①二人，得主席同意而归"（见《义痴六十自述》，《张难先集》第440页）。

十一月间，张难先的昔日战友、同乡吕大森在浙江杭州病逝。

年底，张难先陪眷属在浙江杭州度岁。

民国二十年辛未（1931年）　五十八岁

年初，张难先陪眷属在杭州过年，仍在浙江省政府主席兼民政厅厅长任上。

二月中旬至四月中旬（4—5月），中国工农红军第一方面军在江西南部和福建西部粉碎了国民党军队的第二次反革命"围剿"。

三月上中旬，蒋介石乘专机赴杭州，张难先率省府官员和驻军将领至机场迎接；随后在省府礼堂举行欢迎大会，并请蒋介石训话。当蒋介石刚讲到"现在国难当头，戡乱是第一件大事，所需军费庞大，大家要节约开资（支），励精图治。像今天这样的欢迎仪式太隆重，要节约嘛，有这个必要吗？我们要提倡节约开支，共体时艰，共赴国难"时，张难先突然站起来大声说："委员长，有您这讲话，卑职可以放心了。"随即从公文包拿出一沓发票放在他面前说："这是尊夫人偕老夫人半个月前来杭州玩了几天的费用，共计13780元，您看该怎么处理？本省财政捉襟见肘，实在无能为力。"蒋介石没想到张难先会来这一出，极为尴尬，随即很严肃地说："谁开支，谁负责！"侍卫官见状，立即上前将发票装入公文包。当在场众党政军官员还在为张难先担忧时，只见张难先站起来带头鼓掌，大家才醒悟过

---

① 赵志游，生卒年不详，浙江宁波人。蒋介石远亲。土木工程专家、建筑师。1931年主持修建有国民政府主席官邸（后改称宋美龄别墅）。1932年任杭州市市长、杭州市政委员会主任。任内曾重修保俶塔。1937年曾代表国民政府赴法国巴黎出席参加世界博览会。1941年出任中国进出口商联合会主任。

来跟着鼓掌。随后，张难先高声说道："蒋委员长废私立公，廉洁自律，是党国的楷模，令张某佩服。"并转过身去，向蒋介石恭恭敬敬地鞠了一躬，接着说道："我代浙江省一千多万人感谢您了！"这也算是给了蒋介石一个台阶下①。

四月十二日（5月28日），汪精卫、孙科等人在广州成立以日本帝国主义为背景的"国民政府"，与以英、美帝国主义为背景的南京国民政府相对立。

四月下旬，杭（州）江（山）铁路的江边至尖山（浦阳）段建成通车。

四月间，蒋介石"电属委某二人为县长"，张难先复电蒋介石，"请彼二人来浙面谈后决之"。蒋介石"复电谓彼二人随予多年，汝下委后即命渠来"；张难先再复电谓："亲民之官，关系重大。予有直接责任，必须接谈慎选，此即所以报主席也。"蒋介石"不得已即命渠等来杭"相见。张难先与二人接谈后，见"一人尚厚重，一人则恃主席推荐，甚倨傲"，遂复电蒋介石云："与二人接谈，某练达，当即择地委之；某任县令不宜，且缓图。"后蒋介石"均无异言"，张难先却"自悔大憨，而服主席之量宏"（见《义痴六十自述》，《张难先集》第440页）。

五月间，长江中下游的数省皆连降大雨，发生洪灾，而以湖北的灾情最为严重。

五月中旬起至八月上旬（7月1日—9月15日），中国工农红军第一方面军在江西南部粉碎了国民党军队的第三次反革命"围剿"。

七月初九日（8月22日），张难先的同乡、挚友向笙三在老家病逝。

七月间，全国各大、中城市均发起了捐钱捐物以赈灾的活动。

八月初七日（9月18日）夜，日本驻中国东北境内的关东军按照预定计划大举进攻沈阳，同时向辽宁、吉林进攻，史称"九一八事变"。

张难先闻知消息，"愤慨万分"，即致电蒋介石，"请其通令全国总动员。先从党员、公务员编练，以普及民众，准备出全国之力以抗日"；又"请主席通电罪己，与民更新，并亲统大军驻平津，与日寇以迎头痛击"，然"电去留中"（见《义痴六十自述》，《张难先集》第440页）。

八月上旬，张难先"派省府委员方策为大队长，保安处长竺鸣涛为副队长"，组织"省垣各机关职员，除年老及有疾病者外，均受军事训练"（见

---

① 刘小梅、梁贤之：《民国怪杰张难先》，《文史博览》2006年第11期。

《义痴六十自述》，《张难先集》第 440 页）。

由于蒋介石坚持反共内战和投降卖国政策，命令东北军"绝对不抵抗"，至本年十二月底东北三省全部沦陷。

也就在这时，一批日本军阀四出活动，勾结郑孝胥、罗振玉等前清旧臣，企图利用溥仪在东北组织伪政权。虽然陈宝琛和陈曾寿等人都希望能恢复大清王朝，但对日本人的干涉都极力反对。

案："九一八事变"的发生，是伪满洲国成立的最关键因素。据胡嗣瑗《直庐日记》的记载，当时溥仪曾传谕诸位遗民商议应对办法，参与讨论的有陈宝琛、朱益藩、郑孝胥、胡嗣瑗、陈曾寿等人。朱氏主张对日本应秉持"主拒不主迎"的态度，胡氏认为要先看日军和苏联在东北势力的变化，然后再决定溥仪的行止。根据事后发展的结果来看，走上建立伪满洲国之路，其实与胡嗣瑗等人的选择有密切关系（参见林志宏《民国乃敌国也：政治文化转型下的清遗民》）。

八月十四日（9月25日）起，张难先"与各厅长俱编入士兵中学习兵操，以为全国倡"。每天"晨起下操，八时收操，办公时间如故。欲由政府做起，推及乡村，以达全国皆兵之目的。进行三月，社会多呈感奋之象"（见《义痴六十自述》，《张难先集》第 440 页）。

九月二十八日（11月7日），全国工农兵第一次代表大会在江西瑞金召开，中华苏维埃共和国中央工农民主政府宣告成立，毛泽东任主席，项英、张国焘任副主席，朱德任革命军事委员会主席兼红军总司令。

九、十月间，全国各地学生代表纷纷到南京请愿，要求蒋介石停止内战，一致抗日。

其间，因张难先在浙省励精图治，精简机构，裁撤冗员，得罪了一大批贪官小人，故他们暗地串通、联名诬陷张难先"接受贿赂，打击同僚，新造别墅，蓄婢纳妾"。宋美龄因上次游杭费用报销问题吃了闷亏，心里一直不舒服。见了举报信，便主动向蒋介石要求，自己亲自去杭州调查。宋美龄带着侄儿孔令伟暗中来到杭州，先让驻军司令薛岳带着手下两位师长至"张府"（租住的几间平房）打麻将，并谓未带钱，请张主席"破费"；张难先实在拿不出钱来，无奈进屋拿出一大沓准备在亡母忌日焚烧的纸钱，使薛岳带着两位师长很尴尬地离去。孔令伟暗中在省府查访，宋美龄亦暗中与各路官员密谈，几天下来，得到情况却与举报信上说的完全不同。但蒋夫人仍不死心，一天带着侄儿，买了几样点心亲自上门看望。待他们找到

"张府"就傻眼了——几间普通的平房，还是自己出钱租来的。进入其家，只见摆着几件旧家具，一件像样、值钱的物件都没有，一位五十多岁、满脸皱纹的老太太正坐在房屋窗下，粗糙的手中正拿着一只鞋底在那里纳——这老太太每天除了家务之外，其余时间就是纳鞋底，并用它卖了换几个钱以补贴家用——她就是省主席的"尊贵夫人"陈氏。这天张难先正好在家，心想蒋夫人突然造访，必有要事。张难先和张夫人不敢怠慢，急忙将蒋夫人请至堂屋就座。一阵寒暄之后，张难先问蒋夫人此次前来有何吩咐，蒋夫人此时已完全明白检举信的真相，颇有些不自在，连忙说没什么事，只是因事路过杭州，特来看望张主席和嫂夫人。张难先见状，心中明白，想了想便站起来，将中堂旁边悬挂的布帘拉开，露出一座神龛，神龛中间立着一块牌子，牌子上写着"张难先之灵位"几个大字。然后指着灵牌说："我早已为自己立下了生死灵位，誓为天下百姓谋福利而死，不贪钱，不贪色，不赌博，不纳妾，洁身自好，松坚霞灿。有劳夫人转告蒋委员长，我在职一天，灵位伴我一天，若有半点差错，绝不犹豫，立即自裁，以谢天下！"亲眼看了张难先的家中境况和生死牌位，亲耳听了张难先的铮铮誓言，蒋夫人此时亦感动地流下了热泪。孔令伟见状，立即找了个借口，拉着他小姨离开了张家。

蒋夫人一走，张难先便气得一掌拍在桌子上："俗话说用人不疑，疑人不用；你在前面卖命，他却在后面这怀疑，那猜测，这官还让人怎么当？"随后便写了一封辞呈，差人送往南京国民政府①。

十月初九日（11月18日），张难先的好友、民国元勋古应芬在广州寓所病逝。

十一月初六日（12月14日），国民党第二十六路军17000余人，由共产党人、参谋长赵博生和七十三旅旅长董振堂组织领导，在江西宁都举行起义，宣告脱离国民党军队，参加红军。

十一月初七日（12月15日），国民党中央执委会决议蒋介石第二次下野。

十一月初八日（12月16日），浙江省政府改组，省主席另委他人。张难先早有心理准备，遂"召开临时会议商办交代"（见《义痴六十自述》，《张难先集》第441页）。

---

① 其事详见刘小梅、梁贤之:《民国怪杰张难先》,《文史博览》2006年第11期。

十一月初九日（12月17日），全国各地学生代表在南京举行联合大示威，要求抗日，遭到国民党的镇压，史称"珍珠桥惨案"。

同日晚，浙江省政府新任主席鲁涤平抵达杭州。

十一月初十日（12月18日），张难先前往拜访鲁涤平，"请其即日履新"。不久，鲁涤平回拜，张难先遂"介绍秘书长、秘书、科长拜见新主席，责成秘书长交代，请鲁即日接受"。鲁刚离去，张难先"即送府印去"，随即"召集府厅职员话别。"张难先见"职员请祖饯，不便径辞"，遂佯曰："吾来浙一年，莫干、天目俱未到，俟我交卸纵游归，再与诸君叙别。"众皆称善（见《义痴六十自述》，《张难先集》第441页）。

十一月十一日（12月19日）早晨，张难先"只身附轮离杭"，前往苏州；出发前，叮嘱眷属后面从容至上海会合。张难先心中明白，"此时西南迫蒋下野，蒋即以有武力者易苏、浙两主席，故急去，以免卷入漩涡"（见《义痴六十自述》，《张难先集》第441页）。

当天晚上，张难先抵达苏州，"投旅馆"，旅馆员工见其"衣履无华，行装简陋，招待极为平常"。张难先自觉如此可"减少许多麻烦。政海茫茫之身，一旦摆脱，不啻出笼小鸟，随处翻飞。人间无此乐也"（见《义痴六十自述》，《张难先集》第441页）。

十一月十二日（12月20日）早晨，张难先自思此次出门"未带人"，而次子"肄业上海复旦大学，往来甚便"，遂作书"招次子澈生来侍"。信发出后，张难先独自去"游留园、西园、虎丘山。私喜自由之极，毫无挂碍"（见《义痴六十自述》，《张难先集》第441页）。

十一月十三日（12月21日），张难先仍独自前往游览报恩寺、拙政园、狮子林、玄妙观、公园、怡园等处。

当天晚上，次子澈生自上海抵达苏州。他们"父子于不意中相见此地，觉有无限天趣"（见《义痴六十自述》，《张难先集》第441页）。

十一月十四日至二十一日（12月22—29日），南京、广州、上海三方的国民党中执委、中监委委员，在南京联合召开四届一中全会，宣告国民党统一。蒋介石迫于全国人民抗日的呼声和广州"国民政府"汪精卫、孙科等的压力，不得不辞去国民政府主席及行政院院长职务。广州"国民政府"取消。

同日，张难先与澈生父子同游沧浪亭、可园，随又偕儿子"重游留园等处"（见《义痴六十自述》，《张难先集》第441页）。

十一月十五日（12月23日），张难先偕澈生"浏览各市街"（见《义痴六十自述》，《张难先集》第441页）。

十一月十六日（12月24日），张难先偕澈生离苏前往游览"金、焦二山"（见《义痴六十自述》，《张难先集》第441页）。

十一月十八日（12月26日），蒋介石主持修订了《国民政府组织法》，规定：国府主席和五院院长"均由国民党中央执行委员会选任"，国府主席"不负实际政治责任"，五院院长"各自对国民党中央执行委员会负责"。如此一改，使实际大权仍然落入国民党中央执委会主席蒋介石手中。

十一月十九日（12月27日），张难先偕次子澈生自镇江回到上海，寓居次子"寄宿处"（见《义痴六十自述》，《张难先集》第441页）。

十一月二十日（12月28日），根据修订后的《国民政府组织法》，林森被"选举"为国民政府主席，孙科为行政院院长，汪精卫、蒋介石、胡汉民被选为中央政治会议常务委员。

十二月十一日（1932年1月18日），张难先待"眷属到沪，即同船回鄂"（见《义痴六十自述》，《张难先集》第441页）。

因当时"南京政变，逐蒋，拥林森为主席，汪兆铭为行政院长"，而"兆铭一生最敬重"张难先，故船停南京时，张难先"怕上岸"，"恐受挚维"，因"六十老人实不愿同流合污"（见《义痴六十自述》，《张难先集》第441页）。

案：张难先后来的回忆，因记忆之误，与实际史实稍有不符：张难先离沪返鄂经过南京时，国民政府的行政院长并非汪精卫，而是孙科，前面已经提到。

十二月十四日（1932年1月21日），在帝国主义列强的撮合下，蒋介石与汪精卫经过杭州密谈后，又回到南京，与汪共同掌握大权。

十二月十六日（1932年1月23日），张难先偕眷属回到武昌，仍寓居灵山窝。因"去秋大水，洒地尽成汪洋，亲故多避灾住灵山窝"；张难先见他们"鹄面鸠形，心怆以摧。幸在浙所募赈灾款尚余尾数，略施救济，聊尽寸心"；"为省无谓之周旋"，张难先回鄂后的"行踪甚秘密，出门仍戴北式风帽，化装遍视武汉灾民，悲惨之状，匪可言喻"（见《义痴六十自述》，《张难先集》第441页）。

十二月二十一日（1932年1月28日），日本侵略军进攻上海，蔡廷锴等领导的国民党第十九路军，在上海人民爱国精神的影响下，对日军进行了英勇抵抗，史称"一二八事变"。

十二月二十三日（1932年1月30日），国民党南京政府迁都河南洛阳。

十二月二十九日（1932年2月5日），日军攻占哈尔滨，东三省沦陷。

年底，张难先和家人在武昌灵山窝度岁。

民国二十一年壬申（1932年） 五十九岁

正月上旬，尚未过完年，张难先自觉现在"虽卸政告归"，然亦"曾寄疆圻。当此国家大故，岂能漠不关心"？于是，告别家人，"即赴行都，向洛阳奔驰"。抵郑州时，"闻蒋总司令到，谒之，说曰：'时事至此，不下决心奈何？'总司令曰：'我现在决心抵抗。'"张难先见总司令如此态度，立即说："公能决心抗日，吾复何言。"遂辞出（见《义痴六十自述》，《张难先集》第441页）。

正月初十日（2月15日），张难先自郑州抵达洛阳，前去拜见林森主席，"亦以抗日之说进，林颔之"。张难先前在郑州"阅报，载洛阳地狭，不敷布置，有拟迁开封、西安者"，便问其事，林主席云："此地本狭，究竟开封、西安何如，亦无把握。"张难先见林主席如此说，便主动提出："此事非小若，宜往调查。予现无事，少休，即往汴、陕一行"（见《义痴六十自述》，《张难先集》第441—442页）。

正月十一日（2月16日），日本帝国主义伙同汉奸成立"东北最高行政委员会"，发表宣言，妄称东北"独立"，决定建立傀儡政权"满洲国"，年号"大同"，"国旗"为红、蓝、白、黑、满地黄五色旗，"首都"长春，改称"新京"。

同日，张难先"游周公庙及邵康节、宋太祖故里。周公庙即周郏鄢故地。嗣游龙门、白马寺、洛阳桥、汉晋帝王陵寝，俱有荆棘禾黍之感"（见《义痴六十自述》，《张难先集》第442页）。

正月十三日（2月18日），张难先离开洛阳，乘车前往西安，"经虎牢、函谷、潼关。真所谓一夫当关，万夫莫开者也。过潼关，则沃野千里，气象伟大。昔称天府之国，帝王之都，洵非虚语"（见《义痴六十自述》，《张难先集》第442页）。

正月十四日（2月19日）下午，抵达西安。行前，张难先的同乡好友、陕西教育厅原厅长李范一将张难先的行踪告知旧属黎汉帆；故一到西安，张难先便去拜访黎氏，请他寻觅当地图志，并由其陪同，前往拜访了"宿儒宋伯鲁、武念堂①、吴敬之等询访形胜"（见《义痴六十自述》，《张难先集》第442页）。

正月十五日（2月20日），张难先"偕唐德源、寿天章纵观西安形势，较燕京为尤博大"。张难先"此行本不欲惊动地方长官，奈洛阳一通讯社已将"张难先的行踪"发稿西安，西安报纸登出"。于是，"主席杨虎城属四厅探"访张难先住处，并于"深夜偕教育厅长李百龄、财政厅长李志刚来访"。当时，张难先"住一小旅馆，彼等至，苦无坐处，于是憩土炕叙寒暄"（见《义痴六十自述》，《张难先集》第442页）。

正月十六日（2月21日），张难先前往回拜杨虎城，杨虎城"即饬二李"陪同张难先"游咸阳，得拜文、武、周公陵墓。返城，赴（杨）主席宴"（见《义痴六十自述》，《张难先集》第442页）。

正月十七日（2月22日），西安各界人士举行欢迎会，"到者甚众。杨主席致欢迎词后"，亦请张难先讲话。张难先遂对"党政军学诸方面痛言其利弊，及应全国总动员，起而抗日，以后当以此为惟一任务。听者肃然"。会后，又在唐德源、寿天章等人陪同下"参观图书馆、博物馆、碑林及游大小两雁塔与谒董仲舒墓"（见《义痴六十自述》，《张难先集》第442页）。

正月十八日（2月23日），张难先离陕返豫。"杨主席派一副官备汽车"相送。至临潼时，副官对张难先说："此华清池故迹，即唐贵妃浴处也，主席命我伺候张主席在此休息一天。"一听此话，张难先心里颇不高兴，"一路望见华山，亦无心游览"。至潼关后，张难先遂"命副官回"，自己则"改乘火车赴开封"（见《义痴六十自述》，《张难先集》第442页）。

正月二十日（2月25日），张难先回到开封，下车后便去拜访同乡老友、"开封高等法院首席检察官傅云亭廷祯"，托其"代觅图书参考"（见

---

① 武念堂（1864—1949），原名树善，字获堂，号念堂，以号行，陕西渭南人。光绪十九年（1893年）中举人，曾主讲渭南书院。后在山西壶关、安邑、永济、临汾等县为官。辛亥革命后，被举为议员，拒绝任职。后回陕，参加编纂《续修陕西通志稿》，编纂《金石志》三十二卷，参与《关中丛书》校勘，计十种三十一卷。著有《周陵金石志》一卷、《春秋三传刺记》八卷、《劫余诗文存》二卷。还校勘有《十三州志》《古今事物考》《豳风广义》《寇忠愍集》《华原风土词》《考工记》《颜氏家训》《匡谬正俗》《河套图考》等。

《义痴六十自述》，《张难先集》第 442 页）。

正月二十一日（2 月 26 日），张难先在开封城"周察其形势，云作陪都，实大不便。为避倭寇计，陇海路朝发夕至，亦犹上海之于南京，天津之于北平也。黄河水高汴城几二丈，明流贼决堤之惨祸，令人不寒而栗。汴郊畿同沙漠，洵碍观瞻"。调查完后，张难先遂前去"参观博物馆、图书馆，极赞甲骨、碑碣之宝贵"，又"游龙亭、铁塔、繁塔、古吹台诸名胜"（见《义痴六十自述》，《张难先集》第 442 页）。

正月二十二日（2 月 27 日）下午，张难先自开封回到洛阳。

此时，参加四届二中全会的代表纷纷来到洛阳，其中不少是老朋友。张难先遂与他们"畅论陪都当以西安为宜，洛阳次之，开封万不可居"。后全会讨论此事时，因"各方多有与"张难先之"主张相合者"，故"卒定陪都于西安"。正因如此，张难先自感"此行洵不虚"（见《义痴六十自述》，《张难先集》第 442 页）。

正月二十五日至三十日（3 月 1—6 日），国民党四届二中全会在洛阳举行。

正月三十日（3 月 6 日），蒋介石再次复出，从而形成了蒋主军，汪主政的合作局面。

二月初一日（3 月 7 日），张难先见自己此行的任务已经完成，遂"离洛回鄂"（见《义痴六十自述》，《张难先集》第 442 页）。

二月初三日（3 月 9 日），下午三点，举行伪满洲国成立典礼，溥仪与日本正式签订"《日满议定书》"，并出任伪满洲国"执政"，年号"大同"，改长春为"新京"。郑孝胥被任命为伪满洲国国务院总理。

同日，张难先抵达武汉，仍回灵山窝，"从此闭门读书"（见《义痴六十自述》，《张难先集》第 442—443 页）。

二月十六日（3 月 22 日），中华民族复兴社成立。

三月初二至初九日（4 月 7—14 日），国民党政府在洛阳召开国难会议，形成对日交涉、全力"剿共"的决议案。

三月初十日（4 月 15 日），中华苏维埃共和国临时中央政府主席毛泽东发表直接对日作战宣言。

三月二十一日（4 月 26 日），中华苏维埃临时中央政府正式发表《对日宣战通电》。

三月二十四日（4 月 29 日），日本侵华军总司令白川被炸毙命。

三月三十日（5 月 5 日），国民党政府代表与日本签订卖国的《淞沪停战协定》。

四月初四日（5月9日），中华苏维埃临时中央政府发出反对卖国的《淞沪停战协定》的通知。

四月上、中旬，湖北民政厅厅长朱怀冰委任范一侠为沔阳县县长，但他却迟迟不去赴任。一日相见，张难先问其为何至今不去赴任，范一侠说："沔地情况不好，延聘秘书、科长，俱瞠目相视，或明白拒绝；或碍于情面，始允而终谢之。我一人如何能去？"张难先自然清楚，"沔地低洼，经去年大水，居民逃徙尽净，又复土匪蜂起，人不同去，亦属人情"。张难先"沉思久之"，自觉"桑梓糜烂至此，亲戚故旧，死亡载途"，甚是痛心；况且"汉民（一侠之字）乃辛亥革命老同志，其人廉干有胆识"，近几年一直跟随张难先做事，"甚得力"；"此时为公为私，俱应助他一把"，便对好友说："这样吧，我跟你一起去，为你当秘书！"范一侠以为老友的话是"谐语"，遂"笑谢之"。哪知第二天张难先便将"行李运汉民处促行"。范一侠颇为感动，"欣欣然有喜色，若增多少勇气"（见《义痴六十自述》，《张难先集》第443页）。

四月二十一日（5月26日），张难先"与汉民乘轮西上，由汉口至新沟，舟中眺望，两岸萧条之状，匪可言喻。来往船舶，寥如晨星。由新沟至汉川更甚，两岸屋破人稀，不啻荒岛"；"由汉川至仙桃镇一百余里，河中仅见一二败舟，两岸罕见房屋，皆由饥馑变卖，或土匪焚毁。间存一二，亦只剩坏柱数根，顶壁俱无，人迹甚少，偶见一二，俱如惊弓之鸟，侧目而视"（见《义痴六十自述》，《张难先集》第443页）。

四月二十三日（5月28日）晚，张难先偕范一侠抵达仙桃镇。因"县署移此，为一破庙，前两层俱系马骡，狼藉不堪；后为正殿，即县署办公处，障芦席为房间。东墙圮，外间看署中，职员历历可数"。从这天起，张难先就住在"门人陈祥麟家"（见《义痴六十自述》，《张难先集》第443页）。

四月二十四日（5月29日），张难先与范一侠正式到县署办公。乡人闻张难先回沔，"多来拜会。因问地方情形，父老俱泣下。当告以有范县长在，一定有办法，并属父老即通知逃徙者速归，县长当为彼等谋治安，筹生计。父老喜，语瞬息传遍全县。县长即出治沔政策布告，于是灾民俱扶老携幼归"（见《义痴六十自述》，《张难先集》第443页）。

五月初六日（6月9日），蒋介石在庐山召开军事会议，宣布"攘外必先安内"为基本国策。

五月十三日（6月16日），蒋介石自任"剿共总司令"，纠集六十三万兵力，对中央红军发动了第四次军事"围剿"。

　　五月下旬，经张难先、范一侠等人的努力，仅"期月"，沔阳"境内初安"（见《义痴六十自述》，《张难先集》第443页）。

　　五月二十七日（6月30日），张难先"接蒋总司令由汉来电，云有要事相商，促其来省"（见《义痴六十自述》，《张难先集》第443页）。

　　五月二十八日（7月1日），张难先自沔阳赶回武汉。

　　五月二十九日（7月2日），张难先前往豫鄂皖三省"剿匪"总司令部会见蒋介石。一见面，蒋介石便打趣地说："县长秘书，得无太劳乎？"两人乃"相视而笑"。坐定后，蒋介石对张难先说："我想在此设一党政委员会，由你主持。"张难先听后说道："党政俱有正规机关，何必冠上加冠！若虑不肖，建议中央政府党部，易人可也。江西往事，可为前鉴。"可"总座不以为然"，一定要张难先这样做。张难先见状，只好说："公必欲为此者，决不能用独立性质。因党政各有系统，忽在系统之外，添一上级机关，法理不顺。无已，只可设于总司令部内，等于幕僚，对外俱以总司令命令行之。如是，则办事无多顾虑，而人乐从矣。"蒋介石听后表示同意，并请张难先着手筹备（见《义痴六十自述》，《张难先集》第443—444页）。

　　六月二十七日（7月30日），经过短暂的筹备，豫鄂皖三省"剿匪"总司令部党政委员会挂牌成立，内分秘书、监察、党务、政务四处，任命张难先为党政委员会委员兼监察处主任，仇鳌为副主任（见《义痴六十自述》，《张难先集》第444页）。

　　张难先认为，"监察本监察院之职责，然在政治未上轨道之日，院方鞭长莫及，从权补救，未始无相当意义"，故"就职后，颇思有以自效，而负整饬风纪之责，开始即访查贪污而检举之"："下新河有借特税处稽查为名，在江中敲诈船商"者，遂"派科长朱舜卿化装商人密查，具得证据以报，当拘获首犯万顺祥枪毙"；"湖北堤款，关系全省人民生命，员司竟鲸吞七八十万"，后经多方缉查，终将要犯刘文芪"踩获归案"，不久"枪毙"；当得知某"要人偕黔省府秘书长双清夫妇，夹带大宗烟土吗啡，由川雇船东下"消息，立即禀报"总座严办"，遂将犯人拘捕，"毒物则没收"；又派得力干将查访，在警备司令部的配合下，一举破获河南人孙忠在汉口旧法租界开设的秘密吗啡厂，并将孙忠"交军法处讯实枪毙"（见《义痴六十自述》，《张难先集》第444页）。

以上"数案办后，贪暴为之股栗。惟秘书长杨永泰最忌"张难先，故总是"挑拨离间，无所不用其极"。杨永泰不仅挑拨张难先与同僚的关系，又让他与"鄂人自相倾轧"，还时常在蒋介石面前诋毁张难先，让张难先不好开展工作。张难先非常生气，不愿与他为伍，遂"留呈辞职而潜逃北平"（见《义痴六十自述》，《张难先集》第444—445页）。

七月初六日（8月7日），张难先的前辈友人、著名学者宋伯鲁在西安去世。

八月中旬，张难先自北平回到武昌家中。

八月二十日（9月20日），张难先与居正、张继、方觉慧、石瑛、周泽春（外交部五省视察专员）、何成濬、夏斗寅等人出席了在武昌洪山举行的好友田桐的公葬典礼。

公葬典礼之前，张难先曾应田氏家人之请，为田桐的牌位点主，并为田家主持了家祭。

案：点主和家祭都是民间的一种传统习俗。

所谓点主就是为死者立受祭祀牌位的一种民间仪式。点主一般聘请有功名的人或做官的人担任，称为大宾，亦叫点主官。通过传统的礼仪，用白芨碾和成朱砂，大宾用毛笔蘸上朱砂，点在死者牌位（又称神主、木主）的"王"字上面，而成为"主"字，谓之成主。

家祭一般在开吊期间的晚上或早上进行，请官方或士绅做四相（俗称祭礼先生）主持，按照传统礼仪，由死者的儿女跪读祭文，祭文的内容主要是死者生前的苦情和功德。祭文读毕，开始上祭品：先上帕、箸，然后献上菜肴，以表示祭奠。

九月上旬，中共苏区中央局在江西宁都召开全体会议，王明的"左"倾盲动主义控制了会议主动权，派周恩来到前线指挥作战，剥夺了毛泽东对红军的领导和指挥权。会议还决定：红军第四方面军退出鄂豫皖根据地，转移至四川北部，留下地方武装组成红军第二十五军，徐海东任军长。

九月十六日（10月15日），第3届万国运动会在上海举行，美国获总分第一，中国第二。

蒋介石见到张难先的辞呈后，立即请监察处电召其归，"处员告以不知所在"；蒋介石便让夫人宋美龄召张难先的长女端君"询之，答以实在不知何往"。蒋介石又"作一长函"交给端君，"属得消息时转交"。张难先读到蒋介石的书函后，见"情词恳切"，"力盼"其归，遂复电云："必欲吾回，须收回由我移交堤款成命。及党政委员会结束后，再不拉我入政界始可。"蒋介石收到张难先电报后，"复电如约，但盼速归"（见《义痴六十自述》，《张难先集》第445页）。

十一月初四日（12月1日），国民党政府由洛阳迁返南京。

十一月十八日至二十五日（12月15—22日），国民党在南京召开四届三中全会，孙科力主推进宪政民治；全会在宣言中重弹"安内攘外，兼顾两难"的老调，鼓吹继续"剿赤"。

十一月二十二日（12月19日），张难先"不得已"，仍回豫鄂皖三省"剿匪"总司令部党政委员会就职（见《义痴六十自述》，《张难先集》第445页）。

十一月下旬，张难先在履职过程中，"阅卷"，"发觉杨永泰不法事多起，怒甚，面诘杨。杨亦狂吼"，后此事亦"闻于蒋"（见《义痴六十自述》，《张难先集》第445页）。

十一月（12月）间，在收到梁漱溟的书函后，张难先写了《复梁漱溟书》寄赠，解释两人间的误会（见《不成文文（节抄）》，《张难先集》第594—595页）。

十二月初三日（12月29日），宋庆龄、蔡元培、杨铨（杨杏佛）、鲁迅等人在上海组织发起成立中国民权保障同盟，宋为主席，蔡为副主席，杨为秘书长；并发表宣言，要求释放政治犯，废止非法拘禁、酷刑和杀害革命人士。

十二月初八日（1933年1月3日），日本侵略军攻占河北秦皇岛的山海关。

十二月二十二日（1933年1月17日），中华苏维埃临时中央政府和工农红军革命军事委员会发表宣言，声明愿意在停止进攻苏区、保证民众权利和武装民众等三项条件下，与全国军队停战议和，共同抗日。

十二月二十四日（1933年1月19日），由于王明的"左"倾错误，中共临时中央机关不得不离开上海，迁往江西中央根据地，上海则成立中共上海中央局。

年底，张难先在武汉与家人度岁。

是年，张难先的同乡好友、时任国民党中央党史编纂委员会编纂兼秘书的查光佛在江苏病逝。

民国二十二年癸酉（1933年）　六十岁

年初，张难先在武汉与家人过年，仍在豫鄂皖三省"剿匪"总司令部党政委员会任职。

年初，蒋介石在江西南昌设立国民政府军事委员会委员长南昌行营。

正月初十日（2月4日），蒋介石自南昌致电张难先，请其"赴南昌"。张难先接电后"即首途"。及抵南昌，张难先"历数杨不法事于蒋，蒋亦无能为渠解"，只好"敷衍"张难先。蒋介石又担心张难先"在部与杨冲突"，遂请他前去"苏州查某巨案"。张难先见状，遂对蒋介石谢辞说"总司令好意极感，我以后再不到总部，苏州更不须去也"，说完即辞出（见《义痴六十自述》，《张难先集》第445页）。

正月二十五日（2月19日），蒋介石为加强其独裁统治，在南京发起了新生活运动，鼓吹"发扬四维八德"。

二月初九日（3月4日），由于国民党对日不抵抗，大量官兵南逃，日本侵略军迅速占领热河省会承德。

二月十一日（3月6日），张难先自江西南昌回到武汉。

二月十二日（3月7日）早晨，一友人前来告诉张难先说："山海关失守，总司令昨晚抵汉，（已）赴保定矣。"张难先遂给蒋介石致电云："吾夙劝公抗日，今公决心，宜臂助。电召即来。"蒋介石接电后，即电召张难先赴保定行营（见《义痴六十自述》，《张难先集》第445页）。

二月中、下旬，张难先奉命来到河北保定，至则"见总座，说以大难当前，宜合全国之力以赴之，尽释前怨，精诚团结，一致抗日"，而"介公唯唯，曰：'吾欲张先生为我赴天津查某案。'"张难先一听，"知蒋抗日无诚意，因说曰：'某案不惟总司令不必过问，即难先亦不愿过问也。闻定县、邹平办乡村事业者很有规模，此实内政要务，愿往调查。'总座首肯，即赴平，约友人吴延清介绍参观华洋义赈会及平民教育促进会"（见《义痴六十自述》，《张难先集》第445页）。

二月二十六日（3月21日），红一方面军坚持毛泽东的战略战术，在周恩来、朱德的指挥下，粉碎了蒋介石对中央根据地发动的第四次军事"围剿"。

二月三十日（3月25日），"由义赈会派刘君兆昌"陪同张难先"至深泽，参观八县合作社代表之讲习会。复往北刘家庄、大梨园、小梨园、王家梨园参观"。因"义赈会所办合作社，推王家梨园为第一"，故张难先"留宿于此，与社员畅谈一夜"（见《义痴六十自述》，《张难先集》第445页）

三月初五日（3月30日），张难先"至定县，晤平民教育促进会主任郑裘裳。下午，由霍六丁、姚石庵、汪德亮三君导观尧头村同学会及合作社，复至马家寨参观除文盲与保健所工作"（见《义痴六十自述》，《张难先集》第445页）。

三月初六日（3月31日），张难先"参观高头村与农学表演"（见《义痴六十自述》，《张难先集》第445页）。

三月初七日（4月1日），张难先前往"参观畜牧、园艺、医院、戏剧、工艺等，尽购该会刊物"。其时，有"美国留学生李君景汉语吾曰：'我辈昔日以外人之法，既可治彼国，当然亦可治吾国。于是尽量仿效，岂料试验皆凿枘！'又曰：'我辈昔日一遇办不通之事，不曰人民之知识缺乏，即曰人民之脑筋单简。及过细研究，乃知办不通之事，中间含有极大问题。有极大问题之事，人民知之，吾辈反熟视无睹。乃知我辈所谓人民知识缺乏，脑筋单简者，实吾辈之知识缺乏，脑筋单简也。'"听了这番话，张难先甚觉"其言最可味"。当天，张难先还游览了"汉中山靖王墓，及观千余年之白果树"（见《义痴六十自述》，《张难先集》第445—446页）。

三月初八日（4月2日），张难先结束在深泽、定县的参观考察，回到北平。

三月初九日（4月3日），张难先偕"李锡九①先生赴西山碧云寺谒总理衣冠冢，便道游遗光寺，昔年蒙训处也"（见《义痴六十自述》，《张难先集》第446页）。

三月初十日（4月4日），张难先往"游崇寿寺，即昔年为参谋部录事所居之辛苦地"（见《义痴六十自述》，《张难先集》第446页）。

三月十一日（4月5日），张难先前往拜访友人、国民政府原内政部部长、现任北平国事分会参谋团参谋长的黄绍竑，"一询抗日情况，则推蒋无命令，我辈有何办法也。为之怅然"（见《义痴六十自述》，《张难先集》第446页）。

---

① 李锡九（1872—1952），原名永生，曾用名李立三，直隶安平人。1904年毕业于直隶农务学堂并赴日留学。1905年结识孙中山，加入同盟会，从事革命活动。1913年当选为国会议员。1917年当选为非常国会议员。1922年由李大钊介绍加入中国共产党，参与筹建中共顺直省委。1924年当选为国民党一大代表，拥护孙中山的"三大主张"，并历任直隶省党部主任委员、国民政府委员、监察院首席监察委员等职。根据中共中央指示，利用其特殊身份，长期在国民党上层开展统战工作。平津解放后任河北省人民政府委员。新中国成立后当选为中央人民政府委员会委员兼最高人民检察署委员、河北省人民政府副主席等职。1952年卒于京。

三月十二日（4月6日）下午，张难先"由平赴鲁"（见《义痴六十自述》，《张难先集》第446页）。

三月十三日（4月7日）上午，张难先抵达济南，随即偕"孙君廉泉赴邹平乡村建设研究院晤梁君漱溟"（见《义痴六十自述》，《张难先集》第446页）。

三月十四日（4月8日），张难先参观"该院农场、畜牧、卫生及一切课程，都觉理想多而实际少也"（见《义痴六十自述》，《张难先集》第446页）。

三月十七日（4月11日），张难先自邹平乡村建设研究院返回济南，"参观图书馆及新出土运来之周代鼎盘十余件，得饱眼福"（见《义痴六十自述》，《张难先集》第446页）。

三月十九日（4月13日），张难先"赴泰山，游王母池、红门宫、斗母宫、经石峪。观五大夫松，而宿于南天门外"（见《义痴六十自述》，《张难先集》第446页）。

三月二十日（4月14日），张难先"游碧霞宫、玉皇顶、日观峰，观无字碑，纪泰山铭、绝顶石等古迹。旋下山另走一路，游黑龙潭、普照寺、岱庙。庙中有汉柏数株，桠权古怪，一见而知为数千年物，不啻置身秦汉间也"（见《义痴六十自述》，《张难先集》第446页）。

三月二十一日（4月15日），张难先"赴曲阜，奉祀官孔达生（德成）派人在车站迎候，至公府下榻，由孔君廉舫（祥杖）招待，引见达生奉祀官及孔家长老印秋先生（繁徵）"（见《义痴六十自述》，《张难先集》第446页）。

三月二十二日（4月16日），孔廉舫为张难先"导观孔子庙堂、礼器、孔壁、汉魏碑及孔子手植桧树、阙里、故井等"（见《义痴六十自述》，《张难先集》第446页）。

三月二十三日（4月17日），孔廉舫陪张难先"谒孔林及颜庙、周公庙"。张难先"一生服膺孔学，今入圣人之门，瞻仰陵庙，不啻同颜、曾、冉、闵共话一堂，亲灸圣人之教也，快何如之"。不久，"曲阜县长樊有彤（炜）、秘书吴竹村（熙朋）"皆来，并"具帖拜为弟子"。张难先离曲阜，"送十余里，车开始返"（见《义痴六十自述》，《张难先集》第446页）。

三月二十四日（4月18日），张难先自曲阜抵达浦口，"渡江住石瑛君处"。已有"数年未入京"，张难先"拟盘桓数日"再定行止，"不料中央开政治会议，谈及新疆问题。汪、戴两院长"听说张难先到了南京，"欲以新（疆）事委"难先，"托石君先致意"，并约明天见面详谈。张难先"以中央威信扫地"，而自己"既无实力，与其地又无历史"，决定不去（见《义痴六十自述》，《张难先集》第446页）。

三月二十五日（4月19日）早晨，为避免"见面纠缠"，张难先离开南京，"买舟西上"（见《义痴六十自述》，《张难先集》第446页）。

案：张难先离开南京后，中央只得派黄慕松赴新疆，后来"其秘书、参谋俱被杀"，他本人亦"几不免"，可见张难先还是有先见之明（见《义痴六十自述》，《张难先集》第446页）。

三月二十八日（4月22日），张难先抵达九江，稍事休息，即到"南昌复命"（见《义痴六十自述》，《张难先集》第446页）。

三月三十日（4月24日），为张难先的六十寿诞之日，张难先曾作有《与内子襄勤夫人六十双寿有感》一诗以抒发其感慨（见《不成文文（节抄）》，《张难先集》第595页）。

同日，张难先携襄勤夫人至照相馆，各照了一张相；随后又在自己的照片背后题有《六十寿辰摄影题以自嘲》，在夫人的照片背后题有《题内子六十寿辰像》，以作纪念（见《不成文文（节抄）》，《张难先集》第596页）。

四月初二日（4月26日），张难先因思念好友严立三，遂"赴牯岭，转太乙村劭园，即严君读书处"。"其地较牯岭清幽，不觉心旷神怡。"（见《义痴六十自述》，《张难先集》第446页）

四月初四日（4月28日），张难先偕严立三"游栖贤寺、白鹿洞。洞塑孔子诸贤像，类曲阜制，想见朱子昔时讲学之乐。宿海会寺，见赵孟頫所书法华经真迹，似较故宫所藏者犹胜，真眼福也"（见《义痴六十自述》，《张难先集》第446—447页）。

四月初五日（4月29日），张难先偕严三立返回太乙村劭园。

四月初八日（5月2日），休息几天后，张难先"同立三上牯岭，游黄龙寺。寺前有古树二株，高数十丈，大十围，枝叶扶疏，相传为晋代物。再游黄龙潭、仙人洞等处，至李君劭琴处宿"（见《义痴六十自述》，《张难先集》第447页）。

四月初九日（5月3日），张难先偕严立三"游牯岭，全市俱带帝国主义、军阀、官僚、资本家、大流氓意味，甚不耐观"，当天张难先即拜"别立三下山"至九江（见《义痴六十自述》，《张难先集》第447页）。

四月初十日（5月4日），张难先自九江"附轮返汉抵灵山窝"，当天即给总司令部参谋长曹浩森（军部制度应以参谋长为主干，秘书长次之）致书云："仆辞职三次而总座迄不批准。仆以后职不再辞，俸不再领，衙门不再上，愿君知我也。"自此遂"杜门不出，研究定县、邹平各论著"（见《义痴六十自述》，《张难先集》第447页）。

五月初三日（5月26日），察绥抗日同盟军在张家口成立，冯玉祥任总司令，方振武任前敌总司令，吉鸿昌任前敌总指挥，并通电全国，主张联合抗日，收复失地。

五月初八日（5月31日），国民党政府同日本签订卖国的《塘沽协定》，承认日本占领东北三省和热河的"合法性"，并将察北、冀北送给日本侵略者。

五月中旬，中华工农民主政府发表宣言，反对卖国的《塘沽协定》。

五月二十六日（6月18日），中国民权保障同盟秘书长杨铨在上海被蒋介石特务刺杀。

六月中下旬，由于蒋介石对察绥抗日同盟军不断施加压力，冯玉祥被迫离军赴泰山隐居读书。

七月中下旬，在蒋介石和日军的夹击下，察绥抗日同盟军失败。

八月初六日（9月25日），蒋介石调集一百万军队、二百架飞机，对中央革命根据地进行第五次军事"围剿"。

九月初四日（10月22日），张难先偕聂松翘回沔。张难先"十年未回家，去年虽佐县长驻仙桃镇月余，以事忙未到老家接阳，故今特归扫墓，并欲为桑梓略尽绵薄。抵沙湖，正街尽成荆棘"，颇感"寒心"（见《义痴六十自述》，《张难先集》第447页）。

九月初五日（10月23日），张难先偕聂松翘"至接阳"，"即晚家祭"（见《义痴六十自述》，《张难先集》第447页）。

九月初六日（10月24日），张难先前往"扫先父母墓，十年游子，祀典久缺，怆然涕下"（见《义痴六十自述》，《张难先集》第447页）。

九月初七日（10月25日），张难先"存问相邻，并约兄弟子侄叙阔"（见《义痴六十自述》，《张难先集》第447页）。

九月初八日（10月26日），中共中央军委决定在中央根据地组建红军第七军团，寻淮洲任军团长，萧劲光任政委。

同日，张难先前往"扫祖父母及胞兄弟等墓"，"并探亲旧"（见《义痴六十自述》，《张难先集》第447页）。

九月初九日（10月27日），张难先"到马家扫吉庵师墓"。因难先"从吉师久"，吉庵师去世时其不在家，故此次回乡特来"扫墓以致忱"（见《义痴六十自述》，《张难先集》第447页）。

九月初十日（10月28日），中共中央军委决定在中央根据地组建红军第九军团，罗炳辉任军团长，蔡树藩任政委。

同日，张难先"集村中妇女讲话"，随后"即在县城及各区演讲，借增乡人知识，使能应付艰危以图生存"（见《义痴六十自述》，《张难先集》第447页）。

九月上旬，张难先在沔阳老家期间，好友傅楚材见"乡人赌博奢侈之风又炽"，甚是"感叹"，遂曾将其所藏之"（民国）二十一年水灾后农民以人耕田"的照片出示请题，"以警乡人"。张难先遂作《题傅君楚材之农民以人耕田照片》相赠（见《不成文文（节抄）》，《张难先集》第596页）。

九月十一日（10月29日），好友范一侠得知张难先已来县城，即约张难先"及十区区长开茶话会，共商县政。对于治安、堤防、教育、合作社诸要政，均有详细讨论。惟堤防至关紧要，东荆河为全沔心腹之患，商决成一东荆河堤防促进委员会，举松翘为委员长"（见《义痴六十自述》，《张难先集》第447页）。

十月初三日（11月20日），李济深、陈铭枢、蒋光鼐、蔡廷锴等人在福建成立中华共和国人民革命政府，将十九路军扩充为五个军，宣布反蒋抗日。

因李济深、陈铭枢等人都是张难先的"多年老友"，消息传来，省垣要员皆疑此次张氏出门是"赴闽"去了，顿时"谣言四起"。朋友们见状，立即将消息通报给张难先，并促其"速归"（见《义痴六十自述》，《张难先集》第447页）。

十月初四日（11月21日），张难先自沔阳回到省城，然而，那些想陷害张难先以"邀功者仍飞短流长"，但张难先"自信有真，听其自鸣自息，日惟闭门谢客，读书写字，终亦无事"（见《义痴六十自述》，《张难先集》第447页）。

十月初九日（11月26日），福建人民革命政府与中国工农红军临时中央政府签订抗日停战协议。

十一月十三日（12月29日），伪满洲国宣布自1934年3月1日起实行帝制。

十一月十六日（1934年1月1日），张难先将灵山窝的"谢客联"改为：

> 室陋家贫，闭门谢客；耳聋目眊，羞面见人。①

十二月初一至初四日（1934年1月15—18日），中共六届五中全会在江西瑞金召开。会议通过了《政治决议案》等文件，改选了中央机构，博古正式出任总书记。这次会议使王明的"左"倾错误发展到顶点。

十二月初六日至十一日（1934年1月20—25日），国民党四届四中全会在南京召开，会议的中心议题是讨论反共、"剿共"与攻击李济深、陈铭枢等在福建发动的抗日反蒋事变。

十二月初七至十八日（1934年1月21日—2月1日），中华苏维埃第二次全国代表大会在江西瑞金召开。在大会上，毛泽东作了"我们的经济政策""关心群众生活，注意工作方法"的报告。大会选举了新的领导机构。张闻天任人民委员会主席，毛泽东继续出任苏维埃政府中央执行委员会主席。

十二月下旬起，蒋介石为配合其军事"围剿"，加强了对国统区进步文化的"围剿"，不少进步文化工作者惨遭杀害，不少进步文艺书刊被查禁。

年底，张难先仍在灵山窝闭门读书、陪家人度岁。

是年，张难先的好友、民国元老胡瑛在南京中央医院病逝。

民国二十三年甲戌（1934年） 六十一岁

年初，张难先在武昌陪家人过年。年后，张氏自思"沔阳地居江汉之间，东荆河直灌腹部，故长患水。政府列江汉为干堤，岁修无虞。惟东荆河由泽口接汉水，泛涨时几较正流为大。政府既未过问，民力实感不足"。于是，他主动"奔走于省政府、江汉工程局"，希望能解决这一难题（见《义痴六十自述》，《张难先集》第447页）。

正月上旬，在日伪军的扶植下，溥仪改国号为"满洲帝国"，为傀儡皇帝，改年号为"康德"（"康德"是康熙和清德宗光绪的缩称，意在纪念，并寄托了祗承清朝基业之愿）；同时与日本帝国主义签订《日满议定书》，使得日本侵略者在政治、军事、经济、文化各个领域全面控制了伪满洲国。

正月十六日（3月1日），溥仪"登基"，称"康德皇帝"；同时兼任

---

① 张难先：《桑榆随笔·杂稿偶存》，严昌洪、张铭玉、傅蟾珍主编：《张难先集》，华中师范大学出版社2011年版，第526页。

伪满洲帝国陆海空军大元帅、伪满洲帝国协和会名誉总裁。

三月初四日（4月17日），日本外务省情报部部长天羽英二发表独占中国的狂妄声明，史称"天羽声明"。

三月初七日（4月20日），中国共产党提出《中国人民对日作战基本纲领》。这个纲领以中华民族武装自卫委员会筹备会名义，经宋庆龄、何香凝等一千七百人签名，于五月发表。不到三个月时间，军政商学农工各界签名者达三十万人。

同月里，中共领导人毛泽东针对"天羽声明"发表谈话，严正声明中华工农民主政府坚决抗日。

五月二十五日（7月6日），中共中央派寻淮洲、粟裕率领红军第七军团北上抗日，经福建、浙江、安徽转入赣东北同方志敏领导的红军第十军会合，组成中国工农红军北上抗日先遣队。

五月间，张难先"奔走于省政府、江汉工程局半年，仅许补助堤费"；而"补助费发放"时，"已届伏泛之期"；遂由"聂君松翘携款归，集农民抢筑"。张难先亦"回沔督率"。"不料时促水涨，竟从圆通寺溃口，淹贯百里。半年辛勤，仍付流水"（见《义痴六十自述》，《张难先集》第447页）。

六月中旬，张难先见沔阳又是一片泽国，留在沔阳亦无事可做，只得仍回武昌。

六月二十七日（8月7日），根据中央的命令，湘赣区的红八军与湘鄂赣区的红十六军组成红六军团，在任弼时、萧克、王震等人的率领下，作为中央红军主力西征的先遣队突围西征，拉开了中央红军二万五千里长征的序幕。

六月间，日本裕仁天皇的弟弟、秩父宫雍仁亲王访问伪满洲国。

同月里，听从挚友严三立的劝告，自己已年过花甲，应该给后人留下一点东西，于是张难先开始动笔撰写《义痴六十自述》书稿（见《义痴六十自述》，《张难先集》第413页）。

七月间，张难先自思"沔为古云梦泽，地势低洼，半以堤防为生命。专恃官厅，实为大错"，于是"建议省政府严令农民于农隙为做堤、开沟、挖塘、凿井之必要时间"，而自己则作"告乡人书，印寄沔阳唐县长分发各区研究"（见《义痴六十自述》，《张难先集》第447—448页）。

八月上、中旬，张难先应邀"为堤防会议回沔"，"又值长嫂胡夫人七旬生辰及孙铭盘花烛之期"，故"淹留故里，将近一月"（见《义痴六十自述》，《张难先集》第 448 页）。

八月十三日（9 月 21 日），根据中共中央军委的决定，新编的红二十一、二十二师合并组建成红军第八军团，周昆任军团长，黄甦任政治委员。

八月十九日（9 月 27 日），由唐县长"召集会议，决定由县长严令各区长督率保甲，于农隙总动员修理堤防"，又由"东荆河堤防促进委员会""订定章程"。张难先自信："苟吾沔一致努力，则沔人庶有豸乎！"（见《义痴六十自述》，《张难先集》第 448 页）

八月二十七日（10 月 5 日），张难先寓居老家接阳时，乘暇继续编撰自己的《义痴六十自述》书稿（见《义痴六十自述》，《张难先集》第 448 页）。

八月下旬至九月上旬，由于王明"左"倾冒险主义的错误领导，红军的第五次反"围剿"失败。中共中央不得不命项英、陈毅、邓子恢、张鼎臣等率领三万人留在根据地打游击，掩护红军主力突围。

九月初九日（10 月 16 日），红军主力第一、三、五、八、九军团和教导师以及后方机关人员共约八万人，从福建的长汀、宁化，江西瑞金、雩都出发，开始了战略性大转移——长征。

同日，张难先历时三月，"时作时辍"，终于在故乡完成其《义痴六十自述》书稿（见《张难先集》第 413—448 页）；前有小序，说明写作此稿之缘由（见《义痴六十自述》，《张难先集》第 413 页）。

九月中旬，红六军团到达贵州东北部与红二军团会合，组建成红军第二方面军，贺龙任总指挥，任弼时任政治委员，开辟了湘鄂川黔根据地。

十月初八日（11 月 14 日），蒋介石命戴笠派特务王克全等六人暗杀了主办《申报》的史量才。

十一月初四至初八日（12 月 10—14 日），国民党四届五中全会在南京举行，会议主要讨论"围剿"正在长征途中的红军问题，并发表宣言，声称"攘外必先安内"。

十一月上旬，由程子华、徐海东等率领的红军第二十五军三千多人，开辟了鄂豫陕革命根据地。

十一月十二日（12 月 18 日），红军长征到达贵州黎平，中共中央政治局召开会议，肯定了毛泽东提出的向贵州进军的决策。

十二月初二日（1935 年 1 月 6 日），红军攻占贵州遵义。

同日，由于叛徒的告密，方志敏在赣东北的怀玉山地区被捕。

十二月十一至十三日（1935 年 1 月 15—17 日），中共中央在遵义召开了政治局扩大会议。会议批判了第五次反"围剿"和长征以来中央在军事领导上的错误，通过了《中共中央关于反对敌人五次"围剿"的总结决议》，还推选毛泽东为政治局常委，取消博古、李德的最高军事指挥权，决定由毛泽东和周恩来负责军事指挥。遵义会议结束了王明"左"倾冒险主义在中共中央的统治，确立了以毛泽东为代表的新中央的正确领导。此次会议在极其危险的时刻挽救了中国共产党和工农红军，成为中国共产党历史上的一个转折点。

十二月二十日至民国二十四年二月十八日（1935年1月24日—3月22日），红军四渡赤水，再克遵义，歼敌二十多个团，取得长征以来的第一个大胜利。

十二月二十七日（1935年1月31日），张难先的友人、前国民党政要鲁涤平在南京突然病故。

十二月二十八日（1935年2月1日），蒋介石发表谈话，公开吹捧日本外相广田演说，声称："制裁一时冲动及反日行为，以示信谊。"

年底，张难先陪家人在武昌灵山窝度岁。

民国二十四年乙亥（1935年） 六十二岁

年初，张难先陪家人在武昌灵山窝过年，因"儿媳等俱归"，且短期内不走，故"灵山窝房间不敷"。于是，张难先打算在城外的珞珈山"别营一窟"，作为其"二老及三女汉民栖身之所。灵山窝则交儿媳居住，以便彼辈服务"（见《六十以后续记》，《张难先集》第473页）。

正月十一日（2月14日），蒋介石对新闻记者表示："中日有提携之必要。"

正月十二日（2月15日），中国共产党领导的东北各抗日游击队联合起来，发表《抗日联军统一建制宣言》，并扩编成为抗日联军第一至第七军，杨靖宇、王德泰、赵尚志、李延禄、周保中、夏云杰、李学福分别任军长。

三月初四日（4月6日），溥仪从长春坐火车至大连，随后从大连乘坐日本军舰至日本横滨，再由横滨乘火车抵达东京。抵达东京时，溥仪受到日本天皇的亲自迎接。

三月二十五日（4月27日），溥仪结束日本的访问，回到长春。

四月初一至初七日（5月3—9日），红军巧渡金沙江，跳出了数十万敌军的围追堵截，取得了战略转移中具有决定意义的胜利。

四月初二日（5月4日），上海《新生周刊》载《闲话皇帝》一文，涉及日本天皇，日本驻沪总领事以此为借口，威胁南京政府"妨害邦交"。南京政府立即查封《新生周刊》，判处主编杜重远一年零四个月的徒刑，并不准上诉，引起各界人士向国民党当局抗议，史称"新生事件"。

四月十三日（5月15日），红军在四川西南石棉县的安顺场强渡大渡河。

四月二十七日（5月29日），红军夺取四川西部大渡河上的泸定桥，向川康边境进军。

四月（5月）间，次女肖瑜与江陵的张仓祥在南京结婚，张难先赴南京为他们主婚；婚礼的"仪式俱单简朴素，观礼者多所感动"（见《六十以后续记》，《张难先集》第473页）。

五月初二日（6月2日），奉蒋介石之命，宋希濂在福建长汀中山公园将无产阶级革命家瞿秋白杀害。

五月初九日（6月9日），国民党军委会华北分会代理委员长何应钦同日本天津驻屯军司令官梅津美治郎举行谈判，并秉承蒋介石、汪精卫意旨，全盘接受日方要求，达成卖国协定，史称《何梅协定》。

五月十六日（6月16日），红一方面军翻过大雪山夹金山，在四川西部的懋功与李先念率领的红四方面军先头部队会师。

五月二十七日（6月27日），国民党政府命察哈尔省民政厅厅长秦德纯与日本代表土肥原在北平举行谈判，达成卖国协定，史称《秦土协定》。

六月（7月）间，郑孝胥不慎惹恼了日本人，被免职，由张景惠①继任"国务总理大臣"。

同月（7月）里，张难先在武昌城外珞珈山所修建之房屋完成，并正式"迁居"。此房取名"思旧庵"，"因门前可望卓刀泉刘烈士静庵墓，感而名之"。张难先还为自己的新居撰写了一副对联云："看山感旧欣先死；筑土为庵当活埋。"（见《六十以后续记》，《张难先集》第473页）

七月初三日（8月1日），中国共产党发表停止内战、一致抗日的《八

---

① 张景惠(1872—1959)，字叙五，辽宁台安人。出身贫苦，少时随父卖豆腐；成年后好交朋友，出入赌场；后乘机成立八角台镇自卫团，自任团长，为本镇商家富户看家护院。后与张作霖结识，并一见如故，从此跟张打天下。1920年出任察哈尔都统兼陆军16师师长。1926年以后出任北洋政府陆军总长、实业总长。"九一八事变"后公开投敌，先后出任伪满洲国参议府议长兼东省特别行政区长官、军政部总长、国务总理大臣等职。1945年被苏军逮捕，1959年死于战犯管理所。

一宣言》，即《为抗日救国告全体同胞书》，号召建立抗日民族统一战线。

八月十五日（9月12日），中共中央在俄界召开政治局会议，作出《关于张国焘同志错误的决定》。

同日，张难先湖北政府时的同事、后辈友人刘树杞在北京病逝。

八月二十一日（9月18日），红二十五军到达陕甘革命根据地，与红二十六、二十七军会师，合并为红十五军团，徐海东任军团长，刘志丹任副军团长，程子华任政治委员。

九月初八日（10月5日），张国焘在绰木碉宣布另立中央，自称中央主席，公开分裂中共中央和红军。朱德、刘伯承等人坚持全党团结，与张国焘的分裂主义错误作坚决斗争。

九月二十二日（10月19日），中共中央和红军陕甘支队抵达陕北保安县的吴起镇，与十五军团会合。至此，中央红军（红一方面军）经过一年的时间，穿越十一省，行程二万五千里，击溃数十万国民党军队的围追堵截，胜利到达陕北。

十月初六日至十一日（11月1—6日），国民党在南京召开四届六中全会。在开幕式结束后摄影时，汪精卫被晨光通讯社记者孙凤鸣开枪击伤。全会通过了冯玉祥等人联合提出的《救亡大计案》。

十月初八日（11月3日），蒋、宋、孔、陈四大家族为了独占金融，宣布实行"法币"政策。

十月十七至二十七日（11月12—22日），国民党在南京召开第五次全国代表大会。

十月十八日（11月13日），中共中央发表《为日本帝国主义并吞华北及蒋介石出卖中国宣言》。

十月二十六至二十七日（11月21—22日），红军取得陕西鄜县直罗镇战役的胜利，成为中共中央将全国革命大本营放在西北的奠基礼。

十月三十日（11月25日），日本唆使汉奸进行"华北五省自治运动"成立"冀东防共自治政府"，史称"冀东事变"。

十月间，北平友人黄成之去世，张难先闻知噩耗，作有《北平黄成之诔词》以表达其哀悼缅怀之情（见《不成文文（节抄）》，《张难先集》第596—597页）。

十一月初三日（11月28日），中华苏维埃共和国临时中央政府和中国工农红军革命军事委员会发表《抗日救国宣言》。

十一月十二日（12月7日），国民党政府决定设立冀察政务委员会。

十一月十四日（12月9日），在中国共产党的领导下，北平大、中学校学生六千余人举行抗日爱国示威游行，喊出了"反对华北自治运动""打倒日本帝国主义""停止内战，一致对外"等口号，掀起了全国抗日救国的新高潮，史称"一二•九运动"。

十一月十七日（12月12日），上海文化界马相伯等二百七十五人发表《上海文化界救国运动宣言》，指斥国民党政府对学生爱国运动的压制。

十一月二十一日（12月16日），北平爆发更大规模的学生爱国运动，并得到全国各地爱国力量的支持。

十一月二十三日（12月18日），在蒋介石的授意下，宋哲元等人成立冀察政务委员会，以适应日本关于华北政权特殊化的要求。

十一月三十日（12月25日），中共中央在陕北瓦窑堡召开政治局会议，通过了《关于目前政治形势与党的任务决议》，确定了抗日民族统一战线的策略方针。

同日，张难先原湖北省政府的同僚、后辈友人唐有壬在上海寓所被中华青年抗日锄奸团成员暗杀身亡。

十二月初七日（1936年1月1日），张难先原来的同僚杨永泰正式就任湖北省政府主席一职。

十二月初八日（1936年1月2日），"有警士二名，借参观土室为名"，至张难先的思旧庵"窥探寻隙"（见《六十以后续记》，《张难先集》第473页）。

十二月中旬，湖北省"安保处长丁炳权、警备司令部参谋长金巨堂、科长廖树东，共十余人"又来到张难先家，"多方侦察"。张难先知"若辈皆特务品质"，又"见此二事，即知为杨氏嗾使示威，以图总部之报复"；又自思"彼既为之兆，当发其覆以折之。于是编鸣其事，使能闻于彼者，使之敛迹"。因此，"终亦无所逞"（见《六十以后续记》，《张难先集》第473页）。

十二月二十七日（1936年1月21日），日本外务大臣广田宏毅发表"对华三原则"，即"取缔排日""中日满经济合作""共同防共"。

年底，张难先陪家人在武昌思旧庵度岁。

民国二十五年丙子（1936年）　六十三岁

年初，张难先陪家人在武昌过年，仍在家闲居读书。

正月初二日（1月25日），毛泽东、周恩来、彭德怀等红军领导人发表

《致东北军全体将士书》，表示愿意与东北军联合抗日。

正月初五日（1月28日），张难先的同乡好友刘佐龙在汉口日租界病逝。

正月二十五日（2月17日），中华苏维埃共和国临时中央政府和中国工农红军革命军事委员会，组织中国人民抗日先锋军，并发布《东征宣言》。

正月二十八日（2月20日），红军东渡黄河进入山西抗日前线，而蒋介石和阎锡山却调集大军进行阻拦。

同日，国民党政府颁布《维持治安紧急治罪法》，明文规定军警枪杀抗日群众和镇压抗日团体为"合法"权力。

二月间，抗日先锋军在汾河河谷地区击败阎锡山的拦截部队，攻占永和、孝义、汾阳等地，进驻同蒲路，准备开向冀察直接对日作战。蒋介石急调三十万大军协助阎锡山围攻抗日先锋军，并令张学良、杨虎城向陕北红军后方进攻。

三月十三日（4月4日），中共中央西北局、中央政府西北办事处作出指示，要求尚未分配土地的地区，今后应执行不没收富农的财产和非封建性剥削部分的土地，以及富农有与贫下中农分得同等土地之权利的新策略。

三月十八日（4月9日），中共中央应张学良之请求，派周恩来与张在延安会谈。

闰三月十五日（5月5日），红军革命军事委员会发表停战议和、一致抗日的通电，回师黄河西岸。

闰三月十六日（5月6日），冀察政务委员会与日本秘密订立《华北防共协定》。

闰三月十九日（5月9日），日本政府为解决国内危机，缓解日益激化的阶级矛盾，正式制定二十年内向"满洲"移住农业移民百万户（五百万人）的计划。

四月初八日（5月28日），天津工人、学生举行反对日本增兵华北的大示威。

四月十一日（5月31日），全国各界救国会在上海成立。

四月十二日（6月1日），两广军阀陈济棠联合李宗仁、白崇禧在广州宣布独立，发动了反蒋抗日的"六一事变"（又称"两广事变"），成立了以日本人为后台的"抗日救国军"，陈、李分任正副总司令，率军进驻湖南，与南京国民政府采取对立态度。

四月中、下旬，伪满洲国国务院根据日本内阁炮制的《满洲国指导方针要纲》，决定其下辖的各部皆设立由日本人担任的次长，以加强"对满洲国的指导"及控制。

四月间，张难先"以五十元在鹦鹉洲购棺料二具"，并"雇木工治之"；又在"东湖沙窝购荒丘一所"，作为其"二老埋骨之地"，以免"易篝时累"及其后人（见《六十以后续记》，《张难先集》第473页）。

五月上、中旬，红军二、六军团与红军第四方面军在西康的甘孜会师。经过贺龙、任弼时、关向应和朱德、刘伯承等人同张国焘右倾分裂主义的坚决斗争，以及徐向前指挥的四方面军广大指战员要求北上与中央红军会师，迫使张国焘取消伪中央，同意和二方面军一起继续北上。

七月初九日（8月25日），中共中央根据形势的变化，决定放弃"反蒋"口号，采取逼蒋抗日的政策，并发表《致中国国民党书》，申明中国共产党关于建立抗日民族统一战线和准备重新建立国共合作的政策。

七月十六日（9月1日），中共中央书记处发出《中央关于逼蒋抗日问题的指示》。

八月初二日（9月17日），中共中央政治局通过《中央关于抗日救亡运动的新形势与民主共和国决议》。

八月初七日（9月22日），毛泽东代表中国红军、张学良代表东北军分别签署《抗日救国协定》。

九月初五日（10月19日），杰出的文学家鲁迅在上海病逝，全国各大城市纷纷举行悼念活动。

九月十一日（10月25日），张难先原来的同僚、时任湖北省政府主席兼湖北省保安司令的杨永泰在赴汉口日本领事馆宴会返回，途经江汉关轮渡码头时，被人开枪狙击身亡。

八月下旬至九月上旬，红军第二、四方面军在甘肃会宁与红一方面军会师。三大主力红军的胜利会师，结束了历时两年的全国红军的伟大长征。

十月初二日至十一月初六日（11月15日—12月19日），在蒋介石的推动、支持下，绥远省主席兼第35军军长傅作义和骑兵军长赵承绶在绥远抗击日伪的侵略，经红格尔图战斗、百灵庙战斗和锡拉木楞庙战斗，尤其是百灵庙战斗（又称"百灵庙战役""百灵庙大捷"），大获全胜，受到全国人民的称赞与声援。

十月初十日（11月23日），国民党在上海逮捕了全国各界救国会领袖沈钧儒、邹韬奋、李公朴、章乃器、王造时、沙千里、史良等七人，史称"七君子事件"。

十月二十一日（12月4日），蒋介石再次飞抵西安，逼迫张学良、杨虎城进攻陕北红军。

十月二十四日（12月7日），中华苏维埃共和国临时中央政府命令扩大中央革命军事委员会，组成中央军事主席团。毛泽东任主席，周恩来、张国焘任副主席，朱德任红军总司令，张国焘任总政委。

同日，张学良至华清池向蒋介石"哭谏"，请求"停止内战，一致抗日"，遭到蒋的拒绝。

十月二十九日（12月12日），张学良、杨虎城武装扣留蒋介石，囚禁陈诚等十余人；宣布取消西北"剿匪"总部，成立抗日联军西北临时军事委员会，张、杨任正副委员长并通电全国，提出八项主张。这便是著名的"西安事变"。

十月间，张难先闲居多暇，遂"为亡友汪君葵村、许君远香、向君笙三作传"（见《六十以后续记》，《张难先集》第473页）。

十一月初三日（12月16日），南京政府下令讨伐张、杨，并任命何应钦为总司令。

同日，中共中央应张、杨电邀，派代表周恩来、秦邦宪（博古）、叶剑英等抵达西安，做各方的工作，提出：只要蒋介石答应抗日，就释放他，并在初二日（15日）、初六日（19日）通电南京国民政府促其接受张、杨主张，和平解决。

十一月初九日（12月22日），宋美龄、宋子文和蒋介石的顾问端纳（澳大利亚人，曾任张学良的顾问），飞抵西安谈判。

十一月十一日（12月24日），经中共代表周恩来等人的努力和全国人民的斗争，蒋介石被迫接受"停战议和""联共抗日""释放政治犯"等条件。

十一月十二日（12月25日），蒋介石获释，由张学良护送回南京，"西安事变"至此和平解决，从而为建立第二次国共合作的抗日民族统一战线奠定了基础，成为国内形势的转折点。蒋介石飞抵南京后，便立即将张学良拘禁起来。

十一月十九日（1937年1月1日），中共中央领导机关从陕北保安迁至延安。

十一月间，张难先在东湖为长女端君制田数十亩。张难先心里清楚，"端君诚笃识大体，遇人不淑"，担心"其老而无所归"，遂"为制产数十亩以为终老之计"；制田所费"一千八百余元，俱为渠薪俸于教养子女外，节衣缩食而来"（见《六十以后续记》，《张难先集》第473页）。

十二月二十七日（1937年2月8日），张难先为在几年前已去世的同乡、挚友向笙三作有《向君笙三传》，以表达其痛惜、缅怀之情（见《不成文文（节抄）》，《张难先集》第599页）。

年底，张难先在武昌陪家人度岁。

十二月二十九日（1937年2月10日），中共中央在《致国民党三中全会电》中，提出五项要求和四项保证，以实现两党重新合作。

同日，为传统的除夕，张难先"慨国步之艰难，嗟人生之苦恼"，乃为思旧庵撰写了一副对联，"以抒愤慨"（见《不成文文（节抄）》，《张难先集》第599页）：

  国土日削，民生日艰，对兹大好湖山，只足增无穷感慨；
  壮不如人，老不速死，似此苟全性命，说得出有甚意思。

是年，张难先曾为已去世三十多年的同乡、学友汪葵村作有《汪君葵村传》，以表达其缅怀之情（见《不成文文（节抄）》，《张难先集》第597—598页）。

同年，张难先亦曾为已去世近三十年的同乡、挚友许远香作有《许君远香传》，以表达其痛惜、缅怀之情（见《不成文文（节抄）》，《张难先集》第598—599页）。

是年，张难先的同乡学者、前辈好友黄福在武昌病逝，由湖北省政府主席何成濬等倡议，举行公葬，墓落珞珈山。张难先则作有《挽黄翼生老先生文》一篇，以表达其痛惜、缅怀之情（见《不成文文（节抄）》，《张难先集》第604页）。

是年，张难先的战友李亚东在浙江杭州病逝。

民国二十六年丁丑（1937年）　六十四岁

年初，张难先在武昌陪家人过年，仍在家闲居读书。

正月初五日（2月15日），在国民党五届三中全会上，宋庆龄、何香凝、冯玉祥等十三人，提出恢复孙中山"联俄、联共、扶助农工"的三大政策。

正月初五至十二日（2月15—22日），国民党五届三中全会在南京召开。会议基本确定了停止内战，实行国共合作的原则，标志着国共合作的抗日民族统一战线已初步形成。

正月二十八日（3月10日），伪满洲国文教部发布在学校教育中彻底普及日语的训令，强制学生学习日语，并将日语定为伪满洲国的"国语"，进一步加强奴化教育。

同月里，伪满洲国皇帝溥仪在将皇后婉容打入冷宫后，为对外公务之方便，又在北平甄选了一位中学生——谭玉龄，接到长春与之成婚，成为他的第三任妻子，被封为"祥贵人"。当时溥仪三十二岁，谭玉龄十七岁。

同月里，张难先为长女端君去年在东湖所制之田"发庄"："由罗田友人刘慧凡介绍其堂弟科贞耕种。"张难先担心刘科贞"乏资"，故"其住宅、牛工、种子、农具、伙食，上年俱由"自己负责，"至下季有收，则由渠负责，仍照通常佃、东规则办理"（见《六十以后续记》，《张难先集》第473页）。

二月二十二日（4月3日），国民党高等检察院对沈钧儒等救国会的七位领袖提起公诉，以"危害民国"之罪，诬陷他们。

二月二十九日（4月10日），上海四千八百余人上书请愿，要求恢复"七君子"的自由。

三月十六日（4月26日），宋庆龄、何香凝等人发起营救救国会领袖的"入狱运动"，并致书国民党中央和苏州高等法院，谓："有罪同受处罚，无罪同复自由。"

四月间，张难先闲居无事，便为亲家、亡友严寄诚作传（《严君寄诚传》，见《不成文文（节抄）》，《张难先集》第600—601页）。

五月十一日（6月19日），伪满洲国皇宫近卫兵十余人在大同公园与日本、朝鲜人因事发生打架斗殴。

五月中旬，张难先的三女儿泳平（小字汉民）毕业于武汉大学经济系（见《六十以后续记》，《张难先集》第473页）。

五月二十九日（7月7日）晚十时，日本侵略军借口一名士兵失踪，要求进宛平城搜查，遭到当地中国驻军拒绝。日军即炮轰宛平城和卢沟桥，当地中国驻军第二十九军吉星文团在中国共产党领导的抗日救亡运动的影响下奋起抗战，史称"卢沟桥事变"，亦称"七七事变"。

"卢沟桥事变"消息传来，张难先深感此为"中日两国之劫运临头"，并"为之沉闷者数日"（见《六十以后续记》，《张难先集》第473—474页）。

六月初一日（7月8日），中共中央和中国红军发表通电，指出华北危机，号召全民族团结抗战。

六月初八日（7月15日），中共中央将《中国共产党为公布国共合作宣言》交给国民党。

同日，国共双方代表在庐山开会，蒋介石允许公布、承认陕甘宁边区。

六月初九至十三日（7月16—20日），国民党举行第一期庐山谈话会。何应钦等宣扬亡国、投降论调；亲日派头目张群为蒋提出"和必乱，战必败，败而后和，和而后安"的十四字"国策"。

六月初十日（7月17日），中共代表周恩来、博古、林伯渠与国民党代表蒋介石、邵力子、张冲在庐山举行关于两党合作抗日问题的谈判。

六月十六日（7月23日），中国共产党发表《为日本帝国主义进攻华北第二次宣言》，提出实行抗日战争的八项具体办法。

六月二十一至二十三日（7月28—30日），北平、天津相继陷落。

六月二十四日（7月31日），蒋介石发表《告抗战全体将士书》，指出："和平既然绝望，只有抗战到底。"

同日，国民党当局开始释放政治犯。

六月二十五日（8月1日），沈钧儒等七名救国会领袖被保释出狱。

七月初八日（8月13日），日本侵略军进攻上海，上海军民奋起迎战，史称"八一三事变"。

七月初九日（8月14日），国民党政府宣布了软弱的自卫声明，中日战争全面爆发。

同日，日本空军木更津队的16架重型轰炸机飞临南京上空，对南京城进行狂轰滥炸。

七月十六日（8月21日），日本轰炸机首次对武汉进行轰炸，自此，"武汉常被敌机轰炸"（见《六十以后续记》，《张难先集》第474页）。

七月十七日（8月22日），中共中央在陕北洛川召开政治局扩大会议。会议通过了《抗日救国十大纲领》和《关于目前形势和党的任务的决定》，规定了党在抗战时期的基本任务和政策。

七月中旬，鉴于"南京敌机狂炸"，张难先让三女汉民去南京"带外孙林上元、春元、泰元及肖瑜今年所生之子邻素四人回鄂，俱住思旧庵"（见《六十以后续记》，《张难先集》第474页）。

七月二十日（8月25日），中共中央军委发布中国工农红军正式改编为国民革命军第八路军（9月底改称第十八集团军）的命令。朱德任总指挥，彭德怀任副总指挥，叶剑英任参谋长。下辖三个师：一一五师，师长林彪，副师长聂荣臻，政治委员（初称政训主任）罗荣桓；一二〇师，师长贺龙，副师长萧克，政治委员关向应；一二九师，师长刘伯承，副师长徐向前，政治委员张浩（1938年1月由邓小平接任）。

八月初二日（9月6日），陕甘宁边区工农政府正式更名为陕甘宁边区政府，辖二十三县，首府延安，林伯渠任边区政府主席。

八月十八日（9月22日），国民党公布了六月初八日（7月15日）中共中央交付的《中国共产党为公布国共合作宣言》。

八月十九日（9月23日），蒋介石被迫对国共再度合作发表声明，承认中国共产党的合法地位，接受共同抗日的主张。

八月二十一日（9月25日），八路军一一五师在晋北的平型关歼灭日本侵略军板垣师团三千余人。

八月（9月）间，张难先"费千元为端君置住屋，屋三间，庄屋四间。名住宅曰'啸庐'，取'有女仳离，条其啸矣'之意"。这也不能不让张难先感叹："时局如此，归休何时，吾尽吾心耳。"（见《六十以后续记》，《张难先集》第474页）

案："有女仳离，条其啸矣"二句，出自先秦佚名的《中谷有蓷》（三首之二）。

九月初九日（10月12日），国共两党达成协议，将南方八省十三个地区的红军游击队统一整编为国民革命军陆军新编第四军（简称"新四军"）。叶挺任军长，项英任副军长兼政治委员，张云逸为参谋长。

九月十五日（10月18日），八路军一二〇师伏击日本侵略军运输汽车五百辆，攻占雁门关。

九月十六日（10月19日），八路军一二九师的一个营冒雨奇袭阳明堡日军机场，炸毁敌机二十四架。

九月二十四日（10月27日），张难先的同乡好友、民国元勋曹亚伯在昆山病逝。

九月二十六日（10月29日），日伪内蒙古自治政府成立。

十月初五日（11月7日），在晋东北的五台山地区，成立了以聂荣臻为首的晋察冀军区司令部，建立起第一个敌后抗日根据地。

十月十八日（11月20日），国民党政府通告中外，即日迁都重庆。

十月下旬，张难先"阅报，见湖北省政府改组。发表何成濬、石瑛、严立三、贾士毅、周天放[1]、杨揆一、潘宜之、范绩熙[2]及予为委员。何兼

---

[1] 周天放，生卒年、事迹不详，东北人。CC派骨干。曾任湖北省政府委员兼教育厅厅长，后又兼任湖北省立农业专科学校校长。

[2] 范绩熙，生卒年、事迹不详，曾任国民党四十六师师长、湖北省政府委员。

主席，严兼民政，贾兼财政，石兼建设，周兼教育，杨兼秘书长"（见《六十以后续记》，《张难先集》第474页）。

张难先已"数年不问事，时局如此，立三复出，当然不计成败，以尽一分子之责"，于是与老友们"连日会商，并定一《对于现在省府之意见》交立三参考"（见《六十以后续记》，《张难先集》第474页）。

十月二十九日（12月1日），张难先赴省府"就省政府委员"，其"私计，委员只有会议责任。当以大劫临头，恐不能如平时之退食自公，委蛇委蛇也"。因此，"自动出巡各县"（见《六十以后续记》，《张难先集》第474页）。

十月三十日（12月2日），日本侵略者通过德国驻华大使陶德曼，向国民党政府提出"议和"条件。

十一月初五日（12月7日），张难先早年的革命战友吴贡三在黄州城府宅病逝。

十一月上旬，"南京危甚"。张难先的长女端君"以遭遇之苦，几视死生如鸿毛"，此时"仍料理市政府事务不走"。幸严立三"告以事急，强之行，始乘轮"赴武汉。"越二三日南京即失"，其能"安全抵鄂"，可说全系"立三之力"（见《六十以后续记》，《张难先集》第474页）。

十一月十一日（12月13日），国民党政府弃守南京，在此之前，中共代表团随国民政府各院、部迁往武汉。日军攻占南京后，三十余万军民惨遭日寇杀害。

十一月二十二日（12月24日），张难先自武昌出发，前往"通城、崇阳、通山、咸宁四县"巡视考察。"抵通山，即电省府注意偏僻县份。"在张难先看来，"当此寇气正恶之时，凡交通地方，易为敌人所乘。惟此偏僻险要地区，敌不易进，宜于此时筹划之，以为非常时期准备"（见《六十以后续记》，《张难先集》第474页）。

十一月二十三日（12月25日），新四军军部在汉口组建。

十一月二十九日（12月31日），张难先在咸宁福临旅馆住宿。张难先"默念沦陷区域之人民"之困苦灾难，故"此次出巡，决定不住衙门，不受招待二原则"，所至之处，均"寄寓旅店"，"亦自忘旅次度岁之寂寞"（见《六十以后续记》，《张难先集》第474—475页）。

十一月三十日（1938年1月1日），张难先"由咸宁坐火车至蒲圻"。"蒲圻为第一区专员所在地。"张难先感觉"李专员辉武出身军旅，于政治实多隔膜"（见《六十以后续记》，《张难先集》第475页）。

十二月初二日（1938年1月3日），张难先"乘小轿行六七十里至嘉鱼"，感觉县长李仲韬"年老尚振奋"（见《六十以后续记》，《张难先集》第475页）。

十二月初三日（1938年1月4日），张难先自嘉鱼回到省城。张难先认为，"此次共视六县，惟咸宁县长戴肇琼精干有为，余若崇阳、通山、通城三县长均庸猾俗吏，当报省府奖惩"（见《六十以后续记》，《张难先集》第475页）。

十二月初五日（1938年1月6日），新四军军部自汉口转移至江西南昌，准备对江南地区各个游击队进行集结整编。新四军下辖四个支队和一个特务营。陈毅、张鼎臣、张云逸、高敬亭分别出任第一、二、三、四支队司令。

十二月初九日（1938年1月10日），晋察冀边区在冀西阜平召开军政民大会，选举产生了晋察冀边区临时行政委员会，这是敌后的第一个抗日民主政权。

十二月初十日（1938年1月11日），《新华日报》在汉口创刊。

十二月十二日（1938年1月13日），稍事休整，张难先又"出巡鄂北"。"抵汉川"时，曾往"谒同志梁瀛洲墓"，感觉"刘县长以敷衍为能事，难作好官"（见《六十以后续记》，《张难先集》第475页）。

十二月十六日（1938年1月17日），张难先"抵沔阳仙桃镇，即闻区署贿释抢犯，告王县长治锷，竟袒护不理"，遂"电省府逮押区长法办"（见《六十以后续记》，《张难先集》第475页）。

十二月二十五日（1938年1月26日），张难先"赴潜江"，"时潜江有匪警，旅店不敢延客，胡县长彦圣亦忧虑不知所出"，遂"谕以镇静肆应，无戚戚为也"（见《六十以后续记》，《张难先集》第475页）。

十二月二十六日（1938年1月27日），张难先"抵岳口"，"知甘家拐堤工关系天、汉、黄、孝之生计最巨，即往勘之"（见《六十以后续记》，《张难先集》第475页）。

十二月二十七日（1938年1月28日），"赴天门县城"，"周县长不离左右"，张难先"知其恐他人道渠长短也，即偕渠回署。后乃能与士绅纵谈并微行以巡视全城情况"（见《六十以后续记》，《张难先集》第475页）。

十二月二十九日（1938年1月30日），张难先在天门旅店守岁。

民国二十七年戊寅（1938年）　六十五岁

正月初一日（1月31日），张难先"原拟往京山、钟祥、荆门一行，俱因雨雪不通车"，只得自天门"乘轮回省"。张难先感觉，"此次巡视汉川、沔阳、天门、潜江四县，惟潜江胡县长质底尚不坏，其余均以作官为目的者，当报省府撤惩"（见《六十以后续记》，《张难先集》第475页）。

正月上旬，德国政府公开宣布承认伪满洲国。

正月十一日（2月10日），张难先作四言诗七首（《挽吴贡三先生》），以表达其对亡友的哀悼、缅怀之情（见《不成文文（节抄）》，《张难先集》第601页）。

正月十七日（2月16日），三女儿泳平与四川人、武汉大学学生倪文木在武汉结婚。张难先自觉"儿女共五人，泳平最少。今渠结婚"，自己的"生平之愿"已"全了"，可谓"一快"（见《六十以后续记》，《张难先集》第475页）。

正月二十日（2月19日），张难先办理完小女的婚事，即"由省动身巡视监利、江陵、松滋、枝江、宜都、宜昌六县"。"江陵为四区专员住在地"，张难先曾与"徐专员谈各县政"，此地又是张难先"昔年辛苦地"，故前"往观之"（见《六十以后续记》，《张难先集》第475页）。

二月初五日（3月6日），在江陵期间，张难先前往草市镇拜谒亡友朱元成之墓，并应邀作有《题亡友朱烈士松坪墓碑》，以表其哀悼、缅怀之情（见《不成文文（节抄）》，《张难先集》第601—602页）。

在江陵城，张难先还前往"谒张文忠居正墓"（见《六十以后续记》，《张难先集》第475页），并题遗像（《题张江陵画像》，见《不成文文（节抄）》，《张难先集》第603页）。

在荆沙期间，友人邀游沙市中山公园，园内设有太岳堂，"司园者求题其额"，张难先欣然应允，为其题"太岳堂"额（题额三字用泰山经石峪体），并作《题沙市中山公园太岳堂额并跋》相赠（见《不成文文（节抄）》，《张难先集》第603页）。

二月二十四日（3月25日），日本侵略军三路围攻徐州，台儿庄国民党守军在李宗仁等人的指挥下与日军展开血战。

二月二十七日（3月28日），巡视结束，张难先"回省报告"："六县之县长，惟宜都之张县长正性尚精明努力，其余则难望振作"；对于"江堤及土地陈报合作社等利弊，俱痛切言之，多所纠正"。张难先"巡视数月，觉吾国政治至此，即由于废科举改学校后，士人俱集都会，乡村无中心人物所致，特撰《巡视各县之感想》一文，寄诸中央与各省及本省党政各当局研究，冀筹一补救之法"（见《六十以后续记》，《张难先集》第475页）。

二月二十八日（3月29日），国民党临时全国代表大会在武汉召开，推蒋介石为国民党总裁，汪精卫为副总裁，并决议成立三民主义青年团。

春间，武汉卫戍总司令部成立，任命陈诚为总司令，负责武汉的防务。

三月初一日（4月1日），在冀中的东北军吕正操部向敌后挺进，摧毁深泽、安国、任丘、河间、献县、安新、高阳等地日伪组织，成立了冀中政治主任公署（后改行署）。

三月十一日（4月11日），日本海军攻占福建厦门。

三月十八日（4月18日），鉴于张国焘已公开背叛共产党，投靠国民党，中共中央作出《关于开除张国焘党籍的决定》。

四月二十日（5月19日），国民党军弃守江苏徐州。

四月二十七日至五月初六日（5月26日—6月3日），毛泽东在延安抗日战争研究会上作论持久战的演讲。

五月十三日（6月10日），国民党军弃守河南开封、安徽安庆等城市。

五月十四日（6月11日），国民党军在郑州东北的花园口，炸决黄河河堤，水淹数十县。

五月十七日（6月14日），国民政府见湖北省政府"薰犹不同器而藏"，"不能和协"，遂再次对其进行改组，任命武汉卫戍司令和第六战区司令长官陈诚兼任湖北省政府主席，严立三、杨棉仲、郑家俊①、陈剑鯠、石瑛、卫挺生、柳克述、张难先等人为委员。

张难先"以久退之身，因国难友谊，复出数月，于事无济，在己甚苦"，本想乘机脱身，然陈诚"不愿"其"出府"，只得继续任劳。

五月二十三日（6月20日），改组后的湖北省政府各位委员正式就职。张难先"私谓此次改组，或较何（成濬）任稍胜，孰意每况愈下"。因"陈（诚）就职后，以军事关系，不能长在省垣，派严（立三）代行。而严复处处退让，演至大权旁落，失其重心"。张难先"甚忧之"，曾"向立三直言极谏，亦俱不省"（见《六十以后续记》，《张难先集》第476页）。

六月初九日（7月6日），国民党政府在武汉召开国民参政会，汪精

---

① 郑家俊，生卒年、事迹不详，曾任汉阳兵工厂厂长、湖北省政府建设厅厅长等职。

卫、张伯苓为正副议长，并聘请毛泽东、林祖涵、吴玉章、董必武、陈绍禹、秦邦宪、邓颖超等七人为国民参政会参政员。

六月间，张难先经"与同志磋商"，"刻武昌日知会纪念碑"——纪念碑由欧阳瑞骅撰文，张难先书丹，刻成后，送交日知会黄吉亭会长树立（见《六十以后续记》，《张难先集》第 476 页）。

同月里，张难先请人为亡友刘静庵刻遗像、遗墨，并作有《刻刘烈士静庵遗像遗墨记》说明其原委（见《不成文文（节抄）》，《张难先集》第 602 页）。

同时，张难先还为亡友刘静庵的遗墨对联"大块噫气嗟劳苦；帝天无言遂生成"题写了跋语（见《不成文文（节抄）》，《张难先集》第 602 页）。

七月初九日（8月4日），冀鲁豫五十余县军、政、民代表，在河北南宫成立"冀南行政主任公署"。

七月上旬，由于"敌机狂炸武汉，省府决议西迁宜昌"（见《六十以后续记》，《张难先集》第 476 页）。

其间，好友王葆心见"楚氛甚恶"，"亦旋里避寇"，张难先与其分别，"岂料遂成永诀"（见《挽罗田王青坨葆心先生联》附序，《张难先集》第 536 页）。

七月十五日（8月10日），湖北省政府西迁宜昌"首途"，当天，省委委员仅张难先一人随省府各厅职员"同行"（见《六十以后续记》，《张难先集》第 476 页）。

省府西迁的地址在离宜昌市二十余里的韩家坝（今伍家岗区宝塔河街道韩家坝社区）。

闰七月十六日（9月9日），省政府例会，"建设厅易秘书报告改善安韩公路（从宜昌河西安安庙起至韩家坝止，共二十余里）事"，张难先和石瑛才知有此一事。此前，柳秘书长一直不将此事列入会议讨论，故大家不知。随后，"外间舆论均谓政府对于安韩路将大兴土木"，张难先和石瑛亦开始关注此事（见《六十以后续记》，《张难先集》第 477 页）。

闰七月间，为购买本省稻谷事，张难先曾致函（《复杨棉仲书》）省政府秘书长杨揆一（见《不成文文（节抄）》，《张难先集》第 602—603 页）。

八月初一日（9月24日），五万日军分成二十五路围攻晋察冀抗日根据地，至十月底，晋察冀部队彻底粉碎了敌军的围攻。

八月初五日（9月28日），省政府例会，张难先和石瑛还是将修建安韩公路之事提到会上讨论。"柳则支吾其词"，谓"仅整理安安庙至偏岩子之人行通道（约五六华里），不建汽车路"（见《六十以后续记》，《张难先集》第477页）。

八月十二日（10月5日），《武汉日报》"载有宜昌第一区奉令重修安韩公路，需工五六万。县府派郑秘书驻区协助，区署并拟派员前往土城、广化等乡督催征工"的消息。张难先和石瑛见后感到"极其诧异"，遂"同赴省府质问秘书长"。柳则"狡词搪塞，谓此实报馆错误，并无征工五六万之事"（见《六十以后续记》，《张难先集》第477页）。

八月十四日（10月7日），《武汉日报》载有省府来函照登一条："查安韩公路最近只零星修补，由安安庙至偏岩子一段，并无征工五六万大举重修之计划。"张难先和石瑛"见此，以为实无此事，纯由记者讹传"（见《六十以后续记》，《张难先集》第477页）。

八月十五日（10月8日），有"数客"来，质问省府"为甚动众数千人，沿途作工"，使"许多妇孺，叫苦不堪"。张难先和石瑛谓"无此事"，而又来"数客"，均谓亲眼所见，且谓"已修至大桥边不远"。张难先和石瑛"疑甚"，遂"约次晨亲勘"（见《六十以后续记》，《张难先集》第477页）。

八月十六日（10月9日），张难先和石瑛一同"往观，则见自大桥边起，俱钉有桩牌放宽，改为汽车路，自太平桥至偏岩子十余里俱已动工改建，始知柳云无此事者，俱欺蔽"大家之言。于是二人"同归查卷"发现："柳于九月二十九日已用府令，催李专员转饬宜昌县长，迅即征工六万一千名，星夜赶筑"；而"二十八日汇报记录，则秘书处已将当时商决之案，改为'安韩路工程先修建安安庙至偏岩子一段'，'不建汽车路'一句则删去矣"，可见柳秘书长之胆大妄为（见《六十以后续记》，《张难先集》第477—478页）。

八月十八日（10月11日），张难先和石瑛知道："安韩路之初建"，曾"征工一万余名，俱未给资，征料伐人大木，几致酿成命祸。一次修建，已为民怨沸腾，况堪复征五倍之工耶？"然而，"柳（克述）为陈（诚）之腹心"，不纳嘉言，大权独揽，一手遮天，"致劳民伤财而不恤"。作为省政府委员，张难先和石瑛自知亦有责任，但"除一走外，再无他法"。于是他俩各"缮定辞呈二份"：一份"递韩家坝省政府"——此"为公事正当手续"，亦"知秘书处必不转"，"主席仍不得寓目"；一份则送"航邮","另寄武昌"陈诚,"以防壅蔽"(见《六十以后续记》,《张难先集》第478页)。

八月十九日(10月12日),张难先和石瑛在"函告立三"后,遂"作避地避人之举"——"离宜(昌)奔(恩)施"(见《六十以后续记》,《张难先集》第478页)。

抵达恩施后,张难先"赁一破屋,颜曰耻庐。枯坐无聊",遂将其长女"端君夫妇之冤狱叙列成篇,名曰《仳离集》,并将其历年函件编为二巨册,使异日之论斯事者不至信口雌黄"(见《六十以后续记》,《张难先集》第478页)。

其间,撰有《向梓侯传》《书余盗妻》等。

八月二十三日(10月16日),陈诚在阅览了张难先和石瑛的辞呈后,立即致电张、石二人,谓安韩公路"已电省府停工,并赔偿人民损失",并对二人表示"慰留"(见《六十以后续记》,《张难先集》第478页)。

八月二十八日(10月21日),国民党军弃守广州。

九月初四日(10月26日),国民党军又弃守武汉三镇,武汉沦陷。省政府代主席严立三"绕汉水奔宜(昌)",同时,"省政府奉命迁恩施"。得知消息,为"避烦恼",石瑛函招张难先至建始暂居(见《六十以后续记》,《张难先集》第478—479页)。

九月十七日(11月8日),张难先应石瑛之招,自恩施赴建始,"寄寓石宅"。至建始后,张难先曾去凭吊亡友吕槐庭之墓,并"存问其家属"(见《六十以后续记》,《张难先集》第479页)。

九月二十二日(11月13日),国民党军弃守岳阳,并纵火烧长沙,造成"长沙大火案"。

九月二十四日(11月15日),严立三"命秘书聂国青送(陈)主席之铣(十六日)电来",并有致张、石书函,"责其离宜太早"。二人乃复书谓:"左右窃权,亡国有余,谏之不听,弗去何为?"随后又以朋友身份向其"供献处置现局四则",然"书去亦不采纳"(见《六十以后续记》,《张难先集》第479页)。

案:陈诚致张、石电报在10月16日,当严立三回到宜昌,才将由秘书处转送的此电译出送来,此电在秘书处整整压了一个月。秘书处之所以"延宕时日",扣押不发,就是担心张、石"接铣(十六日)电碍陈(诚)情面回府,以碍彼之自由"。难怪张难先后来会感叹:"职在幕僚,竟敢将主官之电文擅不发交,其胆大为何如也!吾等处此情形,哪能再作冯妇?所以沉滞施州，其苦况不啻三闾大夫之在汨罗也"（见《六十以后续记》，《张难先集》第479页）。

十月上旬，八路军驻重庆办事处挂牌成立。

十月二十七日（12月18日），国民党副总裁汪精卫公开叛国，投降日本。跟随汪精卫叛国的尚有湖北省政府前委员兼秘书长杨揆一。

十一月初一日（12月22日），日本近卫文麿政府再次发表声明，对蒋介石进行诱胁，史称"近卫声明"。

十一月初八日（12月29日），汪精卫在越南河内发表投敌叛国的通电——"艳电"，吹捧日本近卫内阁的声明是"符合和平精神的"。

十一月上旬，柳克述"由宜回湘，转渝，复回鄂"；因"无颜来施，直航至宜"，并"复以立三为傀儡，借开会大题"，电召张、石"赴宜"。张、石自知这是"严、柳以开会相挟"，亦不愿妥协，"复具函向严代主席辞职，并另具一箴规之函"寄去。不料，"立三笨伯，尤自忘形，复为书派科长施方白来强"张难先和石瑛"赴宜"。张、石二人阅书"大怒"，不回宜昌，亦不复书。施方白恳请二老跟他一起赴宜，或给以书面文字，不然不走，因他回去不好交代。张、石二人颇"怜之"，遂在严立三原函上批写了四点意见，算是回函，交施方白带回（见《六十以后续记》，《张难先集》第479页）。

十一月十四日（1939年1月4日），严立三偕柳克述"由渝抵施"，严立三还至建始拜访张、石，劝说他们回省府视事。然而，"此中势理，立三不察"——"秘书处挟持大主席之势力"，"态度依旧，纠正不能"，如"含糊回府"，到时"再走又同儿戏，将何以下台"，故双方"辩论数次毫无结果"（见《六十以后续记》，《张难先集》第480页）。

十一月十五日（1939年1月5日），张难先和石瑛"回谒"严立三；见面后，严总是强邀二人回府视事，张、石问其解决办法，"渠又一筹莫展"。张、石"为之献策"，而严"复若罔闻"。因此，今日见面，"辩论数小时"，仍无结果（见《六十以后续记》，《张难先集》第480页）。

十一月中旬，严立三偕柳克述来拜访张难先，张遂"逾垣避之"；省府在恩施开会，通知其参加，亦"请假不到"；不得已，"会毕，严、柳俱赴宜"（见《六十以后续记》，《张难先集》第480页）。

十一月二十七日（1939年1月17日），陕甘宁边区首届参政会在延安开幕。

十二月初一日（1939年1月20日），蒋介石兼任国民参政会议长。

十二月初二至十一日（1939年1月21—30日），国民党五届五中全会举行。 会议形成了"溶共、防共、限共、反共"的反动政策，通过了蒋介石提出的《限制异党活动办法》。

十二月十九日（1939年2月7日），陕甘宁边区政府机关报《新中华报》，改为中国共产党中央委员会机关报。

十二月中、下旬，张难先在家读亡友吕槐庭诗，并为其诗作跋。

十二月二十二日（1939年2月10日），日本侵略军在海南岛登陆，冯白驹领导组织了琼崖游击纵队，抗击日军。

十二月间，蒋介石为了加强个人独裁统治，建立了国防最高委员会，并自任委员长。 这是一个凌驾于国民党中央、国民政府、五院和军事委员会之上，融党政军大权于一体的决策与执行相统一的机构。

年底，张难先和夫人陈氏在恩施度岁，并开始撰写《六十以后续记》。

是年，张难先撰有《书余盗妻》一文（见《不成文文（节抄）》，《张难先集》第603—604页），感叹余和尚之妻"以美女而嫁盗夫，可谓极人生之不幸。 然能近墨不黑，委屈以全夫妻之伦，可谓知命之天德矣"。

民国二十八年己卯（1939年）　六十六岁

年初，张难先和夫人陈氏在恩施过年，并乘暇撰写《六十以后续记》。

正月初五日（2月23日），周恩来代表中共中央抵达皖南云岭新四军军部，传达中央关于新四军向北、向敌后发展的方针。

正月上、中旬，八路军一一五师挺进山东，开辟山东敌后根据地。

正月中、下旬，张难先为亡友李济臣作事略。

其间，严立三"函电"催促张、石"赴宜开会"，谓要"商三人行止"，又派贺葆三秘书前来恩施"催促"（见《六十以后续记》，《张难先集》第480页）。

二月上、中旬，贺龙率一二〇师在冀中歼灭日军二十七师团一部约二千人，日寇竟然施放毒气弹。

二月中、下旬，张难先和石瑛不得已随贺葆三同赴宜昌，"下榻于三游洞"，"每日讨论议案毕"，几人便"坐溪石上商行止"。 讨论的结果让大家明白：目前的情势已"无法打开僵局"。 于是严立三的"去志"始决（见《六十以后续记》，《张难先集》第480页）。

会议结束后，张、石便"离洞回施"。 途经巴东码头时，适遇亡友萧声三之妻徐氏带着两个孩子上岸，遂携之一起回恩施，安顿在屯堡居住；又几经奔走，使其"两孩俱就学"（见《六十以后续记》，《张难先集》第480—481页）。

三月中旬，贺葆三秘书得严立三书函，谓其"决计摆脱府务，将赴渝向蒋、陈面辞"；贺秘书作诗告知张难先，张难先"感而和之"（见《六十以后续记》，《张难先集》第481页）。

三月十六日（5月5日），新四军江北指挥部成立，张云逸任指挥，徐海东任副指挥。

四月上、中旬，严立三有赴渝之行，张难先与石瑛闻知，暗自庆幸：终于"我辈职务可一并摆脱"（见《六十以后续记》，《张难先集》第481页）。

四月二十日至二十二日（6月7—9日），日本侵略军每天出动大批飞机，对恩施城进行轮番轰炸，致使恩施城"精华竭矣"（见《六十以后续记》，《张难先集》第481页）。

四月二十四日（6月11日），国民党张荫梧部袭击冀中深县八路军后方机关，杀害干部战士四百余人，造成"深县惨案"。

四月二十五日（6月12日），国民党第二十七集团军根据蒋介石的密令，包围新四军湖南平江通讯处，杀害涂正坤等六人，制造了"平江惨案"。

五月上、中旬，报上载有鄂府改组消息：民国政府任命"陈诚、严立三、张难先、赵志垚、时子周、黄仲恂、程汝怀为委员。严立三代理主席兼建设厅长"、张难先"兼民政厅长，赵志垚兼财政厅长，时子周兼教育厅长，黄仲恂兼秘书长"。张难先阅毕报纸，"甚诧异"；待严立三回宜后，"责以背前约"。而严氏"似有无限苦衷，抚然曰：'彼时吾欲拼命求脱，何尝不能。第念由何（成濬）任而移于外人，若又落不肖外人之手，吾辈之罪过实大。今日之事，为桑梓地也。'"听老友如此一番话，张难先亦"颇感动"，不再多言（见《六十以后续记》，《张难先集》第481页）。

五月十五日（7月1日），张难先进省府"接民厅事"，随后"召集七、六两区之县长会议，以讨论应付时局之要政"（见《六十以后续记》，《张难先集》第481页）。

五月二十一日（7月7日），中共中央发表《为抗战两周年纪念对时局宣言》，反对妥协和分裂，坚持团结抗战。

六月二十四日（8月9日），汪精卫在广州发表劝降广播。

七月十八日（9月1日），在日本帝国主义的导演下，伪蒙疆联合自治政府在张家口成立。

七月中、下旬，张难先任职几个月下来，竟连续发生几件不愉快的事情：友人陈祥麟"长于筹算"，且"倜傥廉洁"，张难先遂"命渠接受前任现金"。严立三知道后，谓"此人不可靠"，而"民厅存款数大"，不能让他掌管，以致祥麟闻知，"负气走"。

民厅庶务刘琮，"性孝友，极自爱"，而"宜昌行署竟来蜚语，传遍恩施各厅处"，谓其"在商店购买用品，索二八、三七之回扣"。后派人调查得知，"蜚语"出自秘书处印刷所柳副主任，而柳副主任乃"（柳）克述本家，故意造谣"。

朱树烈、向岩①"在湖北称正士"，任"沔阳、汉川两县县长，皆由会议通过"。严氏在宜昌，"闻金专员不悦"，即来电"让责"，且饬令不让他们"赴任"。

丁寿石"在鄂称能吏"，因"长阳急须易宰"，故"委之"。严立三知道后，"大不谓然"，竟电令"改委军事委员会军政部缉拿之贾犯廷申"。

鉴于以上数事，张难先自思："内外用人皆不能自由"，"内无可靠之人，则内部不易整顿；外无用舍之权，则外县如何控制。厅长为政务官，用人既不能自由，而责任复由己负，此事乌可为"？因此，"决计求脱"（见《六十以后续记》，《张难先集》第481—482页）。

八月初六日（9月18日），湖北省"成立'临时参议会'，以石瑛、李四光为正副议长"。

同日，临时参议会开会，严立三回恩施参加会议，张难先遂"与之理论辞职，不允；复请仿湖北十六年故事，裁厅设科"，愿任科长，"作幕僚事，以符名实。渠又无此勇气，含糊延宕，久不解决"。见此情状，张难先自觉"国难期间，又不便采决绝显著之辞职方式"，不得已，只好"将民厅兼职之待遇不受，存厅公用，仍负责做可能范围事，以度此不了之局。

---

① 向岩（1872—1959），原名寿荫，字少蒨，湖北汉川人。1905年赴日留学，入东京陆军东斌学校。1906年加入同盟会。1908年回国，赴川任陆军速成学堂教官，兼督练公所编译制度等科一等科员。1911年参加川南光复，随后回鄂，任鄂军第八师参谋长。曾参加"二次革命"，失败后亡命日本，加入中华革命党。护法运动时，任靖国军联军第八军参谋长兼第二混成旅旅长。1922年追随孙中山北伐，任第五路司令。1926年曾组织北伐别动队。抗战期间曾任汉川县县长，领导民众坚持抗战。新中国成立后历任中南军政委员会参事室参事、湖北省政协特邀委员、湖北省人大代表等职。著有《新中华民国》等。

环境如此，即遍电亲友，嘱俱不来"（见《六十以后续记》，《张难先集》第 482 页）。

八月十三日（9 月 25 日），日军开始对晋察冀解放区进行秋季"扫荡"；经六天五夜激战，八路军一二〇师歼敌二千余人。

八月十四日（9 月 26 日），张难先《六十以后续记》记至此时完稿，并将其"膳（缮）清"（见《六十以后续记》，《张难先集》第 480 页）。

八月中、下旬至九月上旬，日本侵略军三路进攻湖南长沙。

九月上、中旬，"有客送菊花三盆"，张难先乃"赋诗以明志"（见《六十以后续记》，《张难先集》第 482 页）。

九月二十六日（11 月 7 日），新四军江南指挥部成立，陈毅任指挥，粟裕任副指挥。

九月下旬，日军对晋察冀解放区发动冬季大"扫荡"；晋察冀军民粉碎两万日军的十三路围攻，歼敌四千余人，并击毙日军第二混成旅团长官阿部规秀中将。

十月初二日（11 月 12 日），伟大的国际主义战士、加拿大共产党员、著名医生诺尔曼·白求恩在河北完县黄石村病逝。

十月间，张难先见"游龙洞者吟咏辄以龙寄意"，"亦为之"。

十一月初十日（12 月 20 日），张难先的同乡好友孙武在北京拈花寺（原名千佛寺，在旧鼓楼大街大石桥）去世。

十一月上、中旬，国民党军非法侵占陕甘宁边区淳化等五县，掀起第一次反共高潮。

十一月十五日（12 月 25 日），朱德总司令、彭德怀副司令通电全国，反对枪口对内进攻解放区。

十一月二十日（12 月 30 日），日本侵略者与汪精卫秘密签订"《日支新关系调整纲要》"，即《日汪密约》，这是一个彻头彻尾的卖国条约。

十一月间，张难先有感于"省府及各厅对于防空设备太不注意，因计划为五洞，交科员刘琮监之"（见《六十以后续记》，《张难先集》第 482 页）。

十二月初七日（1940 年 1 月 15 日），毛泽东在延安出版的《中国文化》创刊号上发表《新民主主义论》一文。

十二月十五日（1940 年 1 月 23 日），在日本陆军代表的参加和监督下，汪精卫、王克敏、梁鸿志①三个汉奸头目在青岛会谈，决定合并现有的伪政权，成立伪中央政府。

十二月间，长嫂胡夫人在老家去世，张难先得知噩耗，"痛甚"，立即"招旅施之亲属，设位致祭，并为文以哭之"（见《六十以后续记》，《张难先集》第482页）。

年底，张难先和夫人陈氏在恩施度岁。

民国二十九年庚辰（1940年）　六十七岁

年初，张难先和夫人陈氏在恩施过年，仍在省政府任职。

"施城常闹米荒"——"一由施、鹤产稻少，一由路险运输难"，而机关、学校（学生的食宿均由政府承担）需求量大。民厅虽也"办理平粜"，并常招"各界开会讨论，总无善策"，然"参议会犹谓抑之不力，有烦言"；各方亦"不谅"，"一概责之民厅"，这让张难先感到"极其烦苦"（见《六十以后续记》，《张难先集》第482—483页）。

正月上、中旬，八路军不得已反击阎锡山部和胡宗南部的进攻，全歼国民党顽军朱怀冰等部三个师，将国民党的第一次反共高潮彻底粉碎。

正月二十七日（3月5日），张难先的友人，著名政治家、革命家、教育家蔡元培在香港病逝。

正月二十八日（3月6日），中共中央发出关于《抗日根据地的政权问题》的指示，强调了抗日根据地的政权实行"三三制"的原则。

二月初四日（3月12日），汪精卫发表"《和平建国宣言》"，提出要和重庆政府"共谋和平方案"。

二月中旬，"严主席以宜昌交通便利"，仍想将"省府及各厅处迁回彝陵，电饬商讨"，又派"宜昌行署主任林逸圣调查拟迁地点，来施征求各厅处"意见。张难先认为"行政机关非同军队单简，前年迁施，年余尚未就

---

① 梁鸿志（1882—1946），福建长乐人。幼读经史，为人狂傲，以东坡自许。光绪三十一年（1905年）入京师大学堂，毕业后任山东登莱高胶道尹公署科长、奉天优级师范学堂教员。中华民国建立，任职国务院。袁世凯死后投靠段祺瑞，先后任法制局参事、京畿卫戍司令部秘书处处长、肃政使、安福国会参议院秘书长。民国九年（1920年）段祺瑞下台，避居天津、大连、上海、杭州等地。抗日战争爆发，在上海组织维新政府，出任伪行政院院长，卖国投敌。次年又出任伪中华民国维持政府行政院长。后又出任汉奸组织"大民会"总裁，伪中华民国国民政府监察院长、立法院长等。抗战胜利后被捕。1946年以叛国罪判处死刑。工诗，著有《爱居阁诗集》。

绪";加之"倭寇据武汉两年,根基已立,随时可侵荆宜",万不可再搬迁回去。"各厅处长官均以为然,于是电陈利害,主张不迁,其事遂寝"(见《六十以后续记》,《张难先集》第483页)。

二月二十二日(3月30日),伪南京政府成立,汉奸头目汪精卫自任代理主席(主席之位预留给蒋介石),称"国府还都",招降重庆国民党。

二月二十八日(4月5日),严立三"因参政会开会回施",而此时"敌人进攻荆宜之息频频传来,渠迁府之念始断"。张难先"久欲出巡,以代行府事不果,今主席回施,欲借此机会出巡,主席可之",即作"出巡七区各县"准备(见《六十以后续记》,《张难先集》第483页)。

三月上旬,张难先开始出巡,"先循巴咸路至咸丰。咸丰县长段继李,少年老成,为梁漱溟弟子,庶政皆具规模,地方安谧,少见鹄面鸠形之烟民。咸民素称强悍,有此成绩,亦非易事。随至来凤。来凤被炸甚惨,全城化为灰烬。……再赴宣恩。宣恩县长田休,同士绅在二区沙道沟会商地方事,因便道巡视,观其举措。田县长尚知振作,地方正绅亦能为用。次日进城,嘱县长无与偕,仍继续讨论。进城则无所谓城,只数十间民房耳。诚哉小邑。次日系热集,特集合民众,在广场演讲一次。讲毕回施,拟再赴建始、巴东,主席谓荆宜吃紧","嘱无往"(见《六十以后续记》,《张难先集》第483页)。

三月二十五日(5月2日),国民党政府公布所谓东北四省省政府的改组令,以在关内之官行使关外之职权。

四月中、下旬,敌寇"以全力犯荆宜,中央忧之,命(军事委员会总)政治部部长陈诚为右翼兵团长,如宜督师"(见《六十以后续记》,《张难先集》第483页)。

四月间,张难先在初来恩施时,"即闻此地佃农租课奇重,并存农奴制度遗迹,私心伤之。以兹事体大,复值非常时期,不敢轻动,禀告委员长蒋公,蒋公赫然震怒,令鄂府会同省党部计划减轻佃农租。政府方面归民厅主办"。上月出巡期间,张难先即"与各县长商讨减租事宜,各县长均赞成。乃于途间草《告民众书》,散发民众"。此月里,遂"擢干部训练班学员数十人专办此事"(见《六十以后续记》,《张难先集》第483页)。

五月初七日(6月12日),日军攻占宜昌,"兵团长(陈诚)偕严主席退守黄陵庙"(见《六十以后续记》,《张难先集》第483—484页)。

五月上旬,为收复宜(昌)、沙(市),拱卫重庆,"中央复成立第六战区司令长官部，调陈（诚）兵团长为长官，在秭归、巴东收集溃兵，图再举"（见《六十以后续记》，《张难先集》第484页）。

五月上、中旬（6月），溥仪应邀第二次访问日本，日本天皇强迫其带回日本的"天照大神"供奉。

其间，"部署既定，（陈长官）命严主席先回施，预备开长官部军事会议"（见《六十以后续记》，《张难先集》第484页）。

六月十二日（7月16日），国民党提出了"中央提示案"，企图取消陕甘宁边区和缩编八路军、新四军。

六月下旬，"陈长官莅施，长官原兼鄂府主席，至则计划省政一切"（见《六十以后续记》，《张难先集》第484页）。

六月底，日本近卫内阁提出在日本支配下的"大东亚共荣圈"的侵略口号。

七月初，陈诚"在龙洞假参议会开军事会议，各高级军官悉至，军事秘不可闻"（见《六十以后续记》，《张难先集》第484页）。

七月上、中旬，严立三和张难先见陈诚已回"省府所在地"，两人遂向国民政府"同时辞职"（见《六十以后续记》，《张难先集》第484页）。

案：自1939年6月下旬开始，陈诚一直兼任湖北省政府主席职务，只因此前其"治军不在鄂，故由严立三氏代理"；今陈诚已在"省府所在地"，"是主席已回，而代理者自应退席"；而张难先本来不愿任职，是因为"严代主席加入省府"的，今"严退"，他"自应同去"（见《六十以后续记》，《张难先集》第484页）。

七月十七日至十一月初七日（8月20日—12月5日），华北五省八路军115个团，共计40万兵力，同时全线向20万日军出击，即"百团大战"，毁坏敌人据点2993个，毙、伤、俘日伪军44000余人。

七月二十五（8月28日），国民政府接受严立三和张难先的辞职，"下令免严兼主席"及张难先的"本兼各职"（见《六十以后续记》，《张难先集》第484页）。

七月二十八日（8月31日），张难先"谢天谢地"，正式"改除责任，出民政厅而回耻庐"（见《六十以后续记》，《张难先集》第484页）。

八月十一日（9月12日），"敌机狂炸施垣"，张难先偕"老妻与长女"分别"蜷伏洞中"和耻庐，"侥幸无恙"（见《六十以后续记》，《张难先集》第484页）。

八月十七日（9月18日），张难先见敌机时常前来轰炸，耻庐已无法居住，遂带老妻与长女迁徙到南郊谭家坝的山中居住。山中村庄名母猪笼，张难先"以其太俗，就音更为牧猪奴村"（见《六十以后续记》，《张难先集》第484页）。

八月二十五日（9月26日），美国再次贷给蒋介石政府二千五百万美元，即中美钨砂借款。

八月二十六日（9月27日），张难先移居谭家坝多暇，遂将其六十岁以后之经历记至此时为止（见《六十以后续记》，《张难先集》第484页）。

九月初四日（10月4日），国民党江苏省主席韩德勤调遣数万大军，向苏北新四军进攻，陈毅支队被迫自卫，发起"黄桥之战"。

九月十六日（10月16日），张难先收到好友、参政会议长石瑛的书函，嘱其报名参选国民参政会参政员。其自觉"不合时宜"，故"复书坚谢"（见《六十以后续记》，《张难先集》第484页）。

九月十九日（10月19日），蒋介石指使何应钦、白崇禧以国民政府军委会正副参谋总长名义，致电八路军朱德总司令、彭德怀副总司令，强令黄河以南的八路军、新四军于一个月内开赴黄河以北。这是国民党第二次反共高潮的开始。

十月初十日（11月9日），朱、彭、叶、项复电何、白，驳斥其荒谬命令和对中国共产党及其领导的军队的诬蔑；同时表示，为了顾全抗战大局，可以将皖南新四军撤至长江以北。

十一月初十日（12月8日），何、白再次致电朱、彭、叶、项，进一步制造反共舆论。

十一月二十四日（12月22日），陈诚派人给张难先送来"白镪千元"，张难先"却之"（见《六十以后续记》，《张难先集》第484页）。

十一月间，张难先见自己去职后，"后来者尽量丑诋"，故自书一联"以解嘲"：

是非原无定见，仁谓仁见知谓知；毁誉莫认真乎，马应马呼牛应牛。①

十二月初二日（12月30日），为顾全抗战大局，新四军某部遵令北移。而国民党宣传机关却大肆报道该军北移消息，以示日军，配合夹击。同时，蒋介石向顾祝同、上官云相下达围歼的密令。

---

① 张难先：《桑榆随笔·杂稿偶存》，严昌洪、张铭玉、傅蟾珍主编：《张难先集》，华中师范大学出版社2011年版，第519页。

十二月初七日（1941年1月4日），新四军军部及所属部队9000多人奉命北移。

十二月初九日（1941年1月6日），当奉命北移的新四军行至皖南泾县的茂林地区，突遭国民党军七个师八万余人的包围袭击。新四军被迫还击，激战七昼夜，弹尽粮绝，军长叶挺被俘，副军长项英及副参谋长周子昆、政治部主任袁国平皆遇难。所属部队除约二千人突围外，大部殉难，这就是震惊中外的"皖南事变"。

十二月二十日（1941年1月17日），蒋介石反诬新四军"叛变"，取消其番号，并下令国民党军大举进攻江北新四军，掀起了第二次反共高潮。

十二月二十一日（1941年1月18日），中共中央就"皖南事变"发表谈话，对蒋介石的反动暴行进行了针锋相对的斗争。

十二月二十三日（1941年1月20日），中共中央革命军事委员会发布重建新四军军部的命令，任命陈毅为代理军长，张云逸为副军长，刘少奇为政治委员，赖传珠为参谋长，邓子恢为政治部主任，下辖五个师和三个军区、五个游击纵队。

十二月二十五日（1941年1月22日），中共中央军委发言人发表谈话，揭露国民党破坏抗战，实行反共的罪恶阴谋，提出取消17日反动命令、惩办祸首等十二条解决办法。以周恩来为首的中共南方局，在重庆也展开了猛烈的反击，揭发和抗议蒋介石的暴行。宋庆龄等人亦致电重庆政府，斥责蒋介石的暴行。

十二月二十六日（1941年1月23日），陈毅、张云逸、刘少奇等人通电就职。

年底，张难先偕老妻陈夫人和长女端君在恩施南郊的谭家坝度岁。

民国三十年辛巳（1941年） 六十八岁

年初，张难先偕老妻陈夫人和长女端君在恩施南郊的谭家坝过年。

正月初三日（1月29日），新四军新的军部在苏北盐城成立，并开始整编部队，将全军扩编为七个师和一个独立旅。

正月间，日美妥协，牺牲中国，使反共反苏局面的东方慕尼黑的新阴谋在日美间加紧酝酿。

二月（3月）间，中共中央驻重庆代表周恩来等向国民党提出的解决时局问题的十二条意见，遭到国民党政府的拒绝，因此，中共中央拒绝出席第二届国民参政会。

同月里，张难先将"《六十自述》《六十以后续纪》《六十自述补遗》《不成文文》《灵园杂稿》《耻庐存稿》六种用密行细字缮为上下两小册，备空袭时便于携带。一月缮就，总其名曰《南柯痕》"（见《桑榆随笔·大事记》，《张难先集》第513页）。

同月里，张难先的长子少勤为"避城中轰炸，移居本村"（见《桑榆随笔·大事记》，《张难先集》第513页）。

三月二十日（4月16日），张难先应邀前往恩施宣恩的长潭河拜访、看望老友严立三。其时，严氏正带领裁汰之"保安队老弱士兵垦植"。两人见面时，为"垦植"事，曾发生争执。张难先遂于长潭河赁屋接夫人陈氏"为长居计"，而对"晒坪垦植，绝不过问"。住下后，"悯地方农民俱不识字"，拟"办一成人识字班以训盲"（见《六十以后续记》，《张难先集》第484—485页）。

三月间，国民党军弃守浙江绍兴、宁波、温州及福建福州等地。

四月十七日（5月12日），日本侵略军进攻中条山，国民党军二十万溃逃，两万人投降，十万人被俘；八路军为解救中条山危局，对正大、同蒲、平汉、白晋、平绥、平古各线展开攻击战，毙伤日、伪军万余人。

四月二十一日（5月16日），《解放日报》在陕西延安创刊。

五月十一日（6月5日），重庆的防空大隧道因工程简陋，管理失职，防空时洞口堵塞、倒塌，死亡数万人。

五月二十八日（6月22日），德国法西斯开始进攻苏联。

五月二十九日（6月23日），中共中央发表《关于反法西斯的国际统一战线》的指示。

六月初七（7月1日），德意法西斯承认汪精卫伪政府。

六月十三日（7月7日），冈村宁次继多田骏出任日本侵略华北方面军总司令，集中十三万以上的兵力，分十三路围攻晋察冀抗日根据地，以报复八路军组织的"百团大战"。至10月，冈村自认失败，被八路军歼灭八千余人。在此次的大"扫荡"中，出现了八路军狼牙山五壮士的英雄事迹。

闰六月间，好友贺葆三曾来访，并"以其所著诗歌出示，中有秋蚊诗一首。盖彼于洪宪时代借以刺袁也，爱而和之"（诗略，见《桑榆随笔·杂稿偶存》，《张难先集》第520页）。

七月初，张难先收到长女端君寄来的书函，谓弟弟少勤"患痨，且危"（见《六十以后续记》，《张难先集》第485页）。

七月初七日（8月29日），张难先自宣恩的长潭河赶回恩施南郊的牧猪奴村看望长子少勤。其时，少勤的病情已有所好转，张难先遂"交皮袍一件嘱渠变卖调治"（见《六十以后续记》，《张难先集》第484页）。

七月十一日（9月2日），张难先见儿子的病情有所好转，故由牧猪奴村返回宣恩的长潭河。

八月十四日（10月4日），日本侵略军攻占河南郑州。

八月二十日（10月10日），中国民主政团同盟（后改名为中国民主同盟）在香港正式成立，并在其机关报《光明报》上发表《中国民主政团同盟成立宣言》和《中国民主政团同盟对时局主张纲领》（简称"十大纲领"）。

九月十一日（10月30日），张难先"将私印存根、产契存根各一本邮寄肖瑜保存。《仳离集》共三本交汉民保存"（见《桑榆随笔·大事记》，《张难先集》第514页）。

九月中、下旬至十月上旬（11月），张难先"编《耻庐家要》三种，亲缮两份，一自存，一邮寄澈生。复为《桑榆随笔》以续《南柯痕》之后。此两种合《南柯痕》共为同样四本，随时携带"（见《桑榆随笔·大事记》，《张难先集》第514页）。

其时，张难先因"避居宣恩东乡之深山中，其地等于初民时代，犷悍成风，无可理喻"，遂"集四书句为联"以"解嘲"：

　　小人无忌惮；互乡难与言。①

九月间，张难先"流寓宣恩之武陵山中"，"其女主人王媪七一初度"，遂"撰联"一副以"寿之"：

　　蟠桃早熟献王母；秋菊盛开醉武陵。②

十月初三日（11月21日），陕甘宁边区政府参议会开幕。

十月十九日（12月7日），日本侵略军偷袭美国夏威夷州的珍珠港。

十月二十日（12月8日），日本侵略者对英、美国宣战，太平洋战争爆发。

十月二十一日（12月9日），国民党政府正式对日本宣战。

十一月初一日（12月18日），日本侵略军在香港登陆，广东人民抗日游击队东江纵队配合英军进行香港保卫战。

十一月初九日（12月26日），张难先的长子少勤（1897—1941）在恩

---

① 张难先：《桑榆随笔·杂稿偶存》，严昌洪、张铭玉、傅蟾珍主编：《张难先集》，华中师范大学出版社2011年版，第520页。

② 张难先：《桑榆随笔·杂稿偶存》，严昌洪、张铭玉、傅蟾珍主编：《张难先集》，华中师范大学出版社2011年版，第520页。

施南郊的牧猪奴村病逝。夫人陈氏"号泣几丧明,并失血",张难先撰写了"我因有过才丧子;天若假年再抚孙"的一副挽联,以表达其悲痛的心情(见《六十以后续记》,《张难先集》第485页)。

儿子去世后,因"天寒地冻,不能归殡",张难先不能赴牧猪奴村"奔丧",遂"由长女端君及侄仲英殓葬于村前东山"(见《六十以后续记》,《张难先集》第485页)。

十一月十五日(1942年1月1日),苏、美、英、中等26国在华盛顿签订《联合国宣言》。

年底,张难先和老伴陈氏在宣恩的长潭河度岁。

民国三十一年壬午(1942年) 六十九岁

年初,张难先和老伴陈氏在宣恩的长潭河过年。

正月十五日(3月1日),值伪满洲国"建国"十周年之际,溥仪颁布"《建国十周年诏书》"。

三月初八日(4月22日),阎锡山在山西吉县安平村与日军代表、汪伪代表进行投降谈判,史称"安平会议"。

三月初十日(4月24日),张难先偕老伴陈氏自宣恩长潭河起程返恩施——因"长潭河旧为苗蛮屯,民气悍犷,视杀人如儿戏,即劝立三速迁"(见《六十以后续记》,《张难先集》第485页)。

三月十一日(4月25日),张难先偕老伴陈氏回到恩施的耻庐。

三月十二日(4月26日),因"居长潭河时,陈辞修主席曾"派人给张难先和严立三各送了"三米布",张难先遂前往省府府署拜谢陈诚。不久,陈诚又过来回拜,并谓希望先生能够"出任参政员"。张难先听陈诚如此说,甚"惶骇(此职应由民选,渠竟认为是他囊中物,悖谬孰甚),谢以无能"(见《六十以后续记》,《张难先集》第485页)。

三月十五日(4月29日),张难先偕老伴陈氏"检点行李","走蜀避于儿女处"(见《六十以后续记》,《张难先集》第485页)。

三月十六日(4月30日),张难先在恩施巴东的旅店致函(《致陈主席谢选参政员出走书》,见《桑榆随笔·杂稿偶存》,《张难先集》第520页)陈诚,对其给予的关照表示感谢,并恳辞出任参政员之事。

三月十七日(5月1日),冈村宁次亲自指挥三个师团、两个旅团的五万余名日军,对冀中抗日根据地进行"全面扫荡"("五一大扫荡"),实行"三光政策"。冀中军民经过两个月的苦战,歼灭日军坂本旅团长以下八千余人,日本侵略军的"全面扫荡"失败。

三月二十日(5月4日),汪精卫率团抵达长春,对伪满洲国进行"访问"。

三月二十三日(5月7日),张难先偕夫人陈氏抵渝,见报纸上载有"鄂参议会选举参议事",已将他的名字列入,且"无法辞职",只好"住歌乐山肖瑜处及自流井汉民两家,准备出席"会议(见《六十以后续记》,《张难先集》第485页)。

四月上、中旬,八路军反击日本侵略军对晋东南地区的"扫荡",歼灭敌军五千余人,八路军副参谋长左权在此次战役中牺牲。

四月十三日(5月27日),收到好友、时任湖北省国民参政会秘书长贺有年寄来的书信及会议通知,张难先在了解整体情况后当即回函(《复参政会贺秘书长有年书》,见《桑榆随笔·杂稿偶存》,《张难先集》第520—521页),明确表示届时出席,并愿尽职责,"以促国人之警觉"。

案:《张难先集》中此书函题目下所署时间为"(民国)三十二年五月二十七日",而根据书函具体内容及张难先的具体行踪来看,时间应为"(民国)三十一年五月二十七日"。

四月二十五日(6月8日),伪满洲国国务院总理张景惠率团抵达南京,对汪伪政府进行"回访"。

五月十一日(6月24日),张难先十年前在杭州与熊十力决裂,已"十年不通往来";去年长子少勤病逝,熊氏曾致函"唁吊",张难先亦复函"谢之",两人"复交",开始通信往来。最近住在北碚勉仁书院的熊氏得知张难先住在自流井,遂来函邀请张难先去北碚勉仁书院同住。张难先自觉住在女儿汉民处甚好,乃去函向老友表示谢意(见《桑榆随笔·大事记》,《张难先集》第515页)。

五月二十四日(7月7日),中共中央发表《为抗战五周年纪念宣言》。

六月下旬至七月上、中旬(8月),根据地军民粉碎了日本侵略军对冀东地区的进攻,歼灭日军浦田少将以下千余人。

七月上、中旬,张难先偕夫人在自流井女婿倪文穆、女儿泳平家小住期间,见他们家院中有一棵紫荆甚是"奇古",连祖辈、父辈都不知其"植于何年"。适文穆之弟毕业回家,张难先见二人"兄弟友爱之情溢于言表"，遂作联一副（并序）相赠，以表达其祝愿之意：

荆树雄奇钟伯仲，兰花芬馥满门楣。①

八月十六日（9月25日），为作开会准备，张难先偕夫人至歌乐山二女儿肖瑜家居住。

八月三十日（10月9日），苏联红军取得斯大林格勒战役的胜利，此次战役的胜利成为第二次世界大战的转折点。

九月十三日（10月22日），国民参政会正式开会。赴会时，同人推举张难先"致开幕答词"。张难先不得已，遂"举孟子'责难于君谓之恭，陈善闭邪谓之敬，吾君不能谓之贼'三语相勖"（见《六十以后续记》，《张难先集》第485页）。

会议期间，张难先曾向大会提交提案三件（《国民参政会提案三稿》，《桑榆随笔·杂稿偶存》，《张难先集》第521—523页）。

九月二十八日（11月6日），国民参政会结束后，张难先遂偕老伴陈氏起程回恩施。张难先偕夫人"此行在两女处居住半年"，两女"用钱过万"，这让他"心甚不安"（见《桑榆随笔·大事记》，《张难先集》第515页）。

九月下旬至十月上、中旬（11月），根据地军民粉碎了日本侵略军对山东解放区、苏北解放区的"扫荡"。

十月上旬，张难先偕夫人回到恩施后，得知好友刘凤祥、吴昆先后谢世，非常悲痛，乃"为联以挽之"，又为刘凤祥作传，"从此闭门谢客"（见《桑榆随笔·大事记》，《张难先集》第515页）。

其间，张难先在清理文稿时，见到好友刘凤祥两年前抄示自己的《苦乐说》一文，颇为伤感，遂作《刘南如先生遗著跋》一文以示缅怀之情（见《桑榆随笔·杂稿偶存》，《张难先集》第524页）。

十月初五日（11月12日），张难先有感于好友刘凤祥、吴昆去世后"求火葬而无场"的现状，写了《现在宜实行火葬制度，以济人之急而重卫生》一文，提倡火葬，呼吁政府多建火葬场（见《桑榆随笔·杂稿偶存》，《张难先集》第524—525页）。

十月初八日（11月15日），张难先自重庆回到恩施耻庐后，自撰一联

---

① 张难先：《桑榆随笔·杂稿偶存》，严昌洪、张铭玉、傅蟾珍主编：《张难先集》，华中师范大学出版社2011年版，第527页。

以"谢客"：

> 既老且聋，闭门谢客；本愚复鲁，羞面见人。①

同日，为堂门作联一副云："垂老当戒得；执中易无权。"

又为檐柱作联一副云：

> 历幼时，历壮时，历晚年，历尽苦恼；
> 少会客，少出门，少说话，少些麻烦。②

十月下旬至十一月上中旬（12月），以陕甘宁边区带头，全国各解放区展开大生产运动。

十一月下旬至十二月上中旬（1943年1月），陕甘宁边区政府号召机关、部队自己动手，生产自给，以克服敌人封锁、围攻的困难。

十一月间，"省参议会得渝陆军司法部何总监成濬电，谓湘人在洞庭湖入口处筑垸，名曰'天祐'。石议长认为关系湖北民生极重，将有洞庭北徙之虞，当召集全省士绅开会商讨"；最后决定推举张难先"与李书城、沈肇年赴陪都向政府请愿"（见《桑榆随笔·大事记》，《张难先集》第515页）。

十二月间，张难先"同李、沈二君由西南公路赴渝。李君与湘人程潜为日本的仕（士）官同学，与孰商，允为开导，停筑。复往行政院，由秘书长张厉生接见。当递呈文并说明一切。随走蒋院长、孔副院长官邸请愿，俱获同情。当令湘省府禁筑，其已筑者亦勒令刨毁"。张难先、李书城、沈肇年"三人以目的已达，乃由原路回施"（见《桑榆随笔·大事记》，《张难先集》第515页）。

年底，张难先和老伴陈氏在恩施耻庐度岁。

民国三十二年癸未（1943年）　七十岁

年初，张难先和老伴陈氏在恩施耻庐过年。

正月下旬，张难先见"湖北通志馆、中央党史委员会、国史馆"对武昌首义之事"俱冷淡"，且"文献无征"；作为武昌起义的参与者，不完成此

---

① 张难先：《桑榆随笔·杂稿偶存》，严昌洪、张铭玉、傅蟾珍主编：《张难先集》，华中师范大学出版社2011年版，第525页。

② 张难先：《桑榆随笔·杂稿偶存》，严昌洪、张铭玉、傅蟾珍主编：《张难先集》，华中师范大学出版社2011年版，第526页。

项工作，自觉"何以对先烈而励后人"；遂"发愿以全力赴之"，开始"访求辛亥武昌首义史料"（见《六十以后续记》《桑榆随笔·大事记》，《张难先集》第485、515页）。

正月间，日、伪军两万余人围攻苏北解放区，被解放区军民击败。

同月里，张难先的友人、著名佛学居士欧阳竟无在四川江津支那内学院蜀院病逝。

二月初八日（3月13日），日本首相东条英机抵达南京，对汪伪政权进行"访问"。

二月二十七日（4月1日），日本首相东条英机抵达"新京"，"访问"伪满洲国。

二月间，张难先撰有"朱子龙、李亚东、胡瑛、吴贡三、季雨霖五传"，并开始"编《丙午湖北党狱汇纪》一书"（见《六十以后续记》，《张难先集》第485页）。

同月里，张难先作《挽吴寿田、刘南如两君并序》，表达其对亡友的悼念、缅怀之情（见《桑榆随笔·杂稿偶存》，《张难先集》第526页）。

三月二十九日（5月3日），为张难先七十寿诞之日，"儿女设宴为寿"（见《桑榆随笔·大事记》，《张难先集》第515页）；他自己则作有一长联（并序，序略）以"自遣"（见《桑榆随笔·杂稿偶存》，《张难先集》第526页）：

少与恶社会斗，长与恶政府斗，拔剑揭竿，祸闯百千侥幸过；
贫病足以死吾，忧患足以死吾，连灾累劫，我生七十实真难。

案：张难先的生日本为农历三月三十日——三月的最后一天。但此年的三月小，只有二十九天，故此年的此日为其生日。

四月上旬开始，"倭寇由监利渡江，连陷公安、石首、松滋、宜都，直捣野山关（今恩施州巴东县野三关镇），施州震动"（见《六十以后续记》，《张难先集》第485—486页）。

四月十一日（5月14日），国民党中央监察委员、河北省主席、冀察战区副司令长官兼第二十四集团军总司令庞炳勋与国民党新编第五军军长孙殿英联名通电叛国降日，庞就任伪晋冀鲁豫"剿共"总司令兼和平救国军第二十四集团军总司令。

四月十七日（5月20日），张难先作有《刘南如传》一文，详述其生平事迹（见《桑榆随笔·杂稿偶存》，《张难先集》第527—529页）。

同日，张难先作七言律诗《读亲旧寿诗有感》一首，抒发其感慨（见《桑榆随笔·杂稿偶存》，《张难先集》第526页）。

四月二十六日（5月29日），张难先见形势紧张，遂让"长女端君母子留守"，自己则"率老妻、寡媳及二三龄之孙儿孙女奔黔江赴渝"（见《六十以后续记》，《张难先集》第486页）。

四月二十九日（6月1日），"新京"康德新闻社正式发行《康德新闻》（原来的《大同报》并入）。

五月初四日（6月6日），美式武器武装的国民党河防大军奉命调至陕甘宁边区周围，第8战区(司令朱绍良)副司令长官兼第34集团军总司令胡宗南至洛川召开军事会议，准备"闪击"延安，掀起第三次反共高潮。

五月初六日（6月8日），张难先携家眷一行"抵重庆，寓侄婿向思赞家"（见《六十以后续记》，《张难先集》第486页）。

五月二十六日（6月28日），张难先"与老妻依二女肖瑜于歌乐山（龙洞湾十号）以居"，而"由肖瑜荐刘媳往北碚慈幼院服务，子铭玉、女铭淑随母以孤儿由院收养"，并送他们到北碚安顿好才回（见《六十以后续记》，《张难先集》第486页）。

六月初三日（7月4日），八路军总司令朱德致电蒋介石，呼吁团结，避免内战。

六月初六至初八日（7月7—9日），国民党军连续炮击边区。

六月上、中旬，待家中事情安顿好后，张难先"开始采访史料"。"先至国史馆、党史委员会调查。见武昌首义史料极形贫乏"，其"责任心益重"（见《桑榆随笔·大事记》，《张难先集》第516页）。随后，"老同志、各大学，走访几遍。编录日必半夜始辍"（见《六十以后续记》，《张难先集》第486页）。

其间，张难先曾赴北碚附近的歇马场拜访老友李翊东。李翊东曾尽四年之力编成《武昌首义纪事》一书，拿出给张难先看。其"书中多杂入他省事"，而张难先"只编湖北部分"，故不顾"暑蒸蚊咬"，"日夜摘抄"其中有关湖北的材料（见《桑榆随笔·大事记》，《张难先集》第516页）。

六月下旬，张难先在歇马场拜访老友李翊东期间，曾前往北碚慈幼院"视刘媳、两孙"，并"兼访熊君子贞"（见《六十以后续记》，《张难先集》第486页）。

其间，好友石瑛"由施来渝，就医于歌乐山中央医院"，与张难先"比邻而居，朝夕过从，稍不寂寞"（见《六十以后续记》，《张难先集》第486页）。

七月初一日（8月1日），张难先的友人、国民政府主席林森在重庆府邸因伤重抢救无效去世。

七月十八日（8月18日），太行山区八路军全面出击，庞炳勋、孙殿英的伪军主力全军覆没。

七月间，因张难先曾给所熟识的老同志寄发过征求史料的书函，故"各方面来稿甚多。惟首义时发表之《鄂州约法》及曹亚伯所著之《武昌革命真史》未曾访得"；于是，又寄书"各省大学图书馆求之"（见《桑榆随笔·大事记》，《张难先集》第516页）。

八月初四日（9月3日），意大利宣布无条件投降。

八月初七至十四日（9月6—13日），国民党五届十中全会在重庆举行，蒋介石继林森（8月1日病逝）任国民党政府主席。

八月十九至二十八日（9月18—27日），国民党政府在重庆召开三届二次国民参政会。张难先按时出席会议，但因"战事紧急，未提一案"（见《六十以后续记》，《张难先集》第486页）。

九月初三日（10月1日），国民参政会结束后，张难先即从歌乐山龙洞湾次女肖瑜居所迁至蒙子树次子澈生工作的金城银行别墅居住。这里房屋宽敞明亮，"泉石清幽，著书其间"，可谓"人地相得"（见《桑榆随笔·大事记》，《张难先集》第517页）。

九月初七日（10月5日），毛泽东为延安《解放日报》撰写了题为《评国民党十一中全会和三届二次国民参政会》的社论，全面揭露蒋介石搞投降、打内战，实行独裁的反动政策。

九月十二日（10月10日），司法院院长居正招饮张难先等"老同志十余人于小洞官邸，商讨首义史事"，嘱均将稿件寄给张难先。但"其后寄稿者只李西屏、甘穆卿、曾楚湘三人而已"。张难先遂至"中央、重庆两大学图书馆及中央图书馆调查参考书"，并"均承借摘抄，每日非半夜不能就寝"（见《桑榆随笔·大事记》，《张难先集》第517页）。

九月间，中共中央公布十大政策：一、对敌斗争；二、精兵简政；三、统一领导；四、拥军爱民；五、发展生产；六、整顿三风；七、审查干部；八、时事教育；九、三三制；十、减租减息。

十月初八至初九日（11月5—6日），日本首相东条英机为缓和东南亚各国人民的反日运动,加强对各傀儡政权和仆从国的控制,以应付盟军的反攻,纠集汪精卫(伪南京政府主席)、张景惠(伪满洲帝国国务院总理)、旺·怀他耶功亲王(泰国总理代表)、劳霍尔(菲律宾第二共和国总统)、巴莫(缅甸总理)、钱德拉·鲍斯(自由印度临时政府首脑)等政权和保护国首脑,在东京举行"大东亚会议",会后发表《大东亚宣言》。

十月二十六至二十九日(11月23—26日),重庆国民政府主席蒋介石飞抵埃及首都开罗,与美国总统罗斯福、英国首相丘吉尔举行开罗会议,讨论对日作战问题。

十一月初五日(12月1日),《开罗宣言》发表。

十一月初六日(12月2日),东江游击纵队发表宣言,接受中国共产党领导,正式成立广东人民抗日游击队东江纵队,曾生任司令。

十一月初八日(12月4日),张难先的同乡好友、"民国第一清官"石瑛在重庆中央医院病逝。张难先"与居正料理其后事,权厝于歌乐山之东麓"(见《桑榆随笔·大事记》,《张难先集》第517页)。

石瑛的病逝,使张难先非常悲痛,他写有《挽挚友石蘅青》一联"哭君只有泪;提笔竟无言",表达其伤悼之情(见《桑榆随笔·杂稿偶存》,《张难先集》第535页)。

十一月中旬,邹鲁让弟子王兴瑞将其增改之《中国国民党史稿》的湖北部分送来请张难先等"正误"。因该书"流传甚广",张难先遂"函请胡祖舜、熊秉坤、蔡汉卿、曾省三、李西屏、甘穆卿等来舍同校,以免失真"。

十一月二十二至二十四日(12月20—22日),张难先的书函寄出后,届时"仅李、甘两君来",于是三人"尽三日夜之力,共正三十余条"。张难先之所以"为此者,以湖北此种著作极少有系统者,欲借此以略好武昌首义之迹"(见《桑榆随笔·大事记》,《张难先集》第517页)。

十二月二十日(1944年1月15日),日本人反战同盟扩大执行委员会在冈野进的指导下,于延安开幕。

十二月(1944年1月)间,张难先编成《丙午湖北党狱汇纪》一书(见《桑榆随笔·大事记》,《张难先集》第517页)。

年底,张难先和夫人陈氏留在重庆歌乐山度岁。

民国三十三年甲申(1944年) 七十一岁

年初,张难先和夫人陈氏留在重庆歌乐山过年,仍任国民参政员,并继续编撰《湖北革命知之录》。

正月上、中旬，中央大学教授陈宗善致函张难先说："本校开革命史料展览会，发现史料甚多。"张难先收函后，立即复函"陈君及党史委员会留心《鄂州约法》。后党史会复书云在库房报纸中（《民立报》）拾获，遂油印寄"来。张难先收到党史会寄来的油印稿，"欣喜若狂"，认为"武昌首义史有此约法，其革命乃有价值"（见《桑榆随笔·大事记》，《张难先集》第517页）。

正月二十三日（2月16日），日本人反战同盟扩大执行委员会闭幕，会议决定成立日本人民解放同盟。

正月二十五日（2月18日），"应国史馆之请"，张难先"对其馆全体职员演讲，其记录张溥泉继、邹海滨鲁、但植之焘见之，极为赞赏"（见《桑榆随笔·大事记》，《张难先集》第517页）。

二月初十（3月4日），新四军夜袭苏北车桥镇大据点，歼灭日、伪军1300余人，俘虏日军山本一三炮兵中尉以下300余人。

二月二十一日（3月15日），张难先资料收集基本完成，正式动手编撰《湖北革命知之录》一书（见《桑榆随笔·大事记》，《张难先集》第517页）。

三月初一日（3月24日），张难先"应党史委员会之请"，前往"讲演湖北革命经过"（见《桑榆随笔·大事记》，《张难先集》第517页）。

三月十三日（4月5日），张难先的寡媳刘淑璋"与慈幼院一姓王者结婚"（见《六十以后续记》，《张难先集》第486页）。

张难先从报纸上看到这一消息，不禁有些"感伤"：虽然"刘氏年轻，再醮亦人情之常，无怨无尤"，只是"两孙在慈幼院无人照料"，让他放心不下。于是，他让肖瑜去将两孙接回。"后闻社会部在北碚所办之托儿所妥善，乃以其抗战军人遗孤资格送其所免费托养"（见《桑榆随笔·大事记》，《张难先集》第517页）。

三月下旬至四月间，日军集结五六万兵力发动"河南战役"，国民党汤恩伯、胡宗南等四十万精锐部队不战而溃，郑州、洛阳等38座城市相继沦陷。

三月间，八路军解放方山、沁水、博野、林县等县城，而国民党军在七天内便丢弃巩县等十一座县城。

同月里，张难先"尽两月之心力"而《湖北革命知之录》的初稿完成——"起庚子汉口之役，讫辛亥武昌首义及政府、国会成立而止"（见

《桑榆随笔·大事记》，《张难先集》第 517 页）。

四月初二日（4 月 24 日），湖南友人章裕昆"以所著《湖北文学社革命运动纪实》"一书寄赠张难先，"浏览一过"，获益甚多，遂"据以修改《知之录》"。《知之录》初稿"所据多共进会史料"，然"湖北辛亥革命以共进会、文学社两团体为主干"，今"得此乃少执一"（见《桑榆随笔·大事记》，《张难先集》第 517—518 页）。

四月初八日（4 月 30 日），张难先的挚友、北伐名将严立三在恩施省立医院病逝。

挚友石瑛去世不久，又传来挚友严立三病逝噩耗，张难先悲痛异常，乃作《挽严立三》一联，"哭终旧雨来新雨；痛念生人忘死人"，以表达其悲悼、缅怀之情（见《桑榆随笔·杂稿偶存》，《张难先集》第 535 页）。

案：其时，"石蘅青、严立三、张难先，鄂人所称为'三怪'者也。其实彼三人者，皆以守常见恶于世。知守常之太愚也，笑甚；太迂也，怜甚。可笑可怜之人，当然为世所怪！'三怪'名词于此成立，而不知彼三人实极端守常者也"。自然，他三人的事迹、功业与人品，为更多的志士、仁人所称道，故"又以'三杰'目之"（见《桑榆随笔·杂稿偶存·石蘅青先生言论集序》，《张难先集》第 532 页）。

四月中、下旬至闰四月上旬，八路军战场上，解放任丘、内黄、高阳、肃宁、颍上、清丰、邱县、安新等县城，一度攻入保定、石家庄；而国民党军战场上，"河南战役"后，日军集结 12 万兵力对湖南发动进攻，国民党将领陈诚、薛岳等却按兵不动。

四月下旬，《知之录》"二次稿成"，遂"走山洞请居觉生先生正误，承指点数条"；随又"请中央大学历史教授沈刚伯、郭廷以及中华大学教授余家菊来寓商讨"。尤其是"余先生尽三日夜之力逐篇斟酌，谓辛亥首义始末篇占全部大半，与他篇不称，意欲改为五篇，而眉目更见清爽。再后有列传一本，渠意亦欲割去，谓整整一套好书，突插不相连续之尾于后，嫌类蛇足"。张难先"深然之，又据以修改。此为第三次改稿"（见《桑榆随笔·大事记》，《张难先集》第 518 页）。

闰四月初六日（5 月 27 日），日军主力在岳阳以南突破国民党军的第一道封锁线。

闰四月初九日（5 月 30 日），日军主力渡过汨罗江继续南侵。

闰四月十七日（6 月 7 日），石瑛的"故旧集其言论以为纪念"，而好友胡忠民、贺葆三先后来函"索序"，张难先遂作《石蘅青先生言论集序》

相赠（见《桑榆随笔·杂稿偶存》，《张难先集》第 532 页）。

闰四月十九日（6 月 9 日），新四军一部袭击南京日军新修建的飞机场。

闰四月二十七日（6 月 17 日），日本侵略军发起对湖南长沙的总攻。

闰四月二十九日（6 月 19 日），日本侵略军占领湖南长沙。

闰四月中、下旬至五月上旬（6 月），张难先好友、著名学者王葆心在老家罗田病逝，噩耗传来，时居歌乐山的张难先非常悲痛，乃寄赠《挽罗田王青坨葆心先生联》（有序）一副，"新而不肆，正而不迂，知我天涯沦落日；论文于燕，论志于鄂，哭公蜀道乱离时"，以表达其悼念、痛惜之情（见《桑榆随笔·杂稿偶存》，《张难先集》第 535—536 页）。

五月十七日（7 月 7 日），八路军、新四军总部公布：抗战第七周年的一年中，毙、伤、俘日、伪军二十九万人。

五月间，张难先收到友人"蔡君化民（蔡济民弟）由恩施寄来曹亚伯所著之《武昌革命真史》，欣慰无量"。此前，张难先曾"向国内各大学图书馆托查此书，惟中山大学朱教授谦之复函，谓馆中藏有一套，绝不借出"，闻知"闷甚"，只得"复托各同志代访，旋范银槎同志来书谓蔡君有此，因函肯借阅，竟蒙寄来，如获拱璧，以此书资料极其丰富故也"；"阅毕发现前稿遗漏不少"，于是，对其《知之录》"又作第四次之修正"（见《桑榆随笔·大事记》，《张难先集》第 518 页）。

六月初三日（7 月 22 日），驻华美军总司令部派遣第一批美军观察组赴延安。

六月二十日（8 月 8 日），蒋介石的嫡系军长方先觉弃守衡阳，投降日军。

六月始，张难先利用一切可利用的时间，开始对《知之录》"作第四次之修正"。

七月十八日（9 月 5 日），张难先前往出席国民参政会，"以战事紧急，提案亦无办法，且扰政府抗战心情"，故"未提案"（见《桑榆随笔·大事记》，《张难先集》第 517、518 页）。

七月二十七日（9 月 14 日），日人中岛真雄创办的《盛京时报》停刊。

七月二十八日（9 月 15 日），中共代表林伯渠在第三届第三次国民参政会上报告国共谈判经过，提出国民政府及统帅部应该改组，结束国民党一党专政，成立民主联合政府的主张。

八月初八日（9 月 24 日），重庆各界、各党派、各阶层代表董必武、张澜、冯玉祥、覃振、邵力子、孔庚、黄炎培、张伯钧、沈钧儒等五百余人集会，要求改组国民政府、成立联合政府，全国舆论及美国民主人士也提出了同一要求。

八月十五日（10月1日），宋庆龄、郭沫若、张澜等七十二人发起，重庆数千人参加追悼邹韬奋（邹于7月24日在沪病逝）大会，力争民主自由，呼吁向法西斯进军。

八月二十三日（10月9日）晚，明天又是"双十节"纪念日，张难先当时正在对《湖北革命知之录》进行第四次修改，抚今追昔，思绪万千，遂作《甲辰（1944年）双十节前夜感赋》（十二首）以抒其慨（见《桑榆随笔·杂稿偶存》，《张难先集》第534—535页）。

八月二十四日（10月10日），周恩来在延安发表演说，要求立即召开国事会议，改组国民政府及统帅部，成立联合政府，并公布解放区的人口、军队和政权组织。

同日，中国民主政团同盟改为中国民主同盟，并发表《对抗战最后阶段的政治主张》，要求"立即结束一党专政，建立各党派联合政权，实行民主政治"。

八月下旬至九月上旬，日军六万余人"扫荡"冀东解放区，被解放区军民粉碎。

九月中旬，国民党军在弃守衡阳后，又弃守桂林、柳州、宜山、南宁、独山等许多城市，数以千万的湘、桂、黔难民颠沛流离，无家可归，惨不忍睹。这就是震惊中外的"湘桂大撤退"。敌后八路军则解放山东的莒县、莘县、河北的元氏等县城。

九月二十五日（11月10日），大汉奸汪精卫在日本名古屋病逝，陈公博代理伪南京政府主席。

十月十一日（11月26日），好友李春萱"由滇来函"，谓张难先"著述苦辛"，愿"汇赠国币五千元以助印费"；张难先收到书函后，立即复函告知自己著述的四条原则："一不请阔人作序，二不向亲友募印刷费，三不鼓吹自己，四不因同志小过而掩其大功。"李春萱收到书函后，"由是作罢"（见《六十以后续记》，《张难先集》第486页）。

十月二十六日（12月11日），汪伪和平军军长方先觉（蒋军叛日将领），突然飞抵重庆与蒋介石密谈。

十一月十六日（12月30日），重庆国民党政府则以各界名义欢宴汉奸方先觉，并赏他现金一千万元。

十二月十一日（1945年1月24日），中共代表周恩来再次飞抵重庆与国民党谈判，毫无结果。

十二月二十一日（1945年2月3日），为长女端君五十寿诞之日，张难先乃作《贺长女端君五旬初度之庆》（"附说"）一联以贺之：

为全人格而大归，抚子极苦，助父极勤，真可谓慈母孝女；

岂有天磨能长寿，汝活五旬，吾活七秩，这都算异事奇闻。①

十二月二十三日（1945年2月5日），新四军在宁、沪、杭三角地带成立苏浙军区，粟裕任司令员。

年底，张难先和夫人陈氏留在重庆歌乐山度岁。

是年，张难先的同乡、早年的革命战友、好友欧阳瑞骅逝世。

民国三十四年乙酉（1945年）　七十二岁

年初，张难先和夫人陈氏留在重庆歌乐山过年，仍任国民参政员，并继续编撰《湖北革命知之录》。

正月十七日（3月1日），蒋介石在宪政实施协进会上发表演讲，以召开国民大会来对抗全国一致提出成立联合政府的要求。

正月下旬至二月上、中旬（3月），张难先历"整整八月无日夜增删誊写"，其《知之录》"第四次修正稿成"。因将书中"列传删去心情总感不安"，后终于"苦思得一方法，即视各传之关系散插于每篇名录之后，既醒眉目，复有联系，殊合拍"，顿觉"大快"。随后遂"进城与商务印书馆订约交印此书"。张难先自觉"在大局偏扰之时，同志散处之日，闭门造车，讹误当然不能免；然尽两年之力，大体粗具，匡谬改错以俟吾党"（见《桑榆随笔·大事记》，《张难先集》第518页）。

三月十二至五月初二日（4月23日—6月11日），中国共产党第七次全国代表大会在延安举行。毛泽东作了论联合政府的报告，刘少奇作了关于修改党的章程的报告，朱德作了论解放区战场的报告，周恩来作了论统一战线的演讲。大会提出的政治路线是："放手发动群众，壮大人民力量，在我党领导下，打败日本侵略者，解放全国人民，建立一个新民主主义的中国。"大会通过的党章中，规定以毛泽东思想为党的一切工作的指针。

三月十四日（4月25日），由苏、美、英、中四国邀请召开的联合国成

---

① 张难先：《贺长女端君五旬初度之庆》，严昌洪、张铭玉、傅蟾珍主编：《张难先集》，华中师范大学出版社2011年版，第536页。

立大会在美国旧金山开幕，中共中央委员董必武代表中国解放区参加会议。

三月二十四至四月初十日（5月5—21日），国民党第六次全国代表大会在重庆召开，决定了国民党坚持独裁、准备内战的方针。

三月二十七日（5月8日），德国宣布无条件投降，欧洲战争结束。

四月二十六日（6月6日），国民党军政部部长陈诚在外国记者招待会上扬言，将以美援武器进行内战。

五月上、中旬，张难先"闻政府预备开参政会"，即"以美军攻倭着着胜利，战事结束当不在远，应谋根本大计，当草四案：一、请政府能受尽言以至富强；二、请政府注重力行以安内和外；三、请政府本身守法以奠宪政基础；四、请政府注重监察、司法两权以禁暴止贪。草毕示友朋，有疑其措词太峻者"，张难先则云："若药不瞑眩，厥疾不疗。""仍缮正备提"（见《桑榆随笔·大事记》，《张难先集》第518页）。

五月二十三至二十六日（7月2—5日），国民参政会参政员褚辅成、黄炎培、傅斯年、左舜生、冷遹、张伯钧等六人赴延安商谈国事。

五月二十八日（7月7日），张难先出席国民参政会，向大会交提案四个（《国民参政会提四案》，见《桑榆随笔·杂稿偶存》，《张难先集》第529—532页），且"经大会决议一并通过"（见《桑榆随笔·大事记》，《张难先集》第518页）。

六月十二日（7月20日），国民参政会闭会。

六月十三日（7月21日），国民党军胡宗南部突然向陕甘宁边区淳化县发动进攻。

同日，张难先仍回到歌乐山次女肖瑜处居住。

六月十八日（7月26日），中、美、英三国发表《中美英三国促令日本投降之波茨坦公告》（简称《波茨坦公告》或《波茨坦宣言》），要求日本侵略军立即无条件投降。

六月二十九日（8月6日），美国在日本广岛投下第一颗原子弹。

七月初一日（8月8日），美国在日本长崎投下第二颗原子弹。

同日，苏联对日本宣战，出兵中国东北，并加入《波茨坦公告》。

七月初二日（8月9日），中共中央毛泽东主席发表《对日寇的最后一战》的声明。

七月初三日（8月10日），日本政府宣布要求投降。

七月初七日（8月14日）晚十时三十分，日本政府照会美、英、苏、中四国政府，宣布接受《波茨坦公告》。

其时，"歌乐山民众得讯，狂呼口号，鞭炮澈霄"（见《六十以后续记》，《张难先集》第486页）。

七月初八日（8月15日），日本天皇裕仁以广播《停战诏书》的形式，正式宣布接受无条件投降。

张难先因家"住乡间"，今日才得知消息，"亦命外孙等购鞭炮以示庆祝"。国民政府则"令各机关放假三天"。张难先抑制不住内心的高兴，自己认为："吾国此次在中共努力，及盟帮（邦）翼蔽之下，得免亡国，并结胜利之果，实侥幸万一。若国人大彻大悟，去其英雄自私之心，卧薪尝胆，努力建设，亦犹可以为善国也。"（见《六十以后续记》，《张难先集》第486页）

七月初十日（8月17日），溥仪在逃往日本途经吉林通化大栗子沟时，不得不无奈地宣读了"《满洲国皇帝退位诏书》"，宣布伪满洲国政府即时解散，它也标志着伪满洲国的灭亡。几天后，溥仪被苏联军队俘获，押解北去。

七月十九日（8月26日），中共中央接受蒋介石的邀请，决定派毛泽东、周恩来、王若飞等人赴重庆与国民党谈判。

七月二十一日（8月28日），毛泽东率中共代表团飞抵重庆。

七月二十六日（9月2日），日本签字投降，仪式在停泊于东京湾内的美国军舰"密苏里号"上举行。

八月初四日（9月9日），日军在南京举行"中国战区"的投降仪式，冈村宁次代表日军签降书，抗日战争至此结束。

同日，张难先原来的同僚、国民政府政要潘宜之在云南昆明自杀身亡。

八月十二日（9月17日），蒋介石在国共谈判中密令下发《剿匪手册》，准备发动内战。

八月二十五日（9月30日），侵华美军在天津塘沽登陆。

八月二十六日（10月1日），夫人陈氏应请至三女婿倪文穆家"小住"，并随女婿文穆"至自流井看诸外孙"——女儿汉民已生有四子，因"中央银行职务不能请假省亲"，母女已有七八年未见面，故"母女思慕之情，常感苦闷"（见《六十以后续记》，《张难先集》第487页）。

八月间，张难先闲居无事，自思"辛亥武昌革命，吾沔阳杨藻香玉如、杨舒武时杰、李春萱作栋、蔡希圣汉卿等，皆为首义之元勋。其他立功殉国者更多。后修县志应立专篇。因将《湖北革命知之录》中凡关沔人者摘出，并将闻见所及，不分古今，凡关沔志者综录成册"，名之为《沔阳志料挟征录》，"以俟后之修志者征求"（见《桑榆随笔·大事记》，《张难先集》第 519 页）。

九月初一日（10 月 6 日），夫人襄勤在女婿的陪同下"安抵自流井倪家"。张难先暗自思忖："襄勤今年七十三矣，不久即须回鄂，楚蜀迢遥，再见恐无期矣。不禁凄然。"（见《桑榆随笔·大事记》，《张难先集》第 519 页）

同日，张难先阅报得知老友方策在西安病逝，遂作《挽方策联》（"附说"）一联以悼之：

　　溯沈阳失陷，窃主全国动员，呼号愿与偕，予为士兵，君为将；
　　从灵隐归来，独能故人视我，艰难期再共，吾悲衰老，公弃尘。①

九月初三日（10 月 8 日），是亡弟的生辰，端君"将少勤遗骸启棺焚化"，准备将其骨灰"归葬沔阳先人茔侧"（见《六十以后续记》，《张难先集》第 487 页）。

九月初五日（10 月 10 日），侵华美军在青岛登陆，美国海军航空队三个大队进驻青岛、北平。

同日，经过国共两党代表四十三天的谈判，签订《政府与中共代表会谈纪要》（即"双十协定"）。

同日，系"双十节"纪念日，应《湖北论坛》杂志之约，张难先为该杂志撰有《武昌首义与张之洞督鄂去鄂及其死》一文（见《桑榆随笔·杂稿偶存》，《张难先集》第 532—533 页）。

九月初六日（10 月 11 日），中共中央主席毛泽东返抵延安，周恩来、王若飞等人仍留重庆继续谈判。

九月十三日（10 月 18 日），张难先所编《桑榆随笔·大事记》至此为止（见《桑榆随笔·大事记》，《张难先集》第 519 页）。

十月初七日（11 月 11 日），美国军舰运送蒋军在河北的秦皇岛登陆。

十月十五日（11 月 19 日），重庆文化界、工商界代表举行反内战大会，成立重庆各界人民反内战联合会。

---

① 张难先：《桑榆随笔·杂稿偶存》，严昌洪、张铭玉、傅蟾珍主编：《张难先集》，华中师范大学出版社 2011 年版，第 536 页。

十月二十七日（12月1日），国民党政府派出大批军警、特务冲进昆明西南联合大学，镇压要求和平、反内战、反美国干涉中国内政的师生，制造了"一二·一惨案"。

十一月初一日（12月5日），张难先自歌乐山至重庆"觅机"，准备"回鄂"。

十一月初四日（12月8日）上午，张难先自重庆"珊瑚机场起飞，至下午一时半抵汉口，渡江寓参政会"。张难先"避寇八年，今始回鄂，不禁悲喜交加"（见《六十以后续记》，《张难先集》第487页）。

十一月初五日（12月9日），延安各界集会声援昆明学生的斗争，周恩来、吴玉章发表演说，揭露反动派的罪行。

同日，张难先前往走访"石蘅青、严立三家"，看望"石、严两夫人"；"一路所见"，皆"败瓦颓垣"；"之灵山窝则大体完整，惟门窗毁坏，实不幸中之大幸也"；于是奖赏"看守者以微仪"——因他自己亦"囊中羞涩"，并"雇木工草草修理"（见《六十以后续记》，《张难先集》第487页）。

十一月初七日（12月11日）早晨，张难先"搬入灵山窝本宅"居住。

十一月初八日（12月12日），张难先前往珞珈山"看思旧庵，亦如城寓存在，洵可喜也"（见《六十以后续记》，《张难先集》第487页）。

十一月十一日（12月15日），亲友林少陔将张难先亡子少勤的遗骸自重庆"携归"，张难先为亡子少勤写了一副挽联："痛吾儿仅余灰烬；嗟汝父犹堕尘寰。"又让"侄孙又铭具香楮设位安灵"（见《六十以后续记》，《张难先集》第487页）。

十一月十二日（12月16日），由周恩来、董必武、王若飞、叶剑英、吴玉章、陆定一、邓颖超组成的中共代表团自延安飞抵重庆，准备出席政治协商会议。

十一月十六日（12月20日），美国总统特使马歇尔以"调停"中国内战名义来到中国。

十一月二十四日（12月28日），中共中央发出《建立巩固的东北根据地》的指示。

十二月初八日（1946年1月10日），经过中共代表的提议和斗争，由张群、周恩来、马歇尔组成的三人军事委员会，就停战问题达成协议。

同日，政治协商会议在重庆开幕。会议通过了《和平建国纲领》等议案，国共双方颁布于13日午夜生效的停战令。

十二月十三日（1946年1月15日）下午，夫人陈氏"率孙亭亭、孙女铭淑乘飞机抵鄂"（见《六十以后续记》，《张难先集》第487页）。

十二月十四日（1946年1月16日），张难先让堂孙春发将亡子少勤的遗骸送回沔阳老家。

十二月十八日（1946年1月20日）下午，长女端君"同其四子泰元由恩施乘轮抵家"（见《六十以后续记》，《张难先集》第487页）。

十二月十九日（1946年1月21日），张难先的堂孙春发遵嘱将少勤的遗骸"合葬于接阳大街后其妇刘菊仙墓侧"（见《六十以后续记》，《张难先集》第487页）。

十二月二十二日（1946年1月24日），张难先的"三姐同冯婶来省"看望他，这真是让他"喜同再生"（见《六十以后续记》，《张难先集》第487页）。

年底，张难先和夫人与亲友们在武昌灵山窝度岁。

民国三十五年丙戌（1946年）　七十三岁

正月初一日（2月2日），"三姐、老妻、长女端君、孙铭玉、孙女铭淑、外孙林泰元等，于离乱八年之后，团聚于此（武昌灵山窝）"，这让张难先"感慨废兴，万物刍狗"（见《六十以后续记》，《张难先集》第487页）。

正月初九日（2月10日），国民党指挥其特务在重庆较场口捣毁庆祝政协会议成功大会会场，打伤郭沫若、李公朴等人，制造了"较场口事件"。

正月二十一日（2月22日），国民党在重庆策划反苏反共游行，并捣毁中共主办的《新华日报》和民盟机关报《民主报》。

正月二十八日（3月1日），在国民党举行的六届二中全会上，推翻了政协决议中的各项民主原则，并通过了多项反共的决议。

正月二十九日（3月2日），张难先因自己亦"两袖清风，无力招待，若长顾常情"，就会"自陷绝境"，不得不"忍痛遣三姐及亲友"回沔阳老家（见《六十以后续记》，《张难先集》第487页）。

二月初六日（3月9日），国民党指使其特务在黑龙江哈尔滨将前东北抗日联军领袖李兆麟刺杀。

二月十一日（3月14日），张难先"乘机赴渝"，准备"开参政会"（见《六十以后续记》，《张难先集》第487页）。

二月十七日（3月20日），国民参政会开幕，张难先"提有三案，均经通过"（见《六十以后续记》，《张难先集》第487页）。

春间，张难先原来的同僚、前汪伪政权要员杨揆一在南京被国民政府枪毙。

三月初一日（4月2日），国民参政会闭幕。

三月初四日（4月5日），张难先"乘中航机回鄂"，仍住武昌灵山窝。

三月初七日（4月8日），中共代表王若飞、秦邦宪因国民党推翻政协决议而从重庆乘机飞回延安，叶挺、邓发等同行，飞至山西兴县黑茶山失事，机上人员均遇难。

三月十五日（4月16日），进攻四平街外围的国民党军八十七师被歼灭。

三月十七日（4月18日），东北人民解放军解放吉林长春。

四月初三日（5月3日），苏联军队从我国东北撤退完毕。

四月初五日（5月5日），国民党政府决定还都南京。

四月十六日（5月16日）晚，"媳严苹英奉母率子女抵汉"。

四月十七日（5月17日），媳严苹英奉母率子女回到家中。

四月二十至二十八日（5月20—28日），美国飞机、军舰运送国民党军占领四平街、长春、永吉等地。

四月二十九日（5月29日），国民党封闭中共主办的《解放报》等报刊通讯社共七十七家。

五月二十三日（6月22日），中共中央主席毛泽东发表反对美国"军事援华法案"的声明。

五月二十四日（6月23日），上海十万群众举行反内战、反美国干涉中国内政示威，并选出马叙伦等十八人为代表赴南京请愿。代表当晚抵达南京时，被国民党特务殴伤，史称"下关惨案"。

五月二十七日（6月26日），在美帝国主义的支持下，国民党撕毁政协决议，开始进攻中原解放区，发动了全面内战。

六月初十日（7月8日），因人口太多，张难先"迁入珞珈山思旧庵"居住（见《六十以后续记》，《张难先集》第487页）。

六月十三、十七日（7月11、15日），国民党指使其特务，先后暗杀昆明民主同盟负责人李公朴和闻一多教授。

六月二十四日（7月22日），宋庆龄等发表谈话，提出要求停战，成立联合政府的主张。

六月二十五日（7月23日），夫人陈氏"同铭玉、铭淑"亦迁来思旧庵居住。

七月十四日（8月10日），马歇尔和美国驻华大使司徒雷登发表联合声明，宣告"调处"失败。

七月十四至二十七日（8月10—23日），人民解放军分别在陇海路、同蒲路和苏中等部分地区反击进犯的国民党军队；特别是刘伯承、邓小平领导的晋冀鲁豫部队和陈毅、粟裕领导的山东、华北部队连续告捷，削弱了国民党军进攻的气势。

九月十七日（10月11日），国民党军攻占张家口，成为国民党全面进攻的最高潮。

九月二十四日（10月18日），蒋介石在南京召开秘密军事会议，宣称"五个月之内打垮中共军"。

九月二十六日（10月20日），湖北省银行"开新任首次董事、监事人会（参议会新选出者），并选举常务董事，及驻会监事。结果南猱、熊裕、魏云千、黎澍、吴嵩庆五人当选为常务董事"，而沈肇年、刘叔模和张难先"三人当选为驻会监事"（见《六十以后续记》，《张难先集》第487—488页）。

九月二十八日（10月22日），张难先"回沔扫墓，见乡间亲故颠连困苦，目不忍睹"（见《六十以后续记》，《张难先集》第488页）。

九月二十九日（10月23日），张难先自沔阳老家回到武昌寓庐。

十月十三日（11月6日），张难先之"孙铭玉、孙女铭淑俱考入武汉大学附属小学"（见《六十以后续记》，《张难先集》第488页）。

十月十六日（11月9日），大汉奸梁鸿志在上海被判处死刑。

十月十八日（11月11日），张难先接到国民参政会秘书长邵力子长电，谓已遴选张难先"为国民大会代表，请速出席"。张难先阅电后"闷甚"，因其"挂名国民党太久，无法不去"（见《六十以后续记》，《张难先集》第488页）。

十月二十二日（11月15日），蒋介石下令召开违反政协决议的所谓"国民大会"，并通过所谓"宪法"。

十月二十四日（11月17日），张难先"乘机赴京"，准备出席"国民大会"。

十一月初二日（11月25日），"国民大会"正式开幕。

十一月初七日（11月30日），国民党在上海屠杀请愿的摊贩，激起全市性的反蒋群众斗争。

十一月间，张难先送夫人陈氏乘机"赴渝割治目疾"（见《六十以后续记》，《张难先集》第488页）。

十二月初二日（12月24日），北平发生美军强奸北大女生沈崇的暴行案，引发全国学生抗议美军暴行、要求美军退出中国的爱国运动。

十二月初三日（12月25日），"国民大会"闭幕。张难先感觉，此次会议"所谓通过宪法"，就是"妄想借此一面骗取美国五亿借款，一面骇倒中共。真是发梦，太丑羞极"（见《六十以后续记》，《张难先集》第488页）。

十二月初六日（12月28日），中共中央发表声明，指出国民党召开的所谓"国民大会"及其通过的所谓"宪法"均属非法、无效。中国民主同盟、三民主义同志联合会等民主党派和上海工人协会等人民团体，亦纷纷声明不承认由国民党炮制的所谓"宪法"。

十二月初十日（1947年1月1日），张难先的同乡好友、盟弟陈雨苍在上海病逝。

十二月初十至二十九日（1947年1月1—20日），人民解放军在鲁西南和鲁南地区歼灭国民党军六万八千余人。

十二月十二日（1947年1月3日），张难先由南京"乘江泰轮返鄂"。

年底，张难先和夫人陪家人在武昌度岁。

是年，张难先的前辈好友、著名学者吴廷锡①在西安府宅去世。

是年，张难先的同乡战友彭养光在重庆寓宅病逝。

民国三十六年丁亥（1947年） 七十四岁

年初，张难先和夫人陪家人在武昌过年。

正月初八日（1月29日），美国政府宣布退出中国军事调处执行部。

---

① 吴廷锡(1864—1946)，字敬之，号次皋，江苏江宁人。光绪十五年(1889年)举人。历任国史馆誊录官、陕西巡抚衙门文案、陕西华阴、略阳县知县、乾州直隶州知州、榆林道道尹、汉中知府等职。1911年武昌起义后顺应潮流，宣布汉中光复。辛亥革命后历任榆林道道尹、清史馆名誉纂修、陕西省省长公署参议、陕西省省长公署秘书等职。1932年被杨虎城主席聘为陕西通志馆编导，主持纂修《陕西通志稿》。工诗文，善书法。著有《双梅书屋诗钞》《东仓移骈文钞卷》《东仓移诗存》等。另与人合作编纂有《续修陕西通志稿》《周陵志》《关中丛书》《咸宁长安县志》《重修咸阳县志》《太白山志》《陕西乡贤史略》等。

正月十一日（2月1日），中共中央发表声明：国民党政府在1946年1月10日以后单独与外国签订的卖国条约、借款、协定和谅解，一概无效。

正月三十至二月初三日（2月20—23日），人民解放军在山东莱芜歼灭进犯的国民党军六万余人，活捉副司令长官李仙洲和军长韩浚，收复城市十三座。

二月初一日（2月21日），中共驻北平军事调处执行部人员被迫全部撤返延安。

二月初八日（2月28日），国民党封闭新华日报馆，拘禁报馆工作人员，《新华日报》被迫停刊。

自1946年7月至今年2月，人民解放军已歼灭国民党军71万人，迫使国民党军不得不停止向解放区的全面进攻，而改为向陕北、山东解放区的重点进攻。

二月十六日（3月8日），中共中央发出关于开展蒋管区农村游击战争的指示，以开展敌后游击战、建立根据地配合正面战场的作战。

二月二十一日（3月13日），胡宗南指挥十五个旅的兵力大举向陕甘宁边区进攻。

二月二十七日（3月19日），国民党军攻占延安。毛泽东、周恩来等人仍留在陕甘宁边区指挥牵制和歼灭进犯敌军；刘少奇、朱德等人则组成中央工作委员会，前往河北省平山县西柏坡村进行党中央委托的工作。

闰二月初一至三月十一日（3月23日—5月1日），内蒙古人民代表大会在兴安盟乌兰浩特市举行。全国第一个少数民族自治政府——内蒙古人民自治政府宣告成立。

闰二月初三日（3月25日），夫人陈氏"自渝飞鄂"。

闰二月中旬，国民党军集结二十五万五千兵力，开始对山东解放区发动重点进攻。

三月初六日（4月26日），人民解放军攻克山东泰安，全歼守军七十二师，共二万四千余人。

三月初九日（4月29日），中共中央根据形势的发展变化，决定成立城市工作部，周恩来任部长，李维汉任副部长。

三月十六日至二十六日（5月6—16日），人民解放军在鲁中蒙阴的孟良崮，全歼国民党整编第七十四师的三个旅及其他部队共三万二千人，击毙七十四师师长张灵甫。

三月二十三日（5月13日），人民解放军在东北战场开始夏季攻势。

三月二十四日（5月14日），张难先离汉"乘江建轮赴京开参政会"（见《六十以后续记》，《张难先集》第488页）。

三月二十六日（5月16日），张难先"抵京，寓中央饭店"（见《六十以后续记》，《张难先集》第488页）。

三月二十九日（5月19日），张难先"赴本会茶话会交换意见"，并"提议要以调解中共问题为中心，宜尽心讨论此问题，而商得一政府、中共俱能接受之方法，而和平解决"，认为"不如此，则此会为无意义"。张氏的提议，得到"众多（议员）热烈赞成"（见《六十以后续记》，《张难先集》第488页）。

四月初一日（5月20日），京、沪、苏、杭地区学生六千余人赴南京举行挽救教育危机联合大游行，天津学生也在同日游行，均遭国民党军警、特务的殴打，造成"五二〇血案"。

同日，报纸上将张难先的提议刊出。张难先"以为和平有望"，岂料接下来的会议让他的"情绪日变一日"，甚至有人"在会场直刺主和者为秦桧，为帮助共产党"。因此，后面张难先就"绝口不谈"（见《六十以后续记》，《张难先集》第488页）。

四月初六日（5月25日），国民党政府查封上海《文汇报》《联合晚报》《新民报》等进步报纸。

四月十一日（5月30日），新华社发表毛泽东撰写的评论《蒋介石政府已处在全民的包围中》。

四月十四日（6月2日），国民参政会闭会。

四月十九日（6月7日），张难先"离京返鄂"（见《六十以后续记》，《张难先集》第488页）。

四月二十七日（6月15日），人民解放军反攻吉林的四平街，歼灭国民党军一万六千人。

五月初一日（6月19日），国民党统治区的中国学生联合会在上海成立。

五月十二日（6月30日），刘伯承、邓小平率领晋冀鲁豫野战军主力，在鲁西南强渡黄河，向大别山挺进，开辟了鄂豫皖西解放区，揭开了战略进攻的序幕。

五月十六日（7月4日），蒋介石举行国务会议，随即下达"戡乱"总动员令。

五月十八日（7月6日），张难先亡友石瑛、严立三两人的灵柩"由渝、施移鄂，合葬于九峰山"（见《六十以后续记》，《张难先集》第488页）。

六月上旬，经过一年的作战，人民解放军粉碎了国民党军的全面进攻和重点进攻，共歼灭国民党军一百二十万人，人民解放军从战略防御转入战略进攻。

七月初五日（8月20日），人民解放军在陕北沙家店歼灭国民党军整编第三十六师，共六千余人，西北战场转入内线反攻。

七月初九日（8月24日），美国总统特使魏德迈离华，并发表声明，公然要求中共"停止使用武力"。

八月初一日（9月15日），东北人民解放军发起大规模秋季攻势。

八月初三日（9月17日），陈毅、粟裕率领华东野战军主力进行的陇海西线战役结束，歼灭国民党军二万五千人，攻克城市十座。

八月二十六日（10月10日），中国人民解放军总部发表《中国人民解放军宣言》，发出"打倒蒋介石，解放全中国"的号召，宣布了八项基本政策，同时还发布了《关于重新颁布三大纪律八项注意的训令》。

同日，中共中央公布《中国土地法大纲》。

九月初九日（10月22日），华北人民解放军在河北清风店歼灭国民党军第三军一万七千余人，活捉第三军军长罗历戎。

九月十四日（10月27日），中共中央发出"必须将革命进行到底"的指示。

同日，国民党政府宣布民主同盟为非法团体，随后民盟部分领导人被迫宣布解散中国民主同盟总部。

九月二十一日（11月3日），东北人民解放军的秋季攻势结束，五十天内共歼灭国民党军六万九千余人，克复城池十五座。

九月三十日（11月12日），华北人民解放军解放石家庄，歼灭国民党军二万四千余人，活捉师长刘英。

十一月二十一日（1948年1月1日），蒋介石发表元旦广播，宣称将在一年内消灭解放军主力。

同日，国民党革命委员会在香港成立，宣言中主张联合中共及其他民主党派，推翻蒋介石独裁政权，反对美国干涉中国内政。

十一月二十五日（1948年1月5日），民主同盟领导人沈钧儒等在香港召开会议，决定重建民盟领导机关，宣言主张用革命方法，反对国民党政府和美国对华政策，并与中共及其他民主党派合作。

十二月二十三日（1948年2月2日），国民党军警在上海屠杀申新纱厂的罢工工人。

年底，张难先在武昌陪家人度岁。

民国三十七年戊子（1948年）　七十五岁

年初，张难先在武昌陪家人过年，仍担任国民参政会参政员。

正月十三日（2月22日），中共发言人斥责美国总统杜鲁门提出的"援蒋方案"。

正月十七日（2月26日），东北人民解放军收复辽宁营口，国民党五十二军暂编五十八师师长王家善率部起义。

正月二十二至二十三日（3月2—3日），西北人民解放军取得陕北宜川大捷，歼灭国民党军一个军部、两个师部、五个旅，共计三万余人，击毙军长刘戡，从而改变了整个西北战场的形势。

正月二十二至三月二十三日（3月2日—5月1日），国民党召开所谓"行宪国大"，选举蒋介石、李宗仁为正副总统。

正月间，由于劳累，"与客说话过多"，张难先感觉"头眩不能仰视，疑为中风"，数日后竟"饮食、溲便均不能自理"。至医院检查，"断为系贫血病，非中风"，直至"半年始痊愈"（见《六十以后续记》，《张难先集》第488页）。

二月初四日（3月14日），中原人民解放军攻克河南洛阳，歼灭国民党军一万九千余人，活捉青年军二〇六师师长丘行湘，随后主动撤离该城。

二月初五日（3月15日），东北人民解放军的冬季攻势结束，共歼灭国民党军十五万六千人，使沈阳、长春等地成为孤城。

三月十四日（4月22日），西北人民解放军收复陕西延安。

二月下旬至三月上中旬，国民党统治区教育界的反迫害、反饥饿运动，遍及北平、天津、上海、南京、成都等十余座城市。

三月二十六日（5月4日），新加坡一百二十个华侨团体通电拥护召开新政协会议。

三月二十七日（5月5日），中国国民党革命委员会、中国民主同盟、中国民主促进会、致公党、中国农工民主党、中国人民救国会、中国国民党民主促进会、三民主义同志联合会等民主党派与其他民主人士通电拥护召开新政协会议。

三月三十日（5月8日），华东人民解放军胶济线春季攻势结束，歼灭国民党军八万四千余人，克复城市十七座，使津浦路以东地区除青岛、烟台、临沂等据点外，全部解放。

四月初，接到国民参政会秘书长邵力子的书函，谓"国民大会成立，参政员解除职务"；张难先的"生计堪虞"，已为他谋得某委员职位，特来函征求意见（见《六十以后续记》，《张难先集》第488页）。

四月初九日（5月17日），华北人民解放军攻克山西临汾，歼灭国民党军二万五千余人，活捉阎锡山部第六集团军副总司令梁培璜。

四月初十日（5月18日），张难先给邵力子"复函，径谢之"（见《六十以后续记》，《张难先集》第488页）。

四月十二日（5月20日），晋冀鲁豫与晋察冀两个解放区合并为华北解放区，华北联合行政委员会和华北军区成立。

四月十八日（5月26日），中共中央和人民解放军总部迁驻河北平山的西柏坡，中央工作委员会即行结束。

四月二十七日（6月4日），国民党政府以翁文灏为首组成第一届"行宪内阁"。

五月初九日（6月15日），《晋察冀日报》和原晋冀鲁豫解放区出版的《人民日报》合并，在石家庄创刊《人民日报》。该报纸是华北解放区的统一报纸，起着中共中央机关报的作用。

五月十二日（6月18日），朱自清教授等数百人在北平联名发表宣言，抗议美国扶植日本，并拒绝领取"美援"面粉。

同日，总统府战略顾问委员会主任委员白崇禧在汉口正式就任华中"剿匪"总司令部总司令。

五月十六日（6月22日），华东人民解放军解放河南开封，歼灭国民党军三万九千余人，收复通许等十二座城镇。

五月二十九日（7月5日），国民党军警在北平屠杀进步学生一百余人，逮捕三十七人，成为二十余年来最大一次屠杀学生的惨案。

六月初十日（7月16日），人民解放军攻克湖北襄阳，歼灭国民党军二万余人，活捉国民党第十五绥靖区司令官、特务头子康泽。

六月十五日（7月21日），人民解放军晋中战役结束，共歼灭国民党军七万四千人，活捉阎锡山部野战军总司令赵承绶和副总司令、前日本侵略军第十四旅团长元泉馨。

六月中旬，接湖北省政府主席张笃伦"来函"，谓他已与省参议会议长何成濬向蒋介石举荐，聘请张难先为国策顾问，且已得蒋介石"复电"同意,"聘书随到",请张难先"准备晋京"(见《六十以后续记》,《张难先集》第489页)。

张难先收到张笃伦书函后,"骇极",立即"复书恳求"为他"婉谢"。不料,"书将去,而蒋氏已将聘书及薪俸领条直寄"送达。张难先不得已,"立即具恳切告病之函,将聘书及(薪俸)领条直退于蒋氏"(见《六十以后续记》,《张难先集》第489页)。

不久,湖北省参政会开大会选举湖北银行董事,张难先当选;张难先得知消息,又"去函恳辞";旋得何成濬回函,表示挽留,且告知参议会已闭会,其他人"无权准许"他辞职,不得已,张难先"勉强就职",并按照会章,召开湖北银行董事会:"由董事选常务董事,再由常务董事选董事长。"结果,张难先又被选为董事长(见《六十以后续记》,《张难先集》第489页)。

六月二十六至七月十八日(8月1—22日),中国第六次全国劳动大会在哈尔滨召开,会议决定恢复中华全国总工会。

七月初三至十五日(8月7—19日),华北人民代表大会在石家庄召开,选出了以董必武为首的华北人民政府。

八月初八日(9月10日),毛泽东发出《关于辽沈战役的作战方针》的指示。

同日,学者、大汉奸王揖唐在北平被公开枪决。

八月初十至十月初二日(9月12日—11月2日),林彪、罗荣桓领导的东北野战军展开了辽沈战役,共歼灭国民党军四十七万人。

八月二十二日(9月24日),人民解放军攻克山东济南,歼灭国民党军十万余人,活捉国民党山东省主席、第二绥靖区司令官王耀武;国民党整编九十六军军长吴化文率部起义。

九月初九日(10月11日),毛泽东发出了《关于淮海战役作战方针》的指示,部署歼灭长江以北国民党军刘峙集团的大会战。

九月十三日(10月15日),人民解放军攻克辽宁锦州,俘虏国民党东北"剿总"副司令范汉杰、第六兵团司令卢濬泉以下十万余人。

九月十七日(10月19日),人民解放军解放吉林长春,歼灭国民党军九万五千余人,国民党六十军军长曾泽生率部起义,东北"剿总"另一副司令郑洞国率部投降。

九月二十四日(10月26日),东北人民解放军在黑山、大虎山等地,经过两天一夜激战,歼灭国民党军十万余人,俘虏国民党兵团司令廖耀湘。

十月初一日(11月1日),中共中央革命军事委员会将原大战略区部队分为野战部队、地方部队和游击队三类,又将野战部队改为野战军,下辖兵团、军(原纵队)、师、团等,并以所在地分成中国人民解放军西北野战军、中原野战军、华东野战军、东北野战军和华北野战军;后又依次改为第一、二、三、四野战军和总部直属三个兵团。

同日,人民解放军总部发布惩办战争罪犯的命令。

十月初二日(11月2日),东北野战军解放辽宁的沈阳、营口,歼灭国民党军十四万九千余人。至此,辽沈战役结束,东北全境解放。

十月初六日(11月6日),华东、中原野战军协同展开了淮海战役;中共中央以刘伯承、邓小平、陈毅、粟裕、谭震林组成总前委,邓小平为书记,统一领导淮海前线解放军的一切行动。

十月二十二日(11月22日),华东野战军从本月12日起,在江苏省邳州市碾庄地区围歼黄百韬兵团,黄百韬亦被击毙,淮海战役第一阶段任务完成。

十月二十六日(11月26日),国民党翁文灏内阁垮台,孙科继任行政院院长。

十月二十九日(11月29日),林彪、罗荣桓、聂荣臻领导的东北、华北野战军联合展开了平津战役。

十月间,为了"威胁"蒋介石,白崇禧曾请时任湖北省通志馆馆长的李书城和湖北省战时儿童保育院院长的李伯刚"赴河南向中国共产党讲和"(见《六十以后续记》,《张难先集》第489页)。

十一月初一日(12月1日),中共中央以华北银行为基础,合并北海银行、西北农民银行,在河北石家庄组建了中国人民银行,并发行人民币,成为中华人民共和国成立后的中央银行和法定本位币。

同日,江苏徐州解放。

十一月十五日(12月15日),淮海战役第二阶段结束,全歼国民党黄维兵团和孙元良兵团,生俘兵团正副司令黄维、吴绍周。

十一月二十四日(12月24日),人民解放军收复张家口,歼灭国民党军五万四千余人。

同日,白崇禧电请何应钦、张群、张治中,转蒋介石,谓"人心、士气、物力已不能再战",力主与中共谋和,逼蒋下野,此称"亥敬电"。

十一月二十五日(12月25日),中共中央新华社公布了蒋介石等43名头等战犯名单。

十一月二十九日（12月29日），湖北省参议会通电全国，主张以政治方法解决国事。

十一月间，省参政会举行会议。鉴于自己"实在不愿"干，而"有人钻营董事长者活动甚力"，甚至有人希望张难先早点离开此职位的现实情况，张难先觉得这是自己"合法辞职"的好机会，便将"辞呈备好"，随即"召集本行董事会讨论一切提案"；会议结束前，遂当众宣布："吾已向参议会辞职，再不来矣！"从此不再过问银行董事会的事情（见《六十以后续记》，《张难先集》第489页）。

十二月初三日（1949年1月1日），新华社发表毛泽东撰写的《将革命进行到底》的新年献词。

十二月初十日（1949年1月8日），国民党政府向美、英、法、苏四国要求干涉中国内战，遭四国政府拒绝。

十二月十二日（1949年1月10日），人民解放军在永城东北围歼杜聿明指挥的邱清泉、李弥兵团，俘获国民党徐州"剿总"副总司令杜聿明，击毙兵团司令邱清泉。至此，淮海战役结束，共歼灭国民党二十二个军，五十六个师，五十五万五千余人。

十二月十六日（1949年1月14日），中共中央主席毛泽东发表《关于时局的声明》，揭露了蒋介石《新年文告》中提出的"和平建议"的虚伪性，并提出了与国民党谈判的八项条件。

十二月十七日（1949年1月15日），人民解放军解放天津，全歼国民党守军十三万余人，活捉天津国民党警备司令陈长捷和市长杜建时等。

十二月十九日（1949年1月17日），张难先的前辈友人、著名学者武念堂在西安府宅去世。

十二月二十三日（1949年1月21日），蒋介石以"因故不能视事"为名宣告"引退"，而以李宗仁代理总统。

同日，得知此消息，张难先明白，这是蒋介石"自避风头，仍暗中操纵以遂其进退裕如之私"，故"拟翌日说白崇禧阻宗仁无为蒋氏利用，任渠自食其报"（见《六十以后续记》，《张难先集》第489页）。

十二月二十四日（1949年1月22日），李宗仁发表文告，宣称愿即开始和平谈判，并派邵力子、张治中、黄绍竑、彭昭贤、钟天心五人为和谈代表。

同日，到达解放区的各民主党派、各人民团体的代表和其他民主人士李济深、沈钧儒、马叙伦、郭沫若等五十五人发表对时局的声明，表示拥护中共八项和平条件，反对国民党的假和平阴谋，愿在中共领导下，团结一致，革命到底。

同日，张难先"渡江"，准备面见白崇禧，向他建言。不料见报载"李宗仁已瓜代发号施令"，不禁在心里暗骂道："蠢奴！"遂无功而返（见《六十以后续记》，《张难先集》第489页）。

十二月二十八日（1949年1月26日），蒋介石下令释放日本侵华大战犯、"中国派遣军"总司令冈村宁次。中共发言人发表谈话，命令国民党政府重新逮捕冈村宁次。

十二月下旬，报上载：李书城"由河南归"后，前往拜访者皆"不得见"，家人谓"赴珞珈山会"张难先先生去了。而张难先并未见到李书城，故"异之"。经咨询知内情的友人方知李氏奉白氏之命"赴豫，奔驰数月，及归谒白"，而白因目的已达到，竟"拒不见"；李书城甚"怄悔，不欲见人"，乃"托词"见张先生去了"以谢客"。得知真相，张难先颇同情好友的遭遇，不禁感叹道："狡哉白崇禧，先欲借联共以威胁蒋氏，蒋走李代，其志已得，再无事于李书城而敝屣视之。书城真受欺哉！"（见《六十以后续记》，《张难先集》第489—490页）。

年底，张难先陪家人在武昌度岁。

一九四九年己丑 七十六岁

年初，张难先陪家人在武昌过年。

正月初三日（1月31日），北平宣告和平解放，国民党华北"剿总"傅作义率部二十余万人接受人民解放军改编。至此，平津战役结束，改编和歼灭国民党军五十二万多人。

正月初六日（2月3日），人民解放军举行进驻北平入城式，受到北平市民热烈欢迎。

正月初八日（2月5日），以孙科为首的国民党政府行政院迁至广州（28日又迁返南京）；而身处"在野地位"的蒋介石仍在奉化指挥其亲信，处处牵制李宗仁。代总统李宗仁在南京，行政院迁广州，国防部在上海，反映出国民党政府已陷入四分五裂的状态。

正月十四日（2月11日），张难先的好友戴季陶在广东省政府广州东园招待所服安眠药自杀身亡。

正月十七日（2月14日），颜惠庆、邵力子、章士钊、江庸、黄启汉等以私人身份飞抵北平，与中共商谈国事。

正月二十八日（2月25日），国民党最大的巡洋舰"重庆号"宣布起义，加入人民解放军海军。

同日，李济深、沈钧儒、马叙伦、郭沫若等三十五人，经中共中央代表林伯渠迎接，自东北抵达北平。

二月初九日（3月8日），国民党孙科内阁总辞职，李宗仁任命何应钦为行政院院长。

二月二十六日（3月25日），中共中央委员会与中国人民解放军总部迁驻北平，毛泽东主席和朱德总司令在西苑机场举行阅兵式。

二月二十七日（3月26日），中共中央决定派周恩来（首席代表）、林伯渠、林彪、叶剑英、李维汉为和谈代表（后又加派聂荣臻为代表），并决定自4月1日起在北平与国民党代表和平谈判。

三月初一日（3月29日），以郭沫若为首的中国代表团赴巴黎出席世界拥护和平大会。

三月初四日（4月1日），国民党政府派张治中（首席代表）、邵力子、黄绍竑、章士钊、李蒸、刘斐为代表，飞抵北平参加和平谈判。

三月十八日（4月15日），中共和谈代表团将与各方商定的国内和平协定八条二十四款交南京和谈代表团，并限其20日以前表态。

三月中旬，张难先见"和谈厄于蒋氏不决"，乃暗思："白崇禧去冬曾请李书城赴豫联共，今共军优势日益显著"，正好劝白氏"乘机转变，促宗仁签约"；"万一阻于蒋氏"，则可"与共军共击蒋氏，当如摧枯拉朽，而大局（可）定"。主意已定，遂立即行动，约请通志馆馆长李书城、武大校长周鲠生、华大校长韦卓民、中大校长陈时、商界代表陈经畬等一同过江拜见白崇禧，将以上意思婉转告知。虽张难先等人"百般诱其入彀"，然白崇禧"见谈大局，则支吾其词"，且"百端避其语锋"。当张难先等人"露骨言之"，白崇禧"竟作旧时举茶送客之状"。至此，张难先等人已知白崇禧"别有肺肠，再不能以言词动"其心，遂"辞出"。后来张难先才得知：白崇禧"见蒋已失势，自恃领兵数十万，敢与共军决雌雄"。不禁感叹云："愚妄哉，白崇禧也！"（见《六十以后续记》，《张难先集》第490页）

三月二十三日（4月20日），南京国民党政府最终拒绝在《国内和平协定》上签字。至此，国民党当局的"和平攻势"宣告破产。

三月二十三至二十四日（4月20—21日），侵入中国长江内河的英国

"紫石英号"等四艘军舰和国民党的军舰一起向人民解放军开炮,打死打伤解放军战士252人。人民解放军予以还击,击沉击伤敌舰十八艘,"紫石英号"负伤被迫停于镇江江面,其余英舰则向长江口外逃逸。

三月二十四日(4月21日),毛泽东主席、朱德总司令发布向全国进军的命令,彭德怀、贺龙、习仲勋等领导的第一野战军和聂荣臻、徐向前等领导的华北野战军一部进军西北;刘伯承、邓小平等领导的第二野战军和华北野战军一部进军西南;陈毅、粟裕、谭震林等领导的第三野战军进军东南;林彪、罗荣桓等领导的第四野战军进军中南。当天,在西起江西九江东北的湖口,东至江苏南部江阴的长达五百余公里的战线上,人民解放军强渡长江。

三月二十五日(4月22日),蒋介石召集李宗仁、何应钦等人,商讨"最后一战"。

三月二十六日(4月23日),人民解放军解放国民党的统治中心——南京,国民党反动派的统治宣告覆灭。当日凌晨,代总统李宗仁乘"追云号"专机飞往广西。

三月二十七日(4月24日),国民党海军第二舰队的25艘舰艇,由舰队司令林遵率领起义。

同日,山西省省会太原解放,全歼蒋、阎军八万四千余人。至此,基本结束了解放华北的战争。

三月二十八日(4月25日),毛泽东、朱德发布《中国人民解放军布告》,宣布中国共产党、中国人民解放军愿和全体人民共同遵守的约法八章。

四月初三日(4月30日),中国人民解放军总部发言人就英国军舰"紫石英号"的暴行发表声明。

四月初四日(5月1日),山西大同国民党守军接受和平改编,山西全省解放。

四月初六日(5月3日),人民解放军解放浙江省会杭州。

四月上旬,白崇禧"见解放军着着胜利,而武汉人士对彼均有仇视现象",遂"采取高压手段",在汉口华中"剿匪"总司令部"召集武汉人士数百人开会",并凶狠地威胁大家说:"现闻武汉闻人,多有与共军暗中勾结者,本部正在密查,如得确据,本部决不姑宽。"见如此架势,张难先和李书城在私下商定,当场予以回击。白崇禧刚讲完话,李书城便站起来,"详述去年(赴豫)经过"。李书城讲完后,张难先便站起来,"以手杖痛击于地,声震全场",气愤地说:"据李君言,勾结共军者,乃白总司令,何以含血喷人。白总司令谓勾结共军者为武汉闻人,闻人何指,请白总司令一一举出。"于是,白崇禧"理屈词穷而逸,遂散会"(见《六十以后续记》,《张难先集》第490页)。

其间,湖北省政府主席朱鼎新①和武汉市警备司令某亦曾"召集地方人士开会",谓"省府即将迁往鄂西,请各位速离武汉同行"。张难先针锋相对地说:"吾闻省府西迁,一切职员都无运输工具,何能顾及我辈。我辈闲人,均已衰老,举家以行,既无生活来源,复无生产能力,要我辈往鄂西送死,吾辈不如就死在此地干脆些。"到会者皆纷纷表示赞成张难先的发言。朱鼎新等人"亦词穷而不敢犯"(见《六十以后续记》,《张难先集》第490页)。

四月十三日(5月10日),张难先自思"两军交绥,必有恶战,百万市民,涂炭堪虞",遂"与武汉人士研究维持真空时期之法"。在张难先看来,"大炮轰击之区域,实无法避免之灾祸,然其地面甚小。至兵匪抢劫烧杀之区域,其地面极大,其为害最烈。兵匪抢劫烧杀之源,多系居民逃徙一空,兵匪因利乘便,而逞毫无忌惮之凶"。于是,大家自觉组织了武汉临时救济委员会,"商约暗谕市民,除炮击外,毫不逃避,即为保家保身之上策";"战事发动时,举家不动,健壮者各在门外巡逻,比户有人,兵匪即不敢冒不韪而膏斧钺"。

武汉临时救济委员会成立后,又做了明确分工:"举陆德泽②为负汉口

---

① 朱鼎新(1902—1982),湖北黄冈人。1925年毕业于云南讲武堂。曾任国民党第七十五军旅长、副师长、师长、副军长等职。1945年调任第十集团军副总司令,不久改任第八军军官总队队长。1949年2月出任湖北省政府主席兼任省保安司令。同年10月,出任第三兵团司令;12月,率部在成都附近起义。新中国成立后历任西南军区高级参议、湖北省政府参事室参事、湖北省第四届政协副主席、民革湖北省委第四届主委等职。

② 陆德泽(1872—1952),湖北京山人。自幼父母双亡,靠挑贩谋生。少时流落汉口,加入天主教,入崇正书院就读。毕业后至汉口总商会会长刘歆生的东方转运公司任职,得刘氏赏识,逐步升为公司驻汉口经理、总经理。后自立门户,开设陆恒昌广货铺,经营进口贸易,生意兴隆,几年后便成为汉口巨富,并被选为汉口总商会会长。1923年投资开办武汉大华、裕华、震寰三大纱厂。1933年创办汉口胜新面粉厂,并任董事长。后又在应城投资兴办石膏厂、盐矿。又重视教育、卫生,曾创办德泽贫民学校、梅神父纪念医院。抗战中,四处奔走,救死扶伤,又出资修筑堤防、救济难民。武汉解放前夕,与张难先、陈经畬等组织武汉市临时救济委员会,维护社会稳定。武汉解放后被聘为武汉市政协委员、汉治水委员会主任。

责任之主任",张难先为"负武昌、汉阳责任之主任",并准备了"布告、臂章"。

他们的这些做法,"大得市民同意",皆积极支持配合,"所以白军溃退经过武汉时,未见有抢劫者"(上引均见《六十以后续记》,《张难先集》第490—491页)。

四月十五日(5月12日),淞沪战役开始。

四月十七日(5月14日),在武汉东南的团风至武穴间的一百余公里的地段上,人民解放军强渡长江。

同日里,前国民党华中军政长官公署副长官张轸通电率部起义。

同日,"白军开始溃退",张难先等人在武汉临时救济委员会总会召开紧急会议,并将"武昌、汉阳维持工作布置清楚"(见《六十以后续记》,《张难先集》第491页)。

四月十八日(5月15日)早晨,张难先打电话"询汉口分会情况,秘书程起陆答曰:'主任陆德泽不肯负责。'"一听如此说,张难先颇着急,就对李书城说:"汉口最重要。主持者不肯负责,其事可立偾。"同时建议诸委员同意他和李书城"速渡江布置",众委员"然之"。

于是,张难先和李书城立即赶"赴汉口分会,召开紧急会议",随后从容"布置一切":"将臂章发给会员佩戴,分布全市活动,共发一千数百枚,满街市民都见本会会员工作。甚喜。随派三十余人张贴布告";"市民见负责有人,更为安心"。

当天晚上,"白匪溃军向商会及水电公司勒款,俱以无法逞凶而止。匪军无气可出,只在武汉江岸轰炸趸船及码头一夜,实属无聊之极",所幸"水电厂未被炸"(前引均见《六十以后续记》,《张难先集》第491页)。

四月十九日(5月16日)早晨,张难先"巡视全市,均如平时,亦无有言某街某巷出抢劫事故者"。

正午时,张难先得知"解放军已兼程图追白匪,将近市郊",遂"派代表往迎"。

下午四时,解放军"入市,队伍整齐,秋毫无犯。市民狂喜,高呼'共产党万岁'、'毛主席、朱总司令万岁'"(前引均见《六十以后续记》,《张难先集》第491—492页)。

四月二十日(5月17日),人民解放军解放湖北武昌、汉阳、汉口。至此,渡江战役胜利结束。

同日，张难先等同人认为，武汉临时救济委员会的任务"只在维持真空时期，今解放军到，地方治安有彼军负责"，自己的"任务即算终了，救济会再无存在之必要。加之仓促组合，分子极杂，尤虑借此机构，别出事端"，于是召开总会委员会议，"决议结束本会"。随后，张难先即偕好友李书城避居好友、汉口市财政局长傅光培家。

当天，"解放军派人请"张难先、李书城等"勿取消救济会，及仍旧任职"；张难先、李书城等"恳切告以理由，遂谅解不复强"（前引均见《六十以后续记》，《张难先集》第492页）。

四月二十一日（5月18日），张难先和李书城"渡江赴总会视察结束情形"，见情况正常，遂"回家中休养"（见《六十以后续记》，《张难先集》第492页）。

四月二十三日（5月20日），人民解放军解放陕西省会西安。

四月二十五日（5月22日），人民解放军解放江西省会南昌。

同日，中国人民革命军事委员会武汉市军事管制委员会在汉口成立，张难先被聘为参议。

四月三十日（5月27日），在中共上海地下党组织的接应和配合下，第三野战军解放了中国最大的城市上海，此战役歼灭国民党军十五万三千余人。

五月初十日（6月6日），武汉市各界民众在汉口中山公园举行庆祝沪汉解放大会，张难先应邀出席并作了讲话，即《武汉庆祝沪汉解放大会上讲话》，载同日《长江日报》（见《解放后稿》，《张难先集》第540—541页）。

五月十六日（6月12日），广州国民党残余已大部逃散，阎锡山便与几个战犯拼凑了一个所谓"政府"，阎自兼"国防部长"，朱家骅为"行政院副院长"，胡适为"外交部长"。

五月十九至二十三日（6月15—19日），新政治协商会议的筹备会在北平举行。

五月间，彭德怀等领导的第一野战军和贺龙领导的华北野战军联合作战，歼灭胡宗南的主力，大西北地区解放。

六月初六日（7月1日），毛泽东为纪念中国共产党成立二十八周年发表《论人民民主专政》。

六月十六日（7月11日），第一野战军在华北野战军一部的配合下，开始了全部解放西北各省的作战。

六月二十五日（7月20日），蒋介石、李宗仁、阎锡山等人在广东组成所谓"国民党非常委员会"。

七月初八日（8月2日），美国驻国民党政府大使司徒雷登离华返美。

七月初十日（8月4日），国民党湖南省主席程潜和第一兵团司令陈明仁等率部起义，湖南省会长沙和平解放。

七月十一日（8月5日），美国国务院发表《美国与中国的关系》的白皮书。

七月十七日（8月11日），张难先致函时任湖北省政府主席的李先念（《致李先念主席书》），向其建议要重视堤防修筑之事（见《解放后稿》，《张难先集》第541页）。

七月二十日（8月14日），今日起，中共中央主席毛泽东相继为新华社撰写了五篇评论，批驳美国的白皮书。

七月二十三日（8月17日），人民解放军解放福建省会福州。

七月二十六日（8月20日），张难先奉武汉军事管制委员会（简称"军管会"）通知，谓全国"新政协筹备会特别聘请"他和李书城、李范一等人"为新政协代表"，准备赴京开会。张难先得知"筹备会副主席为老友李济深，特至书于渠建议大会，谓现在财政拮据，会务应力争撙节"（见《六十以后续记》，《张难先集》第492页）。

七月二十七日（8月21日），人民解放军解放甘肃省会兰州，马步芳的精锐部队被全部歼灭。

闰七月初一日（8月24日），张难先得知老友李济深是新政协筹委会副主席，遂作了《致新政协筹备会李任潮副主席书》寄赠，向他建议开会要节俭（见《解放后稿》，《张难先集》第542页）。

闰七月初九日（9月1日），张难先和李书城、李范一离汉赴京，前往参加新政协会议。张难先因年事已高，"长女端君随侍"进京照顾（见《六十以后续记》，《张难先集》第492页）。

闰七月十二日（9月4日），张难先等一行"抵前门，招待员引寓六国饭店"。张难先见饭店"颇形阔绰，极感不安"（见《六十以后续记》，《张难先集》第492页）。

闰七月十三日（9月5日），人民解放军解放青海省会西宁。

闰七月十四日（9月6日），张难先的朋友、陕军将领杨虎城在重庆"中美合作所"被国民党特务秘密杀害。

闰七月二十七日（9月19日），国民党绥远省政府主席兼保安司令、西北军政长官公署副长官董其武、第9兵团司令孙兰峰等率部四万余人起义，归绥和平解放。

闰七月二十九日（9月21日）上午，湖南军政委员会委员兼秘书长李明灏主持召集小组预备会议，推定张难先作大会发言①。同日晚，中国人民政治协商会议开幕式在中南海怀仁堂举行，张难先等代表出席。

闰七月二十九至八月初九日（9月21—30日），中国人民政治协商会议在北平举行。会议制定了《中国人民政治协商会议组织法》《中华人民共和国中央人民政府组织法》《中国人民政治协商会议共同纲领》等文件，通过了国旗、国歌及国都所在地的决议，选举了中华人民共和国中央人民政府委员会、中国人民政治协商会议全国委员会。会议选举毛泽东为中央人民政府主席，朱德、刘少奇、宋庆龄、李济深、张澜、高岗为副主席。

其间，在一次座谈会上，周恩来总理通报了经协商后的中央人民政府委员名单，其中有张难先。一散会，张难先就去向周总理恳辞说："此次政府工作艰巨，非年富力强者莫任。我耳聋眼花，何能堪此。请大会另商一人。"周总理回答说："张先生勿辞。我们年富力强的也是要的，那年高德劭的也是要的。"张难先见毛主席从会议厅出来，便又去向毛主席恳辞。毛主席一听，就对他说："这件事张先生就不要再谈了。"后来"大会一并通过"，张难先就"只好听其自然"（见《六十以后续记》，《张难先集》第492页）。

八月初一日（9月22日）下午，至中南海怀仁堂出席大会，听周恩来作报告。

八月初二日（9月23日）上午，赴中南海勤政殿参加国旗、国徽、建都、纪年等问题的讨论。

八月初三日（9月24日）下午，张难先作为小组代表，在大会上发言，即《在第一届政协全体会议发言》（见《解放后稿》，《张难先集》第542—543页）。

同日，张难先向大会提交《国都及中央政府所在地的意见》的建议（见《解放后稿》，《张难先集》第543—544页）。

八月初四日（9月25日），《人民日报》在《记人民政协第四天大会》一文中对张难先昨天的发言有一段专门报道（见《解放后稿·在第一届政协

---

① 张树年主编,柳和城、张人凤、陈梦熊编著：《张元济年谱》,商务印书馆1991年版,第548页。

全体会议发言》附录，《张难先集》第543页）：

> 张难先代表在会上发表了热情洋溢、简短有力的演说。张老今年已有七十六岁的高龄，饱经沧桑，阅历丰富。他那个组里有几位七十八岁的老人，数十年来始终不愿参加什么政治性的会议，但是这次"召开的人民政治协商会议，大家都欢欣鼓舞，不辞衰老，毅然参加"了。全场热烈鼓掌，庆贺这些久历事变的老人，也可说是庆贺人民政治协商会议的本身。这些老人选择了几十年，现在真正选对了。张代表说："就这几位老先生之参加看来，真可以代表全国人民心悦诚服的拥护人民政府。"大团结给人们增加了大信心，即将成立的中央人民政府会保证这些老年人在民主、自由、愉快的空气中，度过他们的晚年。

同日下午，与众代表一起赴中南海怀仁堂出席政协大会。

八月初四至初五日（9月25—26日），国民党新疆省警备总司令陶峙岳、省主席鲍尔汉率军政人员先后通电起义，新疆和平解放。

八月初五日（9月26日）中午，周恩来、林伯渠在六国饭店设宴招待全体政协代表。

八月初六日（9月27日）上午，与众代表一起赴中南海怀仁堂出席政协大会。

八月初七日（9月28日）上午，与李书城、张元济、宁武等友朋相约外出照相①。

同日下午，张难先主持召集小组会议，讨论选举名单。

八月初八日（9月29日）上午，继续主持小组会议讨论选举名单及《共同宣言》稿。

同日下午，与众代表一起赴中南海怀仁堂出席政协大会。

八月初九日（9月30日）上午，主持小组会议继续讨论选举等事宜。

同日下午，全体代表赴中南海怀仁堂出席政协会议闭幕式，选举通过全国政协名单。检票期间，张难先、张元济等代表随毛泽东等中央领导人至天安门广场举行人民英雄纪念碑奠基典礼。

八月初十日（10月1日）上午，中华人民共和国中央人民政府委员会正式成立并在勤政殿举行第一次会议，正副主席及委员宣布就职。

同日下午三时，中华人民共和国宣告成立，首都三十万民众在天安门广

---

① 张树年主编，柳和城、张人凤、陈梦熊编著：《张元济年谱》，商务印书馆1991年版，第549页。

场举行隆重的庆祝典礼。那天，天安门前"人山人海，可谓有史以来之空前盛会"（见《六十以后续记》，《张难先集》第492页）。

八月十一日（10月2日），苏联政府正式承认中华人民共和国，决定与中国建立外交关系，并互派大使。

八月十二至十六日（10月3—7日），中国政府分别复电和苏联、保加利亚、罗马尼亚、匈牙利、朝鲜、捷克斯洛伐克、波兰等国家建交。

八月中旬，张难先见一切工作都走上正轨，自己身体也不错，就让长女端君离京返鄂。

八月二十三日（10月14日），人民解放军解放广东省会广州。

八月二十六日（10月17日），人民解放军解放福建厦门。

八月二十七日（10月18日），张元济在离京返沪前，分别为好友张难先、李书城、黄琪翔、黄警顽书写了扇面、条屏[①]。

八月三十日（10月21日），张难先被推选为人民监察委员会委员，出席第一次会议。因其"曾任国民政府监察院委员"，遂"举旧日之经验供会参考，并商订章则多起"（见《六十以后续记》，《张难先集》第493页）。

九月初九日（10月30日），张难先"租国会街观音寺住宅一间，预备徙家北上"。此前，"政府已指定绒线胡同一四合房"为张难先的住宅，张难先"以屋大，用人多，开销巨"，"以免自累"，故"谢之"（见《六十以后续记》，《张难先集》第493页）。

九月十一日（11月1日），好友、中央人民政府副主席李济深"请客，商谈中国国民党革命委员会事"。此前，中央人民政府"觉国民党人数不少，仍宜有人领导，使入正轨"。经商讨，拟由张难先、程潜、邵力子、张治中、傅作义"五人主持其（谓民革）事"；而张难先年纪大、"精力衰"、事情多，"坚辞好久，始摆脱"（见《六十以后续记》，《张难先集》第493页）。

九月二十一日（11月11日），接长女端君书函，谓其母病重"入院，势将不起"，催其父速回鄂。张难先经过慎重考虑，"以政府初建，不宜以私废公"为由，复函长女，如其母"有不幸"，望"汝辈料理后事，不必我回家"（见《六十以后续记》，《张难先集》第493页）。

[①] 张树年主编，柳和城、张人凤、陈梦熊编著：《张元济年谱》，商务印书馆1991年版，第551页。

九月二十五日（11月15日），人民解放军解放贵州省会贵阳。

九月底，张难先再接长女书函，得知老伴之病因次女肖瑜"医护得力而愈"，连医院医师都"叱为异事"，心遂安（见《六十以后续记》，《张难先集》第493页）。

十月初三日（11月22日），人民解放军解放广西省会桂林。

十月初六日（11月25日），张难先作书向武汉军管会推荐武汉临时救济委员会的出力人员（见《六十以后续记》，《张难先集》第493页）。

十月初十日（11月29日），张难先自觉"于马列主义素少研究"，遂"报名参加苏联法律专家演讲会"（政治法律委员会主办），"借此机会补课"（见《六十以后续记》，《张难先集》第493页）。

十月十一日（11月30日），人民解放军解放四川重庆。

同日，协商组建中南军政委员会人选，周恩来总理提议张难先为副主席；张难先以"精力、学识两俱不够，商于董副总理必武，请换郑君位三，董不同意而止"（见《六十以后续记》，《张难先集》第493页）。

十月十四日（12月3日），毛主席请张难先等人"在颐年堂晚餐"，商议"主席亲自访苏事"，张难先曾"具函陈述意见"（见《六十以后续记》，《张难先集》第493页）。

十月十五日（12月4日），人民解放军解放广西南宁。

十月十七日（12月6日），毛泽东主席应邀率中国政府代表团离京赴苏联访问。

十月二十日（12月9日），前国民党云南省政府主席卢汉宣布起义。

同日，前国民党西康省政府主席刘文辉、西南军政长官公署副长官邓锡侯、潘文华联名通电，宣布起义。

十月二十七日（12月16日），毛泽东主席及其随行人员抵达莫斯科，会见斯大林。

十一月初八日（12月27日），人民解放军解放四川省会成都。

十一月十二日（12月31日），张难先作七律一首（见《解放后稿》，《张难先集》第545页）。

十一月十三日（1950年1月1日），青海省和广东省人民政府正式成立。

同日，张难先见中央人民政府"废团拜而改为团聚，废送礼及拜年等陋习。由政务院公告。节省好多浪费、烦（繁）文、时间"，颇为赞赏。

晚上七时，"由中央政府办公厅柬请政府及各院、部、会、局各首长，并民主党派人士，在北京饭店大礼堂团聚。到者约千人，皆大欢喜，亦有史以来第一个盛大新年"（见《六十以后续记》，《张难先集》第493页）。

十一月十五日（1950年1月3日）晚七时，周恩来总理、刘少奇副主席约请张难先等人"于颐年堂磋商土地改革事宜。有主宜急办者，有主宜缓办者。后以缓办较妥为多数意见"。张难先认为"详定办法，训练干部为两件重要事"。会议直开到"十二时散会"（见《六十以后续记》，《张难先集》第493—494页）。

十一月十七日（1950年1月5日）晚七时半，张难先出席在颐年堂召开的"政府委员及政协全国委员会常委联席会议，讨论中苏友好条约及通商、借款、民航诸条约。十二时散会"（见《六十以后续记》，《张难先集》第494页）。

十一月十九日（1950年1月7日）晚七时半，张难先出席"中央人民政府第五次委员会。听取西北军政委员会彭德怀报告及外交问题报告，并批准中朝人民通邮、通电各项协定及任免政务院、人民监察委员会、华东军政委员会、新疆省人民政府、青海省人民政府委员、浙江大学校长。十二时散会"（见《六十以后续记》，《张难先集》第494页）。

十一月二十日（1950年1月8日），甘肃省人民政府成立。

同日晚八时，张难先乘火车离京回鄂。

十一月二十二日（1950年1月10日），陕西省人民政府成立。

同日中午，张难先抵汉，前来迎接他的有"中南军政委员会秘书长张执一、第四野战军参谋长萧克、交际处处长史林峰"等人，随即"下榻德明饭店"（见《六十以后续记》，《张难先集》第494页）。

十一月二十三日（1950年1月11日）早晨，好友、"商会代表陈君经畲来云"，今天"本市开各界销售胜利公债会"，听说张先生昨天已回鄂，希望能出席大会并讲话；张难先一听，立即应允，随同陈经畲"赴会"，向与会者报告"政协之经过、政府之成立及发公债之意义，并认购一百份以资提倡"（见《六十以后续记》，《张难先集》第494页）。

十一月二十四日（1950年1月12日），张难先"走谒林彪主席，邓子恢副主席，萧克、赵尔陆两参谋长，谭政、陶铸两正副主任，李一清副主席，吴德峰市长"等人（见《六十以后续记》，《张难先集》第494页）。

十一月二十五日（1950年1月13日），张难先渡江，前往拜访"湖北省人民政府主席李先念、中共中委郑位三"。随后"赴珞珈山本宅"，见夫人陈氏"病容可掬","甚慰"(见《六十以后续记》,《张难先集》第494页)。

十一月二十六日(1950年1月14日),张难先应邀至"本市民主同盟委员会参观"(见《六十以后续记》,《张难先集》第494页)。

十一月二十七日(1950年1月15日),张难先渡江"访民盟聂松翘、周杰、胡忠民、贺葆三诸君及旧友沈肇年、杨舒武等"(见《六十以后续记》,《张难先集》第494页)。

十一月二十八日(1950年1月16日),张难先作"致林君宰平北游感想信"(见《六十以后续记》,《张难先集》第494页)。

十二月初一日(1950年1月18日),中、越两国正式建交。

十二月初三日(1950年1月20日),政务院总理兼外长周恩来抵达莫斯科,与毛泽东一起同斯大林、维辛斯基会谈。

十二月初七日(1950年1月24日),中南军政委员会举行预备会议,张难先讲话。随后举行中南军政委员会第一次工作会议。"会中听取了林主席、邓副主席及六省两市各主席、市长报告与各单位发言,议决了《中南军政委员会组织法》等等。"(见《六十以后续记》,《张难先集》第494页)

十二月初八日(1950年1月25日)下午,中南军政委员会预备会议第一次工作会议闭会。"闭会时,复接毛主席、周总理在苏联缔结中苏友好同盟条约及两个协定,大家欢喜欲狂,热烈庆祝。"

同日晚,张难先陪同林彪主席出席中苏友好协会庆祝大会,并"讲话",会场"掌声雷动"(前引均见《六十以后续记》,《张难先集》第494—495页)。

十二月初十日(1950年1月27日),华东军政委员会在上海成立。

十二月十二日(1950年1月29日),《大刚报》刊载了张难先写给好友林志钧的一封书函《答林宰平先生书(北游感想)》(见《解放后稿》,《张难先集》第545—547页),表明了自己对共产党、解放军、新政府的看法。

十二月十四日(1950年1月31日),留居青海的班禅堪布会议厅致电毛泽东主席、朱德总司令,反对西藏拉萨当局勾结英美出卖西藏的行为,要求人民解放军解放西藏。

十二月十九日(1950年2月5日),中南军政委员会在汉口正式挂牌成立。张难先出席成立大会并讲话,即《中南军政委员会成立讲话》,载当天《长江日报》(见《解放后稿》,《张难先集》第547—548页)。

十二月二十二日(1950年2月8日),广西省人民政府在南宁成立。

十二月二十六日(1950年2月12日),中国铁路工会正式成立。

十二月二十八日(1950年2月14日),中苏两国在莫斯科签订《中苏友好同盟互助条约》。

同日,张难先为自己的武昌灵山窝住宅写了一副对联:

  咬紧牙关苦两年,那就好了;睁开眼睛看远处,这才对呢。①

案:在这副对联之前,在"春联"题目之下,作者有一小序,谓:"二月十四日,即旧历腊月二十七日。"告知写此联的时间。然自这一年起,直至张难先去世为止,没有任何一年的腊月二十七日是对应公历二月十四日的,这应是张难先晚年时的误记。经查核,这一年的公历二月十四日,应是旧历腊月的二十八日。

十二月三十日(1950年2月16日),斯大林在克里姆林宫宴请毛泽东和周恩来。

同日张难先"接老友欧阳瑞骅②至武昌灵山窝本宅度岁"。因连日"开会疲劳",张难先亦想"借此机会休息几日"(见《六十以后续记》,《张难先集》第495页)。

同日为传统的除夕,张难先作有七律一首(《一九四九年除夕感赋》),抒发自己的感慨(见《解放后稿》,《张难先集》第545页)。

一九五〇年庚寅　七十七岁

正月初一日(2月17日),毛泽东主席结束对苏联的访问,同周恩来总理登上回国的专列,并开始沿途参观、视察。

同日,张难先见"欧君受精神刺激,龙钟不堪,恐有不测",遂送他"渡江回寓",自己则至"德明饭店坚卧三日,精神始略恢复"(见《六十以后续记》,《张难先集》第495页)。

正月初二日(2月18日),接到好友钱基博先生的来函,张难先仔细阅读后,遂给钱先生复书,即《复钱基博先生书(稿)》,回答钱先生的疑问(见《解放后稿》,《张难先集》第547页)。

---

① 张难先:《解放后稿·春联》,严昌洪、张铭玉、傅蟾珍主编:《张难先集》,华中师范大学出版社2011年版,第548页。

② 欧阳瑞骅已于1944年去世,此处应为误记或者笔误。

正月初四日（2月20日），昆明三十万市民欢迎人民解放军进驻昆明。

正月初六日（2月22日），西南军区成立。

正月初九日（2月25日），中南军政委员会召开今年的第一次行政会议。林彪主持会议并讲话，要求各部门主管要"根据政策及实际情况"，在认真调查统计后，"详定一年的工作计划及每月工作计划，主动的、积极的以完成自己的任务"；而"任感情，任志愿，那都是不行的"。他又强调说：自己因"军事太忙"，故"本会大事，要找邓老（指邓子恢副主席）解决"，"各部门负责同志原封不动（指旧中原临时政府），绝不换人，大家可安心作事。需要更动者，统战部自然知道"。

邓子恢则布置、强调了几个方面的工作：首先，"旧中原机关原封不动，只换一个名称"。"其次，各部不必待中央公事到，自己展开工作。每星期六下午二时开行政会议。第三，新设之部、会，宜速组织，在两个星期之内就要制定组织条例呈会。第四，命令本区各省，努力生产，预备土改，厉行节约"（见《六十以后续记》，《张难先集》第495页）。

正月十一日（2月27日），中南军政委员会指定赫德路2号房子为张难先的住宅；张难先当即"迁入"，不再"住京"，亦不住灵山窝（见《六十以后续记》，《张难先集》第495页）。

正月十三日（3月1日），蒋介石在台北发表文告，宣布复任"总统"职。

正月十六日（3月4日），毛泽东、周恩来结束苏联访问，回到北京。

同日，中南军政委员会举行第二次行政会议，"决议成立禁烟禁毒委员会"，而推张难先"为主任，卜盛光、黄琪翔、李明灏为副主任，潘琪、周光坦、李步青、赵敏、姚克方、杨少桥、彭笑千、倪志亮、朱涤新为委员，并通过要案多起"（见《六十以后续记》，《张难先集》第495页）。

同日，夫人"襄勤及孙铭玉、孙女铭淑"由珞珈山迁来汉口与张难先同住（见《六十以后续记》，《张难先集》第495页）。

正月二十日（3月8日），张难先"同林彪主席渡江，参加湖北省人民政府召集之各县农民代表大会。代表共一千二百余人，可谓空前盛事"。林彪和张难先分别在会上讲话，并赢得"全场热烈鼓掌"（见《六十以后续记》，《张难先集》第495页）。

正月二十一日（3月9日）下午二时，张难先"渡江，赴烈士祠辛亥首义同志资格审查会"（见《六十以后续记》，《张难先集》第496页）。

正月二十二日（3月10日），禁烟禁毒委员会举行预备会，"讨论本会组织条例及一切开办事宜,并宣布成立"(见《六十以后续记》,《张难先集》第 496 页)。

正月二十五日(3月13日)上午八时,张难先"赴本会(中南军政委员会)办公",自此以后"俱履行如常"(见《六十以后续记》,《张难先集》第 496 页)。

二月初一日(3月18日),中共中央发出《严厉镇压反革命分子的指示》。

二月初十日(3月27日),西昌解放。

二月十五日(4月1日),中国与印度建交。

二月十六日(4月2日),湖南省人民政府成立。

二月十八日(4月4日),张难先赴京参加中央人民政府会议。会议通过了《婚姻法》。在此次会议中,张难先"共提四案","均经政府采纳参考"(见《六十以后续记》,《张难先集》第 496 页)。

二月二十四日(4月10日),张难先向大会提交提案四件,即《中央人民政府委员会提案四件》(见《解放后稿》,《张难先集》第 548—550 页)。

二月二十七日(4月13日),中国与印度尼西亚建交。

二月下旬,中央人民政府会议结束后,张难先仍离京返鄂,回中南军政委员会履职。

三月初六日(4月22日),海南岛海口市解放。

三月十五日(5月1日),全国各地庆祝新中国成立后第一个"五一"劳动节,北京举行二十万市民大游行。

三月二十三日(5月9日),中国与瑞典建交。

三月二十五日(5月11日),中国与丹麦建交。

三月三十日(5月16日),是武汉解放一周年的日子,张难先应《长江日报》之邀,为其作《纪念武汉解放一周年题词》(见《解放后稿》,《张难先集》第 550—551 页)。

三、四月间,张难先遭到台湾国民党"'国防部'青年救国团江汉义勇第三总队"胡子民等特务的刺杀,"遇险三次,俱未获逞"。不久"案破,公安部捕获六十余人,直认不讳,处胡子民等罪大恶极者十一人以死刑"(见《六十以后续记》,《张难先集》第 496 页)。

四月二十一至二十四日(6月6—9日),中共召开七届三中全会,决定将完成土地改革作为当前的首要条件和任务。

四月二十三日（6月8日），中国与缅甸建交。

四月二十四日（6月9日），教育部召开的首届高等教育会议闭幕，确定了高等教育的方针和任务。

五月初十日（6月24日），张难先"进京开中央人民政府委员会议，讨论土地改革法、工会法及国徽"。因"此数案太重要"，经"政协全国委员会、中央人民政府讨论两月之久，始行通过"（见《六十以后续记》，《张难先集》第496页）。

五月十一日（6月25日），朝鲜战争爆发。

五月十三日（6月27日），美国总统杜鲁门宣布武装干涉朝鲜内政，同时侵略中国领土台湾。

五月十四日（6月28日），周恩来代表中国政府发表声明，强烈谴责美国政府的侵略罪行。

五月十六日（6月30日），土地改革法公布，广大新解放区开展了轰轰烈烈的土地改革运动。

六月初八日（7月22日），中国人民反对美国侵略台湾、朝鲜运动委员会发表《告台湾同胞书》。

六月十三日（7月27日），中华全国合作社总社成立。

六月三十日（8月13日），中国保卫世界和平大会通知各人民团体，号召扩大和平签名运动，争取二万万人参加签名。

七月初八日（8月21日），政务院公布《关于划分农村阶级成分的决定》。

七月中旬，张难先在北京开完会，仍返回武汉，至中南军政委员会履职（见《六十以后续记》，《张难先集》第496页）。

八月初三日（9月14日），中国与瑞士建交。

八月初四日至十六日（9月15—27日），张难先出席"中南军政委员会议，讨论《土地改革法实施办法》，共十三天，始通过一切规定"（见《六十以后续记》，《张难先集》第496页）。

八月初六日（9月17日），《长江日报》刊载了张难先《中南军政委员会第二次会议讲话》一文（见《解放后稿》，《张难先集》第551—552页）。

八月初九日（9月20日），毛泽东主席发布命令，公布中华人民共和国国徽。

八月二十日（10月1日），第一届国庆节，全国人民举行庆祝大会。

八月二十六日（10月7日），中苏两国在北京互换中苏友好互助同盟条约及中苏两国之间五项协定的批准书。

八月二十七日（10月8日），毛泽东向中国人民志愿军发布赴朝参战的命令。

九月十五日（10月25日），中国人民志愿军赴朝与朝鲜人民军并肩作战，向进犯鸭绿江附近的美国侵略军发起强大反攻，全国掀起了轰轰烈烈的抗美援朝、保家卫国运动。

九月十八日（10月28日），中国与芬兰建交。

九月二十八日（11月7日），为苏联十月革命三十三周年的纪念日，《长江日报》刊发了张难先撰写的《庆祝苏联的十月革命是庆祝世界人类获得了一个真理》一文（见《解放后稿》，《张难先集》第552—553页）。

十月初一日（11月10日），西南军政委员会和西南军区司令部向西藏人民及进军西藏部队颁发布告，宣告和平解放西藏政策。

十月十一日（11月20日），在第二届世界和平大会上，郭沫若团长发言提出和平解决朝鲜问题等五项纲要。

十月十五日（11月24日），西康省藏族自治区人民政府成立。

十月二十一日（11月30日），在联合国安理会上，中国代表伍修权控诉美国武装侵略台湾，并提出三项建议。

十一月十二日（12月20日），张难先"赴京开中央人民政府委员会第十次会议，讨论一九五一年度全国财政收支总概算。开国以来，惟此任务最艰巨，国内各种建设，国外抗美援朝，齐头并进，一年来应付裕如，实堪钦佩"。最后，"经全场鼓掌通过"（见《六十以后续记》，《张难先集》第496页）。

十一月二十三日（12月31日），中国人民志愿军和朝鲜人民军发起新年攻势，在朝鲜东北地区的战斗中，歼灭美军一万一千余人，解放了清津、罗南、镜城、明川等二十余座城镇及广大地区，从而配合西线的胜利，根本改变了朝鲜战局，转入全线大反攻。

十一月二十四日（1951年1月1日），朝中两国军民将敌军驱逐至三八线以南。

十一月二十五日（1951年1月2日），周总理约张难先和程潜"午餐，席间谈湘、鄂两省洞庭湖纠葛事"。张难先认为："此事问题俱因私有土地制而起，土地转瞬改革，即问题根本消失，政府根据大众利益，决定如何办就如何办，毫无问题。"总理听了"然之"。

当天，张难先即离京返鄂，回中南军政委员会履职（见《六十以后续记》，《张难先集》第496页）。

十二月二十四日（1951年1月31日），第一次全国中等教育会议结束，确定了中等教育的方针和任务。

年底，张难先陪家人在汉口寓宅度岁。

一九五一年辛卯　七十八岁

年初，张难先陪家人在汉口寓宅过年，随即仍赴中南军政委员会履职。

正月初十日（2月15日），在收到老友梁漱溟的书函后，张难先作《复梁君漱溟索评渠书笺》寄赠（见《解放后稿》，《张难先集》第555—556页）。

正月十六日（2月21日），中央人民政府公布《中华人民共和国惩治反革命条例》。

三月初四至十一日（4月9—16日），张难先出席"中南军政委员会第三次会议，讨论抗美援朝、土地改革及镇压反革命三大工作之过去情况与将来之工作方法"（见《六十以后续记》，《张难先集》第496页）。

三月十六日（4月21日），抗美援朝第四次战役结束，歼敌七万八千余人。

四月十五日（5月20日），抗美援朝第五次战役结束，歼敌四万二千三百零二人；整个战线上将敌军击退五十至七十公里。

四月十六日（5月21日），中国与巴基斯坦建交。

同日，《长江日报》刊载了张难先撰写的《读〈共产主义道德的教育〉一文后致友人书》一文（见《解放后稿》，《张难先集》第554—555页）。

四月十八日（5月23日），中央人民政府和西藏地方政府在北京签订《关于和平解放西藏办法的协议》，宣告西藏和平解放。

六月初七日（7月10日），朝鲜停战谈判首次会议在开城举行。

六月二十九日（8月1日），为中国人民解放军建军纪念日，张难先作有《八一建军纪念日献词》一文（见《解放后稿》，《张难先集》第557—558页）。

八月十二日（9月12日），《毛泽东选集》第一卷出版发行。

八月二十七日（9月27日），人民解放军进藏部队进抵拉萨。

九月初一日（10月1日），张难先"进京开中央人民政府委员会第十三次委员会议，讨论《中央人民政府任免国家机关工作人员暂行条例》及各重要案件多起而通过之"（见《六十以后续记》，《张难先集》第496—497页）。

九月十九日（10月19日），鉴于老友梁漱溟近一段时间的种种行为，张难先决定与其断交，并作《与梁漱溟绝交书》寄赠（见《解放后稿》，《张难先集》第556—557页）。

九月间，应友人刘壬甫之邀，张难先前往赏菊，并作有《洁园主人刘壬甫约赏菊所题》一绝相赠（见《解放后稿》，《张难先集》第559页）。

十月二十八日（11月28日），中国人民保卫儿童全国委员会成立。

十月下旬，张难先开完中央人民政府委员会会议后，仍自京返鄂履职。

十一月初三日（12月1日），中共中央作出《关于实行精兵简政，增产节约，反对贪污，反对浪费和反对官僚主义的决定》。

十一月初十日（12月8日），中共中央发出《关于反贪污斗争必须大张旗鼓地进行的指示》，"三反"运动由此开始。

十一月十四至二十四日（12月12—22日），张难先出席"中南军政委员会第四次会议，讨论了增产节约、继续支援抗美援朝、完成土地改革、贯彻民主改革与进行思想改造任务这些中心议题，并通过了二十二个决议"。此次会议"出席、列席人数共四百二十五人，历来参加代表，惟以此次为广泛，故提案与收获极多"（见《六十以后续记》，《张难先集》第497页）。

十一月十四日（12月12日），张难先出席中南军政委员会第四次会议时始得知，"机关企业极多，认为急须禁止"，遂给周恩来总理写信，提出自己的建议。周总理收阅张先生的书函后，又"转呈毛主席阅"；而"毛主席诵言函中'惟这是可暂不可久，可紧不可松的事'句，立下令禁止"。这也让张难先感受到了新中国领袖"从谏如流"的作风（见《六十以后续记》，《张难先集》第497页）。

同日，张难先写有《为机关部队企业事致周恩来总理》一函寄赠（见《解放后稿》，《张难先集》第559页）。

十二月初五日（1952年1月1日），中央人民政府举行新年团拜，毛泽东主席致祝词，号召全国人民大张旗鼓地开展反贪污、反浪费、反官僚主义的斗争。

同日，张难先见书桌上的仙人球颇为可爱，乃作《一九五二年元旦试笔题桌上仙人球》一诗以纪之（见《解放后稿》，《张难先集》第559—560页）。

十二月十二日（1952年1月8日），人民监察委员会发出关于反贪污、反浪费、反官僚主义斗争的指示。

十二月三十日（1952年1月26日），中共中央发出《在城市限期开展大规模的坚决彻底的"五反"斗争的指示》（"五反"即反行贿、反偷税漏税、反盗窃国家财产、反偷工减料、反盗窃经济情报）。

年底，张难先陪家人在汉口寓宅度岁。

是年，张难先原来的同僚、国民党要员程汝怀在收审期间病逝。

一九五二年壬辰　七十九岁

年初，张难先陪家人在汉口寓宅过完年，仍在中南军政委员会履职。

正月初八日（2月3日），中共中央发出《关于"三反"运动应和整党运动结合进行的指示》，这次整党，到1954年春基本结束。

正月初十日（2月5日），张难先早年的同僚、国民党政要曹浩森在台北病逝。

正月十一日（2月6日），中国文字改革研究委员会在北京成立。

正月十五日（2月10日），河北省举行公审贪污犯刘青山、张子善大会，判处两犯死刑。

正月十七日（2月12日），青海玉树藏族自治区人民政府成立。

二月十三日（3月8日），外交部部长周恩来发表声明：严正抗议美国政府使用细菌武器屠杀中国人民，侵犯中国领空。

二月十五日（3月10日），张难先的好友、时任河北省人民政府主席的李锡九先生在北京病逝。

二月二十日（3月15日），张难先在武汉得知老友李锡九去世消息，颇为悲痛，遂写了一副挽联寄赠，以表达其悲悼之情（见《解放后稿》，《张难先集》第560页）：

　　学说早知辨，忆昔年同席粤垣，议事常援列宁语；
　　交情老更新，痛此日闻耗汉市，碎琴直映伯牙台。

二月二十三日（3月18日），《长江日报》刊载了张难先所写之《报告一件大喜事（为决定了荆江分洪案而作）》一文（见《解放后稿》，《张难先集》第560—561页）。

三月上旬，"因贺衡夫贩烟贩毒案"之事，张难先以自己为"禁烟禁毒委员会主任"，有领导责任，"呈请政府处分"，而政府体谅其心，"留中不发"，这让张难先"感激之至"（见《六十以后续记》，《张难先集》第

497页）。

三月十六日（4月10日），《毛泽东选集》第二卷出版发行。

同日，张难先"进京开中央政府第十四次委员会议，讨论惩治贪污条例及其它要案"（见《六十以后续记》，《张难先集》第497页）。

三月二十二日（4月16日）下午四时，张难先的三女儿汉民"因受'三反'诬陷"，"自经于成都人民银行"（见《六十以后续记》，《张难先集》第497页）。

三月二十五日（4月19日），张难先开完中央人民政府工作会议，即离京返鄂。

自京城回到武汉后，张难先收到三女婿倪文穆书函，得知三女儿噩耗，两位老人"痛极"：他们知道，汉民"学品俱优，遭此不幸，徒唤奈何"。几个月后，"案情大明"，汉民为"冤诬，主事者将所逼缴之款尽数退还，然奈人死不能复生"，可谓"痛哉"（见《六十以后续记》，《张难先集》第497页）。

四月十七日（5月10日），中国外交部严正抗议香港英国当局逮捕、驱逐和迫害中国居民并无理勒令香港《大公报》停刊的暴行。

五月初四日（5月27日）起，张难先率"慰问团赴荆州慰问荆江分洪员工。连日慰问南闸、北闸、荆江大堤各工地员工"（见《六十以后续记》，《张难先集》第497页）。

五月初九日（6月1日），中日贸易协定在北京签字。

五月十四日（6月6日），结束慰问活动，张难先回到武汉。

五月十九日（6月11日），张难先阅毕老友林宰平的书函，遂写了《复林宰平先生书》寄赠（见《解放后稿》，《张难先集》第564—565页）。

五月二十九日（6月21日），《长江日报》刊载了张难先所写之《报告一件大奇事（为荆江分洪任务提前完成而作）》一文（见《解放后稿》，《张难先集》第561—563页）。

六月初三日（7月24日），送夫人襄勤和孙铭玉、孙女铭淑赴庐山牯岭避暑。

六月初五日（7月26日），张难先处理完公务，亦赴庐山牯岭避暑。

六月初八日（7月29日），张难先带领襄勤夫人和两孙偕中南军政委员会职员眷属一起游览牯岭名胜。"其日接京电，召赴会"（见《六十以后续记》，《张难先集》第497页）。

六月初九日（7月30日），安顿好眷属，张难先即下庐山至江西九江。

六月十一日（8月1日），张难先自九江回到武汉。

六月十二日（8月2日），张难先自武汉乘车赴京。

六月十六日（8月6日），张难先在京出席"政府委员会议，通过一九五二年度国家财政收支预算及其它要案"。张难先在会上"报告中南工作情况"（见《六十以后续记》，《张难先集》第497页）。

六月十八日（8月8日），根据会议的统一安排，张难先在会上"报告中南工作情况"（《在中央人民政府第十八次会议报告中南工作情况》，见《解放后稿》，《张难先集》第565—568页）。

六月十九日（8月9日），中央人民政府公布施行民族区域自治实施纲要。

六月二十三日（8月13日），张难先开完会离京返鄂。

六月二十七日（8月17日），以周恩来总理为首的中国政府代表团抵达莫斯科。

七月初六日（8月25日），安徽省人民政府成立。

同日，襄勤夫人带两孙自庐山牯岭回到武汉。

七月十三日（9月1日），四川省人民政府成立。

同日，张难先渡江"赴武昌湖北省政府向灾民代表讲话"，随后渡江回汉口"参加中南统战会议"（见《六十以后续记》，《张难先集》第498页）。

七月十五日（9月3日），吉林省延边朝鲜族自治区正式成立。

七月二十八日（9月16日），中苏两国发表谈判公报。

八月初一日（9月19日），是襄勤夫人的八十华诞，全家人都很高兴，"聚餐"后，晚上又去"观剧"。张难先自己知道，自己一生奔走革命，夫人则"一生辛勤"，"苦到极点"，其"能享寿八十"，"亦异事"（见《六十以后续记》，《张难先集》第498页）。

八月初六日（9月24日），根据政务院《关于改革学制的决定》，对全国高等学校进行院、系调整。

八月十四日（10月2日），刘少奇应邀率中国代表团赴苏联参加苏共十九大，毛泽东主席托刘少奇就中国向社会主义过渡的设想，向斯大林征求意见。

八月二十三日（10月11日），张难先派秘书吴汉亭"赴沔接胞姊新莲（八十四）、从姊镐庵（胞四叔女，时年八十三）来汉"小住（见《六十以后续记》，《张难先集》第498页）。

八月二十九日（10月17日），中央人民政府"公布各大区'军政委员会'改组为'行政委员会'，以后只管政务"（见《六十以后续记》，《张难先集》第498页）。

九月初一日（10月19日），"两姊"来到汉口，张难先见她们"瘦削可怜，心窃悲之"，"然为阻止老人悲伤，镇定嘱无苦，两姊因忍禁下去"（见《六十以后续记》，《张难先集》第498页）。

九月初二日（10月20日），张难先又派秘书吴汉亭接"从弟柏平（四叔次子，年七十一）来会"（见《六十以后续记》，《张难先集》第498页）。

九月初三日（10月21日），张难先带领两姊一弟和襄勤夫人一起至照相馆"共照一相，约三百九十七岁矣"。自此，张难先夫妇"每日陪两姊一弟观剧、游园，临眺东湖、珞珈山风景"，相处十分快乐（见《六十以后续记》，《张难先集》第498页）。

九月初六日（10月24日），朝鲜人民军最高司令部和中国人民志愿军司令部发表二年来联合战绩公报：朝中部队自1950年10月25日至1952年10月25日共毙伤、俘虏敌军六十六万一千余人，击落、击伤敌机七千三百二十三架。

九月初七日（10月25日），"三反""五反"运动胜利结束。

九月二十日（11月7日），中国第一座铁路大桥京汉铁路黄河大桥加固工程胜利完成。

十月初七日（11月23日），张难先见"军政委员会改组"，估计自己的工作会有"移动"；而"时近隆冬"，遂"为两姊购暖水瓶及各衣物，并各送五十万元，不得不派吴汉亭护送回沔"，兄弟姊妹"含泪而别"（见《六十以后续记》，《张难先集》第498页）。

十月中旬至十一月上旬（12月），中南军政委员会组织"学习苏联共产党第十九次代表大会上斯大林演讲、马林科夫关于联共（布）中央工作的总结报告及斯大林《苏联社会主义经济问题》诸文件"（见《六十以后续记》，《张难先集》第498页）。

十月二十四日（12月10日），张难先的好友、著名实业家、慈善家陆德泽在出席武汉各界人民代表大会时，因劳累过度中风，不治身亡。

十一月十一日（12月27日），中国人民保卫世界和平委员会等十四个人民团体发表声明，抗议美国政府捏造罪名判处美国进步人士卢森堡夫妇以死刑的野蛮行为。

十一月十六日（1953年1月1日），江苏省人民政府成立。

十一月二十二日（1953年1月7日），张难先出席"本会（军政委员会）第六次全体委员会议，以结束军政委员会。会期一天，只报告结束军政委员会而已"（见《六十以后续记》，《张难先集》第498页）。

十一月二十四日（1953年1月9日），张难先"乘飞机进京开会，襄勤夫人同行"——"因渠三十余年未进京，年届八十，重游昔年辛苦地，以慰渠桑榆晚景"（见《六十以后续记》，《张难先集》第498页）。

十一月二十五日（1953年1月10日），张难先偕襄勤夫人先"往观昔年居住之崇寿寺。昔年辛苦迹象，历历在目，不禁感慨系之"；随后"再观护国寺庙会，亦昔年长游地也"（见《六十以后续记》，《张难先集》第498页）。

十一月二十六日（1953年1月11日）起，正式开会。张难先"连日除开会外，即陪襄勤游故宫、天坛、颐和园、中山公园、西郊公园、北海公园等地"（见《六十以后续记》，《张难先集》第498页）。

十一月间，张难先的学友、革命志士伍观淇在北京病逝。

十二月初五日（1953年1月19日），致书老友张元济，谓在陈叔通处见到先生的近作一篇（此指张氏的《追述戊戌政变杂咏》七绝十八首），可喜可贺；并得知先生身体已康复，颇为高兴，"希公为国珍摄，于春暖花香时，高会于颐年堂中也"①。

十二月初九日（1953年1月23日），东北行政委员会成立。

十二月十二日（1953年1月26日），张难先偕襄勤夫人"游北海镜清斋，即旧日康熙、乾隆避暑之所，今之文史馆也。建筑极曲折幽雅。时大雪，襄勤步履甚健，馆主任廖华（化名，原姓名陈继周，字子石，福建莆田人），秘书冯复光②均惊讶久之"（见《六十以后续记》，《张难先集》第498页）。

十二月十三日（1953年1月27日），西北行政委员会成立。

十二月二十日（1953年2月3日），张难先偕襄勤夫人应邀"参加和平

---

① 张树年主编，柳和城、张人凤、陈梦熊编著：《张元济年谱》，商务印书馆1991年版，第567页。

② 冯复光，生卒年不详，字述先，河北人。早年就读于直隶法政专门学校，曾参加五四运动，被推为天津学联驻沪代表，并任中华全国学生联合总会执行部委员。后成为国画家，曾任中央文史研究馆办公室秘书。

宾馆晚会，看电影"（见《六十以后续记》，《张难先集》第498页）。

十二月二十一日（1953年2月4日），中国人民政治协商会议第一届全国委员会第四次会议在北京召开。

十二月二十五日（1953年2月8日），中国人民志愿军司令员彭德怀，副司令员邓华、杨得志，副政治委员甘泗淇，政治部主任李志民和参谋长解方，接受朝鲜最高人民会议授予的最高勋章——一级国旗勋章。

同日晚，张难先偕襄勤夫人应邀"赴怀仁堂观上海京剧"（见《六十以后续记》，《张难先集》第499页）。

十二月二十六日（1953年2月9日），华北行政委员会成立。

十二月二十七日（1953年2月10日），张难先见夫人"襄勤倦游"，遂让女儿肖瑜陪其先行"回汉"（见《六十以后续记》，《张难先集》第499页）。

十二月三十日（1953年2月13日），张难先"在勤政殿开会，连开四天，讨论《召开全国人民代表大会及地方各级人民代表大会选举法》及《一九五三年国家财政收支预算》"（见《六十以后续记》，《张难先集》第499页）。

今日为传统的除夕，张难先因尚有公务，一人留在京城度岁。

是年，友人、国民党重要官员蒋伯诚在上海病逝。

一九五三年癸巳　八十岁

正月初一日（2月14日），张难先因有公务，遂留在京城过年。

正月初二日（2月15日），中国共产党中央委员会通过关于农业生产互助合作的决议，全国各地开始普遍试办初级农业合作社。

正月初三日（2月16日），经与"政协全国委员会协商许久，始在政府会议通过以上各案"（见《六十以后续记》，《张难先集》第499页）。

正月初四日（2月17日），张难先"赴中央人民监察委员会开全国工作会议"（见《六十以后续记》，《张难先集》第499页）。

正月初六日（2月19日），因"中南行政委员会成立，电促回汉开第一次会议"，张难先只好"向监委会请假，即日回汉"（见《六十以后续记》，《张难先集》第499页）。

正月初七日（2月20日），张难先离京回到武汉。

正月初八日（2月21日），张难先前往"中南交际处大礼堂开行政委员会第一次委员会议，李先念代主席主持，宣布中南行政委员会成立"。张难先则"传达中央、政协全国委员会及政府几次会议之精神"。最后由"李代主席作总结报告,当日闭会"(见《六十以后续记》,《张难先集》第499页)。

案:时任中南军政委员会(后改为中南行政委员会)主席、中南军区兼第四野战军司令员、中共中央中南局第一书记的林彪,自1951年以来,因身体有病一直在休养,故其军政委员会(后改为行政委员会)主席一职,经中央研究决定:先由军政委员会副主席邓子恢代理,邓子恢调任中共中央农业部后,又由湖北省委书记、湖北省人民政府主席、中南军政委员会副主席李先念代理。不久,中央任命李先念为中南财经委员会主任,调广东省政府主席叶剑英为中南军政委员会副主席,代理主席职务。

正月十五日(2月28日),西南行政委员会成立。

同日,张难先"渡江在中原大学作此次在京开会的传达报告,听者一千数百人,博得全场鼓掌"(见《六十以后续记》,《张难先集》第499页)。

正月十六日(3月1日),是张难先和夫人襄勤结婚六十年之纪念日。早上,老两口先去"同照一相",然后"命炊事员多备菜饭"。因今天"为星期日,来客有聂松翘夫妇、湖南章裕昆、广东劳君硕、汉川梁瑞堂诸君。家属有端儿、瑜儿两姑娘,次婿张仓祥及孙辈。欢宴两桌"。适"北京各名角来汉演京剧",故晚上又"一同往观";诸友见之"惊问,今日盛馔,复观剧,必有甚事";张难先则以"星期日当然娱乐一下,终未以实告"(见《六十以后续记》,《张难先集》第499页)。

正月二十日(3月5日)晚九点五十分,约瑟夫·维萨里奥诺维奇·斯大林(1878—1953)在莫斯科病逝。

正月二十二日(3月7日)早晨,好友、中南行政委员会副主席陈铭枢前来告知斯大林去世消息,并邀约张难先"同至中共中南局致唁"。张难先深感悲痛,并下决心"以后只有细读渠书,遵循他所指的道路,为人类努力,以纪念他"(见《六十以后续记》,《张难先集》第499页)。

正月二十六日(3月11日),中国第一座自动化炼铁炉鞍钢第八号炼铁炉开始出铁。

二月十六日(3月30日),周恩来总理发表关于朝鲜谈判问题的声明。

二月二十一日(4月4日),张难先应邀"写《东湖九女墩碑记》(书丹),文为董必武副总理作"(见《六十以后续记》,《张难先集》第499页)。

二月二十七日（4月10日），《毛泽东选集》第三卷出版发行。

三月初二至初十日（4月15—23日），第二次全国妇女代表大会在北京举行。大会选举产生了"中华全国民主妇女联合会第二届执行委员会"，宋庆龄、何香凝为名誉主席，蔡畅为主席。

三月初九日（4月22日），张难先的"从弟柏平（1881—1953）逝世于女泳华家"，张难先闻知消息，甚是悲痛（见《六十以后续记》，《张难先集》第499页）。

三月十八日（5月1日），青藏公路举行破土典礼。

三月十九日至二十八日（5月2—11日），中国工会第七次全国代表大会（原中国第七次全国劳动大会）在北京举行。

三月二十四日（5月7日），张难先患咳嗽，因其八十寿诞将至，且他"生平不愿做寿"，为了躲"避寿辰"，遂住进协和医院（见《六十以后续记》，《张难先集》第499页）。

四月初五日（5月17日），张难先自协和医院出院回家。

四月十六日（5月28日），"叶剑英代主席知此事（指八十寿诞事），定要补贺"，遂"具柬"请张难先"全家及各部、会首长欢宴及晚会"。张难先"义不可却，因率眷属赴会"（见《六十以后续记》，《张难先集》第500页）。

四月二十四日（6月5日），第二次全国教育工作会议在北京召开。

四月二十九日至五月初六日（6月10—16日），中华全国青年第二次代表大会在北京举行。大会修改了《全国青联章程》，并选举廖承志为全国青联第二届委员会主席。

四月二十九日（6月10日），张难先的侄儿"静尹以脑出血逝世"，张难先颇伤痛（见《六十以后续记》，《张难先集》第500页）。

五月初二日（6月12日），张难先亦"设宴答礼"，感谢叶剑英代主席及各位同志（见《六十以后续记》，《张难先集》第500页）。

五月十三日至二十二日（6月23日—7月2日），中国新民主主义青年团第二次全国代表大会在北京举行。大会产生了新的中央委员会，并选举胡耀邦、廖承志等9人为团中央书记处书记。

六月初五日（7月15日），第一汽车制造厂动工兴建。

六月初六日（7月16日）上午，张难先偕夫人襄勤离汉"赴庐山避暑"。

六月初七日（7月17日），张难先偕夫人襄勤"达牯岭"。

六月初十日（7月20日），夫人襄勤"突患脑出血"。

六月十一日（7月21日），凌晨二十分，夫人襄勤去世。张难先"生平主张火葬（化）"，亡妻"亦明悉此理"；当天上午十时，张难先遂亲送亡妻尸体去"黄龙寺火葬（化）"。其时，"中共中央中南局及中南行政委员会好多同志步行陪同挽送"（见《广留师纪·挽联两则》注，《张难先集》第585页）。

六月十二日（7月22日），张难先自黄龙寺"舁夫人遗骸"回到牯岭（前引均见《六十以后续记》，《张难先集》第500页）。张难先在牯岭住所设灵位祭祀亡妻，并为其写了一副挽联（有序），以表达其痛惜之情（见《广留师纪·挽联两则》，《张难先集》第585—586页）：

　　　　数十年患难夫妻而今已矣；俄顷间东西劳燕殊形突然。

六月十三日（7月23日），张难先仔细端详亡妻的遗像和自己为其撰写的挽联，觉其仓促而成颇不尽意，难以表达其"哀念"，遂又含泪为其撰写了一副长联（有跋，见《广留师纪·挽联两则》，《张难先集》第586页）：

　　　　从弗以革命累卿为苦，从弗以儿女累卿发烦，安贫数十载，好合无猜，可算吾一生知己；

　　　　毫不因处境丰裕而奢，毫不因侧身显贵而惰，涉世八一年，穷通不贰，似胜那五车文人。

六月十四日（7月24日），儿子澈生、女儿端君、肖瑜"来庐奔丧"。

六月十七日（7月27日），金日成和彭德怀向朝中部队发布停战命令。朝鲜人民军代表和中国人民志愿军代表与美方代表正式签订《停战协定及其临时补充协议》。

六月十八日（7月28日），金日成和彭德怀分别在朝鲜停战协定及其附件和临时补充协议上签字。

同日，战俘遣返委员会在板门店举行第一次会议。朝、中和美方同意自8月5日起开始遣返战俘。

六月二十日（7月30日），张难先"得京电，召开会议"，上午即"奉襄勤夫人遗骸、遗物下山"（见《六十以后续记》，《张难先集》第500页）。

六月二十一日（7月31日），张难先奉亡妻遗骸"抵汉，迎灵者有亲友多人。抵家，吊唁者络绎不绝"（见《六十以后续记》，《张难先集》第500页）。

六月二十四日（8月3日），张难先"乘车赴京"出席会议（见《六十以后续记》，《张难先集》第500页）。

六月三十日（8月9日），中国运动员吴传玉荣获第四届世界青年与学生和平友谊联欢节体育比赛中男子一百米仰泳冠军。

七月初二日（8月11日），中国人民志愿军司令员彭德怀胜利归国，首都举行盛大欢迎会。

七月十二日（8月21日），青年团中央公布中国少年儿童队改名为中国少年先锋队。

八月初一日（9月8日），政协全国委员会常委扩大会议举行，张难先应邀列席会议，"连开几日，讨论周恩来总理国家经济建设问题报告，即：一、过渡时期总路线；二、第一个五年建设计划的基本任务"。大会讨论时，张难先的老友梁漱溟"在会议席上发表荒谬言论，引起全场愤慨"（见《六十以后续记》，《张难先集》第500页）。

八月初五日（9月12日），举行中央人民政府委员会议，梁漱溟"列席发言如故，全场为之大哗，为开国以来未有之紧张局面，群指为反动，议决交政协全国委员会处理"。张难先虽"因思想问题"与梁漱溟已"绝交三年"，但毕竟两人相交达三十余年，故"亦准备说话"（见《六十以后续记》，《张难先集》第500页）。

八月初九日（9月16日），举行文教委员会第二十七次会议，因郭沫若主任的安排，张难先发了言，对梁漱溟的发言给予了批评。

八月十一日（9月18日），张难先准备在中央人民政府委员会议上再发言，因会议今天闭幕，时间紧，未安排。

八月十四日（9月21日），张难先陪同友人"章德藩游颐和园"（见《六十以后续记》，《张难先集》第500页）。

八月十六日至二十九日（9月23日—10月6日），中国文学艺术工作者第二次代表大会在北京举行。

八月十七日（9月24日），张难先陪同友人章德藩、李六如"游卢沟桥、碧云寺，谒中山先生衣冠冢"（见《六十以后续记》，《张难先集》第500页）。

八月二十三日（9月30日），张难先陪友人陆和九"游陶然亭"（见《六十以后续记》，《张难先集》第500页）。

八月二十四日（10月1日）上午十时，张难先"赴天安门楼上举行庆祝国庆典礼及检阅军队"。

晚上七时，出席晚会，同首都人民一道"参观烟火，热闹异常"（见《六十以后续记》，《张难先集》第500页）。

八月二十八日（10月5日），张难先"同章德藩游明十三陵，看了七个，惜思陵不好走，未及凭吊"（见《六十以后续记》，《张难先集》第501页）。

九月初四日（10月11日），张难先见"政协扩大会议开会无期"，遂"草一发言稿交政府办公厅主任齐燕铭"，然后"乘车回汉"（见《六十以后续记》，《张难先集》第501页）。

九月初五日（10月12日）下午二时，张难先自北京回到家中，"只见襄勤遗骸、相片"，心中十分悲痛（见《六十以后续记》，《张难先集》第501页）。

九月初九日（10月16日），中共中央通过《关于实行粮食的计划收购与计划供应的决定》，11月15日又作出《关于全国实行计划收购油料的决定》。

九月十二日（10月19日），张难先的"内弟陈毓珍、毓玖来吊其姊，因同照一相。连日陪游名胜，以慰襄勤幽魂"（见《六十以后续记》，《张难先集》第501页）。

九月十四日（10月21日），为了对早年给予自己帮助的友人表示感谢，张难先复"黄志生世兄聘之书，并赠人民币二十万元，及新书若干本"（见《六十以后续记》，《张难先集》第501页）。

九月二十一日（10月28日），为夫人"襄勤百日忌辰"，张难先"具馔亲祭"（见《六十以后续记》，《张难先集》第501页）。

十一月初六日（12月11日），政务院发出关于改进和发展高等师范教育的指示及关于整顿和改进小学教育的指示。

十一月十一日（12月16日），中国共产党中央委员会通过《关于发展农业生产合作社的决定》（此决定于1954年1月8日由中国共产党中央委员会发布）。

十二月十六日（1954年1月20日），中国共产党中央委员会举行列宁逝世三十周年纪念会。

年底，张难先在汉口寓宅度岁。

是年，张难先的朋友、前中华大学校长陈时在武汉病逝。

一九五四年甲午　八十一岁

年初，张难先在汉口寓宅过年，仍在中南行政委员会任职。

正月初四日（2月6日），中国共产党七届四中全会在北京举行。会议揭露和批判了高岗、饶漱石的反党阴谋活动，通过了《关于增强党的团结的决议》。

自正月开始，张难先见来东湖风景区游览的游客，尤其是"国际友人"越来越多，很需要有一本"指导刊物"，因而开始主持对东湖风景区进行整体"布置"，并着手筹办"编东湖游历的刊物"（见《八十以后随笔》，《张难先集》第505页）。

其间，张难先有感于"屈原生于湖北秭归，世称爱国诗人，若湘、若苏俱有专祠纪念"，而"鄂独无有，洵属简略"；"因建议军政委员会在东湖风景区为屈原留一纪念建筑。承会中采纳，在湖上建一'行吟阁'以纪念屈子"（见《八十以后随笔》，《张难先集》第505页）。

二月十九日（3月23日），中华人民共和国宪法起草委员会举行第一次会议。毛泽东主席代表中国共产党提出中华人民共和国宪法草案初稿。

三月十二日（4月14日），中国第一台七千千瓦水轮机在国营沈阳高压开关厂试制成功。

三月十八日（4月20日），周恩来率中国代表团离京赴日内瓦参加日内瓦会议。会议自4月至7月，主要讨论和平解决朝鲜问题和印度支那问题。

三月十九日（4月21日），中华全国总工会第七届执行委员会举行第五次会议，通过关于在全国范围开展技术革新运动的决定。

三月二十三日（4月25日），内蒙古自治区首府归绥改名呼和浩特。

三月三十日（5月2日），为张难先的寿诞之日——已满八十岁，并跨入八十一岁；他认为今后的日子，皆是其"余年衰朽之躯"，没有什么"可述"，故结束其《六十以后续记》的记述（见《六十以后续记》，《张难先集》第501页）。

四月初一日（5月3日），中国人民对外文化协会在北京成立。

四月间，经过几个月的努力，《东湖简介》一书完成。张难先颇感欣慰："虽不完善，亦慰情，聊胜无耳"（见《八十以后随笔》，《张难先集》第505页）。

五月初三日（6月3日）上午，朝鲜人民访华代表团抵达武汉，"欢迎者数千人"。

当天晚上六时,"在中南局欢宴该团,共四百余人,主人三百余人"。张难先出席宴会,"左手为金达铉副团长,年七十余,治汉学,谈次甚洒落"(见《八十以后随笔》,《张难先集》第505页)。

五月初四日(6月4日),张难先"同长女端君、次儿澈生及随从人员等,乘京汉火车进京,开政府委员会议。讨论(一)宪法草案,(二)一九五四年国家预算,(三)撤销大区一级机构"(见《八十以后随笔》,《张难先集》第505页)。

五月初五日(6月5日),政务院发布《关于改进和发展中学教育的指示》。

同日晚六时,张难先一行"到达北京,寓北京饭店"(见《八十以后随笔》,《张难先集》第505页)。

五月十四日(6月14日),张难先出席中央人民政府委员会第三十次会议,通过中华人民共和国宪法草案和关于公布中华人民共和国宪法草案的决议。

五月十九日(6月19日),中央人民政府委员会第三十次会议"通过裁撤六大区一级机构并省、市各案。(晚)八时闭会"(见《八十以后随笔》,《张难先集》第505页)。

五月二十四日(6月24日),周恩来总理应邀离开日内瓦赴印度访问。

五月二十八日(6月28日),中印两国总理发表联合声明,提出了"互相尊重领土主权、互不侵犯、互不干涉内政、平等互利、和平共处"著名的五项基本原则。

五月间,行吟阁建成。张难先"复建议秘书长张执一收集屈原有关著作、图片布置阁中,以丰富其内容"。而"张执一及财政部长李先念同声赞成,并许款之多少,俱由会中支付"。在京开完会后,张难先遂"邀请郭沫若、游国恩、文怀沙、林庚、郑振铎、陈叔通、林宰平、陆和九诸专家协助收辑书籍字画",并经"子女端君、澈生二人帮助经年",终成"东湖最有价值之文化设备"(见《八十以后随笔》,《张难先集》第505—506页)。

六月初二日(7月1日),广州公社烈士陵园奠基典礼在广州市郊红花岗举行。

六月二十二日(7月21日),为"亡室襄勤夫人周年忌辰",张难先"柬请夫人生前知旧,如张执一秘书长之母亲张老太太、岳母马老太太及其全家、陆和九先生全家、浦文彬世兄全家、昔年驻京之录事同事汪敦五先生，在前门外全聚德菜馆聚餐以作纪念。女端君、子澈生俱在侧"（见《八十以后随笔》，《张难先集》第506页）。

六月二十七日（7月26日），中国首批飞机制造成功，并举行试飞典礼。

七月初一日（7月30日），新华社报道：中国人民解放军在东南沿海作战中，肃清了沿海各省国民党军的残余力量，并解放了舟山群岛、嵊泗列岛、厦门、海南岛、万山群岛等46处重要岛屿，歼灭国民党军队35万多人。

七月初三日（8月1日），由原松江省、黑龙江省合并成的新的黑龙江省和由原辽东省、辽西省合并成的辽宁省成立。

同日下午，张难先因被推选为代表，并接湖北省政府通知，须回汉出席湖北省第一届人民代表大会第一次会议，遂安排好相关工作，"同端儿及警卫员乘车回汉"，而"留澈生住京办理购书事宜"。

七月初五日（8月3日），"因水大没轨"，行走困难，张难先一行至晚上始抵汉；因原住宅已被水淹，只好暂"寓德明饭店"。

七月初六日（8月4日）早上，张难先先"坐车看江水情况，高出市面近丈。尽以土临时抢筑堵之，危险万状"；然后折回察看其"惠济一路住宅，已水深数尺"，幸"书籍衣物俱已搬于行政委员会"，颇有点"狼藉不堪"。

同日下午，张难先为防备"水大，渡江艰难"，届时于"开会有阻滞"，遂"移寓东湖客舍"（前引均见《八十以后随笔》，《张难先集》第506页）。

七月初七日（8月5日），张难先赴"省府大礼堂开座谈会"，至"下午六时散会"（见《八十以后随笔》，《张难先集》第506页）。

七月初八日（8月6日），中国基督教全国会议在北京闭幕，中国基督教三自爱国运动委员会成立。

七月十一日（8月9日），世界青联理事会会议在北京开幕，来自四十九个国家的代表和来宾出席了会议。

同日，湖北省第一届人民代表大会第一次会议开幕。张难先被"推列主席团"。"是日执行主席为省府主席刘子厚"。刘子厚致开幕词后，张难先亦发表了讲话。

七月十二日（8月10日），公安部公布《外国侨民居留登记及居留证签发暂行办法》《外国侨民旅行暂行办法》《外国侨民出境暂行办法》。

同日，张难先见灾情严重，遂"交款端君、肖瑜两儿"，让她们去"救济来省避灾的亲友"（见《八十以后随笔》，《张难先集》第506页）。

七月十七日（8月15日），湖北省第一届人民代表大会第一次会议"选举全国人民代表大会代表"，张难先当选。"下午三时"，第一届省人大圆满闭会（见《八十以后随笔》，《张难先集》第506页）。

七月二十日（8月18日），教育部、扫除文盲工作委员会联合召开的第一次全国农民业余文化教育会议闭幕。会议确定了在发展生产的基础上，进一步发展农民业余文化教育的基本方针。

同日，张难先开完省人大会后，仍"渡江寓德明饭店"（见《八十以后随笔》，《张难先集》第506页）。

七月二十一日（8月19日），人民革命军事委员会总政治部发布命令，宽赦坦白认罪的417名日本军人。

同日上午，张难先"同端儿、警卫员乘飞机进京。下午三时抵西郊机场，随趁车寓北京饭店"（见《八十以后随笔》，《张难先集》第506页）。

八月初九日（9月5日），中国人民志愿军总部发言人宣布：中国人民志愿军总部将于9、10两个月从朝鲜撤出七个师回国。

八月十三日（9月9日），中央人民政府委员会举行第三十四次会议，修正通过了《中华人民共和国宪法草案》。

八月十九日（9月15日），中华人民共和国第一届全国人民代表大会第一会议在北京举行。张难先出席会议，并"被推列名主席团。这次会议的任务：（一）制定宪法；（二）制定几个重要的法律；（三）通过政府工作报告；（四）选举新的国家领导人员"（见《八十以后随笔》，《张难先集》第506页）。

八月二十三日（9月19日），"因齐白石为行吟阁出画13件"，为表示感谢，张难先特地"请他吃饭"（见《八十以后随笔》，《张难先集》第506页）。

九月初一日（9月27日），中华人民共和国第一届全国人民代表大会第一次会议选举毛泽东为中华人民共和国主席、朱德为副主席，刘少奇为中华人民共和国全国人民代表大会常务委员会委员长，董必武为最高人民法院院长，张鼎臣为最高人民检察院检察长。会议根据中华人民共和国主席的提名，选举通过周恩来为国务院总理。

九月初二日（9月28日），全国人民代表大会常务委员会产生，张难先被推选为委员。当天，大会顺利完成各项议程，胜利闭幕（见《八十以后随笔》，《张难先集》第506页）。

九月初四日（9月30日），首都各界举行中华人民共和国建国五周年庆祝大会，周恩来在大会上作庆祝中华人民共和国建国五周年的报告。

九月初五日（10月1日），为"庆祝制定宪法，新政府成立"，亦为庆祝建国五周年，北京举行了盛大的阅兵式和群众游行，"热闹异常"（见《八十以后随笔》，《张难先集》第507页）。

同日，中国规模最大的枕木防腐厂在湖北汉阳开工生产。

九月初七日（10月3日），中国人民志愿军的七个师离开朝鲜回到祖国。

九月初九日（10月5日），中国与挪威正式建交。

九月上旬，张难先让女儿"端君同聂松翘夫妇乘京汉路车回鄂"（见《八十以后随笔》，《张难先集》第507页）。

九月十四日（10月10日），中共中央召开第四次互助合作会议。

同日，周恩来总理兼外交部部长致电联合国大会第九届会议，控诉美国侵略中国领土台湾。

九月二十日（10月16日），毛泽东主席给中央政治局的同志和其他有关同志发出《关于红楼梦研究问题的信》。由此在全国展开了对《红楼梦》研究中胡适派的主观唯心论、形而上学和烦琐哲学的批判。

九月二十九日（10月25日），张难先"命澈生运行吟阁书籍字画回汉，交于行政委员会，并办理银钱手续"（见《八十以后随笔》，《张难先集》第507页）。

十月初六日（11月1日），国家统计局发表关于全国人口调查登记结果的公报：全国人口总数为六亿零一百九十三万八千零三十五人。

同日，西南行政委员会宣布撤销。

十月十二日（11月7日），中南行政委员会宣布撤销。

十月十三日（11月8日），西北行政委员会宣布撤销。

十月二十二日（11月17日），张难先"离京回南"。

十月二十四日（11月19日）上午，张难先抵达汉口。此时，中南行政委员会已撤销，张难先已调全国人大常委会工作。因其"京中住宅须半年才能办妥"，自觉久住饭店"甚或不便"，故请假"回汉料理家事。一俟房子有着，再赴京"。张难先见"汉寓惠济一路住宅水已退干"，遂"命端儿接两位姑妈及外孙田天福都来汉寓同住";且见"俩姊甚康健",甚感快乐、安慰(见《八十以后随笔》,《张难先集》第507页)。

十月间,中央统战部考虑到张难先年事已高,而其次子澈生"身体不好",便将澈生"从银行调到东湖行吟阁图书馆工作"。澈生本来就是"复旦大学学文学的",这样安排,不仅可以发挥其专业特长,而且"对于他的身体实有好处",也让张难先"很安心"(见《八十以后随笔》,《张难先集》第507页)。

十一月初二日(11月26日)晚,张难先的好友黄吉亭在上海去世。噩耗传来,张难先"甚感伤,因撰联以挽之"。其联云:

　　帝制存不畏势,帝制亡不言功,器识冲夷,长辈应资为楷范;
　　救黄克强于湘,创日知会于鄂,襟怀超越,先生真功在国家。①

十一月初三日(11月27日),张难先见"日知会同人存者无几,因约梁君钟汉、范君尚之两君来舍聚餐以悼之"(见《八十以后随笔》,《张难先集》第507页)。

十一月初八日(12月2日),中国科学院院务会议和中国作家协会主席团举行联席会议,决定由中国科学院和中国作家协会联合召开批判胡适思想的讨论会。

十一月十四日(12月8日),中国文学艺术界联合会主席团和中国作家协会主席团举行联席扩大会议,就反对《红楼梦》研究中胡适派资产阶级唯心论倾向、《文艺报》在关于《红楼梦》研究问题上的错误等问题展开了讨论。

十一月十六日(12月10日),中国第一台电弧炼钢炉在国营湘潭电机厂试制成功。

十一月二十六日(12月20日),毛泽东主席下令公布《中华人民共和国逮捕、拘留条例》及《一九五五年国家经济建设公债条例》。

十二月初一日(12月25日),康藏、青藏公路正式全线通车。

十二月初七日(12月31日),全国人大常委会举行第四次会议,通过了《城市居民委员会组织条例》《城市街道办事处组织条例》和《公安派出所组织条例》,并由毛泽东主席下令公布。

十二月初八日(1955年1月1日),国防部部长彭德怀颁布对国民党军

---

① 张难先:《八十以后随笔》,严昌洪、张铭玉、傅蟾珍主编:《张难先集》,华中师范大学出版社2011年版,第507页。

起义、投诚人员的政策及奖励办法的通告。

十二月初九日（1955年1月2日），中国与南斯拉夫正式建交。

十二月十三日（1955年1月6日），张难先的同乡友人萧萱在上海病逝。

十二月十七日（1955年1月10日），中共中央发出《关于整顿和巩固农业生产合作社的通知》。

十二月二十七日（1955年1月20日），中国与阿富汗正式建交。

十二月二十八日（1955年1月21日），中共中央批转中宣部《关于开展批判胡风思想的报告》。

年底，张难先留在武汉陪子女们度岁。

是年，张难先的外孙林春元、外孙媳普敏伟（端君的儿子、媳妇）"俱由组织调京工作"，故已"全家迁都"（见《八十以后随笔》，《张难先集》第508页）。

一九五五年乙未　八十二岁

年初，张难先在武汉陪子女们过年，随即出席省人大会议。

正月初五日（1月28日），张难先在汉"参加本省第一届人民代表大会第二次会议"（见《八十以后随笔》，《张难先集》第507页）。

正月十三日（2月5日），"省人民代表大会闭幕"。张难先仍渡江回汉口寓所居住。此期间，张难先为"胡风集团所困，情绪极沉闷。因此时胡风破绽尚未显露，而社会亦毫无是非"（见《八十以后随笔》，《张难先集》第507页）。

正月十三至十五日（2月5—7日），中国作家协会主席团举行扩大会议，决定开展对胡风的批判。

正月十六日（2月8日），全国人大常委会举行第六次会议，通过了《中国人民解放军军官服役条例》。

正月二十日（2月12日），毛泽东主席下令公布《中华人民共和国授予中国人民解放军在中国人民革命战争时期有功人员的勋章、奖章的条例》。

正月二十一日（2月13日），人民解放军解放大陈岛、渔山列岛、披山岛等岛屿。

正月二十三日（2月15日），国务院下令公布《中华人民共和国兵役法（修正草案）》。

正月二十九日（2月21日），国务院发布关于发行新的人民币和收回现行人民币的命令，并规定从3月1日起实施。

二月初三日（2月24日），达赖喇嘛和班禅额尔德尼在北京举行庆祝藏历木羊年新年佳节的盛大宴会，毛泽东、刘少奇、周恩来等党和国家领导人应邀出席。

二月初四日（2月25日），中共中央发出《关于在少数民族地区进行农业社会主义改造问题的指示》，要求充分注意民族特点，采取慎重稳进的方针。

二月初十日（3月3日），中共中央和国务院发出《关于迅速布置粮食购销工作，安定农民生产情绪的紧急指示》，强调采取定产、定购、定销的措施，使农民情绪稳定。

二月十七日（3月10日），中国文学艺术界联合会主席团举行扩大会议，决定在文艺界开展反对资产阶级思想的斗争。

二月二十八日至三月初八日（3月21—31日），中国共产党中央委员会举行代表会议，通过了《关于中华人民共和国发展国民经济的第一个五年计划草案的决议》《关于高岗、饶漱石反党联盟的决议》《关于成立党的中央和地方监察委员会的决议》，选出了以董必武为书记的中央监察委员会。

三月十二日（4月4日），中共七届五中全会在北京举行。会议批准了中国共产党全国代表会议所通过的三项决议和所选出的中央监察委员会人选，并补选林彪、邓小平为中央政治局委员。

三月十四日（4月6日），张难先"安葬襄勤夫人于武昌九峰山狮子峰之阳，立有墓碑，系用儿女等名义"，张难先则写有一志。此"墓地乃中南行政委员会与湖北省政府协商而指定者也"。张难先认为："夫人勤苦一生，得此幽宫安息，真如世俗人所谓福人葬福地，福地等福人也"（见《八十以后随笔》，《张难先集》第507页）。

三月十五日（4月7日），以总理兼外交部部长周恩来为首席代表、副总理陈毅等为代表的中华人民共和国代表团，离京前往印度尼西亚出席亚非会议。

三月二十三日（4月15日），中国渔业协会与日本日中渔业协会在北京签订关于黄海、东海渔业的协定。

三月二十五日（4月17日），中国出席亚非会议代表团抵达万隆，周恩来在机场发表讲话。

三月二十六日至闰三月初三日（4月18—24日），亚非会议在万隆举行，中国代表团本着"求同存异"的方针，同其他与会国家一起，为会议的圆满成功,作出了积极贡献。

三月二十八日(4月20日),中国人民志愿军又有六个师撤离朝鲜回到祖国。

闰三月十六日(5月7日),周恩来等出席亚非会议和应邀访问印度尼西亚后回到北京。

闰三月十九日(5月10日),张难先因公务即将赴京,而"五姊(我之胞姊)年八十七,六姊(我四叔之女,于我为从姊)年八十有六","不便远行",遂"派侄媳梅姑送五姑、六姑回沔";姊弟"临别依依,有说不出之痛"。分别后,张难先还"每月五姊寄十元,六姊寄五元,作渠等添菜之费,聊尽骨肉之情"(见《八十以后随笔》,《张难先集》第507页)。

闰三月二十三日(5月14日),国产第一台六千千瓦汽轮机制造成功。

闰三月二十九日(5月20日),按照全国人大常委会的"规定",张难先应该"回原选举区沔阳视察",但刘子厚省长见他"年龄太大,又有安全关系",特地安排他"就在武汉市视察""粮食情况"——这自然也不算"违反规定"(见《八十以后随笔》,《张难先集》第508页)。

四月十一日(6月1日),中国第一座现代化的列车发电厂在佳木斯开始供电。

四月十二日(6月2日),国务院发出关于加强农民业余文化教育的批示。

四月二十一日(6月11日),"省市政协开扩大会议,由省政协副主席周杰主持",张难先出席。会议由"文联某作报告。依据胡风一切反革命材料,请到会人士讨论胡风集团反革命罪行"——"当时会场空气至为巨烈"(见《八十以后随笔》,《张难先集》第508页)。

四月二十三日(6月13日),省、市政协又开扩大会议——时"《人民日报》已披露了胡风反革命文件六十余件",故"会场情形愈益激烈",张难先见状,"亦愤慨言之"(见《八十以后随笔》,《张难先集》第508页)。

四月二十五日(6月15日)晚,张难先偕端君及秘书、警卫"由汉乘京汉路车入都"(见《八十以后随笔》,《张难先集》第508页)。

四月二十七日(6月17日)早上,张难先一行"抵京,由机关管理处刘继平科长引导至京寓前圆恩寺十四号居住。"张难先感觉"房子很好,甚合意"(见《八十以后随笔》,《张难先集》第508页)。

五月初六日(6月25日),越南民主共和国主席胡志明率领越南政府代表团抵达北京访问，毛泽东主席等前往机场迎接。

五月十一日（6月30日），国家建设委员会主任薄一波在中央人民广播电台作了题为《反对铺张浪费现象，保证基本建设工程又好又省又快地完成》的广播讲话。

五月十二日（7月1日），兰新铁路黄河大桥——中国第一座黄河大铁桥落成通车。

五月十六日（7月5日），第一届全国人大第二次会议在北京举行，李富春作《关于发展国民经济的第一个五年计划的报告》。会议通过了第一个五年计划。

张难先出席会议，仍被推为主席团成员。会议期间，他提交了《请政府延聘营养学、生理学专家会同粮食、卫生、农业、商业、轻工业诸部，研究各种人等的正规食量。宣传、教育，假以时日，逐渐使每个人的食量都归正规化，以保健康而裕民食》的提案（见《八十以后随笔》，《张难先集》第508页）。

五月二十七日（7月16日），中国第一口石油斜井在玉门油矿老君庙油田开钻。

六月初二日（7月20日），张难先的孙子铭渝、铭玉抵达北京，并正式"转学京中高等中学"（见《八十以后随笔》，《张难先集》第508页）。

六月初三日（7月21日），武汉长江大桥正式开工兴建，《长江日报》刊发了张难先撰写的《我们的愿望实现了》一文（见《广师留纪》，《张难先集》第572—573页）。

六月十二日（7月30日），大会"通过参加各国议会联盟及执行委员会人民代表团主席、副主席、秘书长、委员名单和其他名单"，张难先"被选为执行委员"。第一届全国人大第二次会议圆满结束（见《八十以后随笔》，《张难先集》第508页）。

六月十三日（7月31日），中国共产党中央委员会召开省委、市委和自治区党委书记会议，毛泽东主席在会上作了《关于农业合作化问题》的报告。

同日，出席第一届全国人大第二次会议的代表"参观八达岭（即今之南口，古之居庸关也）及官厅水库"，"早去晚回"（见《八十以后随笔》，《张难先集》第508页）。

六月十四日（8月1日），中国与尼泊尔正式建交。

同日，中美两国大使级会谈开始举行。

六月十九日（8月6日），张难先的孙女铭淑"亦想转学京中"，故今日抵京了解相关情况、联系相关学校（见《八十以后随笔》，《张难先集》第508页）。

六月中旬，张难先的三女婿倪文穆被"四川派往大连听苏联政治经济专家讲学"，结束后特地赴京看望岳父和大姨姐等人（见《八十以后随笔》，《张难先集》第508页）。

六月二十日（8月7日），张难先陪"甥（婿）文穆、长女端君、孙铭渝、铭玉、孙女铭淑、外孙春元、外孙媳普敏伟、外重孙林云、林星游颐和园"。这天，"数千里四散之人，竟能同聚于首都圣地"，不能不让张难先感觉到此为天下"至乐"之事（见《八十以后随笔》，《张难先集》第508页）。

六月二十一日（8月8日）晚，张难先和女儿端君等送女婿倪文穆乘车回蜀（见《八十以后随笔》，《张难先集》第508—509页）。

六月二十六日（8月13日），张难先的孙女铭淑接同学信函，因事仍回武汉就读的学校（见《八十以后随笔》，《张难先集》第508页）。

七月初八日（8月25日），国务院命令公布《市镇粮食定量供应暂行办法》和《农村粮食统购统销暂行办法》，对农村实行粮食"三定"（定产、定购、定销）政策。

七月十四日（8月31日），国务院命令公布《中国科学院科学奖金暂行条例》和《中国科学院研究生暂行条例》。

八月初一日（9月16日），国务院举行第十八次会议，通过了应授予一级八一勋章、一级独立自由勋章、一级解放勋章的第一批人员名单，讨论和批准了中国人民解放军新的服装制式和军衔肩章、领章和兵种勤务符号的样式，决定自1955年10月1日起施行。

八月初四日（9月19日），张难先认为老友、时任全国政协常务委员的郑位三"对马列主义很有心得"，遂给他写信，请他"指点"自己的"马列主义理论"。郑位三很热心，前来与张难先"畅谈一次"。不料郑氏来谈后，竟病倒了。张难先自觉是"为己损人"，此后再也不敢请他来"指点"了，而"专以听广播马列主义讲座为主"（见《八十以后随笔》，《张难先集》第509页）。

八月初八日（9月23日），全国人大常委会举行第二十二次会议，决定授予对创建和领导人民武装力量、领导战役军团作战有卓越功勋的高级将领朱德、彭德怀、林彪、刘伯承、贺龙、陈毅、罗荣桓、徐向前、聂荣臻、叶剑英以中华人民共和国元帅军衔。

同日，毛泽东主席发布命令，授予朱德等十人元帅军衔，授予朱德等131人以一级八一勋章，授予朱德等117人以一级独立自由勋章，授予朱德等570人以一级解放勋章。

八月初十日（9月25日），张难先听人说刘少奇委员长有"活马克思"之称，而自己又是其直属部下，遂致函刘少奇，"求渠指示"；"后因广播讲座极好，他又事烦"，故"亦径谢之"（见《八十以后随笔》，《张难先集》第509页）。

八月十二日（9月27日），授勋仪式在北京隆重举行。

与此同时，国务院举行了授予中国人民解放军将军、军官的军衔典礼。

八月十六日（10月1日），"国庆节，热闹异常"。张难先"同党政军各首长俱上天安门城楼上检阅军队及各界游行。晚会放烟火庆祝，皆大欢喜"（见《八十以后随笔》，《张难先集》第509页）。

同日，西康省并入四川省，建制正式被撤销。

八月十七日（10月2日）晚，"由彭真市长举办八国联欢晚会（八国歌舞团表演）及梅兰芳、马连良表演《打渔杀家》京剧"，张难先应邀出席，"至转钟始散"（见《八十以后随笔》，《张难先集》第509页）。

八月十九至二十六日（10月4—11日），中共七届六中全会召开，通过了《关于农业合作化问题的决议》。

八月二十五日（10月10日），中国人民志愿军第三批军队撤离朝鲜，回到祖国。

八月三十日（10月15日），经好友"陈叔通、梅龚彬两先生之介绍"，张难先得以"参加政协之学习委员会"，并自己暗暗叮嘱自己："今日开始，以后当按时到会。"（见《八十以后随笔》，《张难先集》第509页）

九月十四日（10月29日），毛泽东主席邀请中华全国工商业联合会执行委员会委员座谈，就如何更加适当地进行私营工商业的社会主义改造问题听取意见。

九月二十五日（11月9日），中国文字改革委员会拟定第一批异体字整理表，废除了1100多个异体汉字。

十月十四日（11月27日），中国自行研制的第一艘沿海客货轮船"民主十号"在上海开航。

十一月初五日（12月18日），张难先本以为自己八十以后将退出工作岗位，安享晚年，自己亦会不久于人世，自然也就无事可记，也不需要再记了。岂料自己已经八十二岁了，仍然健在，且"犹在世间为人民服务"；而自己认为"现在世界之大，学说日精，吾一日不死，即当一日求知，以为人民服务"，故其自述"仍有续记之之必要"，遂"购册子一本，题曰《八十以后随笔》"，接着《六十以后续纪》，继续记叙至是年底（见《八十以后随笔》前之小序，《张难先集》第505页）。

十一月十四日（12月27日），中国第一座巨型山谷水库——永定河官厅水库发电站提前三个月建成，开始发电。

十一月十六日（12月29日），中国第一座新型工作母机制造厂——沈阳第一机床厂改建成功，开工投产。

十二月初二至初八日（1956年1月14—20日），中共中央召开关于知识分子问题会议，周恩来总理在会上作了《关于知识分子问题的报告》。

十二月初九日（1956年1月21日），张难先的子女澈生和肖瑜等在"鄂寓""举行其母三年服阕之礼"（见《八十以后随笔》，《张难先集》第509页）。

十二月初十日（1956年1月22日），张难先之孙铭玉亦在京寓为其祖母举行了"三年服阕之礼"。张难先则为亡妻撰写了挽联作为其"八一寿联，以张（贴）于遗像左右，等于夫人之传序"（见《八十以后随笔》，《张难先集》第509页）。

十二月十三日（1956年1月25日），毛泽东主席主持召开最高国务会议，讨论通过了中共中央提出的《1956年到1967年全国农业发展纲要草案》（"农业四十条"）。

年底，张难先在北京陪子女度岁。

一九五六年丙申　八十三岁

是年，张难先继续在全国人大常委会任职。

正月十八日至二月二十七日（2月29日—4月7日），全国工资会议在北京举行。会议按照在"发展生产和提高劳动生产率的基础上逐步改善职工生活"和"按劳付酬"的原则，确定在全国范围内改革现行的工资制度。

正月二十四日（3月6日），中国农学会在北京正式成立。

二月初四日（3月15日），中华人民共和国全国扫除文盲协会成立，副总理陈毅任会长。

二月初六日（3月17日），毛泽东主席命令公布《农业合作社示范章程》。

二月十八日（3月29日），中华人民共和国外交部发言人发表关于南沙群岛主权问题的声明。

二月二十五日（4月5日），《人民日报》发表该报编辑部根据中央政治局扩大会议讨论写成的文章——《关于无产阶级专政的历史经验》。

三月十二日（4月22日），西藏自治区筹备委员会正式成立，副总理陈毅率中央代表团赴拉萨祝贺。

三月十五日（4月25日），毛泽东主席发表《论十大关系》的讲话，提出了探索适合中国国情的社会主义建设道路的任务。

三月二十二日（5月2日），毛泽东主席在最高国务会议上提出，文学艺术和学术研究中应该实行"百花齐放，百家争鸣"的方针。

四月二十一日（5月30日），中国与埃及正式建交。

五月十二日（6月20日），根据周恩来的提议，针对社会主义建设事业中出现的一些急躁冒进现象，《人民日报》发表了题为《要反对保守主义，也要反对急躁情绪》的社论。

五月十三日（6月21日），全国人大常委会决定按宽大政策分别处理悔罪的日本战犯。最高人民检察院决定对日本战犯上中正高等335名宣布免予起诉，并立即释放。

五月二十二日（6月30日），毛泽东主席命令公布《高级农业生产合作社示范章程》。

五月二十六日（7月4日），民革、民盟、民建中央分别举行座谈会，交换对"长期共存，互相监督"方针的意见。

六月十七日（7月24日），中国红十字会代表将被释放的日本战俘移交给日本红十字会、日中友好协会和日本和平联络会三团体的代表，并举行了签字仪式。

六月二十五日（8月1日），中国与叙利亚正式建交。

七月二十七日（9月1日），著名画家齐白石荣获国际和平奖。

八月初一日（9月5日），中国史学家翦伯赞在巴黎举行的第九次国际汉学家代表会议上作了《关于中国历史分期问题》的报告。

八月十一至二十三日（9月15—27日），中国共产党第八次全国代表大会在北京举行。毛泽东致开幕词，刘少奇作政治报告，周恩来作《关于发展国民经济的第二个五年计划的建设的报告》，邓小平作《关于修改党的章程的报告》；朱德、陈云、董必武等作了重要发言。大会通过了中国共产党章程，选举产生了新的中央委员97名和中央候补委员73名。

八月二十日（9月24日），中国与阿拉伯也门共和国正式建交。

八月二十四日（9月28日），中共八届一中全会选出新的中央机构：毛泽东当选为中央委员会主席，刘少奇、周恩来、朱德、陈云当选为副主席；邓小平当选为中央书记处总书记。

八月二十六日（9月30日），印度尼西亚总统苏加诺抵达北京，进行国事访问。

九月初一日（10月4日），归国华侨第一次代表大会在北京举行。

十月初一日（11月3日），《人民日报》（第四版）刊发了张难先所撰写的《我对孙中山先生的回忆和感想——纪念孙中山先生九十诞辰》一文（见《广师留纪》，《张难先集》第574—577页）。

十月初八至十三日（11月10—15日），中共中央在北京召开八届二中全会。

十月初九日（11月11日），孙中山先生诞辰九十周年纪念大会在北京隆重举行。

十月十五日（11月17日），周恩来、贺龙赴越南、柬埔寨、印度、缅甸、巴基斯坦、尼泊尔、阿富汗等国访问。

十一月初七日（12月8日），毛泽东主席邀请出席全国工商业联合会第二次代表大会的各省、市代表团负责人，座谈如何进一步发挥工商界积极作用，为社会主义建设服务问题。

十一月二十八日（12月29日），《人民日报》发表该报编辑部根据中共中央政治局扩大会议讨论写成的文章《再论无产阶级专政的历史经验》。

十二月十八日（1957年1月18日），中共中央召开各省、自治区、直辖市党委书记会议。毛泽东主席在讲话中强调：在生产资料所有制的社会主义改造基本完成以后，还存在着矛盾、阶级和阶级斗争。陈云在会上总结了1956年经济建设工作中急躁冒进的教训，作了《建设规模要和国力相适应》的报告。

是年，张难先的同乡好友、民国元勋杨时杰在武昌去世。

一九五七年丁酉　八十四岁

是年，张难先继续在全国人大常委会任职。

正月初八日（2月7日），中国与锡兰正式建交。

正月二十八日至二月初一日（2月27日—3月2日），毛泽东主持召开了第十一次扩大的最高国务会议，作了《关于正确处理人民内部矛盾的问题》的报告，提出了正确区别和处理社会主义社会两类矛盾的著名学说。

正月三十日（3月1日），中国农业科学院在北京成立。

二月初五至十二日（3月6—13），中共中央在北京召开有党外人士参加的全国宣传工作会议。

二月十三至十五日（3月14—16日），中国新闻工作者代表大会在北京举行，并成立了中华全国新闻工作者协会。

三月十六日（4月15日），苏联最高苏维埃主席克·叶·伏罗希洛夫（Kliment Voroshilov, 1881—1969）抵达北京访问。

四月初一日（4月30日），内蒙古自治区成立十周年庆祝大会在呼和浩特举行。

四月初二日（5月1日），《人民日报》公布《中国共产党中央委员会关于整风运动的指示》。

四月初八日（5月7日），《人民日报》发表题为《为什么要用和风细雨的办法来整风》的社论。

四月初九日至五月初六日（5月8日—6月3日），中共中央统战部邀请各民主党派负责人和无党派民主人士举行十三次座谈会，倾听党外意见，推进整风运动。

四月十五日（5月14日），中国329位在日本殉难的抗日烈士的骨灰由日本运回天津。

四月十六至二十六日（5月15—25日），中国新民主主义青年团第三次全国代表大会在北京举行。大会决议将团的名称改为中国共产主义青年团。

五月十一日（6月8日），中共中央发出《组织力量反击右派分子的猖狂进攻的指示》，《人民日报》发表题为《这是为什么》的社论，号召开展反右派斗争。

五月二十二日（6月19日），《人民日报》发表毛泽东主席《关于正确处理人民内部矛盾的问题》的文章。

五月二十八日（6月25日），毛泽东主席命令公布《人民警察条例》。

五月二十九日至六月十八日（6月26日—7月15日），全国人大一届四次会议在北京举行，开始集中批判右派分子。

六月初四日（7月1日），《人民日报》发表题为《文汇报的资产阶级方向应当批判》的社论。

六月初九日（7月6日），越南民主共和国主席胡志明抵达北京访问。

六月十二日（7月9日），毛泽东主席在上海干部会议上作了《打退资产阶级右派的进攻》的讲话。

六月十六日（7月13日），费孝通、储安平、黄琪翔、龙云、章伯钧、罗隆基、章乃器、黄绍竑、陈铭枢等人在全国人大一届四次会议上作了检讨。

六月二十至二十四日（7月17—21日），中共中央在青岛举行各省、市、自治区党委书记会议，总结前一段反右派斗争的经验，部署下一步工作，反右派斗争达到高峰。

八月十一日（9月4日），广西壮族自治区筹备委员会宣布成立。

八月十五日（9月8日），中共中央发布《关于向全体农村人口进行一次大规模的社会主义教育的指示》。

八月十六日（9月9日），民主建国会、全国工商联执委会、中国民主同盟、中国致公党、台湾民主自治同盟总部、中国民主促进会、九三学社、中国国民党革命委员会、中国工农民主党等在京召开整风工作会议。

八月十九日（9月12日），中共中央发出《关于企业中进行整风和社会主义教育运动的指示》。

八月二十三日（9月16日），张难先的好友、近现代绘画大师齐白石在北京医院逝世。

八月二十七日至闰八月十六日（9月20日—10月9日），中国共产党八届三中全会（扩大）在北京举行。会议通过了1956—1957年《全国农业发展纲要（修正草案）》。

闰八月二十日（10月13日），毛泽东主席主持召开最高国务会议，讨论整风运动和全国农业发展纲要问题。

闰八月二十二日（10月15日），中共中央发出《在少数民族中进行整风和社会主义教育的指示》《划分右派分子标准的通知》。

同日，万里长江第一桥——武汉长江大桥举行落成通车典礼。

闰八月二十九日（10月22日），《中华人民共和国治安管理处罚条例》公布。

九月十一日（11月2日），应苏共中央和部长会议邀请，毛泽东主席率领中国代表团赴苏联参加十月社会主义革命四十周年庆典。

九月二十三至二十五日（11月14—16日），毛泽东主席出席在莫斯科举行的"社会主义国家共产党和工人党代表会议"。会议通过了"社会主义国家共产党和工人党宣言"。

九月二十五至二十八日（11月16—19日），六十四个共产党和工人党代表团在莫斯科举行会议，发表《和平宣言》。

九月二十六日（11月17日），毛泽东主席在莫斯科大学向中国留学生和实习生发表讲话。

十月初九日（11月30日），张难先的好友、著名学者钱基博因喉癌在武昌华中师范学院去世。

十月二十二日（12月13日），杀害李大钊、胡也频等革命烈士的反革命罪犯王振南，被上海市第一中级人民法院判处死刑。

十一月初一日（12月21日），周恩来总理邀请上海科学、高等教育、医务和中等教育界人士九十余人举行座谈会。

同日，国务院发布《关于正确对待个体农户的指示》。

十一月初四日（12月24日），中国自主制造的多用途"安二"型民用飞机试飞成功。

十一月十七日（1958年1月6日），全国人大常委会举行第九十次会议，批准《国家建设征用土地办法》；同日，由国务院予以公布。

十一月二十日（1958年1月9日），毛泽东主席命令公布《中华人民共和国户口登记条例》。

十一月二十二日至十二月初三日（1958年1月11—22日），中共中央政治局在南宁召开九省二市书记会议，总结第一个五年计划，讨论第二个五年计划和长远规划。

十二月十二日（1958年1月31日），毛泽东主席命令：撤销章乃器、章伯钧、罗隆基的中华人民共和国粮食部部长、交通部部长和森林工业部部长职务。

十二月二十六日（1958年2月14日），周恩来总理率中国政府代表团抵达平壤访问。

是年，张难先早年的革命战友殷子衡在武昌寓宅去世。

一九五八年戊戌　八十五岁

是年，张难先继续在全国人大常委会任职。

正月初三日（2月20日），中国人民志愿军总部发表声明，决定今年全部撤出朝鲜，并要求美国和其他国家军队同样全部撤出朝鲜。

正月十二日（3月1日），上海市工商界举行一万五千人参加的大会，提出全市工商业者要在五年、争取三年内改造成为自食其力的劳动者,并向全国各地工商界挑战,展开友谊竞赛。

正月二十日至二月初七日(3月9—26日),中共中央在成都召开会议,讨论和通过了《关于1958年计划和预算第二本账的意见》《关于发展地方工业问题的意见》和《关于把小型的农业合作社适当地合并为大社的意见》等三十七个文件。毛泽东主席在会上提出了"鼓足干劲、力争上游、多快好省地建设社会主义"总路线的基本观点。

正月二十七日(3月16日),各民主党派、无党派人士一万余人在北京举行自我改造促进大会,并进行了盛大游行。

三月初四日(4月22日),建立在天安门广场的人民英雄纪念碑落成。

三月十五日(5月3日),七千多归国华侨在北京体育馆举行社会主义跃进大会。

三月十七日至四月初五日(5月5—23日),中共八届二次会议在北京举行。会议制定了"鼓足干劲、力争上游、多快好省地建设社会主义"的总路线,修改了八大第一次会议关于国内主要矛盾的论断,指出社会主义道路与资本主义道路的矛盾仍然是当前中国社会的主要矛盾。

四月初七日(5月25日),中共八届五中全会在北京举行。全会增选林彪为中央委员会副主席、政治局常务委员;增选柯庆施、李井泉、谭震林为政治局委员;增选李富春、李先念为书记处书记。全会决定出版《红旗》杂志,每半月一期,由陈伯达任总编辑。

四月初九日至六月初六日(5月27日—7月22日),中共中央军委举行扩大会议。会上对建军工作中的所谓教条主义倾向进行了过火批判,严重影响了以后对军队的正规训练和现代化建设。

四月十四日(6月1日),中共中央主办的《红旗》杂志(半月刊)创刊。

五月十五日(7月1日),十三陵水库修建完成。

六月初三日(7月19日),中国与柬埔寨正式建交。

六月十五至十八日(7月31日—8月3日),赫鲁晓夫来华访问,并与毛泽东举行会谈。中国方面拒绝了苏方此前提出的关于建立联合舰队和长波电台的建议。

六月二十四日(8月9日),毛泽东主席在视察山东农村、与当地负责人谈话时说:"还是办人民公社好。"

六月二十七日(8月12日),新华社发表了毛泽东主席在山东的谈话,由此全国各地相继出现了联乡并社转公社的热潮。

七月初三至十六日（8月17—30日），中共中央政治局扩大会议在北戴河举行。会议决定号召全党全民大办钢铁，并通过了《关于在农村建立人民公社问题的决议》等文件。会后，在全国形成了全民炼钢和人民公社化运动高潮。

七月初六日（8月20日），中国与伊拉克正式建交。

七月二十日（9月3日），《人民日报》发表《高举人民公社的红旗前进》的社论。

七月二十七日（9月10日），《长江日报》刊发了张难先为武钢炼铁炉提前出铁的贺词（《祝贺武钢出铁》，见《广师留纪》，《张难先集》第577—578页）。

八月初七日（9月19日），中共中央、国务院发布《关于教育工作的指示》。

八月十八日（9月30日），全国农村基本实现人民公社化，共有人民公社23397个。

八月二十日（10月2日），张难先的同乡、原来的同僚、国民党政要张笃伦在台北病逝。

八月二十四日（10月6日），国防部发表《告台湾同胞书》，建议举行谈判，实行和平解决。

九月十四日（10月26日），中国人民志愿军全部撤离朝鲜。

九月十八日（10月30日），全国人大常委会举行扩大联席会议，听取杨勇关于中国人民志愿军八年来工作的报告。

九月二十日（11月1日），中国与摩洛哥正式建交。

十月十二日（11月22日），金日成首相率领朝鲜政府代表团抵达北京访问。

十月十八至三十日（11月28日—12月10日），中共八届六中全会在武昌举行。全会通过了《关于人民公社若干问题的决议》和《关于1959年国民经济计划的决议》，同意毛泽东提出的关于他不做下届国家主席候选人的建议。

十二月十六日（1959年1月24日），中共中央副主席周恩来应邀率代表团赴莫斯科出席苏共二十一大。

十二月二十七日（1959年2月4日），中国与苏丹正式建交。

十二月三十日（1959年2月7日），中国政府与苏联政府签订扩大经济合作协定。

是年，张难先的同乡好友、著名学者、艺术家陆和九在北京寓所去世。

一九五九年己亥　八十六岁

是年，张难先继续在全国人大常委会任职。

正月初十至二十六日（2月17日—3月5日），中共中央政治局扩大会议在郑州举行。会议制定了《关于农村人民公社管理体制的若干规定（草案）》。

正月间，张难先早年的战友梁钟汉在汉口德润里寓宅去世。

二月初二日（3月10日），西藏地方政府和上层反动集团勾结帝国主义，背叛祖国，在拉萨进行武装叛乱。

二月二十日（3月28日），国务院命令解散西藏地方政府，决定由西藏自治区筹备委员会行使西藏地方政府职权，责成西藏军区彻底平息叛乱。

二月二十二日（3月30日），班禅在日喀则市各界拥护国务院命令的集会上讲话，号召全藏人民协助政府彻底平叛。

二月二十五至二十八日（4月2—5日），中共八届七中全会在上海举行。会议继续纠正"高指标""共产风"等错误。

三月十一至二十一日（4月18—28日），中华人民共和国第二届全国人民代表大会首次会议在北京举行。会议选举刘少奇为中华人民共和国主席，宋庆龄、董必武为副主席；朱德为全国人民代表大会常务委员会委员长；决定周恩来为国务院总理。

三月二十一日（4月28日），第三届全国政协首次会议在北京举行。会议推举毛泽东为名誉主席。周恩来当选为主席，彭真等十四人当选为副主席。

三月二十四日（5月1日），拉萨三万多人举行示威游行，庆祝山南地区平叛胜利，斥责外国干涉者策动西藏叛乱。

三月二十九日（5月6日），毛泽东主席接见苏联、阿尔巴尼亚、保加利亚、捷克斯洛伐克、民主德国、匈牙利、朝鲜、蒙古、波兰、罗马尼亚、越南等国家在北京访问的代表团。

三月三十日（5月7日），毛泽东主席接见班禅额尔德尼和阿沛·阿旺晋美、詹东·计晋美及随行藏族官员。

四月二十三日（5月30日），人民解放军在西藏的平叛部队释放了五百多名俘虏。人民解放军妥善地保护文物古迹，拉萨各寺庙佛经珍本完整无缺。

五月二十七日至六月二十五日（7月2—30日），中共中央政治局扩大会议在庐山举行。会议主要议题是继续纠正"左"的错误和总结经验。会议期间，彭德怀针对当时客观存在的问题给毛泽东主席写了一封信，被认为是向党进攻；故会议后期开展了对彭德怀的批判。

六月二十八日至七月十三日（8月2—16日），中共八届八中全会在庐山举行。会议进一步开展了对所谓"彭德怀、黄克诚、张闻天、周小舟反党集团"的批判，并宣布右倾已成为当前的主要危险，由此展开了全国性的"反右倾"运动。

七月十一日（8月14日）晚，张难先的老友，著名出版家、藏书家、学者张元济在上海华东医院病逝。

七月二十一日（8月24日），国家主席刘少奇召集扩大的第十七次最高国务会议，讨论今年国民经济继续跃进的情况和进一步开展增产节约运动等问题。

八月初十（9月12日），第二届全国人大常委会举行扩大的第七次会议，谴责印度军队侵犯中国领土。

八月十一日（9月13日），第一届全国运动会在北京工人体育场开幕。

八月十二日（9月14日），中国第一台每秒钟能运算一万次的快速通用电子数字计算机由中国科学院技术研究所试制成功。

八月十五日（9月17日），国家主席刘少奇发布命令：任命林彪兼任国防部部长，免去彭德怀所兼任的国防部部长职务。自此，林彪开始主持中共中央军委工作。

八月二十五日（9月27日），《光明日报》（第五版）刊发了张难先为庆祝建国十周年所写的长篇赞歌（《建国十周年颂》，见《广师留纪》，《张难先集》第578—579页）。

九月初二日（10月3日），第一届全国运动会胜利闭幕。

九月初三日（10月4日），中国与几内亚正式建交。

九月初八日（10月9日），张难先的好友、中央人民政府副主席李济深在北京去世。

九月二十二日（10月23日），中国政府就联合国大会讨论并通过所谓"西藏问题"的非法决议发表声明。

九月二十五日（10月26日），中国外交部就印度军队侵犯西藏边境并进行武装挑衅事发表声明。

十月初七日（11月7日），周恩来致函尼赫鲁，建议在中印边境的双方武装部队各后撤二十公里，两国总理近期举行会谈。

十一月初五日（12月4日），最高人民法院特赦首批战争罪犯33名。

十二月初九至十九日（1960年1月7—17日），中共中央政治局扩大会议在上海举行。会议制定的1960年国民经济计划，规定了钢产量指标，提出了用八年时间完成人民公社从基本队有制过渡到基本社有制的设想，导致此后全国的"共产风"越来越严重。

十二月二十一日（1960年1月19日），中美大使级会谈第九十五次会议在华沙举行。

十二月二十六日（1960年1月24日），缅甸总理奈温访华，并与中国签订两国边界问题协定及友好和互不侵犯条约。

是年，张难先的好友、原中南军政委员会参事室参事向岩在武昌病逝。

一九六〇年庚子　八十七岁

是年，张难先继续在全国人大常委会任职。

二月初三日（2月29日），中国首次派往海外接运华侨的四艘轮船，满载遭受印度尼西亚当局迫害的2100多名华侨回到祖国。

二月十一日（3月8日），为国际妇女节诞生五十周年纪念日，《长江日报》刊发了张难先撰写的贺词（《"三八"佳节致武汉妇女》，见《广师留纪》，《张难先集》第580页）。

二月十三日（3月10日），尼泊尔首相柯伊拉腊应邀访问中国，并签订了关于中尼两国边界问题的协定和经济援助协定。

二月十九日（3月16日），中国拉丁美洲友好协会在北京成立，楚图南任会长。

二月二十六日（3月23日），中共中央发出批示：提醒各级党委要注意解决一些县、社中的"共产风""浮夸风""命令风"。

三月初四日（3月30日），第二届全国人大第二次会议在北京开幕。

三月十七日（4月12日），中国非洲人民友好协会在北京成立，刘长胜任会长。

三月二十日至四月二十一日（4月15日—5月16日），周恩来、陈毅率团访问缅甸、印度、尼泊尔、柬埔寨、越南等国。

六月初一日（6月24日），彭真率中国共产党代表团赴罗马尼亚的布加勒斯特出席社会主义国家共产党和工人党代表会议。会上，赫鲁晓夫组织力量对中国共产党进行围攻。

六月十二日（7月5日），中国与加纳正式建交。

六月十六日（7月9日），《人民日报》（第八版）刊发了张难先所写的新诗——《想起毛主席的话》（见《广师留纪》，《张难先集》第580—581页）。

六月二十三日（7月16日），苏联突然通知中国，决定在一个月内撤走全部在华专家，同时撕毁了几百个协议和合同。

闰六月初九日（8月1日），中国人民革命军事博物馆在北京正式开馆。

七月二十日（9月10日），几内亚共和国总统杜尔访问中国。

八月初八日（9月28日），中国与古巴正式建交。

同日，缅甸总理吴努、国防军总参谋长奈温访问中国。

八月初九日（9月29日），阿尔及利亚共和国总理阿巴斯访问中国。

八月初十日（9月30日），中共中央批转国家计委党组《关于1961年国民经济计划控制数字的报告》。报告中首次提出了"调整、巩固、充实、提高"的八字方针。

八月十一日（10月1日），中国和缅甸联邦在北京签订边界条约。

九月初六日（10月25日），首都举行盛大集会，纪念中国人民志愿军抗美援朝出国作战十周年。

同日，中国与马里正式建交。

九月十七日（11月5日），刘少奇和邓小平、彭真、杨尚昆率领中国党政代表团飞抵莫斯科，出席八十一国共产党、工人党代表会议。会议通过了《各国共产党和工人党代表会议声明》（简称"莫斯科声明"）。

十月二十六日（12月14日），中国与索马里正式建交。

十月二十七日（12月15日），柬埔寨国家元首诺罗敦·西哈努克亲王抵达中国访问。

十一月二十八日至十二月初二日（1961年1月14—18日），中共八届九中全会在北京举行。鉴于国民经济遭到严重困难，决定从1961年起采取"调整、巩固、充实、提高"的八字方针，进行整风整社。

十二月二十七日至一九六一年正月十一日（1961年2月12—25日），

各党派代表和无党派人士在北京举行六次双周座谈会，座谈"神仙会"的意义、作用、经验和贯彻"双百"方针等问题。

是年，张难先的老友、国民党的重要官员周象贤在香港病逝。

一九六一年辛丑　八十八岁

是年，张难先继续在全国人大常委会任职。

正月初六日（2月20日），中国与扎伊尔正式建交。

正月二十九日至二月初七日（3月15—23日），中共中央工作会议在广州召开，毛泽东主席主持制定了《农村人民公社工作条例（草案）》（"农业六十条"）。

二月十九日（4月4日），第二十六届世界乒乓球锦标赛在北京举行。

三月初八至十一日（4月22—25日），老挝王国政府首相梭发那·富马亲王访问中国，两国正式建交。

三月二十三日（5月7日），张难先的同乡好友、原来的同僚何成濬在台湾病逝。

五月十九日（7月1日），中国革命博物馆和中国历史博物馆同时开馆。

五月二十八日（7月10日），朝鲜劳动党中央委员会委员长、内阁首相金日成访问中国，并签订中朝友好合作互助条约。

七月初四日（8月14日），加纳共和国总统兼政府首脑恩可鲁玛访问中国。

七月十三日至八月初七日（8月23日—9月16日），中共中央在庐山举行工作会议，讨论工业、粮食、财贸及教育等问题，讨论通过了"工业七十条""高教六十条"等文件。

八月十三日（9月22日），古巴共和国总统多尔蒂科斯访问中国。

八月十六日（9月25日），首都文艺界举行鲁迅诞辰八十周年纪念大会。

八月十九日（9月28日），尼泊尔国王马亨德拉和王后访问中国。

八月二十七日（10月6日），美制蒋空军P2V型飞机一架，窜扰我辽东半岛地区上空，被解放军防空部队击落。

八月三十日（10月9日），首都各界隆重纪念辛亥革命五十周年，刘少奇出席大会，周恩来致辞，董必武和何香凝先后讲话。董必武宴请辛亥革命老人，周恩来出席宴会，向老人们致意。

九月初一日（10月10日），缅甸总理吴努、总参谋长奈温、外交部部长藻昆卓赴中国参加中缅边界议定书签字仪式，并访问中国。

同日，为辛亥革命五十周年纪念日，张难先作有《辛亥首义杂感》（二十五首）以纪之（见《广师留纪》，《张难先集》第581—584页）。

九月十五日（10月24日），中共代表团团长周恩来应邀赴莫斯科参加苏共第二十二次代表大会，提前回国，毛泽东、刘少奇、朱德、邓小平到机场迎接。

案：苏联共产党第二十二次全国代表大会于10月17—31日在莫斯科举行。

十月二十九日（12月6日），中国外交部发表关于中印边界问题的声明。

十一月初九日（12月16日），刘少奇主席发布对确实改恶从善的蒋介石集团和伪满洲国的战犯的特赦令。

十二月初六日至一九六二年正月初三日（1962年1月11日—2月7日），中共中央扩大的中央工作会议在北京举行。参加会议的有县以上各级干部七千多人。刘少奇主席代表中央作了报告，毛泽东主席则作了关于民主集中制问题的讲话。

是年，张难先的好友、著名学者林志钧在北京寓宅病逝。

是年，张难先原湖北省政府的同僚、后辈友人王渐磐在武汉寓所病逝。

是年，张难先原国民政府的同僚、著名医学家刘瑞恒在美国纽约圣路加医院逝世。

一九六二年壬寅　八十九岁

是年，张难先继续在全国人大常委会任职。

正月十二日至二月初三日（2月16日—3月8日），国家科委在广州召开了全国科学工作会议。周恩来作了《关于知识分子问题的报告》。会议重新肯定了我国绝大多数知识分子是属于劳动人民的知识分子。

正月二十日（2月24日），张难先旧时的友人、著名学者胡适因突发心脏病在台北去世。

二月十六日（3月21日），刘少奇主持召开最高国务会议，刘少奇和周恩来就当前形势和工作中存在的主要问题作了重要讲话。

三月二十三日（4月27日），中共中央发出《关于加速进行党员、干部甄别工作的通知》。

四月初四至初八日（5月7—11日），中共中央政治局常委召开工作会议，讨论并批准了中央财经小组提出的《关于讨论1962年调整计划的报告》。

五月初二日（6月3日），张难先原来的同僚、国民政府政要赵志垚在台湾空军总医院病逝。

五月二十三日（6月24日），中国电影动画片《大闹天宫》（上集），在第十三届卡罗维发利国际电影节上，获得短片特别奖。

七月初一日（7月31日），中国人民解放军总政治部举行盛大联欢晚会，庆祝建军三十五周年。

七月二十日（8月19日），中国历史上收集范围最广的一部古籍目录书《中国丛书综录》编纂完成。

八月二十六至二十九日（9月24—27日），中共八届十中全会在北京举行。会议要求全党团结一致，进一步贯彻八字方针，继续调整国民经济。

九月十九日（10月17日），中印边境东西两段的印度军队同时向中国边防部队发动进攻挑衅。

九月二十日（10月18日），中国与乌干达正式建交。

九月二十三日（10月21日），中国外交部就印度侵略军向中国发动大规模进攻事向印度政府提出最紧急、最严重、最强烈的抗议。

十月初八日（11月4日），周恩来再次致函尼赫鲁，呼吁印度政府接受中国政府的三项建议。

十月二十四日（11月20日），中国边防部队粉碎印度侵略军的进攻，中印边境西段印军的侵略据点全部清除。

十月二十五日（11月21日），中国政府发表自22日起中国边防部队全线停火的声明。

十一月初四日（11月30日），中国红十字会通知印度红十字会，中国将陆续释放被俘印军伤病员。

十一月二十九日（12月25日），蒙古部长会议主席泽登巴东访问中国。

十一月三十日（12月26日），中蒙两国边界条约在北京签字。

十二月初五日（12月31日），锡兰总理班达拉奈克夫人代表锡兰政府和科伦坡会议的亚非六国来中国访问。

十二月十九日（1963年1月14日），中共中央领导人刘少奇、邓小平等接见各民主党派中央负责人。

十二月二十五日（1963年1月20日），中国与尼泊尔边界议定书在北京签字。

一九六三年癸卯　九十岁

是年，张难先继续在全国人大常委会任职。

正月十五日（2月8日），柬埔寨国家元首诺罗敦·西哈努克亲王和夫人访问中国。

正月十六日至二月十一日（2月9日—3月6日），解放军总政治部、共青团中央和全国总工会分别发出通知，号召人民群众广泛开展"学习雷锋"的教育活动。

二月初六日（3月1日），中共中央发布了关于在全国开展"五反"运动的指示（"新五反"）。

案：所谓"新五反运动"，指的是反对贪污盗窃、反对投机倒把、反对铺张浪费、反对分散主义和反对官僚主义。

二月初七日（3月2日），中国、巴基斯坦两国政府签订关于边界问题的协定。

二月十一日（3月6日），老挝国王西萨旺·瓦达纳访问中国。

三月初六日（3月30日），刘少奇发布特赦令，对确实改恶从善的蒋介石集团、伪满洲国和伪蒙疆自治政府的战犯实行特赦。

三月十九日（4月12日）起，国家主席刘少奇和夫人相继访问印度尼西亚、缅甸、柬埔寨、越南等国。

四月初二日（4月25日），中国国防部授予驻上海某部八连以"南京路上好八连"光荣称号。

四月二十七日（5月20日），中共中央印发了《关于目前农村工作中若干问题的决定（草案）》（"前十条"）。

闰四月初十（6月1日），原国民党军空军上尉飞行员徐廷泽驾机返回祖国大陆。

闰四月十四日（6月5日），朝鲜最高人民会议常任委员会委员长崔庸健访问中国。

五月十五日（7月5日），以邓小平、彭真为正副团长的中共代表团同苏共代表团在莫斯科举行会谈。

五月二十四日（7月14日），苏共中央发表《给苏联各级党组织和全体共产党员的公开信》，由此，中苏两党公开论战。

六月十二日（8月1日），周恩来总理致函世界各国政府首脑，提出关于召开各国政府首脑会议，讨论全面、彻底、干净、坚决地禁止和销毁核武器问题的建议。

六月十九日（8月8日），毛泽东发表反对美帝种族歧视、支持美国黑人斗争的声明。

七月十五至十八日（9月2—5日），《人民日报》以《请看苏联报刊是怎样诽谤和攻击中国的》为题，发表苏报刊攻击和污蔑中国共产党的一部分社论和文章。

七月十九日至八月初九日（9月6—26日），《人民日报》编辑部和《红旗》杂志编辑部发表一评、二评和三评苏共中央的公开信的文章。

案：至1964年7月14日止，先后共发表有九篇文章，这就是著名的"九评"。

七月十九日至八月初十日（9月6—27日），中共中央政治局在北京召开工作会议。会议制定了《中共中央关于农村社会主义教育运动中一些具体政策的规定（草案）》（"后十条"）。

八月十一日（9月28日），刘少奇命令公布《中国人民解放军军官服役条例》。

八月十七日（10月4日），中日友好协会成立，郭沫若为名誉会长，廖承志任会长。

九月十七日（11月2日），《人民日报》编辑部发表《苏共领导联印反华的真相》文章。

九月十八日（11月3日），国务院发出关于发布《发明奖励条例》和《技术改进奖励条例》的通知。

十月初七（11月22日），中国阿富汗边界条约在北京签字。

十月二十六日（12月11日），中国与桑给巴尔正式建交。

十月二十八日（12月13日）起，周恩来、陈毅等相继赴缅甸、阿尔及利亚等十四个亚非国家访问。

十月二十九日（12月14日），中国与肯尼亚正式建交。

十一月初六（12月21日），中国与布隆迪正式建交。

十一月二十六日（1964年1月10日），中国与突尼斯正式建交。

十二月十三日（1964年1月27日），中国与法国正式建交。

一九六四年甲辰　九十一岁

是年，张难先继续在全国人大常委会任职。

正月初十日（2月22日），中国与刚果（布）正式建交。

二月初二日（3月15日），周恩来结束十四国访问后回到北京，毛泽东、刘少奇、邓小平等领导人到机场迎接。

二月二十一日（4月3日），巴西当局无理拘捕中国居留巴西的九名贸易人员和记者。

二月二十七日（4月9日），全国人大常委会致电巴西国会参、众两院，希望促使巴西当局立即释放中国有关人员。

三月初一至初三日（4月12—14日），中国外交部向巴西当局提出抗议。

三月十五日（4月26日），中国与坦桑尼亚正式建交。

四月初五日（5月16日），苏丹武装部队最高委员会主席、部长会议主席易卜拉欣·阿布德访问中国。

四月二十一日（6月1日），阿拉伯也门共和国总统阿卜杜拉·萨拉勒访问中国。

四月二十五日（6月5日），1964年京剧现代戏观摩演出大会在北京开幕。

五月初六日（6月15日），毛泽东、刘少奇等党和国家领导人检阅了人民解放军北京和济南部队军事训练的成绩。

五月二十八日（7月7日），经中共中央书记处会议决定，"文化革命五人小组"成立，组长彭真，副组长陆定一，成员有康生、周扬、吴冷西。

六月初六日（7月14日），《人民日报》和《红旗》杂志编辑部发表文章《关于赫鲁晓夫的假共产主义及其在世界历史上的教训——九评苏共中央的公开信》。

七月初十日（8月17日），中共中央和国务院批转国家经委党组《关于试办工业、交通托拉斯的意见的报告》，批准在全国试办十二个托拉斯，为中国工业管理办法摸索经验。

八月二十四日（9月29日），中国与中非共和国正式建交。

同日，马里总统凯塔和夫人访问中国。

八月间，张难先为已故同乡、前辈好友向培麟、刘鸿藻写有《向芷候、刘彤轩合传》，以表达其缅怀之情（见《不成文文（节抄）》，《张难先集》第 606—609 页）。

九月初一至初八日（10月6—13日），毛泽东等党和国家领导人先后观看了由三千多人演出的大型音乐舞蹈史诗《东方红》、现代芭蕾舞剧《红色娘子军》、歌剧《江姐》。

九月十一日（10月16日），中国自行研制的第一颗原子弹爆炸成功。

九月二十四日（10月29日），中国与赞比亚正式建交。

九月二十五日（10月30日），阿富汗国王查希尔·沙阿和王后访问中国。

十月初九日（11月12日），中国与达荷美正式建交。

十月十一日（11月14日），周恩来率党政代表团赴苏联参加十月革命47周年庆典回国，毛泽东、刘少奇、朱德、董必武、邓小平等领导人到机场迎接。

十月二十三日（11月26日），张难先在北京的居所旦庐编《广师留纪》成，并为其撰写了卷首语（见《广师留纪》，《张难先集》第572页）。

十一月十二日（12月15日），中共中央政治局在北京召开全国工作会议，并发布会议纪要《农村社会主义教育运动中目前提出的一些问题》（"二十三条"）。

十一月十七日至十二月初二日（12月20日—1965年1月4日），第三届全国人大第一次会议在北京举行。大会选举刘少奇为国家主席，宋庆龄、董必武为副主席，朱德为人大常委会委员长，决定周恩来为国务院总理。

十一月十七日至十二月初三日（12月20日—1965年1月5日），政协第四届全国委员会第一次会议在北京举行。大会推举毛泽东为名誉主席，周恩来当选为主席，彭真等二十二人为副主席。

一九六五年乙巳　九十二岁

是年，张难先继续在全国人大常委会任职。

正月初四至初十日（2月5—11日），苏联部长会议主席柯西金访问中国，周恩来、陈毅设宴招待并与其会谈，毛泽东、刘少奇分别接见会谈。

正月十五日（2月16日），坦桑尼亚总统尼雷尔和夫人访问中国。

正月二十九日（3月2日），巴基斯坦总统阿尤布·汗访问中国。

二月初三日（3月5日），张难先原来的同僚、国民党政要陈诚在台北病逝。

二月二十一日（3月23日），周恩来率党政代表团赴布加勒斯特参加罗共中央第一书记、国务委员会主席乔治乌·德治的葬礼。

三月十五日（4月16日），周恩来、陈毅赴雅加达参加万隆会议十周年庆祝活动。

三月二十日（4月21日），遭受巴西当局政治迫害，被非法监禁一年多的中国九名工作人员回到北京。

四月十五日（5月15日），张难先的好友、著名民主人士陈铭枢在北京病逝。

四月二十二日（5月22日），刘少奇主席发布命令，公布人大常委会关于取消中国人民解放军军衔制度的决定。

四月二十四日（5月24日），国务院公布关于中国人民解放军新的帽徽、领章和部分军服样式的决定。

六月十一日（7月9日），张难先的好友、国民党政要贾士毅在台北病逝。

六月十三日（7月11日），乌干达总理奥博特访问中国。

六月二十一日（7月19日），中国与毛里塔尼亚正式建交。

六月二十二日（7月20日），前国民党政府代总统李宗仁和夫人郭德洁及前桂系智囊人物程思远自海外回到祖国北京。

六月二十三日（7月21日），索马里总统欧斯曼访问中国。

六月二十六日（7月24日），缅甸联邦革命委员会主席奈温访问中国。

七月初五日（8月1日），印尼共产党主席艾地访问中国。

七月二十七日（8月23日），张难先的同乡好友、时任新中国中央人民政府农业部部长的李书城在北京病逝。

七月二十九日（8月25日），首都各界青年集会欢迎参加中日友好大联欢的日本各青年代表团。

八月初七日（9月2日），首都各界集会，庆祝抗日战争胜利二十周年。

八月十四日（9月9日），西藏自治区正式宣告成立。

八月二十二日（9月17日），中国科学院上海生物化学研究所等单位密切合作，首次人工合成了结晶牛胰岛素。这是当时人工合成的具有生物活力的最大的天然有机化合物，实验的成功使中国成为第一个合成蛋白质的国家。

八月二十三日至九月十八日（9月18日—10月12日），中共中央在北京举行工作会议，主要讨论1966年的国民经济计划和长远规划问题。毛泽东在会上提出了"如果中央出了修正主义，你们怎么办"的问题，对政治形势看得极为严重。

十月十八日（11月10日），上海《文汇报》刊发姚文元的《评新编历史剧〈海瑞罢官〉》一文，随后全国报纸转载。该文是江青、张春桥等共同设计的，为"文化大革命"的发动制造了舆论。

十月二十六日（11月18日），林彪发出了《1966年全军工作的五项原则》。

十月间，张难先写有新诗《修正稿》一首（见《广师留纪》，《张难先集》第584页）。

十一月初八日（11月30日），《人民日报》转载姚文元的文章，并加了展开辩论的按语。

十一月十六至二十三日（12月8—15日），中共中央政治局常委扩大会议在上海举行，林彪、叶群、吴法宪、李作鹏等人罗织罗瑞卿罪名，并解除了他的各项党政职务。

十二月初五至二十七日（12月27日—1966年1月18日），中国人民解放军总政治部在北京召开全军政治工作会议。会议的中心议题是讨论贯彻林彪提出的所谓"突出政治"五项原则问题。

十二月十四日（1966年1月5日），中国外交部发表声明，严重抗议达荷美政府于3日单方面宣布中止两国外交关系，并决定撤回中国大使馆全体人员。

十二月十六日（1966年1月7日），中国外交部发表声明，对中非共和国博卡萨政权于6日悍然宣布断绝两国外交关系提出严重抗议，并决定撤回中国大使馆全体人员和专家。

一九六六年丙午　九十三岁

年初，张难先继续在全国人大常委会任职，后随着"文化大革命"的不断深入展开，开始无班可上。

正月十三日（2月2日），林彪委托江青在上海召开部队文艺工作座谈会。

正月十四日（2月3日），中国外交部照会印度尼西亚驻华大使馆，就印尼政府纵容暴徒猖狂袭击中国大使馆，提出最强烈抗议。

正月十八日（2月7日），《人民日报》发表《县委书记的榜样——焦裕禄》长篇通讯，并发表社论《向毛泽东同志的好学生——焦裕禄同志学习》。

同日，以彭真为组长的"文化革命"五人小组向中共中央提出《关于当前学术讨论的汇报提纲》（"二月提纲"），试图对学术讨论中"左"的倾向加以适当限制，并指出要坚持"真理面前人人平等的原则，要以理服人，不要象学阀一样武断和以势压人"。

正月二十三日（2月12日），中共中央同意并转发了"二月提纲"。

正月二十八日（2月17日），张难先的好友、全国人大常委会副委员长、中华全国工商业联合会主任委员陈叔通在北京逝世。

二月十七日（3月8日），河北省邢台、石家庄等地区发生强烈地震。三十个公社、三十四万人受灾。中共中央和国务院立即动员、组织开展救灾工作。周恩来到灾区视察慰问。

三月初三日（3月24日），《红旗》杂志第四期发表戚本禹、林杰、阎长贵的批判文章《翦伯赞同志的历史观点应当批判》。

三月二十日（4月10日），中共中央批准了《林彪同志委托江青同志召开的部队文艺工作座谈会纪要》。

三月二十八日（4月18日），《解放军报》发表《高举毛泽东思想伟大红旗积极参加社会主义文化大革命》的社论。

闰三月十七日（5月7日），毛泽东给林彪写了一封信，即"五七指示"。

闰三月十八日（5月8日），《解放军报》和《光明日报》分别发表署名高炬的题为《向反党反社会主义的黑线开火》的文章和署名何明的题为《擦亮眼睛，辨别真假》的文章，对邓拓及《前线》《北京日报》《三家村札记》《燕山夜话》进行诬陷性的攻击。

闰三月二十六日（5月16日），中共中央政治局召开扩大会议，通过了由毛泽东主持制定的《五一六通知》，撤销了"二月提纲"，并决定撤销原"文化革命"五人小组，重新设立中央"文化革命"小组，隶属于政治局常委之下。

四月初九日（5月28日），中央"文化革命"小组正式成立，组长陈伯达，顾问康生，副组长江青、张春桥等，成员有王力、关锋、戚本禹、姚文元等。该小组逐步取代中央政治局和中央书记处，成为"文化大革命"的实际指挥机构。

四月十二日（5月31日），陈伯达率领工作组至人民日报社夺权。

四月十三日（6月1日），《人民日报》发表社论《横扫一切牛鬼蛇神》。

同日，北京大学聂元梓等人贴出了攻击北京大学党委和北京市委的一张大字报，当晚向全国广播。

四月十四日（6月2日），首都报纸登载该大字报。《人民日报》发表评论员文章《欢呼北大的一张大字报》。

四月十五日（6月3日），中共中央作出决定：改组中共北京市委，由李雪峰兼任新市委第一书记，吴德任第二书记。

同日，北京新市委改组了北京大学党委，撤销北大党委书记陆平、副书记彭珮云的一切职务。

四月十七日（6月5日），《人民日报》发表社论《做无产阶级革命派，还是做资产阶级保皇派？》。

四月二十四日（6月12日），中共江苏省委在南京大学召开万人大会，宣布撤销南京大学党委第一书记兼校长匡亚明的一切职务的决定。

四月中、下旬，在北大、南大事件的影响下，全国各地的青年学生纷纷起来"造反"，发生许多混乱现象。

鉴于此种情况，中共中央在刘少奇、邓小平的主持下，决定向北京市大中学校派出工作组，各省、市亦效仿相继向大专院校及部分中学派出了工作组。

五月二十八日（7月16日），毛泽东在武汉畅游长江。

六月初二至初六日（7月19—23日），刘少奇主持召开中央政治局会议，听取了关于"文化大革命"的汇报。

六月初三日（7月20日），刘少奇批示将北京大学工作组制止乱打乱斗事件的简报转发全国，认为："北大工作组处理乱斗现象的办法是正确的，及时的。"

同日，中共中央下发通知：中央宣传部已经改组，新部长陶铸，顾问陈伯达（兼副部长）。

六月初五日（7月22日），毛泽东在会见中央"文化革命"小组和各中央局书记时，指出要改变派工作组的做法。

六月初九日（7月26日），陈伯达等到北京大学和北京师范大学宣布：撤销所有工作组。

六月十五至二十六日（8月1—12日），中共中央八届十一中全会在北六月十九日（8月5日），毛泽东写了《炮打司令部——我的一张大字报》。

六月二十二日（8月8日），中共中央发表《关于无产阶级文化大革命的决定》（"十六条"）。

六月二十三日至七月十三日（8月9—28日），毛泽东主持的中央工作会议在北京举行。会后，全国掀起了批判所谓"资产阶级反动路线"的高潮。

九月十四日（10月27日），中国研制的导弹核武器试验发射成功。

九月二十七日（11月9日），所谓"上海市工人革命造反总司令部"成立，至11月16日，聚众闹事，公然截断火车，堵塞交通，制造"安亭事件"。

十月二十一日（12月2日），张难先早年的友人、民国风云人物白崇禧在其台北的官邸去世。

十月二十八日（12月9日），中共中央发布《关于抓革命，促生产的十条规定（草案）》。

十一月初四日（12月15日），中共中央发布《关于农村无产阶级文化大革命的指示（草案）》。

十一月十七日（12月28日），中国又成功地进行了一次新的核爆炸。

十一月二十日（12月31日），中共中央、国务院发布《关于对大中学校师生进行短期军政训练的通知》。

十一月二十四日（1967年1月4日），陶铸突然被打倒并受到残酷迫害（后于1969年11月30日含冤去世）。

十一月二十六日（1967年1月6日），在张春桥、姚文元的策划指挥下，以王洪文为首的上海"造反派"组织召开了"打倒市委大会"，篡夺上海党政大权，掀起了反革命的"一月风暴"。

十二月初一日（1967年1月11日），中央军委成立以徐向前为组长、江青为顾问的全军"文革"小组。

十二月初八日（1967年1月18日），山西的"造反派"夺取了省委、省人委的党政领导权，成立"山西省革命委员会"。

十二月十二日（1967年1月22日），《人民日报》发表《无产阶级革命派大联合，夺走资本主义道路当权派的权！》的社论。

十二月十三日（1967年1月23日），根据党中央的决定，中国人民解放军介入地方"文化大革命",进行"三支两军"(支左、支工、支农、军管、军训)。

十二月二十一日(1967年1月31日),黑龙江省的"造反派"夺取省委、省政府政权后,成立"黑龙江省革命委员会"。

十二月二十六日(1967年2月5日),上海的"造反派"在夺取市委、市人委的领导权后,成立"上海市人民公社"(后改为"上海市革命委员会")。

十二月间,"一月风暴"从上海席卷全国,全国开始出现大混乱。

一九六七年丁未 九十四岁

是年,张难先在北京家中闲居。

正月初五日(2月13日),贵州的"造反派"夺取省委、省人委的领导权,成立"贵州省革命委员会"。

正月上、中旬,谭震林、陈毅、叶剑英、李富春、李先念、徐向前、聂荣臻等政治局和军委的领导人,在周恩来主持的怀仁堂碰头会和稍前召开的军委会议上,对"文化大革命"的错误做法提出了强烈批评,被诬蔑为"二月逆流"而受到压制和打击。

二月初六日(3月16日),中共中央印发《薄一波、刘澜涛、安子文、杨献珍等六十一人的自首叛变材料》。自此全国各地掀起"揪叛徒"之风(薄一波等六十一人的错案,于1978年12月16日平反)。

二月二十二日(4月1日),《人民日报》发表戚本禹的文章《爱国主义还是卖国主义——评反动影片〈清宫秘史〉》。自此,全国各地报刊掀起了不点名的批判刘少奇的高潮。

三月十一日(4月20日),"北京市革命委员会"成立。

四月初九日(5月17日),中共中央的《五一六通知》公开发表。

四月十七日(5月25日),《人民日报》连续发表毛泽东关于文学艺术问题的五个文件。

四月二十九日(6月6日),中共中央、国务院、中央军委、中央文革发出七条通令,要求"纠正最近出现的打、砸、抢、抄、抓的歪风"。

五月初十日(6月17日),中国第一颗氢弹爆炸成功。

六月十三日(7月20日),武汉一群众组织质问王力等支持一派打压一派的活动,被诬陷为反革命事件。

六月十五日(7月22日),江青在接见河南一群众组织代表团讲话时,以"文攻武卫"的口号煽动武斗。

七月初二日（8月7日），时任"北京市革命委员会"主任、北京军区政委、北京卫戍区第一政委的谢富治，在讲话时提出"砸烂公检法"的主张。

同日，在王力、关锋等人的唆使下，"造反派"砸了外交部政治部，封闭部党委，夺了外交部的权。

七月初七日（8月12日），"青海省革命委员会"成立。

七月十一日（8月16日），《人民日报》公开发表1959年中共中央八届八中全会《关于以彭德怀同志为首的反党集团的错误的决议（摘要）》。

七月下旬，经毛泽东批准，王力、关锋被隔离审查。

八月初五日（9月8日），姚文元又抛出了《评陶铸的两本书》一文。

九月十五日（10月18日），中共中央、国务院、中央军委、"中央文革"发出《关于按照系统实行革命大联合的通知》。

九月二十二日（10月25日），中共中央、国务院、中央军委、"中央文革"颁发了关于大、中、小学复课闹革命的文件。

九月二十九日（11月1日），"内蒙古自治区革命委员会"成立。

十月初五日（11月6日），《人民日报》、《红旗》杂志、《解放军报》发表编辑部文章《沿着十月社会主义革命开辟的道路前进》，首次将毛泽东发动"文化大革命"的论点概括成"无产阶级专政下继续革命的理论"的六个方面的要点。

十一月初五日（12月6日），"天津市革命委员会"成立。

十二月初六日（1968年1月5日），"江西省革命委员会"成立。

十二月二十五日（1968年1月24日），"甘肃省革命委员会"成立。

十二月二十八日（1968年1月27日），"河南省革命委员会"成立。

一九六八年戊申　九十五岁

年初，张难先继续在北京家中闲居。

正月初二日（1月31日），中国与也门民主人民共和国正式建交。

正月初五日（2月3日），"河北省革命委员会"成立。

正月初七日（2月5日），"湖北省革命委员会"成立。

正月二十三日（2月21日），"广东省革命委员会"成立。

二月初八日（3月6日），"吉林省革命委员会"成立。

二月二十五日（3月23日），"江苏省革命委员会"成立。

二月二十六日（3月24日），"浙江省革命委员会"成立。

三月十一日（4月8日），"湖南省革命委员会"成立。

三月十二日（4月9日），张难先的早年革命战友、新中国成立后的同事、时任全国人大常委会副委员长、国防委员会副主席程潜在北京医院病逝。

三月十三日（4月10日），"宁夏回族自治区革命委员会"成立。

三月十九日（4月16日），毛泽东发表《支持美国黑人抗暴斗争的声明》。

三月二十一日（4月18日），"安徽省革命委员会"成立。

四月初五日（5月1日），"陕西省革命委员会"成立。

四月十四日（5月10日），"辽宁省革命委员会"成立。

四月二十九日（5月25日），中共中央转发《北京新华印刷厂军管会发动群众开展对敌斗争的经验》，要求全国各地区、各单位"清理阶级队伍"。

五月初五日（5月31日），"四川省革命委员会"成立。

六月二十六日（7月21日），毛泽东在《从上海机床厂看培养工程技术人员的道路》的调查报告上批示：大学还是要办的，走上海机床厂从工人中培养技术人员的道路。于是，"七二一"大学风行全国。

六月二十九日（7月24日），中共中央颁发布告，作出六条规定，制止部分地区的武斗事件。

七月初三日（7月27日），因清华大学两派的武斗严重，毛泽东决定派工人宣传队进驻学校。

七月二十日（8月13日），"云南省革命委员会"成立。

七月二十六日（8月19日），"福建省革命委员会"成立。

闰七月初二日（8月25日），中共中央、国务院、中央军委、"中央文革"发出《关于派工人宣传队进驻学校的通知》。随后，相继向全国各城市大、中、小学以及上层建筑各个领域普遍派遣了工宣队。

闰七月初三日（8月26日），"广西壮族自治区革命委员会"成立。

闰七月十三日（9月5日），西藏和新疆两个自治区的"革命委员会"同时成立。至此，除台湾地区外，全国各省、自治区、直辖市都成立了"革命委员会"。

闰七月十九日（9月11日），辛亥耆宿、湖北著名民主革命家、爱国进步人士张难先在北京去世，享年九十五岁。

谱　　后

八月十四日（10月5日），《人民日报》在一篇文章的编者按中传达了毛泽东关于广大干部下放劳动的新指示。于是，全国各地普遍开办五七干校。

十一月初二日（12月21日），《人民日报》在发表甘肃省会宁县部分城镇居民到农村安家落户的报道中，附加编者按，传达了毛泽东关于知识青年到农村去的号召。随后，全国开展了知识青年上山下乡运动。

十一月初八日（12月27日），中国又成功进行了一次氢弹实验。

十一月初十日（12月29日），第一座由中国自行设计和建造的双层式铁路、公路两用桥梁——南京长江大桥建成通车。

十一月十三日（1969年1月1日），《人民日报》、《红旗》杂志、《解放军报》发表元旦社论《用毛泽东思想统帅一切》，传达了毛泽东关于清理阶级队伍、注意政策的指示。

2009年9月3日，张难先被评为"50位为新中国成立作出突出贡献的荆楚英雄模范人物"（同日《湖北日报》、荆楚网公布）。

2011年1月，张难先孙女张铭歌主编的《张难先纪念文集》由湖北人民出版社出版面世。

2011年7月，严昌洪、张铭玉、傅蟾珍主编的《张难先集》由华中师范大学出版社出版面世。

2021年4月30日，湖北省仙桃市在张沟镇举行张难先纪念馆正式建成及对外开放仪式。

主要参考文献

一、文献著作类

[1]白化文.中国近现代历史名人轶事集成[M].济南：山东人民出版社，2015.

[2]蔡冠洛.清代七百名人传[M].北京：北京图书馆出版社，2008.

[3]陈夔龙.梦蕉亭杂记[M].陈氏自刻本，1925.

[4]陈旭麓，方诗铭，魏建猷.中国近代史词典[M].上海：上海辞书出版社，1982.

[5]曹亚伯.曹亚伯集[M].周月峰，张阳，郭靖，编.武汉：华中师范大学出版社，2019.

[6]冯自由.革命逸史[M].北京：中华书局，1981.

[7]郭廷以.近代中国史事日志[M].北京：中华书局，1987.

[8]郭廷以.中华民国史事日志[M].台北：近代史研究所，1979.

[9]胡鄂公.辛亥革命北方实录[M].北京：中华书局，1948.

[10]胡汉民.总理全集[M].上海：上海民智书局，1930.

[11]贺觉非.辛亥武昌首义人物传[M].北京：中华书局，1982.

[12]黄兴.黄兴集[M].湖南省社会科学院，编.北京：中华书局，1981.

[13]何卓恩.殷子衡　张纯一合集[M].武汉：华中师范大学出版社，2011.

[14]金梁.近世人物志[M].北京：北京图书馆出版社，2007.

[15]江庆柏.清代人物生卒年表[M].北京：人民文学出版社，2005.

[16]刘泱泱.宋教仁日记[M].北京：中华书局，2014.

[17]刘泱泱，萧屏东，等.辛亥风云人物钩奇[M].长沙：湖南文艺出版社，1991.

[18]马洪林，郭绪印.中国近现代史大事记[M].上海：知识出版社，1984.

［19］皮明庥.湖北历史人物辞典［M］.武汉：湖北人民出版社，1984.

［20］宋教仁.宋教仁集［M］.陈旭麓，主编.北京：中华书局，1981.

［21］尚明轩.孙中山传［M］.北京：北京出版社，1979.

［22］王承仁，曹木清，吴剑杰，等.中国近百年史辞典［M］.武汉：湖北人民出版社，1986.

［23］吴文治.中国文学史大事年表［M］.长沙：岳麓书社，1996.

［24］吴永.庚子西狩丛谈［M］.刘治襄，记.鄢琨，标点.长沙：岳麓书社，1985.

［25］魏绍昌，管林，刘济献，等.中国近代文学辞典［M］.郑州：河南教育出版社，1993.

［26］萧致治.黄兴评传［M］.南京：南京大学出版社，2001.

［27］杨天石.帝制的终结：简明辛亥革命史［M］.长沙：岳麓书社，2011.

［28］杨天石，王学庄.南社史长编［M］.北京：中国人民大学出版社，1995.

［29］章开沅.辛亥革命辞典［M］.武汉：武汉出版社，1991.

［30］中国第二历史档案馆.蒋介石年谱［M］.北京：中国档案出版社，1992.

［31］中国人民大学清史研究所.清史编年［M］.北京：中国人民大学出版社，2000.

［32］中国社会科学院近代史研究所民国史研究室，广东省社会科学院历史研究室，中山大学历史系孙中山研究室.孙中山全集［M］.北京：中华书局，1981—1986.

［33］张难先.湖北革命知之录［M］.重庆：商务印书馆，1945.

［34］张难先.张难先集［M］.严昌洪，张铭玉，傅蟾珍主编.武汉：华中师范大学出版社，2011.

［35］张晓波.民国的开端：宋教仁评传［M］.北京：光明日报出版社，2013.

［36］张之洞.张之洞诗文集：增订本［M］.庞坚，校点.上海：上海古籍出版社，2015.

二、论文类

［1］黄候兴.辛亥耆宿张难先［J］.百年潮，2003（11）：32-38.

［2］陆承勋.我的祖父陆德泽［J］.武汉文史资料，2004（11）：

31-33.

[3] 刘小梅，梁贤之.民国怪杰张难先[J].文史博览，2006（11）：42-45.

[4] 李广慧，黄卫国.黄吉亭牧师二三事[J].统一论坛，1996（5）：26-27.

[5] 王威.辛亥革命时期的爱国牧师：黄吉亭和胡兰亭[J].武汉文史资料，2005（6）：60-62.

[6] 吴家森.李范一先生的杰与怪[J].世纪行，1997（2）：32-34.

[7] 汪烈九.民国怪杰张难先：长篇连载之一[J].文史春秋，1997（1）：42-47.

[8] 汪烈九.民国怪杰张难先：长篇连载之二[J].文史春秋，1997（2）：47-65.

[9] 汪烈九.民国怪杰张难先：长篇连载之三[J].文史春秋，1997（3）：60-74.

[10] 汪烈九.民国怪杰张难先：长篇连载之四[J].文史春秋，1997（4）：27-38.

[11] 汪烈九.民国怪杰张难先：长篇连载之五[J].文史春秋，1997（5）：32-40.

[12] 汪烈九.民国怪杰张难先：长篇连载之六[J].文史春秋，1997（6）：20-28.

后　记

在湖北的武昌首义革命志士和中华民国元勋中，张难先的阅历最为丰富，年寿亦最长：早年曾加入科学补习所和日知会，从事革命活动；武昌首义爆发后，曾至汉阳府参与汉阳保卫战；不久，作为顾问随安襄郧荆招讨使季雨霖征战鄂西北。南北议和后，辞去官职，回乡读书、种树、种菜、办公司、教书以自娱。后又至北大旁听，结识一大批学者。中山先生改组国民党，张难先甚表赞成，并应邀赴广西、广东及国民政府出任要职，1930年更是被任命为浙江省主席兼民政厅厅长，成为"封疆大吏"。1932年起，主要在湖北省政府任职。抗战胜利后，主要出任国民参政会参政员和湖北银行董事会董事长。新中国成立后，相继出任中华人民共和国中央人民政府委员，中央人民政府政务院人民监察委员会委员，中南军政（后改为"行政"）委员会副主席，中南军政委员会禁烟禁毒委员会主任，全国人大一、二、三届常务委员，政协全国常委等重要职务，直到1968年去世，享年95岁。

由于张难先的丰富经历和特殊的身份地位，故其数十年间的著作及文学创作作品，在其生前均已整理刊行；尤其是由严昌洪、张铭玉、傅蟾珍等先生主编的《张难先集》（"辛亥革命百年纪念文库"之"人物文集系列"之一），于2011年7月在华中师范大学出版社出版，使张难先的单行著作和各类文学创作作品得以汇集一起，不仅为读者提供了方便，也为研究者提供了便利。

编撰完《张难先年谱》一书，亦有让我们感到遗憾的事情，那就是至今尚未能与张难先先生的后人或亲友联系上，因此无缘目睹张氏一族的家谱，对张难先家族先辈的情况不甚了解，这对《张难先年谱》来说不能不说是一大缺憾。事已至此，只有等待以后适当的机会予以弥补。

程翔章
2020年9月5日